国情教育研究书系

田慧生◎主编　曾天山◎副主编

中国教师发展报告2013

单志艳　等　著

教育科学出版社

·北　京·

出版人　李　东
责任编辑　刘明堂　王晶晶
版式设计　孙欢欢
责任校对　刘　婧
责任印制　叶小峰

图书在版编目（CIP）数据

中国教师发展报告. 2013 / 单志艳等著 . —北京：教育科学出版社，2017. 1
（国情教育研究书系）
ISBN 978-7-5191-0891-5

Ⅰ. ①中…　Ⅱ. ①单…　Ⅲ. ①中小学—师资培养—研究报告—中国—2013　Ⅳ. ①G635. 12

中国版本图书馆 CIP 数据核字（2016）第 303430 号

中国教师发展报告 2013
ZHONGGUO JIAOSHI FAZHAN BAOGAO 2013

出版发行	教育科学出版社		
社　址	北京·朝阳区安慧北里安园甲 9 号	市场部电话	010-64989009
邮　编	100101	编辑部电话	010-64989363
传　真	010-64891796	网　址	http://www.esph.com.cn
经　销	各地新华书店		
制　作	北京金奥都图文制作中心		
印　刷	保定市中画美凯印刷有限公司		
开　本	169 毫米×239 毫米　16 开	版　次	2017 年 1 月第 1 版
印　张	31. 5	印　次	2017 年 1 月第 1 次印刷
字　数	427 千	定　价	94. 00 元

丛书总序

为打造具有国家水准、国际视野的教育科研成果，更好地服务于办好人民满意的教育，服务于全面建成小康社会，在中央级公益性科研院所基本科研业务费专项资金的支持下，我院开展了对国内外重大教育理论与现实问题的系统研究，形成了“国情、国视、国菁、国际”四大书系。

“国情”教育研究书系以年度发展报告的形式，全面反映我国各级各类教育的成就、经验和挑战，对全国各省（自治区、直辖市）教育发展和政策进行区域比较，对我国各级各类教育的发展水平进行国际比较，力求对我国教育的规模、结构、质量和效益做出科学判断。

“国视”教育研究书系聚焦社会关注的教育热点难点，着眼于基础性、长远性、前瞻性问题，以了解事实、回应关切、提供政策建议为主要目的，探索教育发展规律。

“国菁”教育调研书系专门研究大中小学生的学习生活状态，涉及学校生活、家庭生活、社会生活、网络生活等，通过调查研究，了解当代学生的思想情感和行为特点，为研究如何促进学生的身心健康发展提供科学依据。

“国际”教育研究书系分为著作和译作两类，主要反映国际教育改革发展动态，回顾国际教育的历史进程，跟踪国际教育的改革动态，把握国际教育的发展趋势。

四大书系既各自独立又相互联系，在保持各书系特点的同时，力求做到：

一、“从事实切入”。“事实”是“事件真实的情形”，是在过去和现在被验证且中立的信息。在科学研究中，事实是指可证明的概念，是研究的起点。客观的事实是逻辑的基础和内容，逻辑是事实的理论再现。从实际对象出发，从实际情况出发，能够提高研究问题的针对性和实效性。

二、“用数据说话”。数据是研究和决策的基础。四大书系力图建立在数据和事实的基础之上，通过对数据的搜集、提炼、整合、分析，发现问题，探索规律。

三、“做比较分析”。没有比较就没有鉴别。四大书系力求通过国别比较、区域比较、类型比较、结构比较，找到差距，发现真知，提供卓见。

四、“搞协同创新”。协同创新是提高创新效率和创新水平的战略要求。四大书系研究调动院内外、系统内外、国内外资源，注重人员交叉、学科交叉、方法交叉，力求有所创新、有所突破。

五、“靠政策影响”。建言献策是智库研究的最终目的。四大书系以教育公共政策为研究对象，以影响政府决策为研究目标，以公共利益为研究导向，以社会责任为研究准则，建可信之言，献可行之策。

四大书系的编辑出版是我院全面提高教育科研水平的一项整体努力，也是建设国家一流教育智库的客观要求。在研究和编写过程中，书系得到了相关机构和同仁，特别是教育部相关司局及有关部委的大力支持，前期成果也受到了广大读者的欢迎，在此一并致谢！我们将以此为起点，不懈努力，加快中国特色新型智库建设，为推动中国教育事业科学发展发挥不可替代的重要作用。

中国教育科学研究院

2014 年 11 月

目　录
CONTENTS

前　言 / 1

第一章　教师发展概况 / 13

一、教师队伍规模逐步扩大，结构趋于合理 / 13

二、教师素质稳步提高 / 18

三、教师培养培训不断加强 / 22

四、教师地位待遇逐步改善 / 29

五、教师配置管理逐步完善 / 32

第二章　教师发展水平省际比较 / 38

一、中国教师发展水平测评指标体系的构建 / 38

二、各省份教师总体发展水平比较 / 44

三、各省份教师配置状况比较 / 58

四、各省份教师专业发展状况比较 / 93

五、各省份教师待遇比较 / 179

六、教师发展水平的影响因素分析 / 192

第三章　教师发展水平国际比较 / 213

一、中国每万人口中教师数量较少 / 213

二、中国女教师比例总体好于 OECD 和 G20 国家 / 228

三、中国中青年教师比例高于 OECD、G20 国家平均水平 / 243
四、中国小学和初中班额较大 / 255
五、中国各教育阶段生师比差于多数国家 / 263
六、中国中小学教师工作时间较长 / 274
七、中国中小学教师教学时间较短 / 280
八、中国中小学教师工资水平较低 / 293

第四章 教师发展改革创新 / 302
一、“师范生免费教育”吸引优秀人才从教 / 302
二、“特岗计划”创新农村教师补充机制 / 306
三、“国培计划”示范引领教师培训 / 309
四、“职业院校教师素质提高计划”培训大批“双师型”教师 / 312
五、“高层次创造性人才计划”加快高校人才建设 / 315
六、“硕师计划”促进高素质农村教师培养 / 319
七、教师资格考试改革与定期注册制度试点促进教师考核管理 / 321
八、中小学教师职称制度改革健全教师考核评价机制 / 323

第五章 教师专业发展状况调研 / 326
一、幼儿园教师专业发展状况调研 / 326
二、中小学教师专业发展状况调研 / 387

第六章 教师发展政策建议 / 479
一、教师需提高专业能力 / 479
二、需建立合理有效的农村教师补充机制 / 481
三、农村音体美英和信息技术师资补充亟待加强 / 483

四、师德建设尤为紧迫 / 484
五、亟须加强教师待遇政策保障 / 485
六、需建立在职教师培训保障机制 / 487
七、亟须提高教师职业幸福感 / 488
八、需健全农村学前教育师资保障体系 / 490
九、需重点加强职业师资培养机构建设 / 491
十、高等师范院校需培养适应基础教育课程改革的教师 / 492

参考文献 / 494
后 记 / 496

前　言

教师是立教之本、兴教之基、强教之源，是教育事业的第一资源。改革开放以来，我国教师队伍建设取得了历史性成就，总体规模逐步扩大，结构性矛盾得到改善，队伍素质不断提升，教师的地位待遇逐步提高，教师职业吸引力逐步增强。当前中国已站在了一个新的历史起点上，建设中国特色社会主义伟大事业需要一支高素质、高水平的教师队伍。《中国教师发展报告 2013》（以下简称报告）不仅从宏观上展现了 21 世纪以来各级各类学校教师的发展状况，而且从中观、微观角度，结合国际视角，用实证数据整体揭示了中国教师发展的现状。报告为我国努力造就高素质专业化的教师队伍、办好人民满意的教育提供实证研究与决策支撑。

一、研究设计与特点

《中国教师发展报告 2013》在研究设计上有几个突出的特点。

（一）呈现多元数据

报告不仅从宏观上展现 21 世纪以来各级各类学校教师的发展状况，而且构建了中国教师发展指数，科学客观地对各省份教师发展情况进行比较分析，从横向和纵向两个侧面展现各省份教师队伍建设的进步与差距。同时，我们通过《幼儿园教师专业发展状况调查问卷》和《中小学教师专业发展状况调查问卷》，从中观和微观角度了解我国幼儿园和中小学教师专业发展的基本情况。不仅如此，我们还立足国际视野，将中国教师与 OECD（经济合作与发展组织）和 G20（20 国集团）国家教师发展的相关指标进行比较分析，考察我国教师队伍建设的优势与不足，以利中国借鉴国外经验，开展创造性的本土实践，进一步提高教师队伍的质量和水平。

（二）立足决策视野

报告不仅从不同角度展现各级各类学校教师发展状况，而且基于多元的数据研究结果，指出了教师发展存在的许多问题并提出了具体可行的政策建议，有利于国家有针对性地采取措施加强教师队伍建设。

（三）兼顾广深分析

报告从国际广度来看，兼顾国内与国际；从研究范围来看，兼顾宏观、中观与微观；从研究方法来看，量化研究与质性研究兼有；从研究深度来看，对数据进行了深入的挖掘与分析。在进行教师发展水平的影响因素分析时，报告将各省份教师发展指数分析与经济水平、政府责任和人口因素等方面相结合，深入地揭示了各省份教师发展背后复杂的关系。报告分析了教师综合发展指数与人均 GDP（国内生产总值）、生均公共财政预算教育事业费、学龄人口比例、高校在校生人数、城乡居民人均可支配收入、生均公用经费、每十万人口中拥有大专以上学历人数、政府公共财政投入占公共财政支出比例以及教育行业平均年薪之间的关系，为深入考察教师发展水平的地区差异提供了客观的数据支持。

二、研究的主要结论

（一）学科教师配置进一步优化，但结构性矛盾依然存在

学科教师配置是体现教育质量的重要因素，学科教师的合理配置对于学生综合素质的提升和全面发展、创新型人才的培养具有重要意义。中小学学科教师的配置，应综合考虑教师每周的工作量、生师比、学科设置、学科教师专业化等因素，科学合理地设定；中职学校学科教师的配置则要

考虑中职学校课程的技术性和实践性，从而保持专业课和实习指导课的适当比例，不宜过多开设文化基础课。

近年来，为实现教师队伍的学科结构适应教育事业发展，中小学和中职学校的学科教师配置进一步优化，但中小学音乐、体育、美术、信息技术专任教师比例和中职学校实习指导课专任教师比例仍然相对偏低，学科结构性矛盾仍然存在。2012 年，小学音乐、体育、美术、信息技术专任教师比例分别为 3.50%、4.95%、3.22%、2.16%，比 2003 年略有提升，分别增长 1.23%、1.83%、1.32%、1.06%；初中音乐、体育、美术、信息技术专任教师比例分别为 2.49%、5.13%、2.39%、2.50%，比 2003 年分别增长 0.23%、0.37%、0.25%、0.48%。2012 年，普通高中音乐、美术专任教师比例分别为 1.71%、1.84%，比 2003 年略有增长，分别增长 0.46%、0.49%；体育、信息技术专任教师比例分别为 4.80%、2.43%，比 2003 年略有下降，分别下降 0.43%、0.15%。2012 年，中职学校文化基础课、专业课、实习指导课专任教师比例分别为 42.67%、53.69%、3.64%，其中文化基础课、专业课专任教师比例均有所下降，分别比 2003 年降低 5.25%、4.58%，而实习指导课专任教师比例略有提升，增幅为 0.66%。

从整体上看，中小学音乐、体育、美术、信息技术专任教师比例偏低，与这些学科并非中小学主要学科，考试分值较低，教师数量不足等因素有关；高中阶段这些学科教师的比例更低，这与高中生面临毕业和高考，主要考试学科挤占时间有关。中职学校文化基础课和专业课专任教师比例有所下降，与中职学校较多关注学科设置的实践性有关。

（二）基础教育和高等教育教师发展水平略有下降

从基础教育来看，与 2003 年相比，2012 年全国基础教育教师综合发展指数下降了 0.002。综合指数上升的省份有 17 个，综合指数下降的省份有 14 个。指数上升较大的省份有江苏、内蒙古、天津、陕西、浙江，指数下降较大的省份有新疆、江西、青海、上海和宁夏，其中宁夏下降较多，为 0.142。2012 年，基础教育教师综合发展指数较好的省份为天津、北京、上海、内蒙古和吉林，高于全国平均发展水平（0.319）的省份有21个，低于全国平均发展水平的省份有10个，排名后5位的省份为四川、广西、江西、河南和贵州。2003年，基础教育教师综合发展指数较好的省份有上海、北京、天津、吉林和新疆等，全国31个省份中有17个省份基础教育教师综合发展指数高于全国平均水平（0.321），有14个省份基础教育教师综合发展指数低于全国平均水平，这些省份包括重庆、安徽、广西、河南、贵州等。

从高等教育来看，与2003年相比，2012年全国高等教育教师综合发展指数降低了0.044。综合指数上升的省份有11个，综合指数下降的省份有20个。指数上升较大的省份有浙江、上海、新疆、北京、江西，指数下降较大的省份有广东、海南、重庆、湖北、青海，其中广东省下降0.164。2012年高等教育教师综合发展指数较好的省份为北京、上海、青海、西藏和新疆等，高于全国平均水平的省份有15个，低于全国平均水平的省份有16个。2003年，高等教育教师综合发展指数较好的省份有北京、青海、上海、西藏和辽宁等，全国31个省份中有14个省份高等教育教师综合发展指数高于全国平均水平（0.337），有17个省份高等教育教师综合发展指数低于全国平均水平。

（三）教师发展水平受人均GDP和生均公共预算教育事业费及学龄人口比例的影响

从经济发展来看，2012年基础教育和高等教育教师综合发展指数与人均GDP均呈正相关关系。对2012年的数据进行分析发现，各省份基础教育教师综合发展指数与人均GDP呈线性相关关系，相关系数平方为0.6379。天津、北京和上海三地的人均GDP较高，而三地的基础教育教师综合发展指数也相对较高。相比之下，贵州、广西和云南的基础教育教师综合发展指数与人均GDP都处于较低的水平。对2012年各省份高等教育教师综合发展指数与人均GDP的数据分析发现，二者间也呈显著的线性相关关系，相关系数平方为0.3670。北京、上海的高等教育教师综合发展指数与人均GDP都处于较高的水平，而贵州、云南的高等教育教师综合发展指数与人均 GDP 则相对较低。

从政府责任来看，2011 年基础教育和高等教育教师综合发展指数与生均公共财政预算教育事业费均呈正相关关系。[①] 2011 年各省份基础教育教师综合发展指数与生均公共财政预算教育事业费呈线性相关关系，相关系数平方为 0.4554。这表明生均公共财政预算教育事业费越高，基础教育教师综合发展指数也越高。北京、天津和上海的生均公共财政预算教育事业费和基础教育教师综合发展指数都相对较高，而贵州、甘肃和云南的生均公共财政预算教育事业费和基础教育教师综合发展指数相对较低。中部地区的湖北、河南和湖南等省尽管生均公共财政预算教育事业费相对较低，教师综合发展指数却高于某些西部地区。这与我国教育财政的转移支付制度具有一定关系。2011 年，各省份高等教育教师综合发展指数与生均公共财政预算教育事业费呈线性相关关系，相关系数平方为 0.4990。这表明大体上高等教育生均公共财政预算教育事业费越高，教师综合发展指数也越高。北京和上海在这两方面都处于较高的水平，而广西、海南和贵州则处于较低的水平。宁夏、西藏、青海和新疆尽管高校生均公共财政预算教育事业费较高，高校教师综合发展指数却相对较低，这与该地区高校在校生人数较少以及国家教育财政转移支付制度有关。

从人口因素来看，2012 年基础教育教师综合发展指数与 5—19 岁学龄人口比例呈线性负相关关系，高等教育教师综合发展指数与 20—24 岁学龄人口比例呈线性正相关关系。根据第六次全国人口普查数据，各省份 5—19 岁人口在全部人口中所占的比例与基础教育教师综合发展指数呈线性负相关关系，相关系数平方为 0.4864。这表明 5—19 岁学龄人口比例较高的省份面临更大的师资供给压力。北京、天津和上海的 5—19 岁学龄人口比例相对较低，基础教育教师综合发展指数就相对较高；5—19 岁学龄人口比例较大的贵州、宁夏和云南，基础教育教师综合发展指数就相对较低。各省份 20—24 岁学龄人口比例与高等教育教师综合发展指数呈线性正相关关系，相关系数平方为 0.4063。这表明 20—24 岁学龄人口比例较高的省

① 由于 2012 年教育经费数据缺失，此处以 2011 年数据代替。

份，更加重视高等教育的发展，高校教师综合发展指数也相对较高。北京、天津、上海的20—24岁学龄人口比例相对较高，其高校教师综合发展指数也相对较高；贵州、广西和宁夏的20—24岁学龄人口比例与高校教师综合发展指数都相对较低。

（四）与OECD和G20国家相比，中国教师比较年轻但工作负担较重

2012年，年龄在30—49岁的中国中青年教师比例均高于可获得数据的OECD和G20国家平均水平。但是，中国每万人口教师数量较少，中小学班额较大，生师比高于多数国家，教师工作时间也较长，总体上工作负担较重。

从教师年龄结构来看，中国小学阶段中青年教师所占比例在30个可获得数据的国家中排第10位，初中阶段中青年教师比例在31个可获得数据的国家中最高，高中阶段中青年教师比例在32个可获得数据的国家中排第3位。可见，中国中青年教师比例总体较高。

但是，中国每万人口中教师数量较少，中小学班额较大，生师比高于多数国家，教师工作时间也较长。

从中国每万人口中教师数量来看，与可获得数据的OECD和G20国家相比，中国每万人口中的幼儿园、小学、中学和高校教师数量都较少。2012年，中国每万人口中的幼儿园教师数量为10.92人，在可获得数据的28个国家中排第24位；中国每万人口中的小学教师数量为41.47人，在可获得数据的33个国家中排第19位；中国每万人口中的中学教师数量为44.27人，在可获得数据的28个国家中排第26位；中国每万人口中的高校教师数量为7.49人，在可获得数据的26个国家中倒数第1。

从班额来看，2012年各国小学班额平均为22.30人，中国班额最大，为38.18人；各国初中班额平均为25.30人，中国班额远大于其他国家，为51.80人。

从生师比来看，2012年，在可获得数据的32个国家中，各国幼儿园生师比均值为15，中国为25，排第29位；在可获得数据的37个国家中，各国小学阶段生师比均值为15.44，中国为17，排第25位；在可获得数据

的 36 个国家中，各国初中阶段生师比均值为 13.39，中国为 13，排第 20 位；在可获得数据的 35 个国家中，各国高中阶段生师比均值为 13.49，中国为 16，排第 27 位；在可获得数据的 21 个国家中，各国高等教育阶段生师比均值为 15.44，中国为 17，排第 16 位。

从教师工作时间来看，2012 年，在可获得数据的 30 多个国家中，中国中小学教师工作时间均较长，位居前 3。

中国教师数量相比学生数与人口数都较少，所以生师比较高，班额也较大，这说明国家应采取切实措施增加教师供给，缓解教师资源配置的结构性矛盾，使教师资源释放巨大的能量，迸发更多的活力。

（五）幼儿园和中小学教师主观幸福感较强，但工资待遇满意度存在差异

从幸福感来看，幼儿园教师选择“比较幸福”“幸福”和“非常幸福”的总比例为 90.10%，绝大多数幼儿园教师主观幸福感强。幼儿园女教师主观幸福感高于男教师；中部地区幼儿园教师主观幸福感高于东部和西部地区幼儿园教师。中小学教师选择“比较幸福”“幸福”和“非常幸福”的总比例为 70.10%，即中小学教师总体上感觉自己比较幸福。中小学女教师主观幸福感高于男教师；城市中小学教师主观幸福感高于乡镇中小学教师；中部地区中小学教师主观幸福感高于东部地区中小学教师，东部地区中小学教师主观幸福感高于西部地区中小学教师；高中教师主观幸福感高于小学教师，小学教师主观幸福感高于初中教师。

对于工资待遇的看法，幼儿园教师和中小学教师存在差异。五成幼儿园教师对工资待遇较满意。幼儿园教师对工资待遇选择“比较满意”“满意”和“非常满意”的总比例为 49.50%，且乡镇幼儿园教师对工资待遇满意度高于城市教师。但是，仅不到 1/4 的中小学教师对目前的工资待遇比较满意。中小学教师对工资待遇选择“比较满意”“满意”和“非常满意”的总比例仅为 23.10%，且中小学女教师对工资待遇的满意度高于中小学男教师，东部地区中小学教师对工资待遇满意度高于中部和西部地区中小学教师。幼儿园教师对工资待遇满意度较高，与自 2010 年起实施的

“学前教育三年行动计划”关系较大。仅 2010 年，全国学前教育经费总投入剧增至 7280133 万元，比 2009 年的 2447892 万元增长了 4832241 万元，增幅达 197.4%，占教育总投入的 3.72%（刘占兰，2013）[75]。

三、提出的政策建议

在新的历史发展起点上，面对新形势、新任务，中国教师队伍建设，尤其是农村中小学教师队伍建设还存在着一些亟待解决的问题。针对这些问题我们提出了相应的政策建议。

（一）提高教师的专业能力

我国基础教育课程改革已经进行十余年了，中小学都在积极创建符合新课程理念的课堂，需要教师具备新课程理念等专业能力。因此，亟须建立有效机制，提高教师专业能力。

一是指导教师树立专业愿景，增强教师的成长意识；二是师范院校增加教师专业能力课程设置，培养师范生的实践能力；三是学校要制定教师发展规划，将教师引导到专业发展轨道上来；四是学校应建立教师专业成长记录袋管理系统，给广大教师搭建多元展示平台，让教师体验成长的快乐。

（二）加快补充农村音体美、英语和信息技术教师

我国农村教师队伍普遍存在教师老龄化问题，农村小学音体美、英语和信息技术教师有比较严重的缺口。建议：一是各省份要严格落实城乡统一教师编制，也可根据本地区实际制定农村教师动态编制管理办法，如，各县统筹管理教师编制，为紧缺学科教师留出一定数量的动态编制；二是扩大“特岗计划”覆盖范围，将特岗教师分配到中西部乡村小学、初中和普通高中，尤其是边远贫困地区农村中小学，要通过“特岗计划”和大学生支教等增加体育、英语、音乐、美术和信息技术等学科教师数量，补充

紧缺学科教师；三是进一步加大城镇优秀教师支援农村教育工作力度，鼓励大中城市优秀教师到农村支教，建立县域内城镇教师定期到农村任教的长效机制。采取城镇学校与农村学校结对帮扶、特级教师巡回指导等方法，实现区域之间、学校之间优质教师资源共享。

（三）加强师德建设，提高教师专业情感

教师应“学为人师、行为世范”，对学生起到引领和示范的作用。建议：一是各级教育行政部门要加强师德建设，开展教师伦理道德教育和职业情感教育，进一步提高广大教师的职业道德水平，丰富其职业情感，让教师更加热爱教育事业，热爱学校，热爱课堂和学生；二是引导教师建构职业愿景，使广大教师人人有愿景，对教师职业怀有美好的理想和愿望；三是指导教师制定职业发展规划，做出中长期发展规划，使每位教师在规划的引领下实现专业成长；四是树立榜样，典型引路，评选各级师德标兵和先进教师，在精神和物质方面给予表彰和激励。

（四）制定相应政策，提高教师福利待遇

福利待遇直接影响着教师工作、生活的物质保障水平和精神状态。提高教师福利待遇是加强教师队伍建设的首要任务。建议：一是各地要结合本地区的财政情况，加大经费支持力度，确保教师福利待遇得到保障；二是建立以省级政府为主的基础教育管理体制，完善教师工资制度，建立以省级为主，中央为辅，地方积极承担的机制，确保农村中小学教师工资及时发放，逐步提高农村中小学教师的工资待遇；三是各学校要多方筹资，改善教师生活待遇，为他们提供物质保障，要建立农村教师多元激励机制，在教师资源初次分配时优先考虑农村学校，建立相应物质奖励和精神激励制度，吸引优质师资到农村中小学工作；四是各级政府要在人事管理制度、职称评审制度、职务评聘制度、激励制度和保障制度上统筹设计，总体规划；五是通过完善职称评审制度，充分调动农村中小学教师的工作积极性和能动性。

（五）丰富教师培训内涵

建议培训机构充分研究在职教师的培训需求，创新培训方式方法，多采用体验式培训法和实践指导法。一是要组织专家团队重新研讨培训模式和培训方法，就如何充分体现新课程理念和提高新课程教学能力等方面进行深入研究，专门突出“培训模式”模块；二是要全面提升各级培训的内涵和质量，应该使教师培训从传递式培训转向建构式培训，从专家讲授式培训转向体验式培训，从舞台式培训转向小组合作团队式培训；三是要充分利用信息化手段进行教师研训，普遍提高农村中小学教师专业素质；四是加强教师培训的管理，建立培训经费保障机制。

（六）加强教师工作管理，提高教师职业幸福感

教师的教学工作是一种专业化的工作，应加强相应的机制和制度建设，搭建教师有效、持续、科学工作的平台，提高工作效率和质量。建议：一是各省份教育行政部门要深化考试制度改革，积极推进学生综合素质评价，由分数竞争走向综合素质评价，使高中教育管理走向科学化、规范化，使高中教师和高中学生身心健康得以保障；二是改善师生关系，教师要重构符合新课程理念的师生观，建立人文、民主、和谐、平等的师生关系，由高度负责的授受关系走向相互促进的合作关系；三是培养教师导学能力，把教学核心工作放在如何让学生学会学习上，提高单位时间内的教学效率、工作效率，真正实现教师解放和学生解放，教师才能获得职业成就感和幸福感。

（七）健全学前教育师资保障体系

今后我国学前教育发展的总体思路是建立以县—乡—村三级学前教育资源整合机制为主要途径，以优质教师为基本保障，以科学管理为支撑手段的学前教育新体系。在现有学前教育教师队伍建设基础上，通过多元途径健全农村学前教育师资保障体系。建议：一是建立保障幼儿教师地位和待遇的长效机制，要对农村幼儿园教师实行倾斜政策，进一步落实并提高

农村幼儿园教师福利待遇，健全农村幼儿园教师社会保障制度，实施农村幼儿园教师特殊津贴和住房保障政策，确保农村幼儿园教师进得来，留得住；二是建立培养幼儿园教师的长效机制，国家要通过定向培养、“特岗计划”、委托培养等多种途径培养合格的幼儿园教师，保证每个省市至少有一所幼儿师范专科学校；三是完善农村幼儿园教师职称评审制度，针对目前幼儿园教师职称评审较难的问题，政府应该设置单独的幼儿园教师职称晋升渠道，制定适合农村幼儿园教师的职称评审制度并逐步完善；四是要积极完善幼儿园教师培训保障机制，加大政府财政投入，建立检查、督导、公示与问责制度，确保幼儿园教师每年得到专业素养培训；五是通过多种途径建立中西部农村幼儿园教师的配备、补充和专业发展机制，加强农村幼儿园教师队伍建设，逐步配齐农村幼儿园教师；六是建立农村幼儿园教师巡回指导制度，在县域内组建幼儿园教师巡回指导团队。

（八）着力加强职业教育师资培养机构建设

中职教育发展过程中的主要问题是教师数量不足，区域间、校际发展不平衡，中职教育与普通高中教育存在差距，教师待遇不高，师资培训力度不够。因此，建议各级政府和教育行政部门高度重视职业中学师资的培养和培训：一是在综合大学设立职业教育师资专业，培养、培训职业教育师资，缓解中职教师数量不足问题；二是加强高等职业学校对中职师资培养的力度，培养适应职业中学多元课程教学需要的多元师资，满足职业学校多元课程教学需要；三是职业院校要与大中型企业建立师资合作培养机制，提高见习活动等实践课程的比例，提高职业教育师资的实践操作能力。

（九）创新师范院校教师培养模式，培养适应新课改的教师

职前教师教育应着眼于人的终身发展，突出能力本位教学，强调自主合作探究的学习方法。建议：一是国家要加大师范院校课堂教学模式改革力度，在内涵上与基础教育课程改革保持一致性和趋同性，在教学过程思维上实现根本性的转型，从“先教后学”教学思维向“先学后教”“先学后导”“先学后研”转型；师范生只有在大学课堂体验了自主合作探究，才能对新课程理念和教学有更深刻的认识和感悟，才有可能在将来走上中小学教学岗位时，开展符合新课程理念的课堂教学；当下中小学需要的是能够进行新课程课堂教学改革的新型教师，这是当下师范院校教学改革的首要任务。二是师范院校课程设置要增加实践课程，培养师范学生的导学能力；师范院校应加大教师教育改革力度，重点创新课程设置，增加实践课程，使学科知识课程和实践课程实现1∶1设置，根据学生成长和教师发展需要丰富和扩充实践课程，教育实习时间由现在的6周增加到1—2学年。三是改革大学课堂教学法，由传递式教学范式走向建构式教学范式，围绕如何培养学生自主合作探究学习能力进行系统设计，重点培养大学生指导学生自主合作探究学习的导学能力和终身学习能力。

第一章
教师发展概况

促进教育事业优先发展、公平发展，关键在于建设一支师德高尚、业务精湛、结构合理、充满活力的高素质专业化教师队伍。2003 年以来，国家采取多种政策措施，逐步深化教师管理改革，教师队伍建设取得明显成效。教师队伍规模逐步扩大，队伍结构趋于合理，教师整体素质稳步提高，教师待遇也明显改善。

一、教师队伍规模逐步扩大，结构趋于合理

当前，实现建设高素质专业化教师队伍的总体目标，要求教师数量满足各级各类教育发展需要，教师队伍的年龄、学历、职务（职称）、学科等结构与教育事业发展相协调。近年来，我国教师数量稳步增长，结构趋于合理。从规模上看，专任教师数量有所上升。从结构上看，性别和年龄结构总体趋于合理，男女教师比例总体适当，中青年教师成为教师队伍的主力；学科教师配置进一步优化，中小学体育、音乐、美术、信息技术教师比例略有上升。我国专任教师数量逐年增长，教师资源配置逐步优化，基本满足教育发展需要，但教师队伍结构性矛盾依然存在，例如，农村幼

儿园和小学师资紧缺，中小学体育、音乐、美术、信息技术专任教师比例偏低。①

（一）幼儿园和普通高校专任教师比例增长较快

专任教师是指具有教师资格，专门从事教学工作的人员，包括临时（一年以内）调去做其他工作的教学人员。它是体现一国教师数量的常用指标，反映该国教育投入的总体水平以及教师职业的工作条件。整体上看，一国的专任教师数量越多，说明该国教育投入的总体水平越高，教师整体工作压力越小，整体工作条件越好。

近年来，根据国家要求，幼儿园教师队伍建设以补足配齐为重点，而高等学校教师队伍建设以中青年教师和创新团队为重点，因而幼儿园和普通高校的专任教师数量增长较快。2003 年，全国幼儿园、普通中小学、中职学校和普通高校的专任教师数为 12386705 人（教育部发展规划司，2004）[2]，其中幼儿园（含园长）、小学、初中、普通高中、中职学校、普通高校的专任教师分别占 5.72%、46.04%、27.99%、8.64%、5.76%、5.85%。2012 年，全国幼儿园、普通中小学、中职学校和普通高校的专任教师数为 14219753 人（教育部发展规划司，2013）[2]，比 2003 年增长 1833048 人，其中幼儿园（含园长）、小学、初中、普通高中、中职学校、普通高校的专任教师分别占 11.80%、36.02%、24.64%、11.22%、6.20%、10.12%。

由此看出，2012 年与 2003 年相比，除了小学和初中阶段的专任教师占全国专任教师比例有所下降外，其他学段的专任教师比例均有所上升。其中，幼儿园专任教师的增幅最大，普通高校专任教师的增幅次之。这与小学学生数量减少、小学教师转岗到幼儿园以及普通高校扩招导致高校学

---

① 本报告有关教师发展维度和指标的数据取 2003 年和 2012 年数据，主要是考虑到高校扩招后，2003 年首届毕业生走向社会，这对毕业生人数、在校生人数等数据的统计具有重要参考意义，加之 2003 年有关教师发展的统计数据与 2012 年的统计数据在统计项目和方法等方面具有一致性，同时，这两年的数据还具有可比较性和可获得性。另，除官方统计数据外，各章节其他数据截至 2013 年年底。

生数量增加而对高校师资的需求增长有关。

（二）中职学校专任教师占教职工总数的比例增长较快

专任教师占教职工总数的比例可反映学校教师资源的配置状况。

近年来，中职学校的专任教师占教职工总数的比例比普通中小学和普通高校的专任教师占教职工总数的比例增幅更大。2012 年，普通中小学、中职学校和普通高校的专任教师占教职工总数的比例均比 2003 年有所上升，其中，普通高校专任教师占教职工总数的比例增长最快，从 2003 年的 49. 89%增至 2012 年的 63. 89%；中职学校次之，从 2003 年的 65. 83%增至 2012 年的 74. 07%（教育部发展规划司，2013）[2]。这与近年来国家注重发展职业教育有关。

（三）普通高校聘请校外教师比例有所增加

校外教师是由学校聘请的具备教师基本素质或教师资格、能独立承担教学任务的兼职教师，是学校教师队伍的重要组成部分。目前，中职学校专业教师和实习指导教师比例偏低，迫切需要兼职教师加入；随着高等教育规模的扩大，高校对教师的需求急剧增加，短期引进大量符合条件的在编教师不太符合现实，校外教师成为高校教师的必要补充。

2012 年，中职学校聘请校外教师 106549 人，所聘校外教师占中职学校专兼职教师总数的 15. 58%，比 2003 年增长 1. 49%；普通高校聘请校外教师 387673 人，所聘校外教师占普通高校专兼职教师总数的 26. 92%，比 2003 年增长 8. 39%（教育部发展规划司，2013）[54,107]。

中职学校和普通高校聘请校外教师比例的增加，与中职学校和普通高校对师资的迫切需求有关，也与政府支持密不可分。2006 年 12 月，教育部、财政部启动“中等职业学校教师素质提高计划”，其主要任务之一就是支持中等职业学校面向社会聘请专业技术人员、高技能人才兼职任教，促进教师队伍结构的优化。在高等教育方面，教育部自 1998 年启动“高层次创造性人才计划”“长江学者奖励计划”等一系列人才计划，广揽学界精英。2011 年起，教育部实施新的“长江学者奖励计划”，每年支持高校聘任150名特聘教授、50名讲座教授（栾宗涛，王磊，周家贵，2009）。新的“长江学者奖励计划”“海外高层次人才引进计划”与“青年英才开发计划”等共同构成国家高层次人才培养支持体系。

（四）女教师比例有所上升

教师的性别比例能反映教师资源配置情况，合理的教师性别结构应该是男女教师各占50%。近年来，我国各学段专任教师中的女教师比例有不同程度增长，其中幼儿园专任女教师增长最快。

当前，实现建设高素质专业化教师队伍的总体目标，要求教师队伍的性别结构相对合理，与教育发展相协调。整体上看，除幼儿园和小学外，我国教师队伍中女教师比例总体接近50%，专任教师的性别结构相对合理。2012年，我国各学段的女教师比例均比2003年有所增加：幼儿园女教师占园长和专任教师总数的86.39%（教育部发展规划司，2013）[184]，比2003年增长1.46%，幼儿园教师的“女性化”倾向明显；小学和初中女教师比例分别为64.98%和50.92%，分别比2003年增长11.42%和5.63%（教育部发展规划司，2013）[136,158]；普通高中、中职学校和普通高校的女教师比例均未超过专任教师总数的一半，分别为49.05%、49.96%、47.28%，比2003年分别增长8.83%、3.81%、5.57%（教育部发展规划司，2013）[54,74,96]。比较不同学段可以看出，幼儿园女教师比例最高，这可能与女教师大多性格比较温柔，考虑事情比较细致，富有爱心和童心，容易走进幼儿的生活和心灵等因素有关，还与幼儿园教师待遇不高，难以吸引男教师这一因素有关。

（五）中青年教师占七成以上

教师的年龄结构是反映教师队伍的资源配置的重要指标之一。当前我国中小学教师年龄结构总体相对合理，中青年教师成为中小学教师的主体，45岁及以下的教师成为中小学教师的主力。

当前，实现建设高素质专业化教师队伍的总体目标，要求教师队伍的年龄结构与教育事业发展相协调。2012年，各学段45岁及以下专任教师比例，除了小学有所上升以外，其他各学段均有所下降。具体说来，2012年，小学、初中、普通高中、中职学校和普通高校45岁及以下专任教师比例分别为76.66%、81.06%、83.92%、79.24%、74.71%（教育部发展规划司，2013）[56,74-75,112-113,138-139,158-159]；而2003年，小学、初中、普通高中、中职学校和普通高校45岁及以下专任教师比例分别为71.83%、86.34%、88.26%、82.73%、79.38%。比较而言，初中、普通高中和中职学校专任教师年龄结构相对合理，而小学、普通高校专任教师略显“老龄化”趋势。

（六）中小学和中职学校的学科教师配置进一步优化

学科教师配置是否合理，对教育质量有一定影响。近年来，为了适应教育事业的发展，中小学和中职学校的学科教师配置进一步优化，但中小学音乐、体育、美术、信息技术专任教师比例和中职学校实习指导课专任教师比例仍然相对偏低，学科结构性矛盾仍然存在。2012年，小学音乐、体育、美术、信息技术专任教师比例分别为3.50%、4.95%、3.22%、2.16%（教育部发展规划司，2013）[158-159]，比2003年略有增长，分别增长1.23%、1.83%、1.32%、1.06%；初中音乐、体育、美术、信息技术专任教师比例分别为2.49%、5.13%、2.39%、2.50%（教育部发展规划司，2013）[136-137]，比2003年分别增长0.23%、0.37%、0.25%、0.48%。2012年，普通高中音乐、美术专任教师比例分别为1.71%、1.84%，比2003年略有增长，分别增长0.46%、0.49%；体育、信息技术专任教师比例分别为4.80%、2.43%，比2003年略有下降，分别下降0.43%、0.15%（教育部发展规划司，2013）[74-75]。2012年，中职学校文化基础课、专业课、实习指导课专任教师比例分别为42.67%、53.69%、3.64%，其中文化基础课、专业课专任教师比例均有所下降，分别比2003年降低5.25%、4.58%，而实习指导课专任教师比例略有提升，增幅为0.66%（教育部发展规划司，2013）[102]。

整体上看，中小学音乐、体育、美术、信息技术专任教师比例偏低，与这些学科并非中小学主要学科，考试分值较低，教师数量不足等因素有关；高中阶段这些学科教师的比例更低，这与高中生面临毕业和高考，主要考试学科挤占时间有关。中职学校文化基础课和专业课专任教师比例有所下降，与中职学校较多关注学科设置的实践性有关。

二、教师素质稳步提高

教师队伍建设的总体目标是建设一支师德高尚、业务精湛、结构合理、充满活力的高素质专业化教师队伍。近年来，国家在教师队伍建设中力求构建师德建设的长效机制，健全教育、宣传、考核、监督与奖惩相结合的师德建设工作机制。在实际教育教学工作中，通过开展各种形式的师德教育，加大优秀师德典型宣传力度，完善师德考评制度，严惩失德行为，教师队伍的师德水平逐步提高，学历和职称稳步提升，教师整体素质逐步提高。

（一）师德建设工作进一步加强

改革开放以来，我国出台了一系列规章制度和法律法规，明确了针对中小学、职业学校、普通高校的师德要求和规范，探索建立健全教育、宣传、考核、监督与奖惩相结合的师德建设工作机制，促进了师德的提升。

1. 完善师德规章法规，强化师德管理制度

通过健全和加强有关师德的规章、法规，规范教师的师德行为，强化对师德的制度化管理，使师德建设规范化、制度化、法制化。

首先，完善师德法律法规。1993 年 10 月通过、2009 年 8 月修订的《中华人民共和国教师法》第八条规定的教师义务涉及大量有关师德的内容，如遵守宪法、法律和职业道德，为人师表，遵守规章制度，关心学生，促进学生在品德、智力、体质等方面全面发展，不断提高思想政治觉悟和教育教学水平。1998 年 8 月颁布的《中华人民共和国高等教育法》第四十六条规定，高等学校教师应当遵守宪法和法律，热爱教育事业，具有良好的思想品德；第五十一条规定，高等学校应当对教师的思想政治表

现、职业道德等进行考核，考核结果作为聘任（或解聘）、晋升、奖励（或处分）的依据。

其次，健全师德规章制度。2008 年 9 月，教育部和中国教科文卫体工会全国委员会修订的《中小学教师职业道德规范》规定，中小学教师应当做到爱国守法、爱岗敬业、关爱学生、教书育人、为人师表、终身学习。2011 年 12 月，教育部、中国教科文卫体工会全国委员会颁布《高等学校教师职业道德规范》，从爱国守法、敬业爱生、教书育人、严谨治学、服务社会、为人师表六个方面，对高校教师职业责任、道德原则及职业行为提出了要求。2013 年 9 月，教育部印发《中等职业学校教师专业标准（试行）》，要求中职学校教师依法执教、立德树人、为人师表、教书育人、自尊自律、关爱学生、团结协作，以人格魅力、学识魅力、职业魅力教育和感染学生，做学生职业生涯发展的指导者和健康成长的引路人。

最后，健全师德管理制度。2002 年 2 月，教育部印发《关于加强学术道德建设的若干意见》，要求抓好教师的学术风气和学术道德建设，树立法制观念，保护知识产权，尊重他人劳动和权益，维护学术评价的客观公正；为人师表，言传身教；以德修身，率先垂范。2005 年 1 月，教育部印发的《关于进一步加强和改进师德建设的意见》提出，弘扬高尚师德，力行师德规范，强化师德教育，优化制度环境，不断提高师德水平。2013 年 9 月，教育部出台《关于建立健全中小学师德建设长效机制的意见》，提出建立健全教育、宣传、考核、监督与奖惩相结合的中小学师德建设长效机制。同时，将师德考核作为中小学教师考核的核心内容，摆在首要位置，师德考核不合格者在年度考核中应评定为不合格，并在教师资格定期注册、职务（职称）评审、岗位聘用、评优奖励和特级教师评选等环节实行一票否决。2014 年 1 月，教育部印发《中小学教师违反职业道德行为处理办法》，明确了教师不可触犯的师德禁行行为。

2. 强化师德建设实效，提升师德素养水平

近年来，在国家有关政策规章和法律法规的引领下，各级各类学校多渠道、分层次开展师德教育，积极推进师德建设的改进创新，努力探索新形势下师德建设的特点和规律，特别在增强时代感，加强针对性、实效性

上下功夫，讲究实际效果，师德建设更加贴近实际、贴近教师，教师的师德水平逐步提升。

第一，开展师德教育培训。对学校班主任、辅导员等德育工作者进行师德教育专题培训，建立和完善新教师岗前师德教育制度，把师德教育作为新一轮中小学教师全员培训的首要任务和重点内容。截至 2013 年 2 月，全国已有 30 个省份将师德建设纳入年度工作计划，并将师德教育作为各级教育培训的重要内容。2013 年，各高校以贯彻落实《高等学校教师职业道德规范》为契机，切实加强师德师风建设。武汉大学、兰州大学等将该规范作为新教师培训的重要内容，并将学习宣传该规范的精神与学习师德模范活动紧密结合（张以瑾，梁杰，2013）。

第二，严格师德考核管理。完善教师资格认定制度和新教师聘用制度，将师德表现作为教师年度考核、职务聘任、派出进修和评优奖励等的重要依据。坚持制度约束、典型引领、活动推动、绩效考核、奖惩激励，逐步构建师德建设的长效机制。制定教师教育课程标准和教师专业标准，把师德作为制度设计的首要内容，实行师德表现“一票否决”。将师德表现作为教师资格认定和定期注册、绩效考核、职称评审、岗位聘用、评优奖励的首要内容，建立健全师德建设的激励和约束机制。2013 年，天津大学、中国政法大学、东北大学等高校将师德表现作为教师考核的重要内容以及聘任、奖惩的重要依据（张以瑾，梁杰，2013）。一系列考核管理措施的实施，强化了教师的师德意识，固化了教师的师德行为，提升了教师的师德素养。

第三，依法惩治失德行为。对于有严重失德行为、影响恶劣的教师，撤销其教师资格并予以解聘；对于有构成犯罪的失德行为的教师，在将其剔除出教师队伍的同时，依法追究其刑事责任。2013 年 5 月 8 日至 27 日，全国曝光 7 起被依法追究刑事责任的教师性侵幼女案件，如海南省万宁市第二小学校长强奸女生案件、安徽省潜山县某小学校长杨某强奸猥亵儿童案件、湖南省郴州市嘉禾县普满中心小学教师曾某猥亵多名女生案件，等等（价值中国网，2013）。对失德行为的惩治，给有失德倾向的教师以有力的警示和告诫，促进了教师队伍师德素养的提升。

3. 开展师德宣传表彰，弘扬高尚师德

教育部每年广泛宣传模范教师先进事迹，表彰师德先进人物，引导广大教师遵守师德规范，倡导尊师重教的良好社会风尚。

每年教师节，教育部都组织师德主题教育活动，以庆祝教师节和表彰优秀教师为契机，集中开展师德宣传教育活动。近年来，教育部联合有关媒体连续开展了3届全国教书育人楷模推选活动，充分利用现代媒体传播速度快、影响面广的优势，广泛、深入地宣传优秀教师的感人事迹，传递正能量。2012年，教育部坚持把师德建设摆在教师队伍建设的首要位置，取得了显著成效。“最美女教师”张丽莉等师德楷模不断涌现，生动诠释了“学为人师、行为世范”的崇高师德（张以瑾，梁杰，2013）。截至2012年，全国举办过10次大规模教师表彰活动，总计表彰11670人，其中全国模范教师2909人，全国优秀教师7200人，全国中小学优秀班主任399人，全国优秀中小学德育课教师200人，全国中小学德育先进工作者200人，全国师德标兵330人，全国师德先进个人432人。2013年9月，汪秀丽等10名教师被评选为全国教书育人楷模，张其星等8名四川芦山抗震救灾优秀教师获全国教书育人楷模特别奖。师德模范和先进人物为广大教师树立了榜样，带动了教师师德素养的提高。

（二）高一级学历教师比例增长较快

教师学历合格率和高一级学历教师比例，是衡量教师专业水平、学术能力和整体素质的基础性指标，在一定程度上可以反映教师的业务能力和水平。

近年来，各学段专任教师学历合格率稳步提升，而高一级学历专任教师比例上升幅度较大。与2003年相比，2012年各学段高一级学历专任教师都有较大幅度增加，尤其是小学和初中两个学段，但普通高中和中职学校的高一级学历专任教师比例相对偏低，有待进一步提升。2012年，全国幼儿园、小学、初中、普通高中、中职学校、普通高校的教师学历合格率分别为97.08%、99.81%、99.12%、96.44%、86.95%、98.58%，比2003年分别增长2.49%、1.96%、7.08%、20.23%、20.41%、2.72%；全国幼

儿园、小学、初中、普通高中、中职学校、普通高校的高一级学历教师比例分别为66.38%、84.91%、71.63%、5.01%、5.15%、53.34%，比2003年分别增长25.36%、44.39%、47.80%、4.15%、4.07%、20.76%（教育部发展规划司，2013）[54,74,136,158,186,414-415]。

各学段专任教师学历合格率和高一级学历教师比例的上升，与近年来高等教育由“精英化”走向“大众化”有关。由于高校毕业生大幅增加，中小学招聘的较高学历教师也不断增加；另外，近年来国家的教师培养和培训项目，如“硕师计划”“特岗计划”等，对中小学教师学历的提升起到了积极作用。当然，各学段专任教师学历合格率较高，与专任教师的合格学历规定和要求处于较低水平有关，例如，担任小学、初中、普通高中教师的合格学历分别仅为高中、专科、本科。为促进教育的发展，满足国家和民众对高质量教育的要求，顺应国际教师学历发展趋势，应逐步提高对各学段专任教师的合格学历要求，并尽可能吸纳具有硕士及以上学历的教师任教于中小学，逐步提高中小学教师的业务能力和整体素质。

三、教师培养培训不断加强

（一）教师培养改革不断推进

近年来，我国不断推进教师培养改革，不断推进教师培养主体的多元化，提升教师培养层次。同时，加强教师培养实践环节，努力构建高等院校—地方政府—中小学三位一体的教师培养新机制。

1. 中小学教师培养主体逐渐多元化

教师教育机构主要包括师范院校和举办教师教育的非师范院校。下文从师范院校与非师范院校，本科、专科与中师三个层次以及地区分布来分析教师教育机构。

（1）举办教师教育的院校中非师范院校多于师范院校

2012年，全国培养本专科师范生的师范院校154所。其中包括：师范大学 41 所（含部属师范大学 6 所，省属师范大学 35 所，其中“211 工程”学校 9 所，“985 工程”学校 2 所，在省会城市的师范大学 29 所）；师范学院 70 所（在省会城市的学院有 14 所）；师范专科学校 43 所（在省会城市的有 9 所）。从比例上看，师范学院占 45.45%，师范大学占 26.62%，师范专科学校占 27.92%①，师范学院的比重较大。举办教师教育的本专科层次的非师范院校 330 所，其中综合大学 57 所，地方综合性学院 137 所，高职高专 93 所，独立学院 33 所，其他院校 10 所。从比例上看，地方综合性学院比重最大，占 41.52%，其次是高职高专（28.18%）和综合大学（17.27%），再次是独立学院，占 10.00%，其他院校所占比例偏低。

（2）教师教育院校以本科和专科层次培养为主

2012 年，全国培养本科层次师范生的院校共 340 所，其中师范大学 41 所，师范学院 70 所，综合大学 57 所，地方综合学院 132 所，教育学院 1 所，独立学院 33 所，其他院校（分校、大专班）6 所。培养专科层次师范生的院校共 340 所，其中师范大学 14 所，师范学院 52 所，师范专科学校 41 所，综合大学 18 所，地方综合学院 96 所，高等专科学校（除师专外）5 所，教育学院 15 所，独立学院 5 所，高等职业学校 88 所，其他院校（分校、大专班）6 所。培养中等师范层次学生的师范学校共 123 所。

（3）教师教育院校东部和中部地区分布多于西部地区

从教师教育院校地区分布来看，举办教师教育的院校最多的是河南（33 所）和江苏（30 所），最少的是青海（2 所）、宁夏（3 所）、海南（3 所）和天津（3 所）。分地区来看，东部地区 166 所，占教师教育院校总数的 34.30%；中部地区 169 所，占 34.92%；西部地区 149 所，占 30.79%；在各地举办教师教育的院校中，院校分布比较平均。在举办教师教育的师范院校中，东部占 31.82%，中部占 35.06%，西部占 33.12%，差别不明显。在举办教师教育的非师范院校中，东部和西部均占 35.50%，西部略低，占 28.99%。

---

① 本书中部分数据的计算为四舍五入的结果，各分项和略超出或少于总和的情况，视为正常，下同。

2. 全国本科层次师范生占主体

2012年，全国普通院校师范类毕业生总计56.37万人，其中本科32.86万人，专科18.38万人，中师5.13万人（不含其他中职师范类毕业生17.7万人），分别占58.29%、32.61%、9.10%。从招生数来看，师范类招生总计60.04万人，其中本科36.74万人，专科15.06万人，中师8.24万人，分别占61.19%、25.08%、13.72%。从在校生数来看，师范类在校生219.29万人，其中本科144.39万人，专科52.33万人，中师22.57万人，分别占65.84%、23.86%、10.29%。

3. 教师教育专任教师总体状况

全国举办教师教育的院校共有专任教师38.90万人。其中公共课、基础课教师9.59万人，占专任教师总数的24.65%；专业课教师27.76万人，占专任教师总数的71.36%；当年不任课教师1.55万人，占专任教师总数的3.98%。分地区来看，东部教师为14.89万人，占全国总数的38.28%；中部教师为13.52万人，占全国总数的34.76%；西部教师为10.49万人，占全国总数的26.97%。

从年龄上来看，专任教师中年龄在30岁及以下的有6.98万人，占总数的17.94%；31—35岁的有9.44万人，占总数的24.27%；36—40岁的有6.72万人，占总数的17.28%；41—45岁的有5.63万人，占总数的14.47%；46—50岁的有5.95万人，占总数的15.30%；51—55岁的有2.35万人，占总数的6.04%；56—60岁的有1.53万人，占总数的3.93%；61—65岁的有2102人，占总数的0.54%；66岁及以上的有999人，占总数的0.26%。

从学历上看，博士研究生学历的有6.71万人，占专任教师总数的17.25%；硕士研究生学历的有14.10万人，占专任教师总数的36.25%；本科学历的有17.68万人，占专任教师总数的45.45%；专科及以下学历的有4068人，占专任教师总数的1.05%。分地区看，获博士学位的人数东部为3.71万人，占55.29%；中部为1.76万人，占26.23%；西部为1.24万人，占18.48%。

从职称上看，在专任教师中，职称为正高级的有4.65万人，占专任教师总数的 11. 95%；职称为副高级的有 11. 54 万人，占专任教师总数的 29. 67%；职称为中级的有 16. 13 万人，占专任教师总数的 41. 47%；职称为初级的有 4. 99 万人，占专任教师总数的 12. 83%；无职称的有 1. 59 万人，占专任教师总数的 4. 09%。分地区看，东部的正高级职称人数为 2. 17 万人，占 46. 67%；中部为 1. 37 万人，占 29. 46%；西部为 1. 11 万人，占 23. 87%。

4. 教师培养模式贴近实践

教育部通过加强地方政府、高校和中小学“三位一体”的合作机制来强化教师培养的实践环节。“三位一体”新模式受到中小学和地方政府的广泛欢迎和好评。近年来，一些师范院校改变关门举办教师教育的模式，与地方政府、中小学建立了合作共赢的伙伴关系，师范生培养走出了“象牙塔”。教育部教师工作司通过组织召开现场会和新闻宣传等方式，大力推广典型经验和做法，推进各地各师范院校创新教师培养模式，建立高校、地方政府、中小学合作培养师范生新机制。这种模式得到广大师范院校的高度认同和积极响应，已经普遍成为教师人才培养模式的实践行动。同时，确定西南大学等 11 所师范大学开展“卓越教师培养计划”前期试点工作，在培养目标、培养模式、培养内容、培养机制等方面进行实践探索，为全面实施“卓越教师培养计划”奠定理论和实践基础。如，东北师范大学为教育硕士聘请中学教师作为导师，其培养模式改革涉及教育实践模式、课程体系、课程内容与教学三个部分。改革改变以往教育硕士培养中“课程学习+教育见习+集中教育实习”的分段式做法，在优质中学建立教育实践与研究工作站。教育硕士一入学即进站，在大学导师和中学兼职导师的共同指导下，围绕教育实践能力培养，来完成课程学习、实践教学和课题研究。该培养模式为学生创设真实情境，设计中学教育实践活动，以使课程学习与教育实践同步进行，使理论与实践有效衔接和沟通（王培莲，2014）。

河北师范大学近年来不断强化教师教育特色，着重在基层培养和锻炼学生，已有 18021 名学生到省内外 14 个设区市 110 多个县（市、区）的 2900 余所县以下农村中学接受了锻炼。让师范生把理论知识融入实践，把书本知识应用在讲台，不仅使学生各方面的能力有所提升，也不断为学校教学改革增添活力。成都师范学院搭建了“师范院校+地方政府+中小学校”的“2+1”合作平台，创建了“校地共建”教师培养新机制。三年间，当地中小学校对该学院学生参加顶岗支教实习的满意度达到了98.6%，师范生参加专业技能比赛也屡获大奖（吴天祎,吴晶,2013）。

（二）教师培训不断拓展

近年来，特别是《国家中长期教育改革和发展规划纲要（2010—2020年）》颁布以来，国家大力加强中小学幼儿园教师培训，培训的覆盖面不断扩大，培训体系逐步健全，培训模式不断改革。

1. 培训覆盖面不断扩大

教师培训从国家级到省级，从省级到市县级，再到校本培训，覆盖面逐步扩大。“国培计划”2010—2013年投入42.5亿元，共培训教师400万人，其中农村教师占95%以上。培训对象从普通教师到校长、园长全覆盖。中小学校长培训是加强校长队伍建设的重要举措，是推动基础教育改革发展的重要保证。中小学校长培训职能划转到教师工作司之后，教育部坚持顶层设计和制度创新双管齐下，开展了以下工作。一是印发了《教育部关于进一步加强中小学校长培训工作的意见》，针对校长培训中存在的突出问题，将教师培训的成功经验和有效机制引入校长培训领域，从内容、方式、制度、机制等几个方面提出要求，全面推动校长培训迈上创新化、规范化、制度化轨道。二是创新实施中小学校长国家级培训项目，实施农村中小学校长助力工程，成立项目办公室，首次实行参训校长自主选择培训机构机制，引入项目招投标机制，激发培训机构活力；首创“集中培训+返岗实践”培训方式，强化实践性培训，提高培训针对性和实效性；颁布“影子培训”质量标准，建设项目信息管理平台，首次开展培训督导和绩效评估，提高培训质量。2013年共培训中小学校长50811人。三是多措并举加大宣传力度，通过召开新闻发布会、组织专访、刊发答记者问、制作宣传海报、拍摄视频宣传短片等方式，开展了三轮集中宣传，取得了积极成效。

此外，国家高度重视高校青年教师在职培训与发展并采取了相应措施。一是2008年以来，实施高等学校青年骨干教师国内访问学者项目，培养了大批青年教师。二是2012年，教育部、中央组织部、中央宣传部、国家发展改革委、财政部、人力资源和社会保障部联合发布了《关于加强高等学校青年教师队伍建设的意见》，从提高青年教师思想政治素质和师德水平、健全青年教师选聘和人才储备机制、提升青年教师专业发展能力、完善优秀教师传帮带团队协作机制、造就青年学术英才和学科带头人以及实施好“青年千人计划”“青年拔尖人才支持计划”方面，强调大力引进和培养青年学术英才。通过在“长江学者奖励计划”中增设专门项目等途径来提高高校青年教师的专业能力。

2. 培训体系逐步健全

在教师培训方面已经建立起国家培训、省级培训、地市培训和校本培训四位一体的培训体系。特别是近几年来，以“国培计划”为引领，形成了国培、省培、市培、县培、校本培训“五位一体”的有效衔接、相互补充的培训体系格局。在“国培计划”“示范性项目”“中西部项目”和“幼师国培”的示范引领下，各省、市、区、县不断加强教师培训，完善培训体系。例如，甘肃省推出“组合拳”，即“陇原名师助力贫困县优秀青年教师成长计划”“百千万乡村教师素质提升计划”“万名乡村校长能力提升计划”三大工程，以此建立健全省、市、县、乡教师发展机制和培训体系（闫雅琪，2014）。江苏省苏州市成立教师发展中心，不断加强教师培训，根据教师终身学习和专业发展的规律与特点，开展有层次、系统化的培训。该中心建立从需求分析、方案设计、课程开发、实施管控到绩效评估的培训标准化体系，对不同学段、不同学科、不同教龄段的教师进行有针对性的培训，提升教师培训工作的科学性、规范性、针对性、实效性（教育部，2012）。北京市朝阳区通过建立多元化的培训方式，建立专业化的培训体系，构建了课程体系框架，按照教师的发展阶段和岗位类别，设置不同的培训项目，构建干部专业管理培训、教师专业发展培训、班主任专业研修培训、干部教师基本素养培训四支骨干力量（施剑松，2013）。

3. 培训模式不断改革

《国家中长期教育改革和发展规划纲要（2010—2020年）》颁布实施

以来，中央和地方不断加大培训力度，中小学、职业院校教师培训工作取得明显进展，但也存在着针对性不强、方式单一、参训动力不足等突出问题。为解决这些问题，国家采取了相应措施。一是教育部印发《关于深化中小学教师培训模式改革全面提升培训质量的指导意见》，从提出按需施训新理念、增强培训针对性、转变培训方式等八方面明确改革方向。通过印发“国培计划”项目管理办法、遴选国培专家、启动教师工作坊研修、推动网络研修与校本研修整合等举措，发挥示范引领作用。二是在浙江等4省开展中小学教师学分认定、学分银行和学分管理等试点工作，探索建立激发教师参训动力机制。三是依托20所院校，在全国200个区县开展中小学教师网络研修社区建设试点，利用信息技术手段构建“个人空间—名师工作坊—研修社区”一体化网络研修体系，探索教师培训常态化路径。四是推进县级教师培训机构与教研、科研、电教等部门的整合，认定47所示范性县级教师发展中心。五是会同联合国儿童基金会举办教师培训改革高级研修班，围绕利用信息技术推动教师培训改革进行深度研讨。

国家采取多项措施加强中职教师培训。一是“十五”以来每个五年规划均出台政策加强中等职业学校教师队伍建设。二是完善职业教育教师培养培训制度。2011年教育部颁布《关于进一步完善职业教育教师培养培训制度的意见》，加强对教师培养培训工作的统筹规划，实行多渠道招收职业教育师范生，完善职业教育师范生实践实习制度，建立高层次教师系统培养制度，落实教师继续教育制度。三是注重职业院校教师素质提升。2011年颁布《教育部财政部关于实施职业院校教师素质提高计划的意见》。2011—2015年，组织45万名职业院校专业骨干教师参加培训，其中中央财政重点支持培训10万名，省级培训35万名，以提高教师的教育教学水平，特别是实践教学和课程设计开发能力；支持2万名中等职业学校青年教师到企业实践，以提高教师的产业文化素养和专业技能水平；支持职业院校设立兼职教师岗位，以优化职业院校教师队伍的人员结构；支持国家职业教育师资基地重点建设300个职教师资专业点，开发100个职教师资本科专业的培养标准、培养方案、核心课程和特色教材，加强基地的实训条件和内涵建设，完善适应教师专业化要求的培养培训体系。四是加强职教师资本科培养资源开发工作。为进一步加强职教师资培养体系建设，提高职教师资培养质量，“十二五”期间，中央财政支持全国重点建设职教师资培养培训基地，开发100个职教师资本科专业的培养标准、培养方案、核心课程和特色教材。2012年10月，经严格遴选、评审，确定43个全国重点建设职教师资培养培训基地作为项目牵头单位。五是会同国资委等部门启动研制职业院校教师企业实践规定，推动职业院校教师定期到企业实践。六是推行“工学交替”教师培训模式，2014年培训3万名骨干教师、校长，选派1000名优秀教师、校长出国进修，支持65家职教基地建设100个专业点。七是创新职教“双师型”教师培养模式，2014年招收2450名职教教师在职攻读硕士学位，为各地培养骨干教师。

四、教师地位待遇逐步改善

教师是立教之本，有高水平的教师，才能有高水平的教育。吸引优秀人才从教和长期任教是确保我国教育质量的一项重要而紧迫的任务。影响优秀人才从教的关键因素很多，福利待遇是其中之一。我国自改革开放以来，非常重视提高教师的地位待遇，通过出台相关的法律法规和采取强有力的措施，深化事业单位的收入分配制度改革，切实保障我国教师的福利待遇。

（一）建立教师待遇保障机制

2012年，教育部、财政部、人力资源和社会保障部等相关部委联合出台了《关于加强幼儿园教师队伍建设的意见》《关于大力推进农村义务教育教师队伍建设的意见》以及《关于加强高等学校青年教师队伍建设的意见》，着重强调要切实保障幼儿园、中小学教师和高校青年教师的福利待遇和良好的工作及生活条件。2013年，教育部与财政部出台《关于落实2013年中央1号文件要求对在连片特困地区工作的乡村教师给予生活补助的通知》，要求对在连片特困地区工作的乡村教师给予生活补助，各地区要根据当地实际情况贯彻实施。

建立幼儿园教师待遇保障机制是幼儿园教师队伍建设的当务之急。《关于加强幼儿园教师队伍建设的意见》对公办幼儿园教师、民办幼儿园教师以及农村幼儿园教师分别做出了规定，要求公办幼儿园教师执行统一的岗位绩效工资制度，享受规定的工资倾斜政策，并按国家有关规定参加社会保险并依法享受社会保险待遇。企事业单位办、集体办、民办幼儿园教师工资和社会保险由举办者依法保障。对长期在农村基层和艰苦边远地区工作的幼儿园教师，实行工资倾斜政策。鼓励地方政府将符合条件的农村幼儿园教师住房纳入保障性安居工程统筹予以解决，改善农村幼儿园教师工作及生活条件。

我国自2009年开始实施义务教育阶段教师绩效工资制度，1000多万名义务教育学校教师的收入水平得到有力保障，农村教师工资增长幅度明显高于城镇教师。为了更好地实施绩效工资制度，有关部门出台了相关的政策文件，要求各地依法保障并逐步提高农村义务教育学校教师工资待遇，进一步做好农村义务教育学校教师绩效工资实施工作，按照“管理以县为主、经费省级统筹、中央适当支持”的原则，确保绩效工资所需资金落实到位。

发展义务教育，重点在农村，关键在教师。党中央、国务院对此十分重视，先后颁布了一系列政策措施加强农村教师队伍建设。但长期以来，我国城乡经济社会发展不平衡，边远贫困地区尤其是连片特困地区乡村师资力量比较薄弱，教师工作条件艰苦，任务繁重。2013年，教育部、财政部出台的《关于落实2013年中央1号文件要求对在连片特困地区工作的乡村教师给予生活补助的通知》，进一步体现了党和国家对农村教育的重视、对农村教师的关心，有利于进一步加强农村教师队伍建设，提高农村教育质量，促进义务教育均衡发展。落实乡村教师生活补助，坚持“地方自主实施、中央综合奖补”的原则，地方是落实乡村教师生活补助政策的责任主体，所需资金由地方财政承担，中央财政给予奖补。2013年启动实施的乡村学校和教学点教师生活补助政策，使优秀教师下得去、留得住、教得好。

高校教师的生存状态也是政府和社会普遍关注的问题。针对高校青年教师福利待遇较低和工作生活压力较大的情况，政府出台了相关文件给予规范和保障，要求进一步深化高等学校收入分配制度改革，完善体现岗位职责、工作能力和业绩的教师分配激励机制，保障青年教师合法权益，充分调动青年教师的积极性和创造性。规范教师校外兼职兼薪行为，激励青年教师将主要精力用于学校教学科研工作。关心青年教师生活，要主动协调学校与当地政府、社会的关系，因地制宜，采取有效措施帮助青年教师解决住房、子女入托入学等困难，让青年教师安居乐业。

（二）教师福利待遇稳步提高

自2009年我国开始实施义务教育阶段教师绩效工资制度以来，我国中小学教师的工资待遇稳步提高，特别是农村教师的工资待遇提高幅度较大。2003年，我国幼儿园、小学、中学、中等职业学校、高校教师年平均工资分别为4752.499、16383.749、17379.140、27894.012、45234.547元，2011年我国幼儿园、小学、中学、中等职业学校、高校教师年平均工资分别为21213.921、48283.684、44001.997、48283.684、69927.504元。与2003年相比，2011年我国幼儿园、小学、中学、中等职业学校、高校教师年平均工资增长倍数分别为3.464、1.947、1.532、0.731、0.546。

随着“集中连片特困地区乡村教师生活补助政策”的逐步扩大实施，乡村教师特别是连片特困地区乡村教师的平均收入水平将高于城镇教师，农村教师的职业吸引力将进一步扩大。截至2013年，我国已有219个县积极探索对农村教师发放补助，受益教师达到32.23万人。

（三）教师住房条件大幅改善

近年来，政府非常重视农村教师和高校青年教师的住房问题，国家在基础建设投资中安排资金，支持加快建设农村教师、高校青年教师的周转房，并鼓励有条件的地区根据实际情况，解决农村教师和高校青年教师的住房问题。在中央的高度重视和各地政府的大力支持下，教师住房条件大幅改善。如，内蒙古通辽市扎鲁特旗在鲁北镇建立基础教育园区，教师住宅区与体育场、园区广场和四个校区同时建设。为解决农村教师住房难问题，湖北丹江口市于2009年启动了教师周转房建设工程。全市共建教师周转房项目27个，已投入资金2419万元，其中23个项目已完工并投入使用，4个项目正在建设中（程墨，杨保华，钱芹，2013）。

五、教师配置管理逐步完善

为推进教师队伍建设，国家和地方政府注重合理配置教师资源，完善教师管理制度，教师配置日趋合理，教师管理改革不断深化。

（一）合理配置教师资源

建设高素质专业化教师队伍，要求对教师资源进行合理配置。为此，国家出台幼儿园教师配备标准，实行城乡统一的中小学教职工编制标准，对农村边远地区实行倾斜政策；创新教师补充机制，提高农村教师素质；完善职业学校兼职教师聘用制度，强化职业教育实践教学环节；推进中小学教师交流、乡村任教、巡回支教等制度建设，促进城乡师资均衡配置，推进城镇教师支持农村教育；支持中职学校特聘紧缺专业兼职教师，缓解紧缺专业教师不足问题。

1. 完善幼儿园教师配备和中小学教师编制标准，统一城乡中小学教师编制标准

2013年1月，教育部印发《幼儿园教职工配备标准（暂行）》，提出幼儿园应当按照服务类型、教职工与幼儿以及保教人员与幼儿的一定比例配备教职工，满足保教工作的基本需要。

为了优化中小学的生师比和班均教师数，科学配置城乡教师资源，2001年10月，《国务院办公厅转发中央编办、教育部、财政部关于制定中小学教职工编制标准意见的通知》，规定了初中和小学的生师比（初中的生师比是城市13.5：1、县镇16：1、农村18：1，小学的生师比是城市19：1、县镇21：1，农村23：1）。近年来，国家通过“特岗计划”和

“硕师计划”等项目加大教师培养培训力度，幼儿园和中小学的生师比有所下降，班均教师数有所上升。① 2012 年，幼儿园、小学、初中、普通高中的生师比分别为 21.97∶1、17.36∶1、13.59∶1、15.47∶1，比 2003 年分别减少 6.09、3.14、5.54、2.88；班均教师数分别为 1.32、2.00、3.70、3.61，比 2003 年分别增加 0.35、0.30、0.72、0.50（教育部发展规划司，2013）[17,69,130,148,176,178]。各地在实践中积极探索，切实落实对农村教师编制的倾斜政策，健全编制动态管理机制，不挤占、挪用、截留农村教师编制。边远地区、边疆地区和少数民族地区的教师编制，切实考虑当地特殊情况，力求满足当地教育发展需求。2012 年，教育部启动统一城乡教师职务及编制标准工作，探索农村学校实行班师比核编办法。

2. 创新农村中小学教师补充机制，提高农村教师素质

自 2006 年“特岗计划”实施以来，全国共招聘近 30 万名特岗教师赴 22 个省、市、自治区的 3 万多所学校任教，服务期满特岗教师留任率连续三年达到 87%以上。2011 年，“硕师计划”实施范围拓展到全国 31 个省份，8 年来累计招收 6945 人。2012 年和 2013 年中央“特岗计划”实施范围扩大至《中国农村扶贫开发纲要（2011—2020 年）》确定的 11 个集中连片特殊困难地区和四省藏区县、中西部地区国家扶贫开发工作重点县、西部地区原“两基”攻坚县（含新疆生产建设兵团的部分团场）、纳入国家西部开发计划的部分中部省份的少数民族自治州以及西部地区一些有特殊困难的边境县、少数民族自治县和少小民族县。

3. 推进中小学教师交流、乡村任教、巡回支教等制度建设，促进城乡师资均衡配置

2003 年 9 月，国务院发布的《关于进一步加强农村教育工作的决定》指出，要建立城镇中小学教师到乡村任教服务期制度，城镇中小学教师晋升高级教师职务，应有在乡村中小学任教一年以上的经历；落实国家规定，对农村地区、边远地区、贫困地区中小学教师给予津贴、补贴；适当

① 2012 年，中职学校和普通高校的生师比分别为 24.19∶1 和 17.65∶1，分别比 2003 年提高 6.56 和 0.65；中职学校和普通高校的班均教师数在 2003 年和 2012 年《中国教育统计年鉴》中缺乏统计数据。

提高乡村中小学中、高级教师职务岗位比例；地（市）、县教育行政部门要建立区域内城乡“校对校”教师定期交流制度；增加选派东部地区教师到西部地区任教、西部地区教师到东部地区接受培训的数量。2010年，城镇教师支教规模超过5000人次的有22个省份，其中云南、广西等省份超过1.5万人次。2011年，国家计划在“十二五”期间，中央财政重点支持中西部地区发展农村学前教育，其中一个重点项目是支持中西部农村偏远地区开展学前教育巡回支教试点。2012年，中央财政补助经费1657万元，在辽宁、河南、湖南、贵州、陕西5个省启动试点工作，设立支教点587个，招聘巡回支教志愿者745人，其中专科以上学历的占67.8%。2013年，教育部又新增河北、内蒙古、福建、江西、广西、云南、甘肃、青海8个省份，新增试点省份各选择2—4个县试点，中西部省份新增试点县主要集中在连片特困地区。全国13个省份41个县2159个支教点有4251名教师开展巡回支教志愿活动（柯进，2013）。

为提高薄弱地区教师的素质，国家出台了支教和教师培训专项计划。2012年11月，教育部等五部门印发《边远贫困地区、边疆民族地区和革命老区人才支持计划教师专项计划实施方案》，通过选派支教教师和培训当地教师，加快“三区”教师队伍建设，提高教师素质。根据该方案，从2013年起至2020年，每年选派3万名优秀幼儿园、中小学（含普通高中）和中等职业学校教师到“三区”支教一年；每年为“三区”培训3000名幼儿园、中小学和中等职业学校的骨干教师和紧缺专业教师。该项目实施与教育对口援疆、援藏、援青计划，东西部扶贫协作，城镇教师支持农村教育工作，中小学和幼儿园教师“国家级培训计划”及“职业院校教师素质提高计划”等有机结合，统筹实施。

4. 支持中职学校特聘紧缺专业兼职教师，缓解紧缺专业教师不足

2007年9月，教育部办公厅、财政部办公厅印发《中等职业学校紧缺专业特聘兼职教师资助项目实施办法》，重点向中等职业教育办学规模增长快、专业课教师和实习指导教师短缺的地区倾斜，加大对中西部地区的支持力度。项目资助专业主要是制造业和现代服务业等技能型紧缺人才相关专业，服务当地支柱产业的重点专业，以及其他急需扶植的特色专业

等。特聘兼职教师须具备良好的职业道德、专业素养和较高的技能水平，具有中级以上专业技术职务或高级工以上职业资格，或者是在相关行业领域享有较高声誉、具有丰富实践经验和特殊技能的“能工巧匠”，品行端正，身心健康，能胜任相应的教学工作；面向社会公开招聘，严格考核，择优录用。各地采取灵活的聘任和报酬支付方式，聘期可根据教学需要由学校自行确定，但原则上不少于一学期。项目所需经费由中央财政安排专项资金予以资助。

（二）教师管理体制机制不断完善

国家不断深化教师管理改革，逐步完善教师管理的体制机制。制定教师课程和专业标准以及校长专业标准等，完善质量保障体系；实行教师资格考试改革试点，完善教师资格准入制度；深化中小学教师职称制度改革，建立统一的中小学教师职称制度。

1. 制定教师课程和专业标准以及校长专业标准等，构建完善的质量保障体系

2011 年 7 月，教育部和财政部启动实施“高等学校本科教学质量与教学改革工程”（简称本科教学工程），深化本科教育教学改革，提高本科教育教学质量。

2011 年 10 月，教育部颁布《关于大力推进教师教育课程改革的意见》和《教师教育课程标准（试行）》，对教师教育课程改革的理念、结构、内容、资源、教学模式、教育实践、养成教育、队伍建设、质量评估和条件保障等关键环节提出了明确的要求。

2012 年 2 月，教育部颁布《幼儿园教师专业标准（试行）》《小学教师专业标准（试行）》和《中学教师专业标准（试行）》，提出了学生为本、师德为先、能力为重、终身学习的基本理念，为建立高素质、专业化的幼儿园和中小学教师队伍提供了“风向标”和“指南针”。

2012 年 12 月，教育部办公厅颁布《关于制订中等职业学校专业教学标准的意见》，全面提升职业教育专业设置、课程开发的专业化水平。

2013 年 2 月，教育部研究制定了《义务教育学校校长专业标准》，作

为制定义务教育学校校长任职资格标准、培训课程标准、考核评价标准的重要依据。该标准坚持以德为先、育人为本、引领发展、能力为重、终身学习的基本理念，明确了义务教育学校校长的专业职责，即规划学校发展、营造育人文化、领导课程教学、引领教师成长、优化内部管理、调适外部环境。

2013 年 9 月，教育部印发《中等职业学校教师专业标准（试行）》，对合格中等职业学校教师专业素质提出基本要求，并要求各地、各中等职业学校、相关师范院校认真贯彻落实，精心组织实施，务求取得实效。

2013 年 10 月，教育部启动“农村校长助力工程”。教育部每年遴选 2000 名中西部地区国贫县、集中连片特殊困难地区乡镇及以下农村义务教育学校校长参加国家级培训。农村校长助力工程实行“集中培训+返岗实践”培训方式，首次实行培训项目招投标机制，建立评估监管制度，并将评估结果作为下拨培训经费的重要依据（梁杰，2013）。

2. 实施教师资格考试改革试点，完善教师资格准入制度

2010 年，国务院办公厅发出《关于开展国家教育体制改革试点的通知》，要求开展教师资格考试改革和教师资格定期注册试点，建立中小学新任教师公开招聘制度和办法，探索建立教师退出机制。2011 年，教育部颁发《关于开展中小学和幼儿园教师资格考试改革试点的指导意见》；2013 年，教育部颁发《中小学教师资格定期注册暂行办法》，颁布考试标准、32 个科目笔试大纲和 3 类面试大纲。2011 年起，河北、上海、浙江、湖北、广西、海南 6 个省份开始开展教师资格考试和定期注册试点。2011 年，试点地区有 10.2 万名考生参加资格考试，5.5 万名教师参加首次注册，切实推进建立“国标、省考、县聘、校用”教师准入和管理制度。2013 年 8 月，教育部进一步扩大中小学教师资格考试和定期注册改革试点范围。在河北、上海、浙江、湖北、广西、海南 6 个省份试点基础上，新增山西、安徽、山东、贵州 4 个省为试点省份。

3. 深化中小学教师职称制度改革，建立统一的中小学教师职称制度

2009 年以来，教育部会同人社部在山东潍坊、吉林松原、陕西宝鸡三个地级市组织开展中小学教师职称制度改革试点。试点改革着重探索建立

统一的中小学教师职称制度，并设置正高级职称；按照注重师德素养、教育教学工作实绩和一线实践经历的要求，完善教师专业技术水平评价标准条件，国家制定基本评价标准，各地区制定具体评价标准，对特别优秀的教师制定相应的破格评审条件；建立以同行专家评审为基础的业内评价机制，健全工作程序和评审规则；实现与事业单位岗位聘用制度有效衔接。2011 年 4 月，国务院决定在三省试点基础上，将中小学教师职称改革试点扩大到全国 31 个省份近百个地级市。截至 2013 年 9 月，教师职称改革在前期试点基础上已扩大到全国 31 个省份 104 个地市（林露，2013）。与此同时，中职学校也在进行教师职称改革。2012 年 11 月，教育部副部长刘利民在全国职业院校教师素质提高计划暨职教师资基地建设会议上透露，国家决定在中等职业学校设置正高级教师职称序列，以提高职教师资专业化水平。

第二章

教师发展水平省际比较

教育要发展，教师是关键。教师发展水平是教育发展水平的重要内容，在教育发展中具有非常重要的地位。本报告构建了中国教师发展水平测评指标体系，对31个省份的幼儿园、小学、初中、普通高中、中职和高等学校教师发展水平进行比较分析，了解教师发展存在的地区差异，并深入剖析产生差异的政治、经济和文化等原因。

一、中国教师发展水平测评指标体系的构建

教师发展是影响教育发展的关键因素。因此，制定具有可操作性的中国教师发展水平测评指标体系，科学、有效地评估教师发展水平，非常重要而迫切。

（一）教师发展水平测评指标体系构建的意义与价值

为了推进教师队伍建设，我们采用教师发展指数作为量化指标，构建了能全面、客观地衡量和比较不同省份教师发展水平的测评指标体系。

构建教师发展水平测评指标体系，可以更加合理地评估不同省份、不同学段教师总体发展情况，寻找教师发展存在的地区差异并进行深入的原

因分析，为国家全面、整体把握教师发展情况，制定有针对性的教师发展政策，促进教师队伍建设，提高教育质量和水平提供依据。

（二）教师发展水平测评指标体系的构建原则

为了科学地构建一套具可行性的教师发展水平测评指标体系，必须遵循以下几个原则。

1. 简洁性原则

简洁性原则是指教师发展指数的指标选择、计算和内涵尽量简单，清楚，易于理解与表述。教师发展指数的指标构建，首先应适合各级各类教师，有足够的代表性。同时，指标分为三个层级，各级指标各包括1—2个下一级指标，易于计算和分析。因此，要选择具有共性的指标内容，要保证指标具有可接受性，形式具有普遍性。

2. 可操作性原则

建立测评指标体系的目的是准确反映各地区教师的发展水平，为此，设计测评指标要能够通过一定的测量手段及简单的运算较容易地获得。各指标的选取还应当具有可操作性，应尽可能量化，数据要易于获取，同时尽量利用现有的指标。本报告的指标均为量化指标，能够利用原始数据计算得出，方法简单，可操作性强。

3. 可比性原则

构建教师发展指数是为了进行地区间教师发展水平的比较分析。因此，所选指标要具有可比性，能够比较不同省份教师发展水平，寻找差距并进行原因分析。由于教师发展统计指标较少，有统计数据并满足指标构建要求的指标并不多。从构建遵循简洁性、科学性和稳定性原则且考虑到不同省份之间发展的不平衡性，我们最终获得了包含6个三级指标的教师发展测评指标。

（三）教师发展水平测评指标体系的构建

《国家中长期教育改革和发展规划纲要（2010—2020年）》指出：努力造就一支师德高尚、业务精湛、结构合理、充满活力的高素质专业化教师队伍。为了更好地推进教师队伍建设，我们采用教师发展指数作为量化指标，构建了能全面、客观地衡量和比较不同省份教师发展水平的测评指标体系。通过配置指数、结构指数、专业指数和待遇指数来测评各地区教师队伍建设情况。专业指数旨在考察教师队伍的质量，为核心指标。配置指数和结构指数用来考察教师资源的配置情况，是效率指标。待遇指数考察教师的经济地位，是重要的保障性指标。

本研究的教师发展水平测评指标体系的一级指数为基础教育教师指数、高等教育教师指数。二级指数为配置指数（含 1 个三级指标）、结构指数（含 2 个三级指标）、专业指数（含 2 个三级指标）和待遇指数（含 1 个三级指标），三级指数共 6 个。但是因为无结构指数数据，最终计算时，教师发展水平测评指标体系包含 3 个二级指数、4 个三级指数。

从学段来看，我们将幼儿园教师、义务教育学校教师、普通高中教师、中职教师、高等学校教师都纳入测评指标体系，分别进行省际比较。数据计算时，幼儿园教师数据、义务教育教师数据和高中阶段教育教师数据（普通高中和中职教师数据合并）最后合成为基础教育教师指数，与高等教育教师指数（我们用普通高等学校教师数据计算的结果代表高等教育教师指数）共同纳入统计分析（表 2-1）。

表 2-1　各学段教师发展指数构成

			基础教育教师指数				高等教育教师指数
二级指数	三级指数	计算方法	幼儿园教师	义务教育学校教师	高中教师	中职教师	高等学校教师
配置指数	每 1000 名学生的专任教师数	专任教师数/在校生数×1000	幼儿园专任教师数/幼儿园在校生数×1000	小学专任教师数/小学在校生数×1000；初中专任教师数/初中在校生数×1000	高中专任教师数/高中在校生数×1000	中职专任教师数/中职在校生数×1000	普通高校专任教师数/普通高校在校生数×1000

续表

			基础教育教师指数				高等教育教师指数
二级指数	三级指数	计算方法	幼儿园教师	义务教育学校教师	高中教师	中职教师	高等学校教师
结构指数	音体美教师所占比例	—	—	—	—	—	—
	老中青教师各自所占比例	—	—	—	—	—	—
专业指数	学历指数（高一级学历教师比例）	各学段高一级学历专任教师数/专任教师数×100	幼儿园专科及以上学历专任教师数/幼儿园专任教师数×100	小学专科及以上学历专任教师数/小学专任教师数×100；初中本科及以上学历专任教师数/初中专任教师数×100	高中硕士及以上学历专任教师数/高中专任教师数×100	中职硕士及以上学历专任教师数/中职专任教师数×100	普通高校博士学历专任教师数/普通高校专任教师数×100
	职称指数（中高级职称教师比例）	各学段中高级职称专任教师数/专任教师数×100	幼儿园中高级职称专任教师数/幼儿园专任教师数×100	小学中高级职称专任教师数/小学专任教师数×100；初中中高级职称专任教师数/初中专任教师数×100	高中中高级职称专任教师数/高中专任教师数×100	中职中高级职称专任教师数/中职专任教师数×100	普通高校中高级职称专任教师数/普通高校专任教师数×100

续表

			基础教育教师指数				高等教育教师指数
二级指数	三级指数	计算方法	幼儿园教师	义务教育学校教师	高中教师	中职教师	高等学校教师
待遇指数	教师工资与城镇居民人均可支配收入比值	各学段教师人均工资福利/城镇居民人均可支配收入×10	幼儿园教师人均工资福利/城镇居民人均可支配收入×10	小学教师人均工资福利/城镇居民人均可支配收入×10；初中教师人均工资福利/城镇居民人均可支配收入×10	高中教师人均工资福利/城镇居民人均可支配收入×10	中职教师人均工资福利/城镇居民人均可支配收入×10	普通高校教师人均工资福利/城镇居民人均可支配收入×10

（四）教师发展指数的权重确定与合成

教师发展指数的一级指标和二级指标都通过德尔菲法（即专家赋权法）确定权重。指标合成则采用极值法对数据进行标准化处理。极值法是利用指标的极值（极大值或极小值）计算指标的无量纲值的一种数据标准化方法。计算公式为：

$$X_{ij}=(X_{ij}-m_j)/(M_j-m_j)$$

其中，$M_j=\max\{X_{ij}\}$，$m_j=\min\{X_{ij}\}$。X_{ij}最大值为1，最小值为0。

通过极值法计算出教师发展指数。以下为7位专家赋权后得到的各指标权重（表2-2至表2-9）。

表2-2　二级指标各自权重（%）

二级指标	配置指数	专业指数	待遇指数
权重	40	40	20

表 2-3　基础教育教师专业指数中三级指标各自权重（%）

二级指标	专业指数	
三级指标	学历指数 （高一级学历教师比例）	职称指数 （中高级职称教师比例）
权重	50	50

表 2-4　高等教育教师专业指数中三级指标各自权重（%）

二级指标	专业指数	
三级指标	学历指数 （博士学历教师比例）	职称指数 （中高级职称教师比例）
权重	50	50

表 2-5　普通高中教师和中职教师指标各自权重（%）

学段	高中教师	中职教师
权重	50	50

表 2-6　不同学段教师指标各自权重（%）

学段	幼儿园教师	义务教育学校教师	高中阶段（普通高中和中职）教师
权重	20	55	25

表 2-7　小学和初中教师指标各自权重（%）

学段	小学教师	初中教师
权重	60	40

表 2-8　待遇指数各阶段教师指标各自权重（%）

学段	幼儿园教师	小学教师	中学教师	中职教师
权重	20	33	34. 5（初中 22+高中 12. 5）	12. 5

表 2-9　幼儿园和义务教育阶段教师城乡发展均衡度指标各自权重（%）

指标	幼儿园教师城乡均衡度	义务教育教师城乡均衡度
权重	40	60

二、各省份教师总体发展水平比较

本节从基础教育教师综合发展指数与高等教育教师综合发展指数两个方面对各省份教师综合发展指数进行横向比较和纵向比较，教师综合发展指数主要运用教师的配置指数、专业指数和待遇指数三个综合指标评估31个省份教师发展的综合水平。为了便于比较，我们将三组数据全部进行了无量纲化处理，并通过德尔菲专家赋权方法，对三个综合指标的权重进行了赋权，其中配置指数、专业指数和待遇指数的权重分别为40%、40%和20%。根据赋权后的教师综合发展指数，对31个省份教师的发展情况进行比较分析。

（一）各省份教师发展水平综合指数下降

通过对各省份教师发展指数的综合排名，我们可以初步确定各省份教师发展水平的高低。

1. 基础教育教师综合发展水平略有下降

2012年基础教育教师综合发展指数较好的省份为天津、北京、上海、内蒙古和吉林，高于全国平均水平（0.319）的省份有21个，低于全国平均发展水平的省份有10个，排名后5位的省份为四川、广西、江西、河南和贵州。2003年，基础教育教师综合发展指数较好的省份有上海、北京、山东、浙江和天津等，全国31个省份中有17个省份基础教育教师综合发展指数高于全国平均水平（0.321），有14个省份基础教育教师综合发展指数低于全国平均水平，这些省份包括重庆、安徽、广西、河南、贵州等（图2-1）。

与2003年相比，2012年全国基础教育教师综合发展指数下降了0.002，综合指数上升的省份有17个，综合指数下降的省份有14个。指数提高较大的省份有江苏、内蒙古、天津、陕西、浙江，指数下降较大的省份有新疆、江西、青海、上海和宁夏，其中宁夏回族自治区下降较多，为0.142（表2-10，图2-1）。

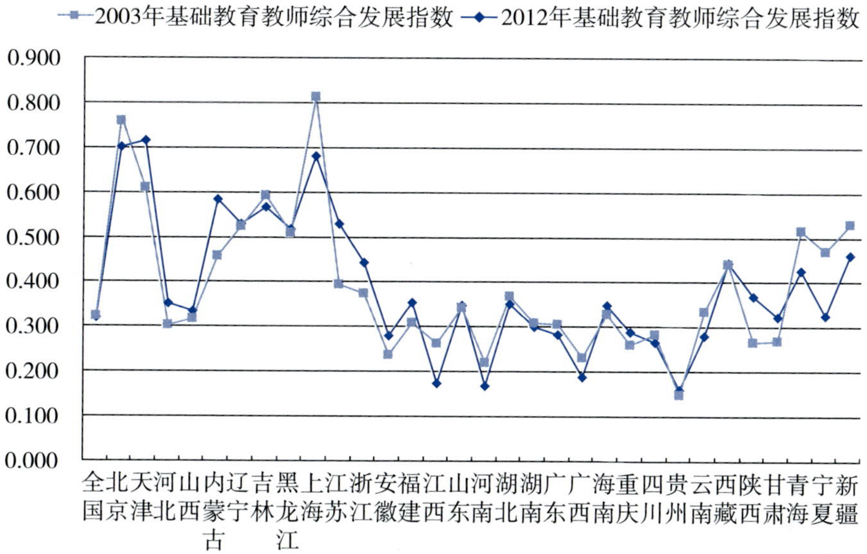

图 2-1　2003 年与 2012 年基础教育教师综合发展指数

［数据来源］2003 年、2012 年《中国教育统计年鉴》和 2004 年、2012 年《中国教育经费统计年鉴》。

表 2-10　各省份基础教育教师发展与教育发展协调性

地区	2012 年基础教育教师综合发展指数	2012 年基础教育教师综合发展指数排名	2009 年教育发展指数	2009 年教育发展指数排名①	2012 年基础教育教师发展与教育发展协调性	地区	2003 年基础教育教师综合发展指数	2003 年基础教育教师综合发展指数排名	2003 年教育发展指数	2003 年教育发展指数排名	2003 年基础教育教师发展与教育发展协调性
上海	0. 679	3	0. 917	1	2	上海	0. 812	1	0. 769	1	0
北京	0. 698	2	0. 881	2	0	北京	0. 764	2	0. 744	2	0
浙江	0. 443	10	0. 824	3	7	浙江	0. 374	4	0. 706	3	1
天津	0. 713	1	0. 784	4	−3	天津	0. 607	5	0. 652	4	1

① 此处数据采用王善迈教授发表于《教育研究》2013 年第 6 期的文章《我国各省份教育发展水平比较分析》，该数据为 2009 年，下文同。

续表

地区	2012年基础教育教师综合发展指数	2012年基础教育教师综合发展指数排名	2009年教育发展指数	2009年教育发展指数排名	2012年基础教育教师发展与教育发展协调性	地区	2003年基础教育教师综合发展指数	2003年基础教育教师综合发展指数排名	2003年教育发展指数	2003年教育发展指数排名	2003年基础教育教师发展与教育发展协调性
江苏	0. 528	6	0. 707	5	1	吉林	0. 591	19	0. 583	5	14
福建	0. 351	14	0. 700	6	8	江苏	0. 391	8	0. 567	6	2
辽宁	0. 526	7	0. 698	7	0	广东	0. 304	16	0. 564	7	9
吉林	0. 565	5	0. 679	8	-3	辽宁	0. 521	15	0. 549	8	7
内蒙古	0. 583	4	0. 674	9	-5	重庆	0. 257	10	0. 541	9	1
宁夏	0. 325	20	0. 670	10	10	宁夏	0. 467	12	0. 540	10	2
黑龙江	0. 515	8	0. 662	11	-3	福建	0. 307	26	0. 534	11	15
重庆	0. 287	23	0. 660	12	11	内蒙古	0. 454	6	0. 534	12	-6
河北	0. 348	16	0. 658	13	3	山东	0. 340	3	0. 523	13	-10
青海	0. 425	12	0. 655	14	-2	山西	0. 314	21	0. 523	14	7
山西	0. 332	19	0. 654	15	4	黑龙江	0. 507	13	0. 522	15	-2
陕西	0. 366	13	0. 653	16	-3	青海	0. 514	29	0. 516	16	13
江西	0. 172	29	0. 649	17	12	河北	0. 301	25	0. 513	17	8
山东	0. 348	17	0. 646	18	-1	江西	0. 261	14	0. 510	18	-4
四川	0. 263	27	0. 633	19	8	新疆	0. 526	11	0. 488	19	-8
海南	0. 347	18	0. 628	20	-2	湖南	0. 306	20	0. 486	20	0
湖南	0. 297	22	0. 624	21	1	湖北	0. 368	7	0. 486	21	-14
河南	0. 165	30	0. 622	22	8	四川	0. 281	17	0. 485	22	-5
湖北	0. 348	15	0. 615	23	-8	陕西	0. 264	22	0. 484	23	-1
广西	0. 188	28	0. 611	24	4	河南	0. 218	27	0. 478	24	3

续表

地区	2012年基础教育教师综合发展指数	2012年基础教育教师综合发展指数排名	2009年教育发展指数	2009年教育发展指数排名	2012年基础教育教师发展与教育发展协调性	地区	2003年基础教育教师综合发展指数	2003年基础教育教师综合发展指数排名	2003年教育发展指数	2003年教育发展指数排名	2003年基础教育教师发展与教育发展协调性
新疆	0.458	9	0.599	25	-16	海南	0.326	23	0.467	25	-2
广东	0.282	24	0.598	26	-2	西藏	0.437	18	0.461	26	-8
安徽	0.278	25	0.597	27	-2	甘肃	0.267	9	0.458	27	-18
甘肃	0.322	21	0.593	28	-7	安徽	0.234	28	0.458	28	0
西藏	0.442	11	0.590	29	-18	云南	0.332	30	0.455	29	1
云南	0.278	26	0.573	30	-4	广西	0.230	24	0.446	30	-6
贵州	0.157	31	0.562	31	0	贵州	0.145	31	0.389	31	0

［数据来源］2003年、2012年《中国教育统计年鉴》和2004年、2012年《中国教育经费统计年鉴》；王善迈，2013. 我国各省份教育发展水平比较分析［J］. 教育研究（6）：29-41.

2. 各省份高等教育教师综合发展指数差异较大

2012年高等教育教师综合发展指数较好的省份为北京、上海、青海、西藏和新疆，高于全国平均水平（0.293）的省份有15个，低于全国平均水平的省份有16个。2003年，高等教育教师综合发展指数较好的省份有北京、青海、上海、西藏和辽宁等，全国31个省份中有14个省份高等教育教师综合发展指数高于全国平均水平（0.337），有17个省份的高等教育教师综合发展指数低于全国平均水平。

与2003年相比，2012年全国高等教育教师综合发展指数降低了0.044，综合指数上升的省份有10个，综合指数下降的省份有21个。指数提高较大的省份有浙江、上海、新疆、北京、江西，指数下降较大的省份有广东、海南、重庆、湖北、青海，其中广东省下降较多，为0.164（表2-11，图2-2）。

表 2-11　各省份高等教育教师发展与教育发展协调性

地区	2012年高等教育教师综合发展指数	2012年高等教育教师综合发展指数排名	2009年教育发展指数	2009年教育发展指数排名	2012年高等教育教师发展与教育发展协调性	地区	2003年高等教育教师综合发展指数	2003年高等教育教师综合发展指数排名	2003年教育发展指数	2003年教育发展指数排名	2003年高等教育教师发展与教育发展协调性
上海	0.664	2	0.917	1	1	上海	0.540	3	0.769	1	2
北京	0.865	1	0.881	2	-1	北京	0.776	1	0.744	2	-1
浙江	0.380	7	0.824	3	4	浙江	0.172	27	0.706	3	24
天津	0.390	6	0.784	4	2	天津	0.417	9	0.652	4	5
江苏	0.357	11	0.707	5	6	吉林	0.359	12	0.583	5	7
福建	0.206	22	0.700	6	16	江苏	0.303	17	0.567	6	11
辽宁	0.378	8	0.698	7	1	广东	0.410	10	0.564	7	3
吉林	0.358	10	0.679	8	2	辽宁	0.449	5	0.549	8	-3
内蒙古	0.238	20	0.674	9	11	重庆	0.428	7	0.541	9	-2
宁夏	0.315	13	0.670	10	3	宁夏	0.425	8	0.540	10	-2
黑龙江	0.376	9	0.662	11	-2	福建	0.289	18	0.534	11	7
重庆	0.278	17	0.660	12	5	内蒙古	0.273	21	0.534	12	9
河北	0.205	23	0.658	13	10	山东	0.164	28	0.523	13	15
青海	0.487	3	0.655	14	-11	山西	0.224	23	0.523	14	9
山西	0.158	28	0.654	15	13	黑龙江	0.335	15	0.522	15	0
陕西	0.298	14	0.653	16	-2	青海	0.600	2	0.516	16	-14
江西	0.197	25	0.649	17	8	河北	0.140	30	0.513	17	13
山东	0.198	24	0.646	18	6	江西	0.125	31	0.510	18	13
四川	0.289	16	0.633	19	-3	新疆	0.279	20	0.488	19	1
海南	0.134	30	0.628	20	10	湖南	0.253	22	0.486	20	2
湖南	0.235	21	0.624	21	0	湖北	0.434	6	0.486	21	-15
河南	0.162	27	0.622	22	5	四川	0.359	13	0.485	22	-9
湖北	0.318	12	0.615	23	-11	陕西	0.374	11	0.484	23	-12

续表

地区	2012年高等教育教师综合发展指数	2012年高等教育教师综合发展指数排名	2009年教育发展指数	2009年教育发展指数排名	2012年高等教育教师发展与教育发展协调性	地区	2003年高等教育教师综合发展指数	2003年高等教育教师综合发展指数排名	2003年教育发展指数	2003年教育发展指数排名	2003年高等教育教师发展与教育发展协调性
广西	0. 140	29	0. 611	24	5	河南	0. 158	29	0. 478	24	5
新疆	0. 399	5	0. 599	25	−20	海南	0. 286	19	0. 467	25	−6
广东	0. 246	19	0. 598	26	−7	西藏	0. 486	4	0. 461	26	−22
安徽	0. 115	31	0. 597	27	4	甘肃	0. 326	16	0. 458	27	−11
甘肃	0. 294	15	0. 593	28	−13	安徽	0. 203	26	0. 458	28	−2
西藏	0. 406	4	0. 590	29	−25	云南	0. 340	14	0. 455	29	−15
云南	0. 266	18	0. 573	30	−12	广西	0. 207	25	0. 446	30	−5
贵州	0. 185	26	0. 562	31	−5	贵州	0. 221	24	0. 389	31	−7

［数据来源］2003 年、2012 年《中国教育统计年鉴》和 2004 年、2012 年《中国教育经费统计年鉴》；王善迈，2013. 我国各省份教育发展水平比较分析［J］. 教育研究（6）：29-41.

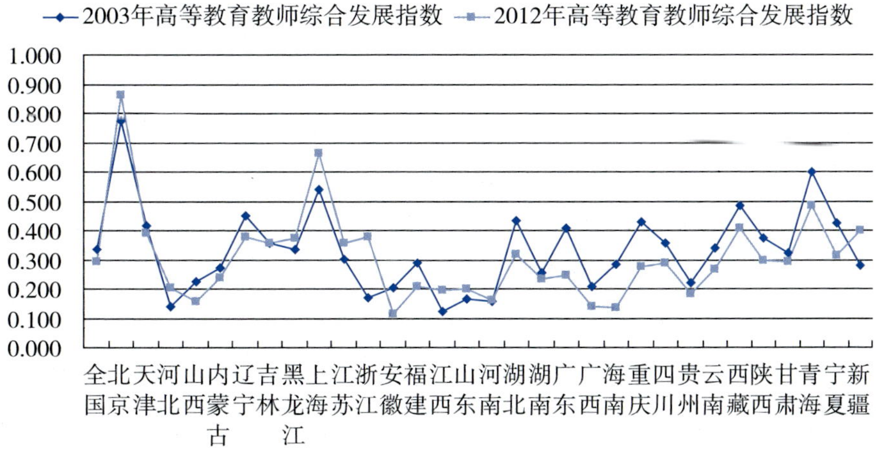

图 2-2　2003 年与 2012 年高等教育教师综合发展指数

［数据来源］2003 年、2012 年《中国教育统计年鉴》和 2004 年、2012 年《中国教育经费统计年鉴》。

（二）各省份教师综合发展水平与教育发展水平协调程度差异较大

将各省份教师综合发展指数与教育发展指数（指王善迈、袁连生等设计的教育发展指数，由教育机会指数、教育投入指数和教育公平指数3个二级指标构成，计16个三级指标，指标涵盖了各级教育）进行比较，可以看出各省份教育发展的协调性，尤其是教师综合发展与整个教育发展的协调性。

为了客观地比较教师综合发展水平与当地教育综合发展指数的协调性，将31个省份分为3个类型，比较协调（排名相差0—2位）、一般协调（排名相差3—5位）和不协调（排名相差6位以上）。根据这个标准可以看出各个省份教师发展水平与整个区域教育发展的协调性。

1. 基础教育教师发展水平与教育发展水平的协调程度

2003年，基础教育教师综合发展水平与教育发展水平比较协调的省份有14个，分别是上海、北京、湖南、安徽、贵州、浙江、天津、重庆、陕西、云南、江苏、宁夏、黑龙江和海南。其中上海、北京、湖南、安徽、贵州基础教育教师综合发展与教育整体发展水平完全吻合，具有高度的协调一致性；浙江、天津、重庆、陕西、云南5个省份基础教育教师发展指数与教育发展指数排名仅相差1位；江苏、宁夏、黑龙江、海南排名相差2位。

2003年，基础教育教师综合发展水平与教育发展水平协调性一般的省份有3个，分别是河南、江西和四川，其中河南省的基础教育教师综合发展水平明显落后于教育整体发展水平。

2003年，基础教育教师综合发展水平与教育发展水平不协调的省份有14个，分别是内蒙古、广西、辽宁、山西、河北、新疆、西藏、广东、山东、青海、吉林、湖北、福建、甘肃，其中辽宁、山西、河北、广东、青海、吉林和福建7个省份的基础教育教师综合发展水平严重落后于教育整体发展水平，师资力量比较薄弱（图2-3，表2-12）。

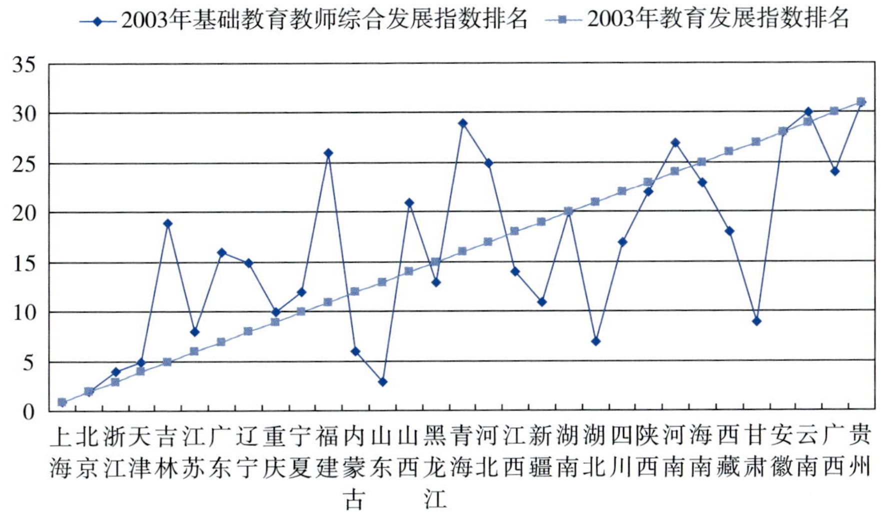

图 2-3　2003 年 31 个省份基础教育教师综合发展指数排名与教育发展指数排名比较

［数据来源］2003 年《中国教育统计年鉴》和 2003 年《中国教育经费统计年鉴》；王善迈，2013. 我国各省份教育发展水平比较分析［J］. 教育研究（6）：29-41.

表 2-12　2003 年全国 31 个省份基础教育教师发展与教育发展的协调类型

教育发展协调性类型	省份排名差距	说明
比较协调 （14 个省份）	（1）相差 0 位：上海、北京、湖南、安徽、贵州 （2）相差 1 位：浙江、天津、重庆、陕西、云南 （3）相差 2 位：江苏、宁夏、黑龙江、海南	浙江、天津、重庆等 7 个省份的基础教育教师综合发展水平相对而言落后于教育整体发展水平
一般协调 （3 个省份）	（4）相差 3 位：河南 （5）相差 4 位：江西 （6）相差 5 位：四川	河南省基础教育教师综合发展水平明显落后于教育整体发展水平
不协调 （14 个省份）	（7）相差 6 位：内蒙古、广西 （8）相差 7 位：辽宁、山西 （9）相差 8 位：河北、新疆、西藏 （10）相差 9 位以上：广东、山东、青海、吉林、湖北、福建、甘肃	辽宁、山西、河北、广东等 7 个省份的基础教育教师综合发展水平严重落后于教育整体发展水平

2012 年，基础教育教师综合发展水平与教育发展水平比较协调的省份有 11 个，分别是北京、辽宁、贵州、江苏、山东、湖南、上海、青海、海南、广东、安徽。其中北京、辽宁、贵州基础教育教师综合发展水平与教育整体发展水平完全吻合，具有高度的协调一致性；江苏、山东、湖南 3 个省份教师发展指数与教育发展指数排名仅相差 1 位，上海、青海、海南、广东、安徽排名相差 2 位。

教育发展协调性一般的省份有 9 个，分别是天津、吉林、黑龙江、河北、陕西、山西、广西、云南、内蒙古，其中河北、广西和山西 3 个省份的基础教育教师综合发展水平明显落后于教育整体发展水平。

教育发展不协调的省份有 11 个，分别是浙江、甘肃、福建、四川、河南、湖北、宁夏、重庆、江西、新疆和西藏，其中浙江、福建、河南、四川、宁夏、重庆和江西 7 个省份的基础教育教师综合发展水平严重落后于教育整体发展水平，师资力量比较薄弱（图 2-4，表 2-13）。

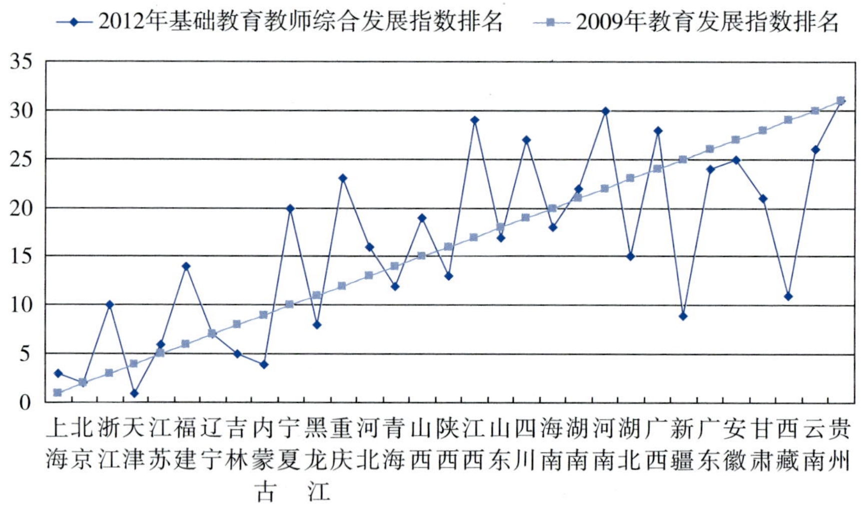

图 2-4　2012 年 31 个省份基础教育教师综合发展指数排名与教育发展指数排名比较

［数据来源］2012 年《中国教育统计年鉴》和 2012 年《中国教育经费统计年鉴》；王善迈，2013. 我国各省份教育发展水平比较分析［J］. 教育研究（6）：29-41.

表 2-13　2012 年全国 31 个省份基础教育教师发展与教育发展的协调类型

教育发展协调性类型	省份排名差距	说明
比较协调 （11 个省份）	（1）相差 0 位：北京、辽宁、贵州 （2）相差 1 位：江苏、山东、湖南 （3）相差 2 位：上海、青海、海南、广东、安徽	湖南、江苏和上海 3 个省份的基础教育教师综合发展水平相对而言落后于教育整体发展水平
一般协调 （9 个省份）	（4）相差 3 位：天津、吉林、黑龙江、河北、陕西 （5）相差 4 位：山西、广西、云南 （6）相差 5 位：内蒙古	河北、广西和山西 3 个省份的基础教育教师综合发展水平明显落后于教育整体发展水平
不协调 （11 个省份）	（7）相差 6 位：无 （8）相差 7 位：浙江、甘肃 （9）相差 8 位：福建、四川、河南、湖北 （10）相差 9 位以上：宁夏、重庆、江西、新疆、西藏	浙江、福建、河南等 7 个省份的基础教育教师综合发展水平严重落后于教育整体发展水平

2. 高等教育教师发展水平与教育发展水平的协调程度

2003 年，高等教育教师综合发展水平与教育发展水平比较协调的省份有 8 个，分别是黑龙江、北京、新疆、上海、重庆、宁夏、湖南和安徽。其中黑龙江高等教育教师综合发展水平与教育整体发展水平完全吻合，具有高度的协调一致性；北京、新疆高等教育教师发展指数与教育发展指数排名仅相差 1 位；上海、重庆、宁夏、湖南和安徽排名相差 2 位。

教育发展协调性一般的省份有 5 个，分别是广东、辽宁、天津、河南、广西，其中广东、天津和河南的高等教育教师综合发展水平明显落后于教育整体发展水平。

教育发展不协调的省份有 18 个，分别是海南、吉林、福建、贵州、内蒙古、山西、四川、江苏、甘肃、陕西、河北、江西、青海、山东、湖北、云南、西藏和浙江，其中吉林、福建和内蒙古等 9 个省份的高等教育教师综合发展水平严重落后于教育整体发展水平，师资力量比较薄弱（图 2-5，表 2-14）。

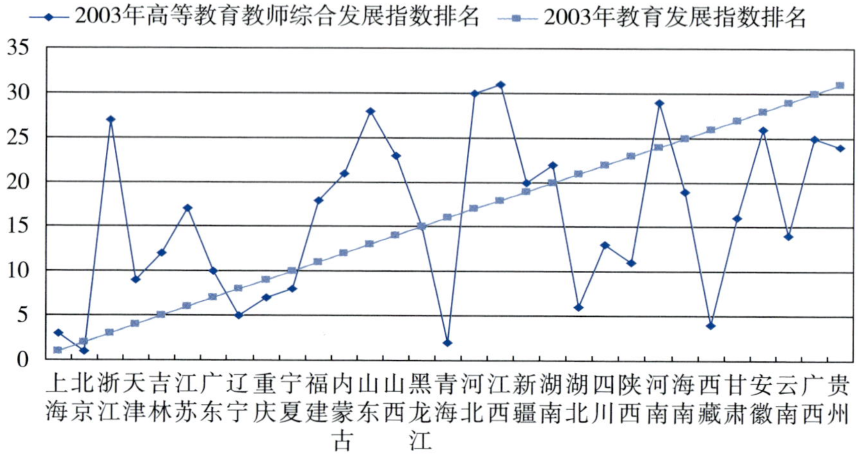

图 2-5　2003 年高等教育教师综合发展指数排名与教育发展指数排名比较

［数据来源］2003 年《中国教育统计年鉴》和 2004 年《中国教育经费统计年鉴》；王善迈，2013. 我国各省份教育发展水平比较分析［J］. 教育研究（6）：29-41.

表 2-14　2003 年全国 31 个省份高等教育教师发展与教育发展的协调类型

教育发展协调性类型	省份排名差距	说明
比较协调（8 个省份）	（1）相差 0 位：黑龙江 （2）相差 1 位：北京、新疆 （3）相差 2 位：上海、重庆、宁夏、湖南、安徽	新疆、上海、湖南 3 个省份的高等教育教师综合发展水平相对而言落后于教育整体发展水平
一般协调（5 个省份）	（4）相差 3 位：广东、辽宁 （5）相差 4 位：无 （6）相差 5 位：天津、河南、广西	广东、天津和河南 3 个省份的高等教育教师综合发展水平明显落后于教育整体发展水平
不协调（18 个省份）	（7）相差 6 位：海南 （8）相差 7 位：吉林、福建、贵州 （9）相差 8 位：无 （10）相差 9 位以上：内蒙古、山西、四川、江苏、甘肃、陕西、河北、江西、青海、山东、湖北、云南、西藏、浙江	吉林、福建和内蒙古等 9 个省份的高等教育教师综合发展水平严重落后于教育整体发展水平

2012 年，高等教育教师综合发展水平与教育发展水平比较协调的省份有 8 个，分别是湖南、上海、北京、辽宁、天津、吉林、黑龙江和陕西。其中湖南高等教育教师综合发展水平与教育整体发展水平完全吻合，具有高度的协调一致性；上海、北京、辽宁 3 个省份高等教育教师发展指数与教育发展指数排名仅相差 1 位；天津、吉林、黑龙江、陕西排名相差 2 位。

教育发展协调性一般的省份有 8 个，分别是宁夏、四川、浙江、安徽、重庆、河南、广西、贵州，其中宁夏、浙江和安徽等 6 个省份的高等教育教师综合发展水平明显落后于教育整体发展水平。

教育发展不协调的省份有 15 个，其中江苏、山东和江西等 8 个省份的高等教育教师综合发展水平严重落后于教育整体发展水平，师资力量比较薄弱（图 2-6，表 2-15）。

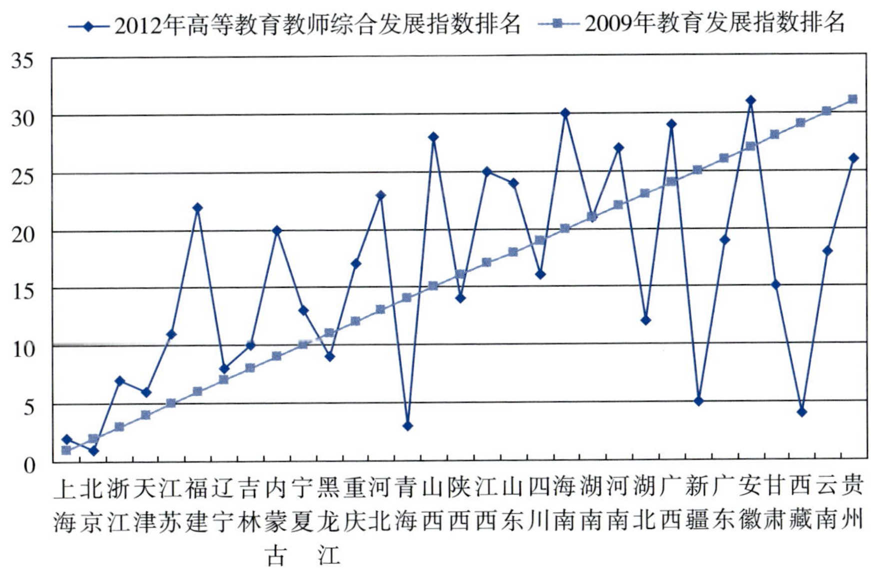

图 2-6　2012 年全国 31 个省份高等教育教师综合发展指数排名与教育发展指数排名比较

［数据来源］2012 年《中国教育统计年鉴》和 2012 年《中国教育经费统计年鉴》；王善迈，2013. 我国各省份教育发展水平比较分析［J］. 教育研究（6）：29-41.

表 2-15　2012 年全国 31 个省份高等教育教师发展与教育发展的协调类型

教育发展协调性类型	省份排名差距	说明
比较协调 （8 个省份）	（1）相差 0 位：湖南 （2）相差 1 位：上海、北京、辽宁 （3）相差 2 位：天津、吉林、黑龙江、陕西	上海、辽宁和天津等 4 个省份的高等教育教师综合发展水平相对而言落后于教育整体发展水平
一般协调 （8 个省份）	（4）相差 3 位：宁夏、四川 （5）相差 4 位：浙江、安徽 （6）相差 5 位：重庆、河南、广西、贵州	宁夏、浙江和安徽等 6 个省份的高等教育教师综合发展水平明显落后于教育整体发展水平
不协调 （15 个省份）	（7）相差 6 位：江苏、山东 （8）相差 7 位：广东 （9）相差 8 位：江西 （10）相差 9 位以上：河北、海南、内蒙古、青海、湖北、云南、山西、甘肃、福建、新疆、西藏	江苏、山东和江西等 8 个省份的高等教育教师综合发展水平严重落后于教育整体发展水平

与 2003 年相比，2012 年北京、海南、贵州的基础教育教师发展水平与教育发展水平协调性没有变化，2012 年基础教育教师发展水平与教育发展水平协调性提升较高的是吉林和甘肃，由 2003 年的相差 14、18 位分别提高到 2012 年的相差 3 位和 7 位。与 2003 年相比，2012 年北京的高等教育教师发展水平与教育发展水平协调性没有变化，2012 年高等教育教师发展水平与教育发展水平协调性提升较高的是浙江省，由 2003 年的相差 24 位提高到 2012 年的相差 4 位（表 2-16）。

表 2-16　2003 与 2012 年各省份基础教育教师、高等教育教师发展水平与教育发展水平的协调性比较

地区	2003 年基础教育教师发展水平与教育发展水平协调性	2012 年基础教育教师发展水平与教育发展水平协调性	2003 年与 2012 年协调性比较（基础教育）	2003 年高等教育教师发展水平与教育发展水平协调性	2012 年高等教育教师发展水平与教育发展水平协调性	2003 年与 2012 年协调性比较（高等教育）
上海	0	2	2	2	1	-1
北京	0	0	0	1	1	0
浙江	1	7	6	24	4	-20
天津	1	3	2	5	2	-3
江苏	2	1	-1	11	6	-5
福建	15	8	-7	7	16	9
辽宁	7	0	-7	3	1	-2
吉林	14	3	-11	7	2	-5
内蒙古	6	5	-1	9	11	2
宁夏	2	10	8	2	3	1
黑龙江	2	3	1	0	2	2
重庆	1	11	10	2	5	3
河北	8	3	-5	13	10	-3
青海	13	2	-11	14	11	-3
山西	7	4	-3	9	13	4
陕西	1	3	2	12	2	-10
江西	4	12	8	13	8	-5
山东	10	1	-9	15	6	-9
四川	5	8	3	9	3	-6
海南	2	2	0	6	10	4
湖南	0	1	1	2	0	-2
河南	3	8	5	5	5	0

续表

地区	2003年基础教育教师发展水平与教育发展水平协调性	2012年基础教育教师发展水平与教育发展水平协调性	2003年与2012年协调性比较（基础教育）	2003年高等教育教师发展水平与教育发展水平协调性	2012年高等教育教师发展水平与教育发展水平协调性	2003年与2012年协调性比较（高等教育）
湖北	14	8	-6	15	11	-4
广西	6	4	-2	5	5	0
新疆	8	16	8	1	20	19
广东	9	2	-7	3	7	4
安徽	0	2	2	2	4	2
甘肃	18	7	-11	11	13	2
西藏	8	18	10	22	25	3
云南	1	4	3	15	12	-3
贵州	0	0	0	7	5	-2

［数据来源］2003年、2012年《中国教育统计年鉴》和2004年、2012年《中国教育经费统计年鉴》；王善迈，2013. 我国各省份教育发展水平比较分析［J］. 教育研究（6）：29-41.

三、各省份教师配置状况比较

我们以每千名在校生拥有的教师数来衡量各省份教师的配置状况，并进行无量纲化处理，得出各省份教师配置状况指数。

（一）多数省份基础教育阶段教师配置状况持续改善

考虑到学段、规模及其在基础教育中的重要性，我们将幼儿园、小学、初中、普通高中、中职学校权重分别赋为20%、33%、22%、12.5%和12.5%。因此，基础教育阶段教师配置指数=幼儿园教师配置指数×20%+小学教师配置指数×33%+初中教师配置指数×22%+普通高中教师配置指数×12.5%+中职教师配置指数×12.5%。

全国各省份2003年和2012年基础教育教师配置指数及其排名变动情况见表2-17。从表中可知，2012年基础教育教师配置指数排名靠前的5个省份依次为北京、吉林、天津、内蒙古和黑龙江。最高的是北京，为0.812，高出全国均值0.499。2012年基础教育教师配置指数排名靠后的5个省份依次为四川、河南、江西、广西和贵州。最低的是贵州，仅为0.072，低于全国均值0.241，比最高的北京少0.740。

考察两个年份各省份基础教育教师配置指数的极差、极差率，分别由2003年的0.845、19.226降为2012年的0.740、11.271，表明各省份间两极差异明显但差距有所减小。同时，两个年份指数的标准差、变异系数也分别由2003年的0.195、0.703变为2012年的0.203、0.647，表明各省份间的差异明显但有缩小趋势（表2-17，图2-7）。

表2-17　2003年和2012年各省份基础教育教师配置指数及排名变动情况

地区	2003年基础教育教师配置指数	2012年基础教育教师配置指数	指数变动	2003年排名	2012年排名	排名变动
全国	0.277	0.313	0.036	—	—	—
北京	0.891	0.812	-0.079	1	1	0
吉林	0.648	0.785	0.137	3	2	1
天津	0.687	0.708	0.021	2	3	-1
内蒙古	0.513	0.658	0.145	7	4	3
黑龙江	0.565	0.611	0.046	5	5	0
上海	0.586	0.599	0.013	4	6	-2
辽宁	0.447	0.576	0.129	10	7	3
新疆	0.529	0.523	-0.006	6	8	-2
山西	0.355	0.489	0.134	14	9	5
江苏	0.289	0.480	0.191	17	10	7
陕西	0.325	0.477	0.152	15	11	4
山东	0.420	0.422	0.002	11	12	-1

续表

地区	2003 年基础教育教师配置指数	2012 年基础教育教师配置指数	指数变动	2003 年排名	2012 年排名	排名变动
福建	0. 390	0. 413	0. 023	12	13	-1
湖北	0. 226	0. 402	0. 176	24	14	10
浙江	0. 377	0. 395	0. 018	13	15	-2
甘肃	0. 193	0. 383	0. 190	25	16	9
海南	0. 308	0. 372	0. 064	16	17	-1
河北	0. 284	0. 329	0. 045	18	18	0
西藏	0. 484	0. 309	-0. 175	9	19	-10
湖南	0. 260	0. 289	0. 029	21	20	1
安徽	0. 046	0. 255	0. 209	31	21	10
重庆	0. 180	0. 243	0. 063	26	22	4
广东	0. 233	0. 236	0. 003	23	23	0
云南	0. 280	0. 217	-0. 063	20	24	-4
青海	0. 495	0. 213	-0. 282	8	25	-17
宁夏	0. 284	0. 209	-0. 075	19	26	-7
四川	0. 167	0. 181	0. 014	27	27	0
江西	0. 252	0. 137	-0. 115	22	28	-6
河南	0. 126	0. 116	-0. 010	28	29	-1
广西	0. 125	0. 087	-0. 038	29	30	-1
贵州	0. 066	0. 072	0. 006	30	31	-1
极差	0. 845	0. 740	—	—	—	—
极差率	19. 226	11. 271	—	—	—	—
标准差	0. 195	0. 203	—	—	—	—
变异系数	0. 703	0. 647	—	—	—	—

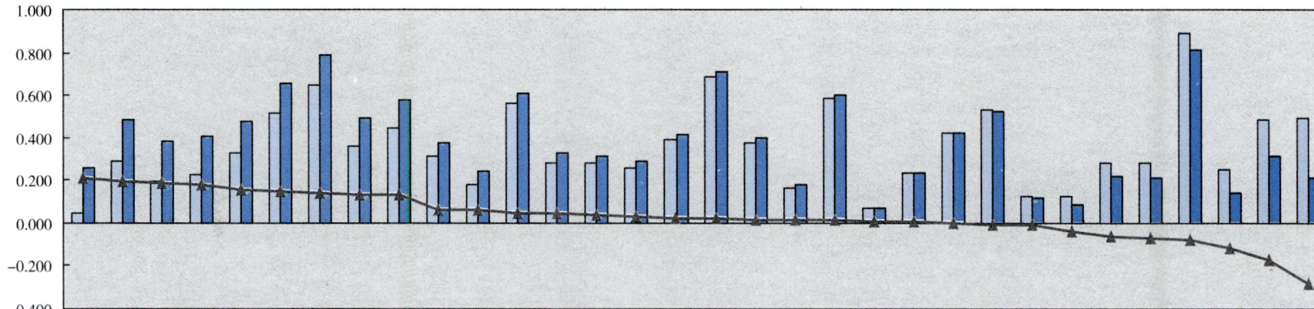

	安徽	江苏	甘肃	湖北	陕西	内蒙古	吉林	山西	辽宁	海南	重庆	黑龙江	河北	全国	湖南
2003年	0.046	0.289	0.193	0.226	0.325	0.513	0.648	0.355	0.447	0.308	0.180	0.565	0.284	0.277	0.260
2012年	0.255	0.480	0.383	0.402	0.477	0.658	0.785	0.489	0.576	0.372	0.243	0.611	0.329	0.313	0.289
指数变动	0.209	0.191	0.190	0.176	0.152	0.145	0.137	0.134	0.129	0.064	0.063	0.046	0.045	0.036	0.029

	福建	天津	浙江	四川	上海	贵州	广东	山东	新疆	河南	广西	云南	宁夏	北京	江西	西藏	青海
2003年	0.390	0.687	0.377	0.167	0.586	0.066	0.233	0.420	0.529	0.126	0.125	0.280	0.284	0.891	0.252	0.484	0.495
2012年	0.413	0.708	0.395	0.181	0.599	0.072	0.236	0.422	0.523	0.116	0.087	0.217	0.209	0.812	0.137	0.309	0.213
指数变动	0.023	0.021	0.018	0.014	0.013	0.006	0.003	0.002	−0.006	−0.010	−0.038	−0.063	−0.075	−0.079	−0.115	−0.175	−0.282

图 2−7　**2003 年和 2012 年各省份基础教育教师配置指数及变动情况**

注：各省份按基础教育教师配置指数变动由高到低排列。

［数据来源］2003 年、2012 年《中国教育统计年鉴》。

从指数及其排名变动情况来看，2012 年多数省份基础教育教师配置指数稳中有增。较 2003 年指数有所提高的省份有 22 个，排名有所提升的省份有 11 个。19 个省份排名变动在 3 名之内。排名提升 5 名及以上的省份有 5 个：安徽、湖北、甘肃、江苏和山西，分别提升 10、10、9、7、5 个名次。排名降低 5 名及以上的省份有 4 个：江西、宁夏、西藏和青海，分别降低 6、7、10、17 个名次。

我们将教师发展水平相应指数按四类水平对各省份进行比较分析，划分标准为：指数值为 0.75（不含）至 1 的为第一类，指数值为 0.5（不含）至 0.75 的为第二类，指数值为 0.25（不含）至 0.5 的为第三类，指数值为 0.25 及以下的为第四类，这四类分别为好、较好、一般和较差。

根据 2012 年基础教育教师配置指数得分，我们将 31 个省份的基础教育教师配置状况划分为以下几类。

基础教育教师配置状况好的省份有 2 个：北京和吉林。

基础教育教师配置状况较好的省份有 6 个：天津、内蒙古、黑龙江、上海、辽宁和新疆。

基础教育教师配置状况一般的省份有 13 个：山西、江苏、陕西、山东、福建、湖北、浙江、甘肃、海南、河北、西藏、湖南和安徽。

基础教育教师配置状况较差的省份有 10 个：重庆、广东、云南、青海、宁夏、四川、江西、河南、广西和贵州（表 2-18）。

表 2-18　2012 年全国各省份基础教育教师配置状况划分类

基础教育教师配置状况	省份
好	北京、吉林
较好	天津、内蒙古、黑龙江、上海、辽宁、新疆
一般	山西、江苏、陕西、山东、福建、湖北、浙江、甘肃、海南、河北、西藏、湖南、安徽
较差	重庆、广东、云南、青海、宁夏、四川、江西、河南、广西、贵州

1. 六成省份幼儿园教师配置状况变化不大

全国各省份2003年和2012年幼儿园教师配置指数及其排名变动情况见表2-19。从表中可知，2012年幼儿园教师配置指数排名靠前的5个省份依次为北京、上海、吉林、浙江和辽宁。指数最高的是北京，为1.000，高出全国均值0.691。2012年幼儿园教师配置指数排名靠后的5个省份依次为青海、广西、安徽、西藏和贵州。指数最低的是贵州，为0.000，低于全国均值0.309，比最高的北京少1.000，二者分属高低两极。

从指数及其排名变动情况来看，2012年多数省份幼儿园教师配置指数稳中有降，其中少数省份排名变动较大。较2003年指数有所增加的省份有12个，排名有所提升的省份有13个。19个省份排名变动在3名之内，约占六成。排名提升5名及以上的省份有4个：内蒙古、湖南、河南和宁夏，分别提升10、10、8、5个名次。排名降低5名及以上的省份也有4个：青海、新疆、陕西和西藏，分别降低6、8、9、26个名次。内蒙古、西藏两区分别位列排名升降的两极，反映了这两个同属西部的民族地区近年来在幼儿园教师配置上的差距迅速拉大。而贵州两年都位居最后，反映了一些西部省份幼儿教育的薄弱状况迄今没有得到改变。

根据2012年幼儿园教师配置指数得分，我们将31个省份的幼儿园教师配置状况划分为以下几类。

幼儿园教师配置状况好的省份有2个：北京和上海，每千名幼儿专任教师数分别为85.080人和68.934人。

幼儿园教师配置状况较好的省份有5个：吉林、浙江、辽宁、内蒙古和广东，每千名幼儿专任教师数在56.723—63.653人。

幼儿园教师配置状况一般的省份有11个：天津、山东、黑龙江、海南、陕西、福建、山西、江苏、江西、湖南和宁夏，每千名幼儿专任教师数在42.595—55.230人。

幼儿园教师配置状况较差的省份有13个：湖北、甘肃、河南、河北、新疆、云南、重庆、四川、青海、广西、安徽、西藏和贵州，每千名幼儿专任教师数在27.790—41.437人。

考察两个年份各省份幼儿园教师配置指数的极差，均由北京、贵州两地分别以1、0极端差距呈现，表明各省份间两极差异非常显著且缺少变化。但两个年份指数的标准差、变异系数却分别由2003年的0.259、0.776下降为2012年的0.227、0.735，表明各省份间的差异略有缩小（表2-19，图2-8）。

表2-19　2003年和2012年各省份幼儿园教师配置指数及排名变动情况

地区	2003年幼儿园教师配置指数	2012年幼儿园教师配置指数	指数变动	2003年排名	2012年排名	排名变动
全国	0.334	0.309	-0.025	—	—	—
北京	1.000	1.000	0.000	1	1	0
上海	0.852	0.718	-0.134	2	2	0
吉林	0.548	0.626	0.078	7	3	4
浙江	0.640	0.598	-0.042	6	4	2
辽宁	0.525	0.590	0.065	9	5	4
内蒙古	0.380	0.544	0.164	16	6	10
广东	0.494	0.505	0.011	11	7	4
天津	0.662	0.479	-0.183	5	8	-3
山东	0.530	0.441	-0.089	8	9	-1
黑龙江	0.451	0.432	-0.019	13	10	3
海南	0.508	0.378	-0.130	10	11	-1
陕西	0.817	0.350	-0.467	3	12	-9
福建	0.486	0.350	-0.136	12	13	-1
山西	0.300	0.338	0.038	18	14	4
江苏	0.448	0.318	-0.130	14	15	-1
江西	0.299	0.301	0.002	19	16	3

续表

地区	2003 年幼儿园教师配置指数	2012 年幼儿园教师配置指数	指数变动	2003 年排名	2012 年排名	排名变动
湖南	0. 121	0. 279	0. 158	27	17	10
宁夏	0. 167	0. 258	0. 091	23	18	5
湖北	0. 317	0. 238	−0. 079	17	19	−2
甘肃	0. 237	0. 214	−0. 023	20	20	0
河南	0. 058	0. 212	0. 154	29	21	8
河北	0. 183	0. 194	0. 011	22	22	0
新疆	0. 431	0. 192	−0. 239	15	23	−8
云南	0. 141	0. 148	0. 007	25	24	1
重庆	0. 154	0. 130	−0. 024	24	25	−1
四川	0. 135	0. 125	−0. 010	26	26	0
青海	0. 207	0. 094	−0. 113	21	27	−6
广西	0. 052	0. 075	0. 023	30	28	2
安徽	0. 120	0. 059	−0. 061	28	29	−1
西藏	0. 748	0. 016	−0. 732	4	30	−26
贵州	0. 000	0. 000	0. 000	31	31	0
标准差	0. 259	0. 227	—	—	—	—
变异系数	0. 776	0. 735	—	—	—	—

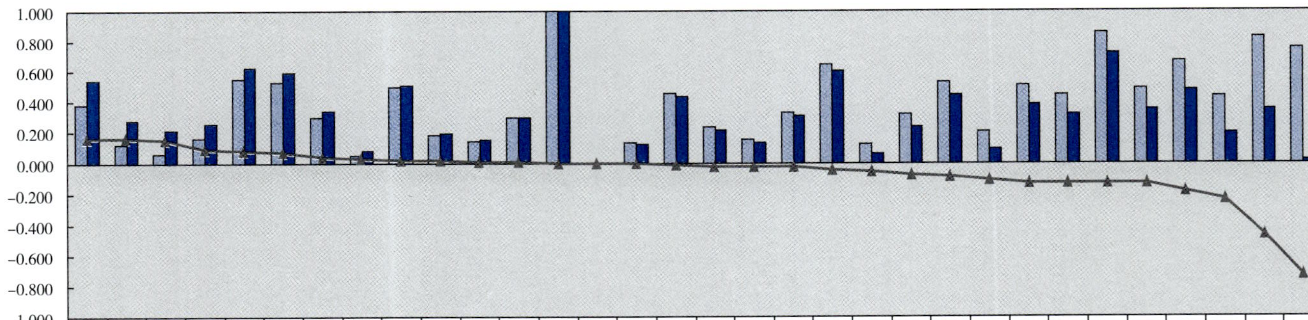

	内蒙古	湖南	河南	宁夏	吉林	辽宁	山西	广西	广东	河北	云南	江西	北京	贵州	四川	黑龙江	甘肃	重庆	全国	浙江	安徽	湖北	山东	青海	海南	江苏	上海	福建	天津	新疆	陕西	西藏
2003年	0.380	0.121	0.058	0.167	0.548	0.525	0.300	0.052	0.494	0.183	0.141	0.299	1.000	0.000	0.135	0.451	0.237	0.154	0.334	0.640	0.120	0.317	0.530	0.207	0.508	0.448	0.852	0.486	0.662	0.431	0.817	0.748
2012年	0.544	0.279	0.212	0.258	0.626	0.590	0.338	0.075	0.505	0.194	0.148	0.301	1.000	0.000	0.125	0.432	0.214	0.130	0.309	0.598	0.059	0.238	0.441	0.094	0.378	0.318	0.718	0.350	0.479	0.192	0.350	0.016
指数变动	0.164	0.158	0.154	0.091	0.078	0.065	0.038	0.023	0.011	0.011	0.007	0.002	0.000	0.000	−0.010	−0.019	−0.023	−0.024	−0.025	−0.042	−0.061	−0.079	−0.089	−0.113	−0.130	−0.130	−0.134	−0.136	−0.183	−0.239	−0.467	−0.732

图 2-8　2003 年和 2012 年各省份幼儿园教师配置指数及变动情况

注：各省份按幼儿园教师配置指数变动由高到低排列。

［数据来源］2003 年、2012 年《中国教育统计年鉴》。

2. 多数省份小学教师配置状况明显改善

全国各省份 2003 年和 2012 年小学教师配置指数及其排名变动情况见表 2-20。从表中可知，2012 年小学教师配置指数排名前 5 的省份依次为吉林、内蒙古、黑龙江、北京和新疆。最高的是吉林，为 1.000，高出全国均值 0.694。2012 年小学教师配置指数排名靠后的 5 个省份依次为贵州、浙江、广西、江西和河南。最低的是河南，为 0.000，低于全国均值 0.306，比最高的吉林少 1.000，二者分属高低两极。

从指数及其排名变动情况来看，2012 年指数较 2003 年整体大幅增加，但多数省份排名变动较大，分化极其严重。较 2003 年指数有所增加的省份有 21 个，排名有所提升的省份有 16 个。7 个省份排名变动在 3 名之内。排名上升 5 名及以上的省份有 9 个：甘肃、西藏、陕西、安徽、海南、重庆、山西、广东和江苏，分别上升了 19、15、13、11、9、8、6、6、5 个名次。排名下降 5 名及以上的省份有 10 个：福建、上海、山东、宁夏、河北、浙江、河南、青海、湖南和江西，分别下降了 5、7、7、7、8、8、9、14、14 和 14 个名次。甘肃和西藏、湖南和江西排名的异向大幅波动，分列升降两端，反映了中西部地区近年来在小学教师配置上存在的显著差异，部分西部地区小学教师配置优化速度高于部分中部地区。

根据 2012 年小学教师配置指数得分，我们将 31 个省份的小学教师配置状况划分为以下几类。

小学教师配置状况好的省份有 3 个：吉林、内蒙古和黑龙江，每千名小学生专任教师数在 77.210—83.779 人。

小学教师配置状况较好的省份有 8 个：北京、新疆、陕西、天津、山西、海南、甘肃和辽宁，每千名小学生专任教师数在 67.913—73.014 人。

小学教师配置状况一般的省份有 11 个：西藏、上海、山东、福建、江苏、安徽、重庆、湖北、云南、河北和宁夏，每千名小学生专任教师数在 55.627—64.562 人。

小学教师配置状况较差的省份有 9 个：四川、广东、青海、湖南、广西、贵州、浙江、江西和河南，每千名小学生专任教师数在 46.040—54.374 人。

考察两个年份各省份小学教师配置指数的极差，2003 年北京、贵州两地，2012 年吉林、河南两地分别以 1.000、0.000 极端呈现，表明各省份间两极差异非常显著。但两个年份指数的标准差分别为 0.245、0.262，变异系数分别为 1.179、0.856，显示地区差异很大，但差异有一定缩小趋势（表 2-20，图 2-9）。

表 2-20　2003 年和 2012 年各省份小学教师配置指数及排名变动情况

地区	2003 年小学教师配置指数	2012 年小学教师配置指数	指数变动	2003 年排名	2012 年排名	排名变动
全国	0.208	0.306	0.098	—	—	—
吉林	0.737	1.000	0.263	2	1	1
内蒙古	0.665	0.972	0.307	5	2	3
黑龙江	0.682	0.826	0.144	4	3	1
北京	1.000	0.715	-0.285	1	4	-3
新疆	0.377	0.678	0.301	9	5	4
陕西	0.186	0.664	0.478	19	6	13
天津	0.695	0.660	-0.035	3	7	-4
山西	0.264	0.646	0.382	14	8	6
海南	0.211	0.585	0.374	18	9	9
甘肃	0.031	0.581	0.550	29	10	19
辽宁	0.401	0.580	0.179	8	11	-3
西藏	0.053	0.491	0.438	27	12	15
上海	0.421	0.455	0.034	6	13	-7
山东	0.402	0.395	-0.007	7	14	-7
福建	0.358	0.394	0.036	10	15	-5

续表

地区	2003 年小学教师配置指数	2012 年小学教师配置指数	指数变动	2003 年排名	2012 年排名	排名变动
江苏	0. 163	0. 363	0. 200	21	16	5
安徽	0. 050	0. 361	0. 311	28	17	11
重庆	0. 072	0. 335	0. 263	26	18	8
湖北	0. 125	0. 335	0. 210	23	19	4
云南	0. 234	0. 303	0. 069	17	20	-3
河北	0. 311	0. 274	-0. 037	13	21	-8
宁夏	0. 261	0. 254	-0. 007	15	22	-7
四川	0. 079	0. 221	0. 142	24	23	1
广东	0. 007	0. 198	0. 191	30	24	6
青海	0. 347	0. 167	-0. 180	11	25	-14
湖南	0. 336	0. 161	-0. 175	12	26	-14
贵州	0. 000	0. 160	0. 160	31	27	4
浙江	0. 171	0. 152	-0. 019	20	28	-8
广西	0. 076	0. 129	0. 053	25	29	-4
江西	0. 247	0. 034	-0. 213	16	30	-14
河南	0. 159	0. 000	-0. 159	22	31	-9
标准差	0. 245	0. 262	—	—	—	—
变异系数	1. 179	0. 856	—	—	—	—

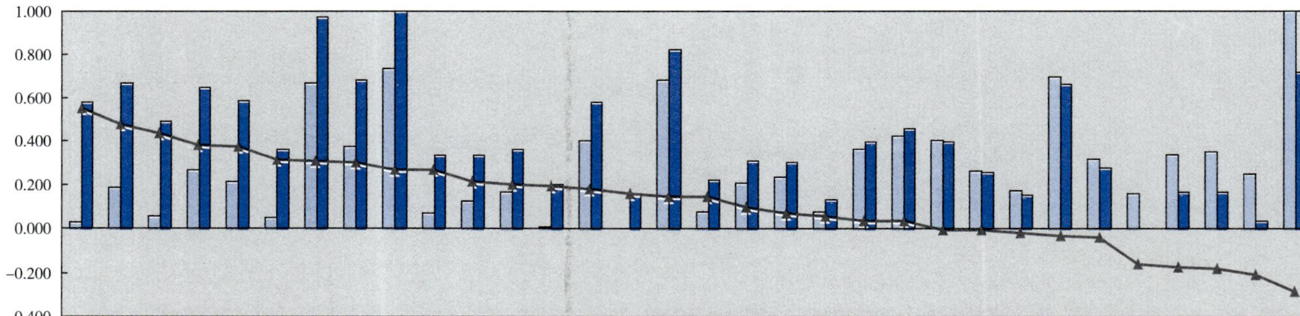

	甘肃	陕西	西藏	山西	海南	安徽	内蒙古	新疆	吉林	重庆	湖北	江苏	广东	辽宁	贵州	黑龙江	四川	全国	云南	广西	福建	上海	山东	宁夏	浙江	天津	河北	河南	湖南	青海	江西	北京
2003年	0.031	0.186	0.053	0.264	0.211	0.050	0.665	0.377	0.737	0.072	0.125	0.163	0.007	0.401	0.000	0.682	0.079	0.208	0.234	0.076	0.358	0.421	0.402	0.261	0.171	0.695	0.311	0.159	0.336	0.347	0.247	1.000
2012年	0.581	0.664	0.491	0.646	0.585	0.361	0.972	0.678	1.000	0.335	0.335	0.363	0.198	0.580	0.160	0.826	0.221	0.306	0.303	0.129	0.394	0.455	0.395	0.254	0.152	0.660	0.274	0.000	0.161	0.167	0.034	0.715
指数变动	0.550	0.478	0.438	0.382	0.374	0.311	0.307	0.301	0.263	0.263	0.210	0.200	0.191	0.179	0.160	0.144	0.142	0.098	0.069	0.053	0.036	0.034	−0.007	−0.007	−0.019	−0.035	−0.037	−0.159	−0.175	−0.180	−0.213	−0.285

图 2−9　**2003 年和 2012 年各省份小学教师配置指数及变动情况**

注：各省份按小学教师配置指数变动由高到低排列。

［数据来源］2003 年、2012 年《中国教育统计年鉴》。

全国各省份2003年和2012年小学教师配置城乡均衡度及其排名变动情况见表2-21。从表中可知，2012年小学教师配置城乡均衡度排名前5的省份依次为内蒙古、海南、吉林、福建和陕西。最高的是内蒙古，为164.654%，高出全国均值51.633%。2012年小学教师城乡配置均衡度排名靠后的5个省份依次为浙江、西藏、河南、上海和天津。最低的是天津，小学教师配置城乡均衡度为84.279%，低于全国均值28.742%，比最高的内蒙古少80.375%。

从城乡均衡度及其排名变动情况来看，2012年各省份小学教师配置城乡均衡度总体上有明显上升，与2003年相比部分省份排名波动较大。较2003年均衡度有所增加的省份有28个，排名有所提升的省份有14个。8个省份排名变动在3名之内。排名提升5名及以上的省份有8个：甘肃、贵州、陕西、广西、山西、安徽、海南和云南，分别提升了23、17、14、11、9、9、6、6个名次。排名降低5名及以上的省份有12个：黑龙江、北京、宁夏、山东、河南、辽宁、江西、天津、浙江、青海、湖南和上海，分别降低6、6、6、6、6、8、9、9、10、11、12、18个名次。西部欠发达省份甘肃和东部发达省份上海分列升降两极，排名大幅波动，引人注目。

根据2012年小学教师配置指数及城乡均衡度，并以全国均值为参照，我们将31个省份小学教师配置情况和教师城乡均衡度状况划分为以下四类。

小学教师配置指数及城乡均衡度均高于全国均值的省份有14个：吉林、内蒙古、黑龙江、北京、新疆、陕西、山西、海南、甘肃、辽宁、山东、福建、安徽和湖北。

小学教师配置指数高于全国均值而其城乡均衡度低于全国均值的省份有5个：天津、西藏、上海、江苏、重庆。

小学教师配置指数低于全国均值而其城乡均衡度高于全国均值的省份有6个：云南、广东、青海、贵州、广西和宁夏。

小学教师配置指数及城乡均衡度均低于全国均值的省份有6个：河北、四川、湖南、浙江、江西和河南（表2-21，图2-10）。

表 2-21　2003 年和 2012 年各省份小学教师配置城乡均衡度及其排名变动情况

地区	2003 年小学教师配置城乡均衡度（%）	2003 年小学教师配置城乡均衡度排名	2012 年小学教师配置城乡均衡度（%）	2012 年小学教师配置城乡均衡度排名	城乡均衡度变动（%）	排名变动
全国	93. 110	—	113. 021	—	19. 911	—
内蒙古	145. 780	1	164. 654	1	18. 874	0
海南	108. 730	8	162. 610	2	53. 880	6
吉林	128. 260	2	151. 633	3	23. 373	-1
福建	111. 450	7	150. 627	4	39. 177	3
陕西	95. 650	19	145. 830	5	50. 180	14
山西	100. 470	15	139. 594	6	39. 124	9
甘肃	75. 790	30	134. 975	7	59. 185	23
新疆	101. 850	11	131. 058	8	29. 208	3
黑龙江	125. 030	3	130. 293	9	5. 263	-6
贵州	79. 250	27	127. 089	10	47. 839	17
北京	116. 990	5	126. 989	11	9. 999	-6
云南	97. 730	18	126. 021	12	28. 291	6
广东	99. 840	16	125. 272	13	25. 432	3
辽宁	112. 860	6	120. 903	14	8. 043	-8
青海	124. 900	4	120. 525	15	-4. 375	-11
宁夏	102. 960	10	119. 687	16	16. 727	-6
安徽	79. 380	26	119. 134	17	39. 754	9
广西	75. 880	29	118. 184	18	42. 304	11
山东	101. 180	13	115. 491	19	14. 311	-6
湖北	82. 800	24	113. 079	20	30. 279	4
湖南	105. 330	9	111. 677	21	6. 347	-12
河北	95. 050	20	108. 624	22	13. 574	-2
江西	100. 790	14	107. 930	23	7. 140	-9
重庆	77. 100	28	106. 738	24	29. 638	4
四川	87. 130	21	106. 634	25	19. 504	-4
江苏	80. 530	25	103. 928	26	23. 398	-1
浙江	99. 450	17	103. 407	27	3. 957	-10
西藏	59. 960	31	100. 347	28	40. 387	3
河南	83. 230	23	99. 201	29	15. 971	-6
上海	101. 340	12	89. 441	30	-11. 899	-18
天津	85. 630	22	84. 279	31	-1. 351	-9

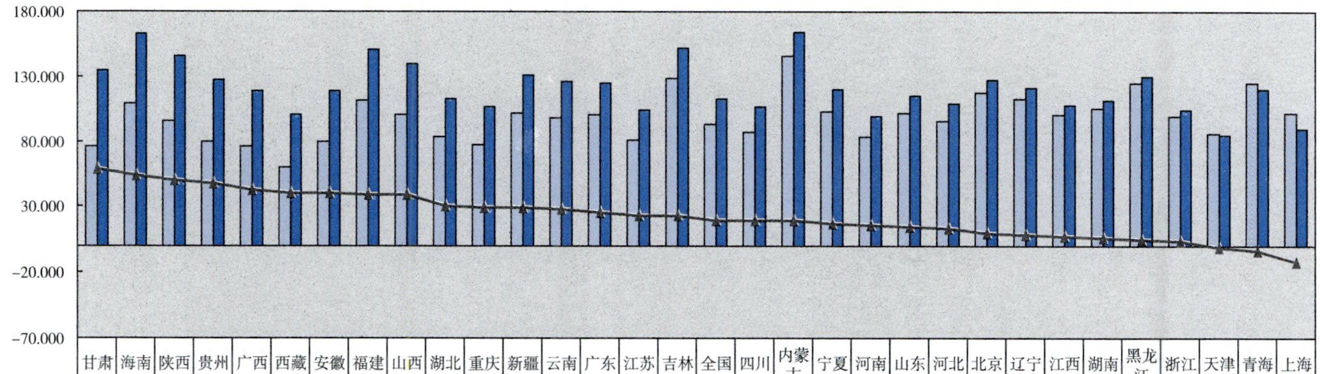

	甘肃	海南	陕西	贵州	广西	西藏	安徽	福建	山西	湖北	重庆	新疆	云南	广东	江苏	吉林	全国	四川	内蒙古	宁夏	河南	山东	河北	北京	辽宁	江西	湖南	黑龙江	浙江	天津	青海	上海
2003年	75.790	108.730	95.650	79.250	75.880	59.960	79.380	111.450	100.470	82.800	77.100	101.850	97.730	99.840	80.530	128.260	93.110	87.130	145.780	102.960	83.230	101.180	95.050	116.990	112.860	100.790	105.330	125.030	99.450	85.630	124.900	101.340
2012年	134.975	162.610	145.830	127.089	118.184	100.347	119.134	150.627	139.594	113.079	106.738	131.058	126.021	125.272	103.928	151.633	113.021	106.634	164.654	119.687	99.201	115.491	108.624	126.989	120.903	107.930	111.677	130.293	103.407	84.279	120.525	89.441
城乡均衡度变动	59.185	53.880	50.180	47.839	42.304	40.387	39.754	39.177	39.124	30.279	29.638	29.208	28.291	25.432	23.398	23.373	19.911	19.504	18.874	16.727	15.971	14.311	13.574	9.999	8.043	7.140	6.347	5.263	3.957	-1.351	-4.375	-11.899

图 2-10　2003 年和 2012 年各省份小学教师配置城乡均衡度及其变动情况

注：各省份按小学教师配置指数变动由高到低排列。

［数据来源］2003 年、2012 年《中国教育统计年鉴》。

3. 五成以上省份初中教师配置状况明显改善

全国各省份2003年和2012年初中教师配置指数及其排名变动情况见表2-22。从表中可知，2012年初中教师配置指数排名前5的省份依次为北京、天津、吉林、江苏和新疆。最高的是北京，为1.000，高出全国均值0.597。初中教师配置指数排名靠后的5个省份依次为河南、云南、广东、广西和贵州。而最低的是贵州，为0.000，低于全国均值0.403，比最高的北京少1.000，二者分属高低两极。

从指数及其排名变动情况来看，2012年指数较2003年整体有明显提高，但过半数省份排名变动较大，分化明显。较2003年指数有所增加的省份有17个，排名有所提升的省份有12个。14个省份排名变动不超过3位。排名上升5名及以上的省份有6个：江苏、湖北、陕西、安徽、福建和吉林，分别上升了21、18、14、13、9、6个名次。排名下降5名及以上的省份有9个：黑龙江、江西、山西、重庆、西藏、云南、上海、宁夏和青海，分别下降了5、5、6、7、7、9、10、14和16个名次。江苏、青海排名的异向大幅波动，分列升降两极，反映了两地分别作为东部和西部有代表性的省份近年来在初中教师配置上存在的显著差异。

根据2012年初中教师配置指数得分，我们将31个省份的初中教师配置状况划分为以下几类。

初中教师配置状况好的省份有5个：北京、天津、吉林、江苏和新疆，每千名初中生专任教师数在91.101—101.689人。

初中教师配置状况较好的省份有11个：湖北、辽宁、福建、陕西、内蒙古、黑龙江、上海、湖南、山东、浙江和山西，每千名初中生专任教师数在78.693—89.630人。

初中教师配置状况一般的省份有8个：河北、安徽、甘肃、青海、重庆、西藏、海南和四川，每千名初中生专任教师数在67.033—77.196人。

初中教师配置状况较差的省份有7个：宁夏、江西、河南、云南、广东、广西和贵州，每千名初中生专任教师数在54.622—66.196人。

考察两个年份各省份初中教师配置指数的极差，2003年北京、安徽两地，2012年北京、贵州两地分别以1.000、0.000极端呈现，表明各省份间两极差异非常显著。但两个年份指数的标准差分别为 0. 227、0. 267，变异系数分别为 0. 688、0. 663，显示地区差异较大，且差异变化不明显（表 2-22，图 2-11）。

表 2-22　2003 年和 2012 年各省份初中教师配置指数及排名变动情况

地区	2003 年初中教师配置指数	2012 年初中教师配置指数	指数变动	2003 年排名	2012 年排名	排名变动
全国	0. 330	0. 403	0. 073	—	—	—
北京	1. 000	1. 000	0. 000	1	1	0
天津	0. 780	0. 997	0. 217	3	2	1
吉林	0. 542	0. 880	0. 338	9	3	6
江苏	0. 261	0. 805	0. 544	25	4	21
新疆	0. 559	0. 775	0. 216	7	5	2
湖北	0. 262	0. 744	0. 482	24	6	18
辽宁	0. 596	0. 732	0. 136	5	7	-2
福建	0. 339	0. 672	0. 333	17	8	9
陕西	0. 274	0. 658	0. 384	23	9	14
内蒙古	0. 551	0. 609	0. 058	8	10	-2
黑龙江	0. 559	0. 604	0. 045	6	11	-5
上海	0. 950	0. 568	-0. 382	2	12	-10
湖南	0. 352	0. 562	0. 210	16	13	3
山东	0. 503	0. 534	0. 031	12	14	-2
浙江	0. 465	0. 531	0. 066	13	15	-2
山西	0. 534	0. 511	-0. 023	10	16	-6
河北	0. 327	0. 480	0. 153	18	17	1
安徽	0. 000	0. 445	0. 445	31	18	13

续表

地区	2003 年初中教师配置指数	2012 年初中教师配置指数	指数变动	2003 年排名	2012 年排名	排名变动
甘肃	0. 277	0. 359	0. 082	22	19	3
青海	0. 605	0. 351	-0. 254	4	20	-16
重庆	0. 381	0. 326	-0. 055	14	21	-7
西藏	0. 377	0. 304	-0. 073	15	22	-7
海南	0. 205	0. 300	0. 095	27	23	4
四川	0. 297	0. 264	-0. 033	20	24	-4
宁夏	0. 516	0. 246	-0. 270	11	25	-14
江西	0. 290	0. 180	-0. 110	21	26	-5
河南	0. 211	0. 162	-0. 049	26	27	-1
云南	0. 301	0. 153	-0. 148	19	28	-9
广东	0. 190	0. 153	-0. 037	28	29	-1
广西	0. 181	0. 109	-0. 072	29	30	-1
贵州	0. 106	0. 000	-0. 106	30	31	-1
标准差	0. 227	0. 267	—	—	—	—
变异系数	0. 688	0. 663	—	—	—	—

2003 年和 2012 年全国各省份初中教师配置城乡均衡度及其排名变动情况见表 2-23。从表中可知，2012 年初中教师配置城乡均衡度排名靠前的 5 个省份依次为北京、陕西、福建、吉林和湖南。最高的是北京，为 140. 586%，高出全国均值 35. 156%。2012 年初中教师城乡配置均衡度排名靠后的 5 个省份依次为重庆、广东、河南、广西和西藏。最低的是西藏，为 87. 810%，低于全国均值 17. 620%，比最高的北京低 52. 776%。

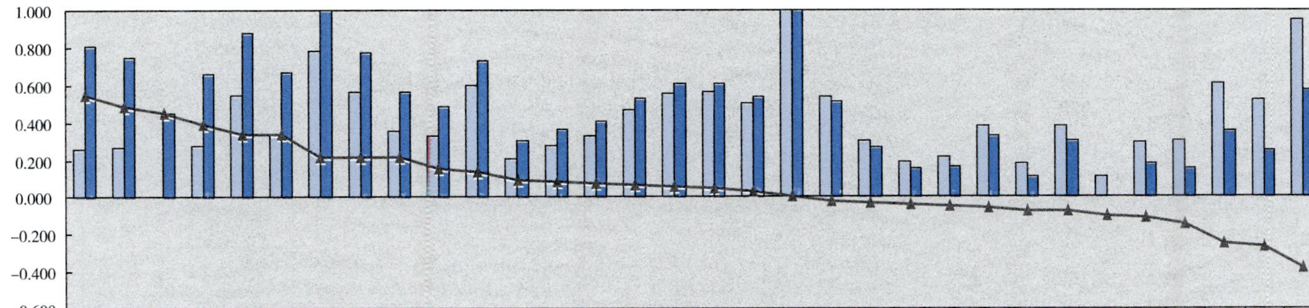

	江苏	湖北	安徽	陕西	吉林	福建	天津	新疆	湖南	河北	辽宁	海南	甘肃	全国	浙江	内蒙古	黑龙江	山东	北京	山西	四川	广东	河南	重庆	广西	西藏	贵州	江西	云南	青海	宁夏	上海
2003年	0.261	0.262	0.000	0.274	0.542	0.339	0.780	0.559	0.352	0.327	0.596	0.205	0.277	0.330	0.465	0.551	0.559	0.503	1.000	0.534	0.297	0.190	0.211	0.381	0.181	0.377	0.106	0.290	0.301	0.605	0.516	0.950
2012年	0.805	0.744	0.445	0.658	0.880	0.672	0.997	0.775	0.562	0.480	0.732	0.300	0.359	0.403	0.531	0.609	0.604	0.534	1.000	0.511	0.264	0.153	0.162	0.326	0.109	0.304	0.000	0.180	0.153	0.351	0.246	0.568
指数变动	0.544	0.482	0.445	0.384	0.338	0.333	0.217	0.216	0.210	0.153	0.136	0.095	0.082	0.073	0.066	0.058	0.045	0.031	0.000	−0.023	−0.033	−0.037	−0.049	−0.055	−0.072	−0.073	−0.106	−0.110	−0.148	−0.254	−0.270	−0.382

图 2-11　2003 年和 2012 年各省份初中教师配置指数及变动情况

注：各省份按初中教师配置指数变动由高到低排列。

［数据来源］2003 年、2012 年《中国教育统计年鉴》。

从城乡均衡度及其排名变动情况来看，2012 年各省份初中教师配置城乡均衡度总体上有明显上升，部分省份与 2003 年相比排名波动较大。较 2003 年均衡度有所增加的省份有 27 个，排名有所提升的省份有 18 个。10 个省份排名变动在 3 名之内。排名提升 5 名及以上的省份有 7 个：陕西、甘肃、安徽、湖北、江苏、河北和山西，分别提升了 17、14、13、12、10、6、5 个名次。排名降低 5 名及以上的省份有 9 个：河南、内蒙古、云南、上海、江西、广东、青海、辽宁和黑龙江，分别降低 6、7、8、9、9、12、15、19、19 个名次。西部省份陕西、甘肃和东部省份辽宁、黑龙江分列升降两极，排名大幅波动，引人注目。

根据 2012 年初中教师配置指数及城乡均衡度，并以全国均值为参照，我们将 31 个省份初中教师配置情况和城乡均衡度状况划分为以下四类。

初中教师配置指数及城乡均衡度均高于全国均值的省份有 17 个：北京、天津、吉林、江苏、新疆、湖北、福建、陕西、内蒙古、黑龙江、上海、湖南、山东、浙江、山西、河北和安徽。

初中教师配置指数高于全国均值而其城乡均衡度低于全国均值的省份有 1 个：辽宁。

初中教师配置指数低于全国均值而其城乡均衡度高于全国均值的省份有 5 个：甘肃、青海、海南、四川和宁夏。

初中教师配置指数及城乡均衡度均低于全国均值的省份有 8 个：重庆、西藏、江西、河南、云南、广东、广西和贵州（表 2-23，图 2-12）。

表 2-23　2003 年和 2012 年各省份初中教师配置城乡均衡度及其排名变动情况

地区	2003 年初中教师配置城乡均衡度（%）	2003 年初中教师配置城乡均衡度排名	2012 年初中教师配置城乡均衡度（%）	2012 年初中教师配置城乡均衡度排名	城乡均衡度变动（%）	排名变动
全国	93.110	—	105.430	—	12.320	—
北京	116.990	5	140.586	1	23.596	4
陕西	95.650	19	139.822	2	44.172	17
福建	111.450	7	134.322	3	22.872	4
吉林	128.260	2	132.437	4	4.177	-2

续表

地区	2003 年初中教师配置城乡均衡度（%）	2003 年初中教师配置城乡均衡度排名	2012 年初中教师配置城乡均衡度（%）	2012 年初中教师配置城乡均衡度排名	城乡均衡度变动（%）	排名变动
湖南	105.330	9	130.698	5	25.368	4
海南	108.730	8	129.654	6	20.924	2
宁夏	102.960	10	129.480	7	26.520	3
内蒙古	145.780	1	126.622	8	-19.158	-7
新疆	101.850	11	126.127	9	24.277	2
山西	100.470	15	120.436	10	19.966	5
山东	101.180	13	115.753	11	14.573	2
湖北	82.800	24	113.581	12	30.781	12
安徽	79.380	26	112.521	13	33.141	13
河北	95.050	20	112.215	14	17.165	6
江苏	80.530	25	112.040	15	31.510	10
甘肃	75.790	30	110.722	16	34.932	14
四川	87.130	21	107.665	17	20.535	4
天津	85.630	22	107.429	18	21.799	4
青海	124.900	4	107.175	19	-17.725	-15
浙江	99.450	17	106.837	20	7.387	-3
上海	101.340	12	106.361	21	5.021	-9
黑龙江	125.030	3	105.783	22	-19.247	-19
江西	100.790	14	105.087	23	4.297	-9
贵州	79.250	27	102.695	24	23.445	3
辽宁	112.860	6	102.309	25	-10.551	-19
云南	97.730	18	102.038	26	4.308	-8
重庆	77.100	28	100.426	27	23.326	1
广东	99.840	16	99.870	28	0.030	-12
河南	83.230	23	99.812	29	16.582	-6
广西	75.880	29	99.535	30	23.655	-1
西藏	59.960	31	87.810	31	27.850	0

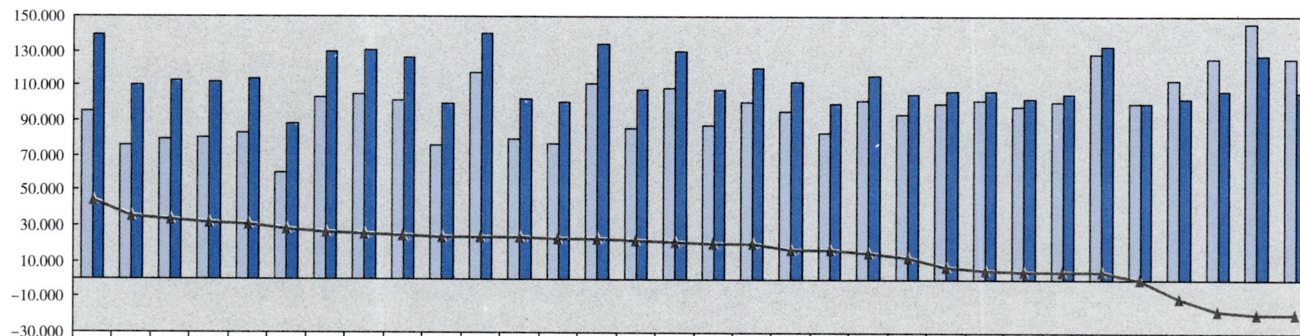

	陕西	甘肃	安徽	江苏	湖北	西藏	宁夏	湖南	新疆	广西	北京	贵州	重庆	福建	天津	海南	四川	山西	河北	河南	山东	全国	浙江	上海	云南	江西	吉林	广东	辽宁	青海	内蒙古	黑龙江
2003年	95.650	75.790	79.380	80.530	82.800	59.960	102.960	105.330	101.850	75.880	116.990	79.250	77.100	111.450	85.630	108.730	87.130	100.470	95.050	83.230	101.180	93.110	99.450	101.340	97.730	100.790	128.260	99.840	112.860	124.900	145.780	125.030
2012年	139.822	110.722	112.521	112.040	113.581	87.810	129.480	130.698	126.127	99.535	140.586	102.695	100.426	134.322	107.429	129.654	107.665	120.436	112.215	99.812	115.753	105.430	106.837	106.361	102.038	105.087	132.437	99.870	102.309	107.175	126.622	105.783
城乡均衡度变动	44.172	34.932	33.141	31.510	30.781	27.850	26.520	25.368	24.277	23.655	23.596	23.445	23.326	22.872	21.799	20.924	20.535	19.966	17.165	16.582	14.573	12.320	7.387	5.021	4.308	4.297	4.177	0.030	-10.551	-17.725	-19.158	-19.247

图 2-12　2003 年和 2012 年各省份初中教师配置城乡均衡度及其排名变动情况

注：各省份按初中教师配置城乡均衡度变动由高到低排列。

［数据来源］2003 年、2012 年《中国教育统计年鉴》。

4. 各省份普通高中教师配置状况差异明显

全国各省份2003年和2012年普通高中教师配置指数及其排名变动情况见表2-24。从表中可知，2012年普通高中教师配置指数排名靠前的5个省份依次为北京、上海、天津、江苏和西藏。最高的是北京，为1.000，高出全国均值0.794。2012年普通高中教师配置指数排名靠后的5个省份依次为广西、河南、安徽、重庆和贵州。最低的是贵州，普通高中教师配置指数为0.000，低于全国均值0.206，比最高的北京少1.000，二者分属高低两极。

从指数及其排名变动情况来看，2012年指数较2003年整体略有下降，但各省份排名变动不大。与2003年相比，仅有3个省份指数有所增加，14个省份排名有所提升。共有12个省份排名变动不超过3位，排名上升5名及以上的省份有7个：上海、河北、湖北、湖南、山东、陕西和江苏，分别上升了10、9、9、7、6、6、5个名次。排名下降5名及以上的省份也有7个：青海、宁夏、江西、云南、广东、重庆和吉林，分别下降了6、7、7、8、8、8、9个名次。上海、吉林排名的异向波动，分列升降两极，反映了两地同为东部地区有代表性的省份近年来在普通高中教师配置上存在的显著差异。

根据2012年普通高中教师配置指数得分，我们将31个省份的普通高中教师配置状况划分为以下几类。

普通高中教师配置状况好的省份有2个：北京和上海，每千名普通高中生专任教师数分别为106.576人和105.181人。

普通高中教师配置状况较好的省份也有2个：天津和江苏，每千名普通高中生专任教师数分别为80.436人和85.193人。

普通高中教师配置状况一般的省份有10个：西藏、福建、浙江、新疆、青海、河北、山东、黑龙江、山西和辽宁，每千名普通高中生专任教师数在67.932—76.487人。

普通高中教师配置状况较差的省份有17个：湖北、湖南、内蒙古、云南、广东、海南、宁夏、甘肃、陕西、吉林、江西、四川、广西、河南、安徽、重庆和贵州，每千名普通高中生专任教师数在53.782—65.980人。

考察两个年份各省份普通高中教师配置指数的极差，2003 年北京、安徽，2012 年北京、贵州两地分别以 1.000、0.000 极端呈现，表明各省份间两极差异非常显著。两个年份指数的标准差分别为 0.272、0.243，变异系数分别为 0.695、1.180，显示地区差异较大，差异有显著增加趋势（表 2-24，图 2-13）。

表 2-24　2003 年和 2012 年各省份普通高中教师配置指数及排名变动情况

地区	2003 年普通高中教师配置指数	2012 年普通高中教师配置指数	指数变动	2003 年排名	2012 年排名	排名变动
全国	0.391	0.206	-0.185	—	—	—
北京	1.000	1.000	0.000	1	1	0
上海	0.530	0.974	0.444	12	2	10
天津	0.887	0.595	-0.292	5	3	2
江苏	0.639	0.505	-0.134	9	4	5
西藏	0.954	0.430	-0.524	2	5	-3
福建	0.733	0.409	-0.324	6	6	0
浙江	0.716	0.376	-0.340	7	7	0
新疆	0.917	0.373	-0.544	4	8	-4
青海	0.925	0.354	-0.571	3	9	-6
河北	0.354	0.316	-0.038	19	10	9
山东	0.378	0.308	-0.070	17	11	6
黑龙江	0.682	0.299	-0.383	8	12	-4
山西	0.485	0.268	-0.217	13	13	0
辽宁	0.379	0.268	-0.111	16	14	2
湖北	0.312	0.231	-0.081	24	15	9

续表

地区	2003年普通高中教师配置指数	2012年普通高中教师配置指数	指数变动	2003年排名	2012年排名	排名变动
湖南	0.313	0.219	-0.094	23	16	7
内蒙古	0.347	0.202	-0.145	21	17	4
云南	0.594	0.195	-0.399	10	18	-8
广东	0.553	0.170	-0.383	11	19	-8
海南	0.352	0.157	-0.195	20	20	0
宁夏	0.411	0.153	-0.258	14	21	-7
甘肃	0.236	0.134	-0.102	26	22	4
陕西	0.180	0.112	-0.068	29	23	6
吉林	0.405	0.087	-0.318	15	24	-9
江西	0.373	0.073	-0.300	18	25	-7
四川	0.274	0.061	-0.213	25	26	-1
广西	0.195	0.042	-0.153	28	27	1
河南	0.016	0.037	0.021	30	28	2
安徽	0.000	0.033	0.033	31	29	2
重庆	0.319	0.026	-0.293	22	30	-8
贵州	0.224	0.000	-0.224	27	31	-4
标准差	0.272	0.243	—	—	—	—
变异系数	0.695	1.180	—	—	—	—

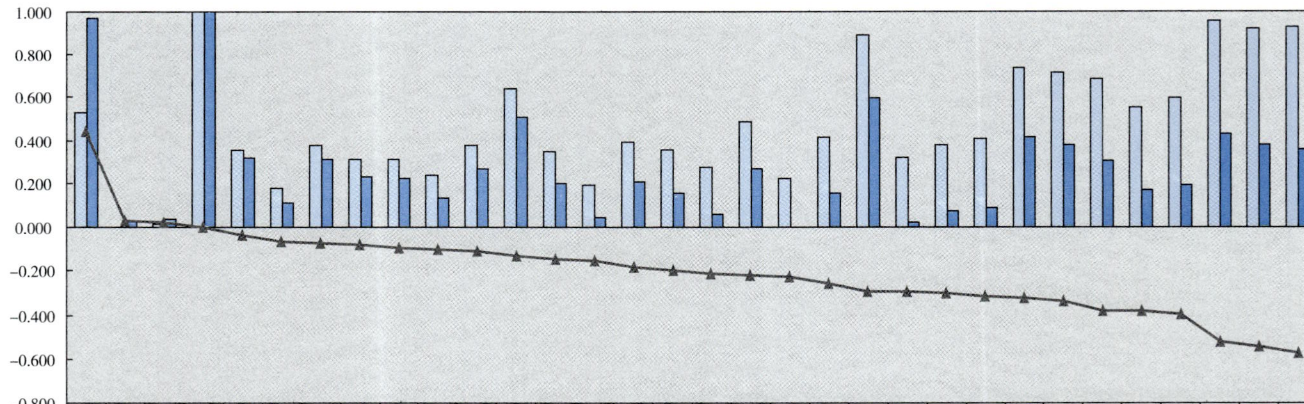

	上海	安徽	河南	北京	河北	陕西	山东	湖北	湖南	甘肃	辽宁	江苏	内蒙古	广西	全国	海南	四川	山西	贵州	宁夏	天津	重庆	江西	吉林	福建	浙江	黑龙江	广东	云南	西藏	新疆	青海
2003年	0.530	0.000	0.016	1.000	0.354	0.180	0.378	0.312	0.313	0.236	0.379	0.639	0.347	0.195	0.391	0.352	0.274	0.485	0.224	0.411	0.887	0.319	0.373	0.405	0.733	0.716	0.682	0.553	0.594	0.954	0.917	0.925
2012年	0.974	0.033	0.037	1.000	0.316	0.112	0.308	0.231	0.219	0.134	0.268	0.505	0.202	0.042	0.206	0.157	0.061	0.268	0.000	0.153	0.595	0.026	0.073	0.087	0.409	0.376	0.299	0.170	0.195	0.430	0.373	0.354
指数变动	0.444	0.033	0.021	0.000	−0.038	−0.068	−0.070	−0.081	−0.094	−0.102	−0.111	−0.134	−0.145	−0.153	−0.185	−0.195	−0.213	−0.217	−0.224	−0.258	−0.292	−0.293	−0.300	−0.318	−0.324	−0.340	−0.383	−0.383	−0.399	−0.524	−0.544	−0.571

图 2-13 **2003 年和 2012 年各省份普通高中教师配置指数及变动情况**

注：各省份按普通高中教师配置指数变动由高到低排列。

［数据来源］2003 年、2012 年《中国教育统计年鉴》。

5. 近八成省份中职学校教师配置状况有所改善

全国各省份 2003 年和 2012 年中职学校教师配置指数及其排名变动情况见表 2-25。从表中可知，2012 年中职学校教师配置指数排名靠前的 5 个省份依次为吉林、天津、黑龙江、辽宁和内蒙古。最高的是吉林，为 1.000，高出全国均值 0.711。2012 年中职学校教师配置指数排名靠后的 5 个省份依次为四川、广东、福建、宁夏和广西。最低的是广西，为 0.000，低于全国均值 0.289，比最高的吉林少 1.000，二者分属高低两极。

从指数及其排名变动情况来看，2012 年各省份中职教师配置指数较 2003 年整体大幅增加，多半省份排名变动较大，分化非常显著。与 2003 年相比，23 个省份指数有所增加，17 个省份排名有所提前。有 9 个省份排名变动不超过 3 位。排名上升 5 名及以上的省份有 9 个：浙江、上海、江苏、重庆、辽宁、河南、天津、黑龙江和山西，分别上升了 22、20、15、11、7、7、6、6、6 个名次。排名下降 5 名及以上的省份有 8 个：四川、云南、新疆、广东、广西、海南、西藏和青海，分别下降了 6、8、10、11、17、18、19 和 22 个名次。浙江、上海与西藏、青海排名的异向大幅波动，引人注目，反映了东西部两类有代表性的发达和不发达省份近年来在中职学校教师配置上存在的显著差异。

根据 2012 年中职学校教师配置指数得分，我们将 31 个省份的中职学校教师配置状况划分为以下几类。

中职学校教师配置状况好的省份有 2 个：吉林和天津，每千名中职学生专任教师数分别为 69.636 人和 80.890 人。

中职学校教师配置状况较好的省份有 3 个：黑龙江、辽宁和内蒙古，每千名中职学生专任教师数在 55.621—61.064 人。

中职学校教师配置状况一般的省份有 11 个：山西、浙江、上海、江苏、河北、甘肃、湖北、山东、新疆、河南和重庆，每千名中职学生专任教师数在 38.277—52.281 人。

中职学校教师配置状况较差的省份有 15 个：北京、云南、湖南、陕西、西藏、安徽、贵州、海南、青海、江西、四川、广东、福建、宁夏和广西，每千名中职学生专任教师数在 24.065—38.231 人。

考察两个年份各省份中职学校教师配置指数的极差，2003 年吉林、宁夏两地，2012 年吉林、广西两地分别以 1.000、0.000 极端差距呈现，表明各省份间两极差异非常显著且少有变化。两个年份指数的标准差分别为 0.258、0.229，变异系数分别为 1.624、0.794，显示地区差异较大，但同时差异有显著缩小趋势（表2-25，图 2-14）。

表 2-25　2003 年和 2012 年各省份中职学校教师配置指数及排名变动情况

地区	2003 年中职学校教师配置指数	2012 年中职学校教师配置指数	指数变动	2003 年排名	2012 年排名	排名变动
全国	0.159	0.289	0.130	—	—	—
吉林	1.000	1.000	0.000	1	1	0
天津	0.344	0.802	0.458	8	2	6
黑龙江	0.333	0.651	0.318	9	3	6
辽宁	0.251	0.578	0.327	11	4	7
内蒙古	0.424	0.555	0.131	5	5	0
山西	0.243	0.497	0.254	12	6	6
浙江	0.006	0.495	0.489	29	7	22
上海	0.011	0.465	0.454	28	8	20
江苏	0.069	0.448	0.379	24	9	15
河北	0.230	0.438	0.208	13	10	3
甘肃	0.357	0.425	0.068	7	11	-4
湖北	0.201	0.413	0.212	15	12	3
山东	0.187	0.381	0.194	16	13	3
新疆	0.652	0.351	-0.301	4	14	-10
河南	0.104	0.267	0.163	22	15	7

续表

地区	2003年中职学校教师配置指数	2012年中职学校教师配置指数	指数变动	2003年排名	2012年排名	排名变动
重庆	0. 017	0. 250	0. 233	27	16	11
北京	0. 130	0. 249	0. 119	19	17	2
云南	0. 275	0. 233	-0. 042	10	18	-8
湖南	0. 070	0. 231	0. 161	23	19	4
陕西	0. 142	0. 229	0. 087	18	20	-2
西藏	0. 917	0. 185	-0. 732	2	21	-19
安徽	0. 046	0. 179	0. 133	26	22	4
贵州	0. 119	0. 154	0. 035	20	23	-3
海南	0. 379	0. 144	-0. 235	6	24	-18
青海	0. 720	0. 139	-0. 581	3	25	-22
江西	0. 001	0. 136	0. 135	30	26	4
四川	0. 115	0. 135	0. 020	21	27	-6
广东	0. 170	0. 120	-0. 050	17	28	-11
福建	0. 065	0. 111	0. 046	25	29	-4
宁夏	0. 000	0. 005	0. 005	31	30	1
广西	0. 203	0. 000	-0. 203	14	31	-17
标准差	0. 258	0. 229	—	—	—	—
变异系数	1. 624	0. 794	—	—	—	—

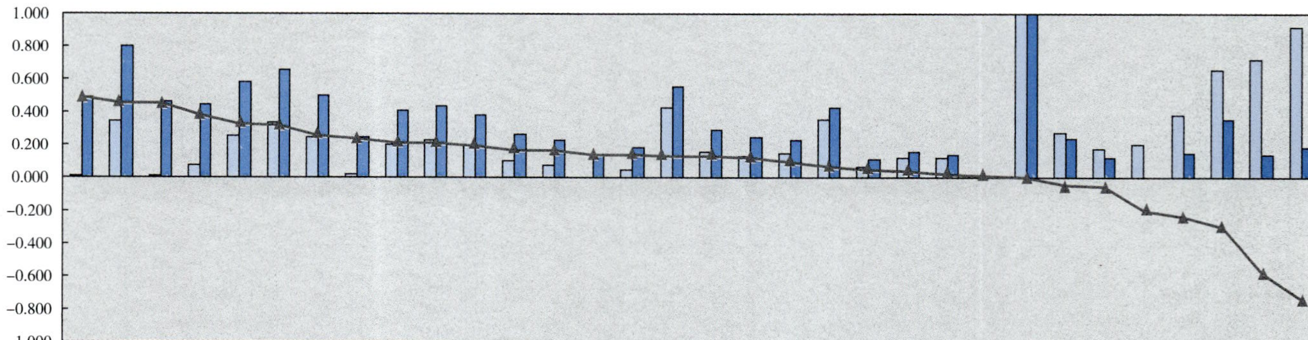

	浙江	天津	上海	江苏	辽宁	黑龙江	山西	重庆	湖北	河北	山东	河南	湖南	江西	安徽	内蒙古	全国	北京	陕西	甘肃	福建	贵州	四川	宁夏	吉林	云南	广东	广西	海南	新疆	青海	西藏
2003年	0.006	0.344	0.011	0.069	0.251	0.333	0.243	0.017	0.201	0.230	0.187	0.104	0.070	0.001	0.046	0.424	0.159	0.130	0.142	0.357	0.065	0.119	0.115	0.000	1.000	0.275	0.170	0.203	0.379	0.652	0.720	0.917
2012年	0.495	0.802	0.465	0.448	0.578	0.651	0.497	0.250	0.413	0.438	0.381	0.267	0.231	0.136	0.179	0.555	0.289	0.249	0.229	0.425	0.111	0.154	0.135	0.005	1.000	0.233	0.120	0.000	0.144	0.351	0.139	0.185
指数变动	0.489	0.458	0.454	0.379	0.327	0.318	0.254	0.233	0.212	0.208	0.194	0.163	0.161	0.135	0.133	0.131	0.130	0.119	0.087	0.068	0.046	0.035	0.020	0.005	0.000	-0.042	-0.050	-0.203	-0.235	-0.301	-0.581	-0.732

图 2-14　**2003 年和 2012 年各省份中职学校教师配置指数及变动情况**

注：各省份按中职学校教师配置指数变动由高到低排列。

［数据来源］2003 年、2012 年《中国教育统计年鉴》。

综合考察2012年各省份普通高中教师配置指数和中职学校教师配置指数，以全国均值为参照，可以将各省份高中阶段教师配置状况分为以下四类。

普通高中教师配置指数和中职学校教师配置指数都高于全国均值的省份有11个：新疆、河北、山东、江苏、浙江、山西、上海、湖北、辽宁、黑龙江和天津。

普通高中教师配置指数高于而中职学校教师配置指数低于全国均值的省份有5个：湖南、北京、青海、福建和西藏。

普通高中教师配置指数低于而中职学校教师配置指数高于全国均值的省份有3个：内蒙古、甘肃和吉林。

普通高中教师配置指数和中职学校教师配置指数都低于全国均值的省份有12个：云南、贵州、重庆、安徽、四川、河南、广西、陕西、海南、江西、广东和宁夏。

（二）各省份高等教育教师配置状况差异显著

全国各省份2003年和2012年高等教育教师配置指数及其排名变动情况见表2-26。从表中可知，2012年高等教育教师配置指数排名靠前的5个省份依次为北京、上海、青海、西藏和宁夏。最高的是北京，为1.000，高出全国均值0.796。2012年高等教育教师配置指数排名靠后的5个省份依次为河南、广东、甘肃、安徽和海南。最低的是海南，高等教育教师配置指数为0.000，低于全国均值0.204，比最高的北京少1.000，二者分属高低两极。

从指数及其排名变动情况来看，2012年高等教育教师配置指数较2003年有明显增加，但整体偏低，大多数省份配置状况较差，部分省份排名变动较大，分化明显。与2003年相比，16个省份指数有所增加，15个省份排名有所提升。14个省份排名变动不超过3位，排名上升5名及以上的省份有8个：江苏、上海、陕西、四川、山东、天津、江西和吉林，分别上升了21、15、10、10、8、7、7、5个名次。排名下降5名及以上的省份也有8个：广西、内蒙古、山西、重庆、海南、贵州、广东和甘肃，分别下降了5、6、7、9、10、12、15、18个名次。东部的江苏上升最大，西部的甘肃下降最为显著，变动名次分别达到 21 和 18 个。

根据 2012 年高等教育教师配置指数得分，我们将 31 个省份的高等教育教师配置状况划分为以下几类。

高等教育教师配置状况好的省份有 1 个：北京，每千名普通高校学生专任教师数为 102.922 人，遥遥领先于其他省份。

高等教育教师配置状况较好的省份有 2 个：上海和青海，每千名普通高校学生专任教师数分别为 79.191 人和 76.375 人。

高等教育教师配置状况一般的省份有 9 个：西藏、宁夏、新疆、辽宁、黑龙江、吉林、江苏、天津和内蒙古，每千名普通高校学生专任教师数在 62.984—70.818 人。

高等教育教师配置状况较差的省份有 19 个：云南、陕西、山西、四川、贵州、江西、福建、湖北、浙江、山东、湖南、重庆、广西、河北、河南、广东、甘肃、安徽和海南，每千名普通高校学生专任教师数在 49.266—61.155 人。

考察两个年份各省份高等教育教师配置指数的极差，2003 年青海、江苏两地，2012 年北京、海南两地分别以 1.000、0.000 极端呈现，表明各省份间两极差异非常显著。但两个年份指数的标准差分别为 0.246、0.186，变异系数分别为 1.594、0.909，说明地区差异非常显著，但有明显缩小趋势（表 2-26，图 2-15）。

表 2-26　2003 年和 2012 年各省份高等教育教师配置指数及排名变动情况

地区	2003 年高等教育教师配置指数	2012 年高等教育教师配置指数	指数变动	2003 年排名	2012 年排名	排名变动
全国	0.154	0.204	0.050	—	—	—
北京	0.534	1.000	0.466	4	1	3
上海	0.135	0.558	0.423	17	2	15
青海	1.000	0.505	−0.495	1	3	−2
西藏	0.737	0.402	−0.335	3	4	−1
宁夏	0.817	0.363	−0.454	2	5	−3

续表

地区	2003 年高等教育教师配置指数	2012 年高等教育教师配置指数	指数变动	2003 年排名	2012 年排名	排名变动
新疆	0. 378	0. 300	-0. 078	7	6	1
辽宁	0. 335	0. 289	-0. 046	9	7	2
黑龙江	0. 307	0. 284	-0. 023	10	8	2
吉林	0. 215	0. 274	0. 059	14	9	5
江苏	0. 000	0. 264	0. 264	31	10	21
天津	0. 114	0. 261	0. 147	18	11	7
内蒙古	0. 399	0. 256	-0. 143	6	12	-6
云南	0. 247	0. 222	-0. 025	12	13	-1
陕西	0. 074	0. 199	0. 125	24	14	10
山西	0. 336	0. 197	-0. 139	8	15	-7
四川	0. 067	0. 196	0. 129	26	16	10
贵州	0. 434	0. 189	-0. 245	5	17	-12
江西	0. 067	0. 181	0. 114	25	18	7
福建	0. 101	0. 174	0. 073	19	19	0
湖北	0. 148	0. 166	0. 018	16	20	-4
浙江	0. 081	0. 164	0. 083	22	21	1
山东	0. 036	0. 161	0. 125	30	22	8
湖南	0. 081	0. 159	0. 078	23	23	0
重庆	0. 179	0. 150	-0. 029	15	24	-9
广西	0. 086	0. 119	0. 033	20	25	-5
河北	0. 043	0. 119	0. 076	28	26	2
河南	0. 039	0. 110	0. 071	29	27	2
广东	0. 217	0. 089	-0. 128	13	28	-15
甘肃	0. 267	0. 086	-0. 181	11	29	-18
安徽	0. 050	0. 049	-0. 001	27	30	-3
海南	0. 085	0. 000	-0. 085	21	31	-10
标准差	0. 246	0. 186	—	—	—	—
变异系数	1. 594	0. 909	—	—	—	—

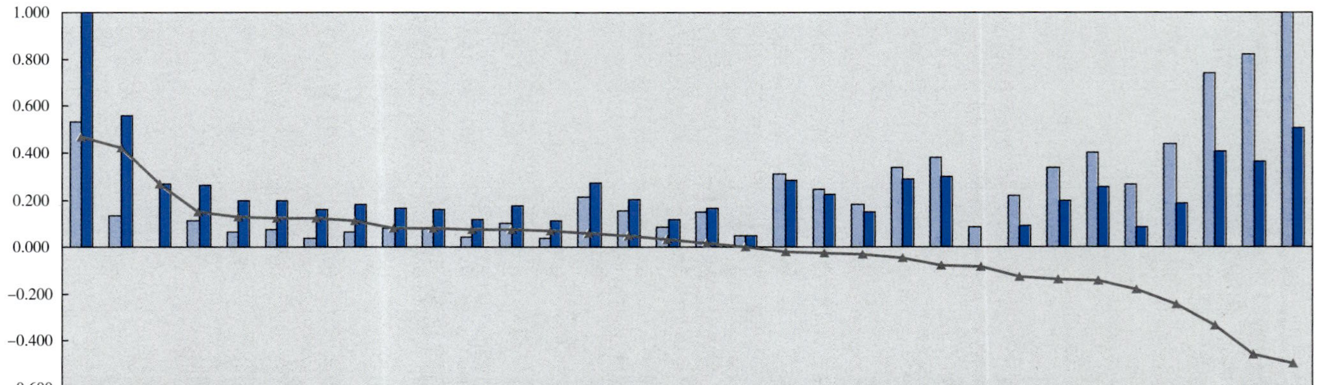

	北京	上海	江苏	天津	四川	陕西	山东	江西	浙江	湖南	河北	福建	河南	吉林	全国	广西	湖北	安徽	黑龙江	云南	重庆	辽宁	新疆	海南	广东	山西	内蒙古	甘肃	贵州	西藏	宁夏	青海
2003年	0.534	0.135	0.000	0.114	0.067	0.074	0.036	0.067	0.081	0.081	0.043	0.101	0.039	0.215	0.154	0.086	0.148	0.050	0.307	0.247	0.179	0.335	0.378	0.085	0.217	0.336	0.399	0.267	0.434	0.737	0.817	1.000
2012年	1.000	0.558	0.264	0.261	0.196	0.199	0.161	0.181	0.164	0.159	0.119	0.174	0.110	0.274	0.204	0.119	0.166	0.049	0.284	0.222	0.150	0.289	0.300	0.000	0.089	0.197	0.256	0.086	0.189	0.402	0.363	0.505
指数变动	0.466	0.423	0.264	0.147	0.129	0.125	0.125	0.114	0.083	0.078	0.076	0.073	0.071	0.059	0.050	0.033	0.018	−0.001	−0.023	−0.025	−0.029	−0.046	−0.078	−0.085	−0.128	−0.139	−0.143	−0.181	−0.245	−0.335	−0.454	−0.495

图 2-15　2003 年和 2012 年各省份高等教育教师配置指数及变动情况

注：各省份按高等教育教师配置指数变动由高到低排列。

［数据来源］2003 年、2012 年《中国教育统计年鉴》。

四、各省份教师专业发展状况比较

我们以教师学历状况和职称状况来衡量各省份教师的专业发展状况，幼儿园和小学教师选取专科及以上学历人员占比，初中教师选取本科及以上学历人员占比，普通高中和中职学校教师选取研究生学历人员占比，高等教育教师选取博士学历人员占比，职称方面统一选取中高级职称人员占比，并进行无量纲化处理，按照各50%的权重，得出各省份教师专业发展指数。

（一）各省份基础教育阶段教师专业状况差异较小

考虑到学段、规模及其在基础教育中的重要性，我们将幼儿园、小学、初中、普通高中、中职学校权重分别赋为20%、33%、22%、12.5%和12.5%。因此，基础教育阶段教师专业发展指数=幼儿园教师专业发展指数×20%+小学教师专业发展指数×33%+初中教师专业发展指数×22%+普通高中教师专业发展指数×12.5%+中职教师专业发展指数×12.5%。

全国各省份2003年和2012年基础教育教师专业指数及其排名变动情况见表2-27。从表中可知，2012年基础教育教师专业指数排名靠前的5个省份依次为天津、上海、北京、江苏和辽宁。最高的是天津，为0.841，高出全国均值0.441。2012年基础教育教师专业指数排名靠后的5个省份依次为山西、江西、海南、甘肃和贵州。最低的是贵州，仅为0.224，低于全国均值0.176，比最高的天津少0.617。

考察两个年份各省份基础教育教师专业指数的极差、极差率，分别由2003年的0.810、7.026降为2012年的0.616、3.748，表明各省份间两极差异明显缩小。但两个年份指数的标准差、变异系数却分别由2003年的0.165、0.393变化为2012年的0.164、0.410，表明各省份间的差异尚有扩大趋势（表2-27，图2-16）。

表 2-27　2003 年和 2012 年各省份基础教育教师专业指数及排名变动情况

地区	2003 年基础教育教师专业指数	2012 年基础教育教师专业指数	指数变动	2003 年排名	2012 年排名	排名变动
全国	0. 419	0. 400	-0. 019	—	—	—
天津	0. 629	0. 841	0. 212	4	1	3
上海	0. 944	0. 774	-0. 170	1	2	-1
北京	0. 761	0. 721	-0. 040	2	3	-1
江苏	0. 464	0. 679	0. 215	11	4	7
辽宁	0. 624	0. 615	-0. 009	5	5	0
内蒙古	0. 461	0. 593	0. 132	12	6	6
吉林	0. 692	0. 553	-0. 139	3	7	-4
浙江	0. 368	0. 536	0. 168	23	8	15
黑龙江	0. 581	0. 515	-0. 066	7	9	-2
青海	0. 469	0. 500	0. 031	10	10	0
河北	0. 428	0. 455	0. 027	15	11	4
湖北	0. 608	0. 420	-0. 188	6	12	-6
宁夏	0. 516	0. 419	-0. 097	8	13	-5
广东	0. 430	0. 399	-0. 031	14	14	0
湖南	0. 461	0. 390	-0. 071	13	15	-2
山东	0. 405	0. 382	-0. 023	17	16	1
福建	0. 238	0. 380	0. 142	29	17	12
云南	0. 338	0. 370	0. 032	26	18	8
广西	0. 378	0. 367	-0. 011	19	19	0
安徽	0. 407	0. 356	-0. 051	16	20	-4

续表

地区	2003 年基础教育教师专业指数	2012 年基础教育教师专业指数	指数变动	2003 年排名	2012 年排名	排名变动
重庆	0. 376	0. 337	-0. 039	20	21	-1
新疆	0. 479	0. 314	-0. 165	9	22	-13
陕西	0. 335	0. 310	-0. 025	27	23	4
四川	0. 365	0. 304	-0. 061	24	24	0
河南	0. 390	0. 297	-0. 093	18	25	-7
西藏	0. 134	0. 297	0. 163	31	26	5
山西	0. 368	0. 266	-0. 102	22	27	-5
江西	0. 343	0. 255	-0. 088	25	28	-3
海南	0. 375	0. 252	-0. 123	21	29	-8
甘肃	0. 301	0. 247	-0. 054	28	30	-2
贵州	0. 214	0. 224	0. 010	30	31	-1
极差	0. 810	0. 616	—	—	—	—
极差率	7. 026	3. 748	—	—	—	—
标准差	0. 165	0. 164	—	—	—	—
变异系数	0. 393	0. 410	—	—	—	—

从指数及其排名变动情况来看，2012 年全国各省份基础教育教师专业发展指数总体上略有降低。较 2003 年指数有所增加的省份有 10 个，排名有所提升的省份也有 10 个。有 15 个省份排名变动在 3 名之内。排名提升 5 名及以上的省份有 6 个：浙江、福建、云南、江苏、内蒙古和西藏，分别提升 15、12、8、7、6、5 个名次。排名降低 5 名及以上的省份也有 6 个：宁夏、山西、湖北、河南、海南和新疆，分别降低 5、5、6、7、8、13 个名次。

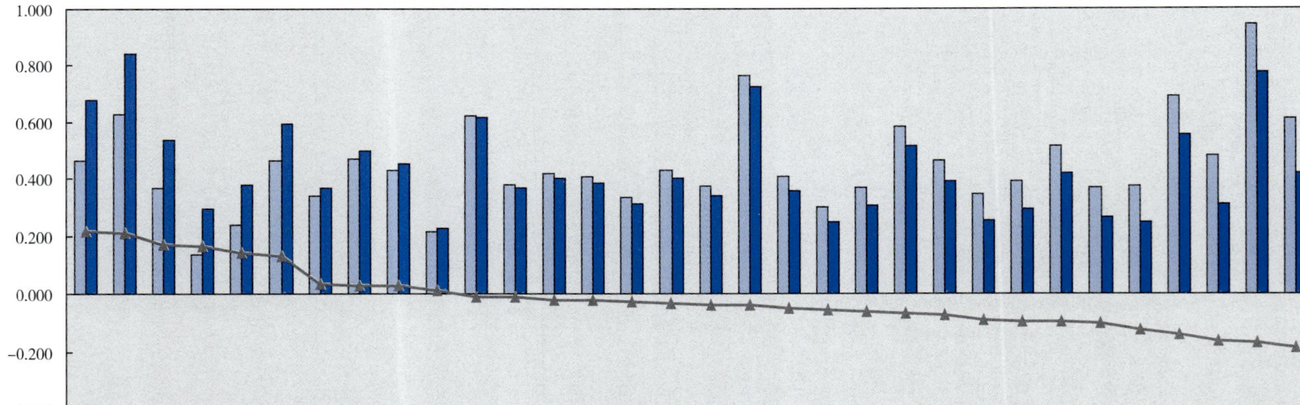

	江苏	天津	浙江	西藏	福建	内蒙古	云南	青海	河北	贵州	辽宁	广西	全国	山东	陕西	广东	重庆	北京	安徽	甘肃	四川	黑龙江	湖南	江西	河南	宁夏	山西	海南	吉林	新疆	上海	湖北
2003年	0.464	0.629	0.368	0.134	0.238	0.461	0.338	0.469	0.428	0.214	0.624	0.378	0.419	0.405	0.335	0.430	0.376	0.761	0.407	0.301	0.365	0.581	0.461	0.343	0.390	0.516	0.368	0.375	0.692	0.479	0.944	0.608
2012年	0.679	0.841	0.536	0.297	0.380	0.593	0.370	0.500	0.455	0.224	0.615	0.367	0.400	0.382	0.310	0.399	0.337	0.721	0.356	0.247	0.304	0.515	0.390	0.255	0.297	0.419	0.266	0.252	0.553	0.314	0.774	0.420
指数变动	0.215	0.212	0.168	0.163	0.142	0.132	0.032	0.031	0.027	0.010	−0.009	−0.011	−0.019	−0.023	−0.025	−0.031	−0.039	−0.040	−0.051	−0.054	−0.061	−0.066	−0.071	−0.088	−0.093	−0.097	−0.102	−0.123	−0.139	−0.165	−0.170	−0.188

图 2−16　2003 年和 2012 年各省份基础教育教师专业指数变动情况

注：各省份按基础教育教师专业发展指数变动由高到低排列。

［数据来源］2003 年、2012 年《中国教育统计年鉴》。

根据2012年基础教育教师专业指数得分，我们将31个省份的基础教育教师专业状况划分为以下几类。

基础教育教师专业状况好的省份有2个：天津和上海，指数分别为0.841和0.774。

基础教育教师专业状况较好的省份有8个：北京、江苏、辽宁、内蒙古、吉林、浙江、黑龙江和青海。

基础教育教师专业状况一般的省份有19个：河北、湖北、宁夏、广东、湖南、山东、福建、云南、广西、安徽、重庆、新疆、陕西、四川、河南、西藏、山西、江西和海南。

基础教育教师专业状况较差的省份有2个：甘肃和贵州（表2-28）。

表2-28 2012年全国各省份基础教育教师专业状况划分表

基础教育教师配置状况	省份
好	天津、上海
较好	北京、江苏、辽宁、内蒙古、吉林、浙江、黑龙江、青海
一般	河北、湖北、宁夏、广东、湖南、山东、福建、云南、广西、安徽、重庆、新疆、陕西、四川、河南、西藏、山西、江西、海南
较差	甘肃、贵州

1. 各省份幼儿园教师专业状况差异明显

全国各省份2003年和2012年幼儿园教师专业指数及其排名变动情况见表2-29。从表中可知，2012年幼儿园教师专业指数排名靠前的5个省份依次为天津、上海、江苏、河北和内蒙古。最高的是天津，为0.847，高于全国均值0.544。2012年幼儿园教师专业指数排名靠后的5个省份依次为湖南、海南、福建、广东和江西。最低的是江西，为0.000，低于全国均值0.303，比最高的天津少0.847。

从指数及其排名变动情况来看，2012年各省份幼儿园教师专业指数总体上明显降低。较2003年指数有所增加的省份有12个，排名有所提升的省份也有12个。11个省份排名变动在3名之内。排名提升5名及以上的省份有5个：西藏、江苏、甘肃、浙江和天津，分别提升19、17、12、10、8个名次。排名降低5名及以上的省份有9个：黑龙江、江西、吉林、新疆、青海、广西、湖北、河南和湖南，分别降低5、5、6、6、7、7、9、9、10个名次。

根据2012年幼儿园教师专业指数得分，我们将31个省份的幼儿园教师专业状况划分为以下几类。

幼儿园教师专业状况非常好的省份有2个：天津和上海，指数分别为0.847和0.841。

幼儿园教师专业状况较好的省份有7个：江苏、河北、内蒙古、北京、宁夏、吉林和甘肃。

幼儿园教师专业状况一般的省份有12个：黑龙江、西藏、新疆、安徽、云南、山西、辽宁、青海、贵州、陕西、湖北和浙江。

幼儿园教师专业状况较差的省份有10个：河南、四川、重庆、山东、广西、湖南、海南、福建、广东和江西。

考察两个年份各省幼儿园教师专业指数的标准差，2003年和2012年分别是0.200、0.197，表明各省份间差异显著，而变异系数则由0.628上升为0.652，表明各省份间的差异有一定的扩大趋势（表2-29，图2-17）。

表2-29 2003年和2012年各省份幼儿园教师专业指数及排名变动情况

地区	2003年幼儿园教师专业指数	2012年幼儿园教师专业指数	指数变动	2003年排名	2012年排名	排名变动
全国	0.319	0.303	-0.016	—	—	—
天津	0.522	0.847	0.325	9	1	8
上海	1.000	0.841	-0.159	1	2	-1
江苏	0.331	0.576	0.245	20	3	17
河北	0.527	0.566	0.039	8	4	4
内蒙古	0.572	0.558	-0.014	4	5	-1
北京	0.555	0.557	0.002	7	6	1

续表

地区	2003 年幼儿园教师专业指数	2012 年幼儿园教师专业指数	指数变动	2003 年排名	2012 年排名	排名变动
宁夏	0. 632	0. 515	-0. 117	3	7	-4
吉林	0. 670	0. 512	-0. 158	2	8	-6
甘肃	0. 330	0. 512	0. 182	21	9	12
黑龙江	0. 570	0. 473	-0. 097	5	10	-5
西藏	0. 091	0. 459	0. 368	30	11	19
新疆	0. 563	0. 433	-0. 130	6	12	-6
安徽	0. 419	0. 410	-0. 009	14	13	1
云南	0. 360	0. 406	0. 046	18	14	4
山西	0. 407	0. 380	-0. 027	15	15	0
辽宁	0. 479	0. 334	-0. 145	12	16	-4
青海	0. 495	0. 326	-0. 169	10	17	-7
贵州	0. 300	0. 317	0. 017	22	18	4
陕西	0. 393	0. 304	-0. 089	16	19	-3
湖北	0. 482	0. 259	-0. 223	11	20	-9
浙江	0. 055	0. 253	0. 198	31	21	10
河南	0. 430	0. 231	-0. 199	13	22	-9
四川	0. 223	0. 231	0. 008	25	23	2
重庆	0. 271	0. 225	-0. 046	23	24	-1
山东	0. 145	0. 205	0. 060	28	25	3
广西	0. 334	0. 204	-0. 130	19	26	-7
湖南	0. 377	0. 182	-0. 195	17	27	-10
海南	0. 248	0. 163	-0. 085	24	28	-4
福建	0. 105	0. 158	0. 053	29	29	0
广东	0. 176	0. 104	-0. 072	27	30	-3
江西	0. 202	0. 000	-0. 202	26	31	-5
标准差	0. 200	0. 197	—	—	—	—
变异系数	0. 628	0. 652	—	—	—	—

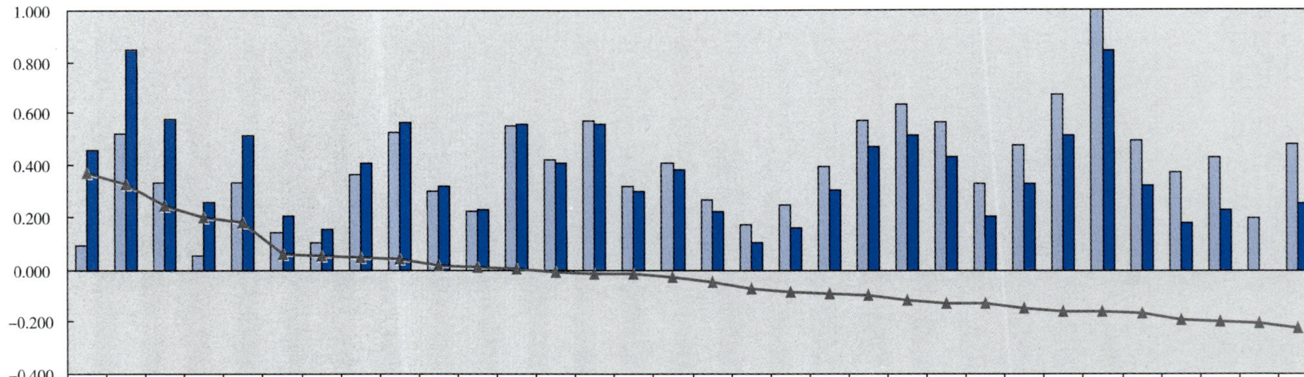

	西藏	天津	江苏	浙江	甘肃	山东	福建	云南	河北	贵州	四川	北京	安徽	内蒙古	全国
2003年	0.091	0.522	0.331	0.055	0.330	0.145	0.105	0.360	0.527	0.300	0.223	0.555	0.419	0.572	0.319
2012年	0.459	0.847	0.576	0.253	0.512	0.205	0.158	0.406	0.566	0.317	0.231	0.557	0.410	0.558	0.303
指数变动	0.368	0.325	0.245	0.198	0.182	0.060	0.053	0.046	0.039	0.017	0.008	0.002	–0.009	–0.014	–0.016

	山西	重庆	广东	海南	陕西	黑龙江	宁夏	新疆	广西	辽宁	吉林	上海	青海	湖南	河南	江西	湖北
2003年	0.407	0.271	0.176	0.248	0.393	0.570	0.632	0.563	0.334	0.479	0.670	1.000	0.495	0.377	0.430	0.202	0.482
2012年	0.380	0.225	0.104	0.163	0.304	0.473	0.515	0.433	0.204	0.334	0.512	0.841	0.326	0.182	0.231	0.000	0.259
指数变动	–0.027	–0.046	–0.072	–0.085	–0.089	–0.097	–0.117	–0.130	–0.130	–0.145	–0.158	–0.159	–0.169	–0.195	–0.199	–0.202	–0.223

图 2–17　**2003 年和 2012 年各省份幼儿园教师专业指数及变动情况**

注：各省份按幼儿园教师专业发展指数变动由高到低排列。

［数据来源］2003 年、2012 年《中国教育统计年鉴》。

（1）各省份幼儿园专科及以上教师学历状况变动不大

全国各省份 2003 年和 2012 年幼儿园教师学历指数及其排名变动情况见表 2-30。从表中可知，2012 年幼儿园教师学历指数排名靠前的 5 个省份依次为上海、江苏、北京、天津和宁夏。最高的是上海，为 1.000，高出全国均值 0.599。2012 年幼儿园教师学历指数排名靠后的 5 个省份依次为青海、湖北、广东、福建和江西。最低的是江西，为 0.000，低于全国均值 0.401，比最高的上海少 1.000。

从指数及其排名变动情况来看，2012 年各省份幼儿园教师学历指数与 2003 年总体上持平，但大部分省份与 2003 年相比排名波动较大。较 2003 年指数有所增加的省份有 13 个，排名有所提升的省份也有 13 个。9 个省份排名变动在 3 名之内。排名提升 5 名及以上的省份有 7 个：天津、西藏、江苏、浙江、甘肃、安徽和云南，分别提升了 22、19、14、13、9、6、6 个名次。排名降低 5 名及以上的省份多达 12 个：海南、广西、河北、黑龙江、辽宁、广东、吉林、江西、河南、湖南、湖北和青海，分别降低 5、5、5、5、5、6、6、6、8、8、13、21 个名次。

根据 2012 年幼儿园教师学历指数得分，我们将 31 个省份的幼儿园教师学历状况划分为以下几类。

幼儿园教师学历状况好的省份有 2 个：上海和江苏，专科及以上学历教师比例分别为 94.382%、83.388%。

幼儿园教师学历状况较好的省份有 13 个：北京、天津、宁夏、新疆、内蒙古、吉林、甘肃、黑龙江、安徽、西藏、河北、陕西和山西，专科及以上学历教师比例在 72.070%—82.315%。

幼儿园教师学历状况一般的省份有 13 个：辽宁、浙江、云南、贵州、重庆、河南、湖南、四川、海南、广西、山东、青海和湖北，专科及以上学历教师比例在 59.405%—67.835%。

幼儿园教师学历状况较差的省份有 3 个：广东、福建和江西，专科及以上学历教师比例在 47.610%—54.313%。其中，江西是唯一低于 50%的省份（表 2-30，图 2-18）。

表 2-30 2003 年和 2012 年各省份幼儿园教师学历指数排名及变动情况

地区	2003 年幼儿园教师学历指数	2012 年幼儿园教师学历指数	指数变动	2003 年排名	2012 年排名	排名变动
全国	0. 401	0. 401	0. 000	—	—	—
上海	1. 000	1. 000	0. 000	1	1	0
江苏	0. 465	0. 764	0. 299	16	2	14
北京	0. 647	0. 742	0. 095	7	3	4
天津	0. 266	0. 694	0. 428	26	4	22
宁夏	0. 775	0. 678	-0. 097	4	5	-1
新疆	0. 857	0. 672	-0. 185	3	6	-3
内蒙古	0. 607	0. 664	0. 057	9	7	2
吉林	0. 858	0. 623	-0. 235	2	8	-6
甘肃	0. 424	0. 618	0. 194	18	9	9
黑龙江	0. 686	0. 592	-0. 094	5	10	-5
安徽	0. 425	0. 583	0. 158	17	11	6
西藏	0. 000	0. 582	0. 582	31	12	19
河北	0. 624	0. 546	-0. 078	8	13	-5
陕西	0. 577	0. 525	-0. 052	10	14	-4
山西	0. 548	0. 523	-0. 025	12	15	-3
辽宁	0. 562	0. 432	-0. 130	11	16	-5
浙江	0. 109	0. 424	0. 315	30	17	13
云南	0. 306	0. 413	0. 107	24	18	6
贵州	0. 365	0. 397	0. 032	22	19	3

续表

地区	2003 年幼儿园教师学历指数	2012 年幼儿园教师学历指数	指数变动	2003 年排名	2012 年排名	排名变动
重庆	0.372	0.382	0.010	21	20	1
河南	0.535	0.359	-0.176	13	21	-8
湖南	0.512	0.348	-0.164	14	22	-8
四川	0.230	0.335	0.105	27	23	4
海南	0.386	0.323	-0.063	19	24	-5
广西	0.376	0.306	-0.070	20	25	-5
山东	0.191	0.292	0.101	28	26	2
青海	0.656	0.263	-0.393	6	27	-21
湖北	0.487	0.252	-0.235	15	28	-13
广东	0.338	0.143	-0.195	23	29	-6
福建	0.134	0.114	-0.020	29	30	-1
江西	0.290	0.000	-0.290	25	31	-6
标准差	0.232	0.216	—	—	—	—
变异系数	0.580	0.538	—	—	—	—

2003 年和 2012 年各省份幼儿园教师学历指数的标准差分别为 0.232、0.216，两年的变异系数分别为 0.580、0.538，表明各省份间幼儿园教师学历指数差异很大，但各省份间的差异有缩小趋势。

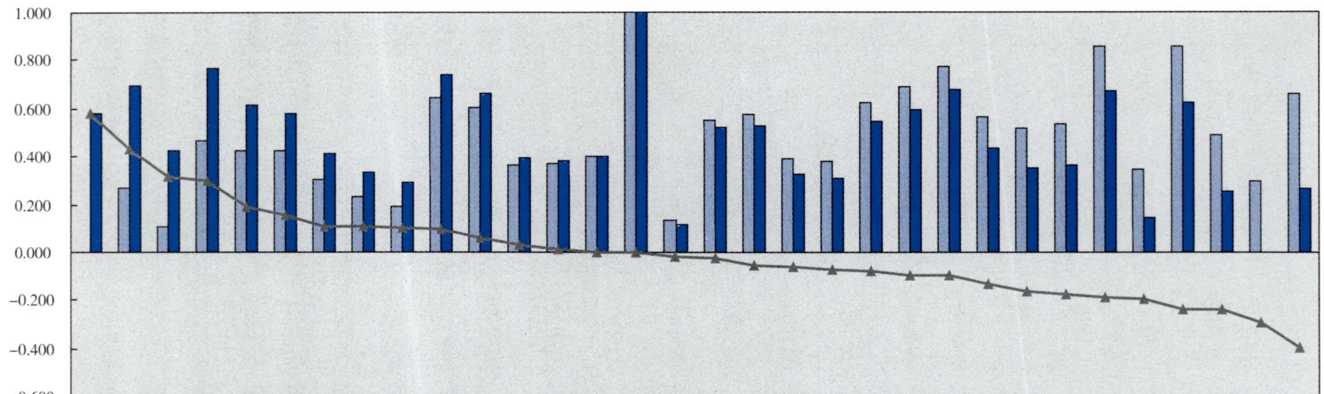

	西藏	天津	浙江	江苏	甘肃	安徽	云南	四川	山东	北京	内蒙古	贵州	重庆	全国	上海	福建	山西	陕西	海南	广西	河北	黑龙江	宁夏	辽宁	湖南	河南	新疆	广东	吉林	湖北	江西	青海
2003年	0.000	0.266	0.109	0.465	0.424	0.425	0.306	0.230	0.191	0.647	0.607	0.365	0.372	0.401	1.000	0.134	0.548	0.577	0.386	0.376	0.624	0.686	0.775	0.562	0.512	0.535	0.857	0.338	0.858	0.487	0.290	0.656
2012年	0.582	0.694	0.424	0.764	0.618	0.583	0.413	0.335	0.292	0.742	0.664	0.397	0.382	0.401	1.000	0.114	0.523	0.525	0.323	0.306	0.546	0.592	0.678	0.432	0.348	0.359	0.672	0.143	0.623	0.252	0.000	0.263
指数变动	0.582	0.428	0.315	0.299	0.194	0.158	0.107	0.105	0.101	0.095	0.057	0.032	0.010	0.000	0.000	-0.020	-0.025	-0.052	-0.063	-0.070	-0.078	-0.094	-0.097	-0.130	-0.164	-0.176	-0.185	-0.195	-0.235	-0.235	-0.290	-0.393

图 2-18　2003 年和 2012 年各省份幼儿园教师学历指数及变动情况

注：各省份按幼儿园教师学历指数变动由高到低排列。

［数据来源］2003 年、2012 年《中国教育统计年鉴》。

（2）各省份幼儿园教师职称状况差异加大

全国各省份 2003 年和 2012 年幼儿园教师职称指数及其排名变动情况见表 2-31。从表中可知，2012 年幼儿园教师职称指数排名靠前的 5 个省份依次为天津、上海、河北、内蒙古和甘肃。最高的是天津，为 1.000，高出全国均值 0.796。2012 年幼儿园教师职称指数排名靠后的 5 个省份依次为重庆、广东、湖南、海南和江西。最低的是江西，为 0.000，低于全国均值 0.204，比最高的天津少 1.000。

从指数及其排名变动情况来看，2012 年各省份幼儿园教师职称指数比 2003 年总体上有明显下降，部分省份与 2003 年相比排名有较大波动。较 2003 年指数有所增加的省份有 11 个，排名有所提升的省份有 12 个。13 个省份排名变动在 3 名之内。排名提升 5 名及以上的省份有 8 个：甘肃、江苏、西藏、福建、河北、山东、青海和浙江，分别提升了 14、14、11、10、6、6、5、5 个名次。排名降低 5 名及以上的省份有 7 个：江西、辽宁、宁夏、湖北、河南、广西和湖南，分别降低 5、6、8、8、9、9、11 个名次。

根据 2012 年幼儿园教师职称指数得分，我们将 31 个省份的幼儿园教师职称状况划分为以下几类。

幼儿园教师职称状况好的省份仅有 1 个：天津，指数为 1.000，中高级职称教师比例为 40.267%。

幼儿园教师职称状况较好的省份有 2 个：上海和河北，中高级职称教师比例分别为 29.517%和 26.137%。

幼儿园教师职称状况一般的省份有 11 个：内蒙古、甘肃、吉林、云南、青海、江苏、北京、黑龙江、宁夏、西藏和湖北，中高级职称教师比例在 14.919%—21.396%。

幼儿园教师职称状况较差的省份多达 17 个：安徽、贵州、山西、辽宁、福建、新疆、四川、山东、河南、广西、陕西、浙江、重庆、广东、湖南、海南和江西，中高级职称教师比例在 5.595%—13.936%。其中，山东、河南、广西、陕西、浙江、重庆、广东、湖南、海南和江西 10 省份幼儿园中高级职称教师比例都低于 10%。

2003年和2012年各省份幼儿园教师职称指数的标准差分别为0.214、0.218，变异系数分别为0.906、1.067，表明各省份间幼儿园教师职称指数差异很大，且尚有扩大趋势（表2-31，图2-19）。

表2-31　2003年和2012年各省份幼儿园教师职称指数排名及变动情况

地区	2003年幼儿园教师职称指数	2012年幼儿园教师职称指数	指数变动	2003年排名	2012年排名	排名变动
全国	0.236	0.204	-0.032	—	—	—
天津	0.777	1.000	0.223	2	1	1
上海	1.000	0.683	-0.317	1	2	-1
河北	0.429	0.586	0.157	9	3	6
内蒙古	0.537	0.451	-0.086	3	4	-1
甘肃	0.235	0.406	0.171	19	5	14
吉林	0.482	0.400	-0.082	5	6	-1
云南	0.414	0.398	-0.016	10	7	3
青海	0.333	0.389	0.056	13	8	5
江苏	0.196	0.388	0.192	23	9	14
北京	0.463	0.372	-0.091	7	10	-3
黑龙江	0.454	0.354	-0.100	8	11	-3
宁夏	0.489	0.353	-0.136	4	12	-8
西藏	0.181	0.336	0.155	24	13	11
湖北	0.477	0.266	-0.211	6	14	-8
安徽	0.412	0.238	-0.174	11	15	-4
贵州	0.234	0.238	0.004	20	16	4

续表

地区	2003 年幼儿园教师职称指数	2012 年幼儿园教师职称指数	指数变动	2003 年排名	2012 年排名	排名变动
山西	0. 265	0. 237	−0. 028	17	17	0
辽宁	0. 395	0. 236	−0. 159	12	18	−6
福建	0. 075	0. 202	0. 127	29	19	10
新疆	0. 268	0. 194	−0. 074	16	20	−4
四川	0. 215	0. 127	−0. 088	21	21	0
山东	0. 098	0. 119	0. 021	28	22	6
河南	0. 324	0. 102	−0. 222	14	23	−9
广西	0. 291	0. 101	−0. 190	15	24	−9
陕西	0. 208	0. 082	−0. 126	22	25	−3
浙江	0. 000	0. 081	0. 081	31	26	5
重庆	0. 169	0. 067	−0. 102	25	27	−2
广东	0. 013	0. 065	0. 052	30	28	2
湖南	0. 242	0. 016	−0. 226	18	29	−11
海南	0. 109	0. 003	−0. 106	27	30	−3
江西	0. 114	0. 000	−0. 114	26	31	−5
标准差	0. 214	0. 218	—	—	—	—
变异系数	0. 906	1. 067	—	—	—	—

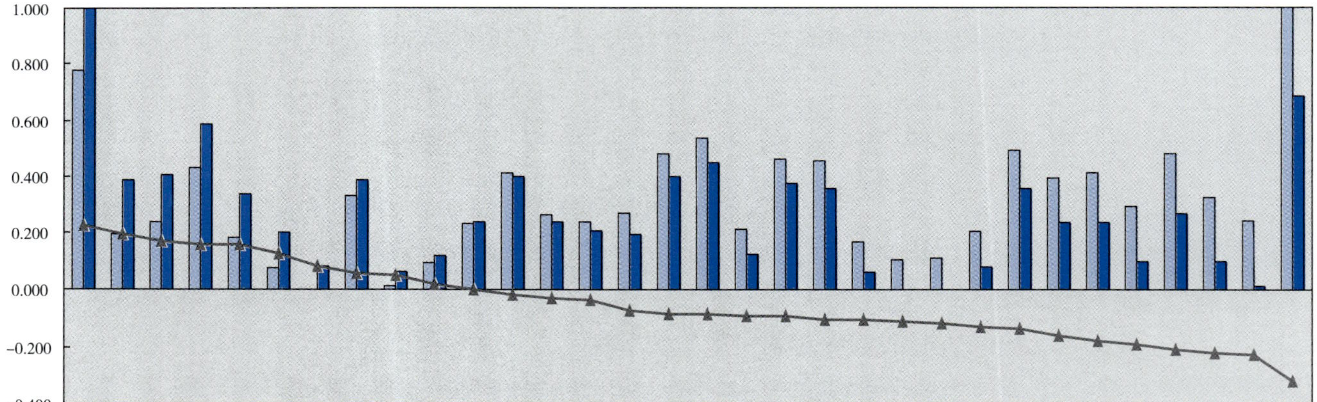

	天津	江苏	甘肃	河北	西藏	福建	浙江	青海	广东	山东	贵州	云南	山西	全国	新疆	吉林	内蒙古	四川	北京	黑龙江	重庆	海南	江西	陕西	宁夏	辽宁	安徽	广西	湖北	河南	湖南	上海
2003年	0.777	0.196	0.235	0.429	0.181	0.075	0.000	0.333	0.013	0.098	0.234	0.414	0.265	0.236	0.268	0.482	0.537	0.215	0.463	0.454	0.169	0.109	0.114	0.208	0.489	0.395	0.412	0.291	0.477	0.324	0.242	1.000
2012年	1.000	0.388	0.406	0.586	0.336	0.202	0.081	0.389	0.065	0.119	0.238	0.398	0.237	0.204	0.194	0.400	0.451	0.127	0.372	0.354	0.067	0.003	0.000	0.082	0.353	0.236	0.238	0.101	0.266	0.102	0.016	0.683
指数变动	0.223	0.192	0.171	0.157	0.155	0.127	0.081	0.056	0.052	0.021	0.004	−0.016	−0.028	−0.032	−0.074	−0.082	−0.086	−0.088	−0.091	−0.100	−0.102	−0.106	−0.114	−0.126	−0.136	−0.159	−0.174	−0.190	−0.211	−0.222	−0.226	−0.317

图 2−19　2003 年和 2012 年各省份幼儿园教师职称指数及变动情况

注：各省份按幼儿园教师职称指数变动由高到低排列。

［数据来源］2003 年、2012 年《中国教育统计年鉴》。

2. 各省份小学教师专业状况差异有所缩小

全国各省份 2003 年和 2012 年小学教师专业指数及其排名变动情况见表 2-32。从表中可知，2012 年小学教师专业指数排名靠前的 5 个省份依次为天津、北京、辽宁、内蒙古和江苏。最高的是天津，为 0.841，高出全国均值 0.375。2012 年小学教师专业指数排名靠后的 5 个省份依次为西藏、海南、贵州、江西和甘肃。最低的是甘肃，为 0.185，低于全国均值 0.281，比最高的天津少 0.656。

从指数及其排名变动情况来看，2012 年各省份小学教师专业指数总体上明显高于幼儿园教师专业指数，但略低于 2003 年小学教师专业指数，大多数省份专业指数排名波动在 10 名之内。2012 年小学教师专业指数较 2003 年有所增加的省份有 13 个，排名有所提升的省份有 14 个。13 个省份排名变动在 3 名之内。排名提升 5 名及以上的省份有 6 个：福建、内蒙古、青海、云南、广西和安徽，分别提升 13、12、10、8、6、5 个名次。排名降低 5 名及以上的省份有 7 个：上海、海南、吉林、新疆、湖北、山东和宁夏，分别降低 5、5、6、6、8、9、10 个名次。福建、内蒙古提升较快，而宁夏、山东则明显下滑。

根据 2012 年小学教师专业指数得分，我们将 31 个省份的小学教师专业状况划分为以下几类。

小学教师专业状况好的省份有 3 个：天津、北京和辽宁，指数分别为 0.841、0.758 和 0.758。

小学教师专业状况较好的省份有 11 个：内蒙古、江苏、上海、青海、浙江、广东、吉林、黑龙江、湖南、河北和湖北。

小学教师专业状况一般的省份有 15 个：福建、广西、重庆、山东、安徽、河南、云南、四川、山西、新疆、宁夏、陕西、西藏、海南和贵州。

小学教师专业状况较差的省份有 2 个：江西和甘肃。

2003 年和 2012 年各省份小学教师专业指数的极差和极差率分别由 0.883、无穷大降为 0.656、4.546，表明各省份间小学教师专业指数两极差异显著缩小，标准差和变异系数分别由 0.194、0.408 降为 0.177、0.380，表明各省份间的差异有减小的趋势（表 2-32，图 2-20）。

表 2-32　2003 年和 2012 年各省份小学教师专业指数及排名变动情况

地区	2003 年小学教师专业指数	2012 年小学教师专业指数	指数变动	2003 年排名	2012 年排名	排名变动
全国	0. 476	0. 466	−0. 010	—	—	—
天津	0. 726	0. 841	0. 115	5	1	4
北京	0. 846	0. 758	−0. 088	2	2	0
辽宁	0. 736	0. 758	0. 022	3	3	0
内蒙古	0. 480	0. 727	0. 247	16	4	12
江苏	0. 619	0. 722	0. 103	8	5	3
上海	0. 883	0. 709	−0. 174	1	6	−5
青海	0. 459	0. 697	0. 238	17	7	10
浙江	0. 537	0. 647	0. 110	11	8	3
广东	0. 540	0. 620	0. 080	10	9	1
吉林	0. 728	0. 579	−0. 149	4	10	−6
黑龙江	0. 651	0. 572	−0. 079	7	11	−4
湖南	0. 523	0. 518	−0. 005	13	12	1
河北	0. 532	0. 510	−0. 022	12	13	−1
湖北	0. 655	0. 506	−0. 149	6	14	−8
福建	0. 285	0. 430	0. 145	28	15	13
广西	0. 399	0. 428	0. 029	22	16	6
重庆	0. 496	0. 423	−0. 073	14	17	−3
山东	0. 555	0. 414	−0. 141	9	18	−9
安徽	0. 345	0. 387	0. 042	24	19	5
河南	0. 400	0. 379	−0. 021	21	20	1
云南	0. 269	0. 378	0. 109	29	21	8
四川	0. 449	0. 377	−0. 072	19	22	−3
山西	0. 414	0. 362	−0. 052	20	23	−3
新疆	0. 457	0. 361	−0. 096	18	24	−6

续表

地区	2003 年小学教师专业指数	2012 年小学教师专业指数	指数变动	2003 年排名	2012 年排名	排名变动
宁夏	0. 492	0. 352	-0. 140	15	25	-10
陕西	0. 342	0. 338	-0. 004	25	26	-1
西藏	0. 000	0. 324	0. 324	31	27	4
海南	0. 354	0. 300	-0. 054	23	28	-5
贵州	0. 132	0. 277	0. 145	30	29	1
江西	0. 334	0. 222	-0. 112	26	30	-4
甘肃	0. 320	0. 185	-0. 135	27	31	-4
极差	0. 883	0. 656	—	—	—	—
极差率	∞	4. 546	—	—	—	—
标准差	0. 194	0. 177	—	—	—	—
变异系数	0. 408	0. 380	—	—	—	—

（1）多数省份小学教师学历状况有所改善

全国各省份 2003 年和 2012 年小学教师学历指数及其排名变动情况见表 2-33。从表中可知，2012 年小学教师学历指数排名靠前的 5 个省份依次为北京、上海、浙江、江苏和天津。最高的是北京，为 1. 000，高出全国均值 0. 559。2012 年小学教师学历指数排名靠后的 5 个省份依次为海南、湖北、安徽、甘肃和江西。最低的是江西，为 0. 000，低于全国均值 0. 441，比最高的北京少 1. 000。

从指数及其排名变动情况来看，2012 年各省份小学教师学历指数比 2003 年总体上略有上升，少数省份与 2003 年相比排名波动较大。较 2003 年指数有所增加的省份有 17 个，排名有所提升的省份有 14 个。13 个省份排名变动在 3 名之内。排名提升 5 名及以上的省份有 6 个：西藏、内蒙古、浙江、云南、江苏和贵州，分别提升了 22、13、9、7、6、6 个名次。排名降低 5 名及以上的省份有 9 个：山东、海南、甘肃、广东、河北、黑龙江、宁夏、新疆和湖北，分别降低 5、6、6、7、7、7、7、9、15 个名次。

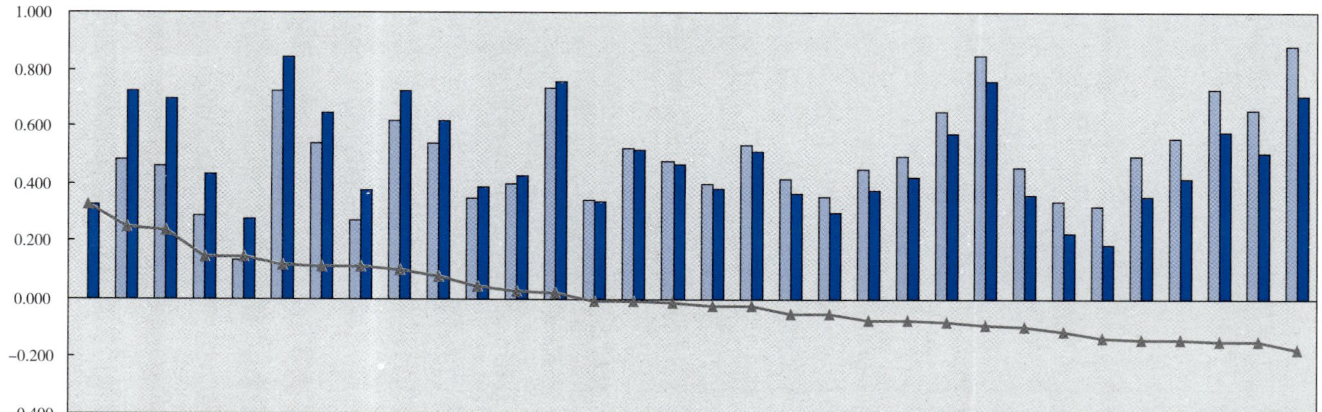

	西藏	内蒙古	青海	福建	贵州	天津	浙江	云南	江苏	广东	安徽	广西	辽宁	陕西	湖南	全国	河南	河北	山西	海南	四川	重庆	黑龙江	北京	新疆	江西	甘肃	宁夏	山东	吉林	湖北	上海
2003年	0.000	0.480	0.459	0.285	0.132	0.726	0.537	0.269	0.619	0.540	0.345	0.399	0.736	0.342	0.523	0.476	0.400	0.532	0.414	0.354	0.449	0.496	0.651	0.846	0.457	0.334	0.320	0.492	0.555	0.728	0.655	0.883
2012年	0.324	0.727	0.697	0.430	0.277	0.841	0.647	0.378	0.722	0.620	0.387	0.428	0.758	0.338	0.518	0.466	0.379	0.510	0.362	0.300	0.377	0.423	0.572	0.758	0.361	0.222	0.185	0.352	0.414	0.579	0.506	0.709
指数变动	0.324	0.247	0.238	0.145	0.145	0.115	0.110	0.109	0.103	0.080	0.042	0.029	0.022	−0.004	−0.005	−0.010	−0.021	−0.022	−0.052	−0.054	−0.072	−0.073	−0.079	−0.088	−0.096	−0.112	−0.135	−0.140	−0.141	−0.149	−0.149	−0.174

图 2-20　2003 年和 2012 年各省份小学教师专业指数及变动情况

注：各省份按小学教师专业发展指数变动由高到低排列。

［数据来源］2003 年、2012 年《中国教育统计年鉴》。

根据 2012 年小学教师学历指数得分，我们将 31 个省份的小学教师学历状况划分为以下几类。

小学教师学历状况好的省份有 3 个：北京、上海和浙江，指数分别为 1.000、0.961 和 0.767，专科及以上学历教师比例分别为 97.482%、96.611%和 92.252%。

小学教师学历状况较好的省份有 14 个：江苏、天津、内蒙古、吉林、青海、西藏、重庆、广东、河北、山西、辽宁、陕西、黑龙江和新疆，专科及以上学历教师比例在 86.306%—91.027%。

小学教师学历状况一般的省份有 10 个：四川、河南、山东、湖南、云南、宁夏、贵州、广西、福建和海南，专科及以上学历教师比例在 80.698%—84.027%。

小学教师学历状况较差的省份有 4 个：湖北、安徽、甘肃和江西，专科及以上学历教师比例在 74.998%—79.904%，都低于 80%。

2003 年和 2012 年各省份小学教师学历指数的标准差分别为 0.236、0.229，变异系数分别为 0.548、0.521，表明各省份间小学教师学历指数差异较大，但差异有缩小趋势（表 2-33，图 2-21）。

表 2-33　2003 年和 2012 年各省份小学教师学历指数及排名变动情况

地区	2003 年小学教师学历指数	2012 年小学教师学历指数	指数变动	2003 年排名	2012 年排名	排名变动
全国	0.431	0.441	0.010	—	—	—
北京	1.000	1.000	0.000	1	1	0
上海	0.958	0.961	0.003	2	2	0
浙江	0.528	0.767	0.239	12	3	9
江苏	0.582	0.713	0.131	10	4	6
天津	0.602	0.681	0.079	7	5	2
内蒙古	0.396	0.668	0.272	19	6	13
吉林	0.879	0.660	-0.219	3	7	-4
青海	0.579	0.651	0.072	11	8	3

续表

地区	2003年小学教师学历指数	2012年小学教师学历指数	指数变动	2003年排名	2012年排名	排名变动
西藏	0.000	0.648	0.648	31	9	22
重庆	0.616	0.613	-0.003	6	10	-4
广东	0.654	0.584	-0.070	4	11	-7
河北	0.618	0.581	-0.037	5	12	-7
山西	0.420	0.550	0.130	17	13	4
辽宁	0.471	0.544	0.073	14	14	0
陕西	0.411	0.534	0.123	18	15	3
黑龙江	0.589	0.512	-0.077	9	16	-7
新疆	0.591	0.503	-0.088	8	17	-9
四川	0.371	0.402	0.031	20	18	2
河南	0.344	0.387	0.043	22	19	3
山东	0.466	0.358	-0.108	15	20	-5
湖南	0.313	0.349	0.036	23	21	2
云南	0.153	0.327	0.174	29	22	7
宁夏	0.427	0.320	-0.107	16	23	-7
贵州	0.083	0.313	0.230	30	24	6
广西	0.219	0.273	0.054	26	25	1
福建	0.236	0.265	0.029	25	26	-1
海南	0.349	0.253	-0.096	21	27	-6
湖北	0.501	0.218	-0.283	13	28	-15
安徽	0.216	0.202	-0.014	27	29	-2
甘肃	0.253	0.191	-0.062	24	30	-6
江西	0.212	0.000	-0.212	28	31	-3
标准差	0.236	0.229	—	—	—	—
变异系数	0.548	0.521	—	—	—	—

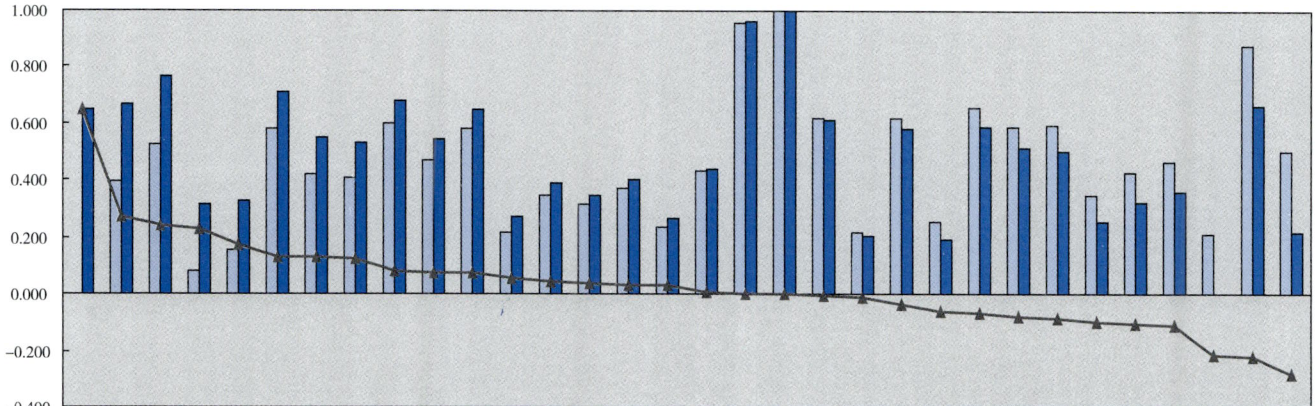

	西藏	内蒙古	浙江	贵州	云南	江苏	山西	陕西	天津	辽宁	青海	广西	河南	湖南	四川	福建	全国	上海	北京	重庆	安徽	河北	甘肃	广东	黑龙江	新疆	海南	宁夏	山东	江西	吉林	湖北
2003年	0.000	0.396	0.528	0.083	0.153	0.582	0.420	0.411	0.602	0.471	0.579	0.219	0.344	0.313	0.371	0.236	0.431	0.958	1.000	0.616	0.216	0.618	0.253	0.654	0.589	0.591	0.349	0.427	0.466	0.212	0.879	0.501
2012年	0.648	0.668	0.767	0.313	0.327	0.713	0.550	0.534	0.681	0.544	0.651	0.273	0.387	0.349	0.402	0.265	0.441	0.961	1.000	0.613	0.202	0.581	0.191	0.584	0.512	0.503	0.253	0.320	0.358	0.000	0.660	0.218
指数变动	0.648	0.272	0.239	0.230	0.174	0.131	0.130	0.123	0.079	0.073	0.072	0.054	0.043	0.036	0.031	0.029	0.010	0.003	0.000	−0.003	−0.014	−0.037	−0.062	−0.070	−0.077	−0.088	−0.096	−0.107	−0.108	−0.212	−0.219	−0.283

图 2−21　**2003 年和 2012 年各省份小学教师学历指数变动情况**

注：各省份按小学教师学历指数变动由高到低排列。

［数据来源］2003 年、2012 年《中国教育统计年鉴》。

2003年和2012年全国各省份小学教师学历城乡均衡度及其排名变动情况见表2-34。从表中可知，2012年小学教师学历城乡均衡度排名靠前的5个省份依次为西藏、青海、上海、北京和浙江。最高的是西藏，为104.86%，高出全国均值18.18%。2012年小学教师学历城乡均衡度排名靠后的5个省份依次为宁夏、福建、甘肃、湖北和江西。最低的是江西，为78.49%，低于全国均值8.19%，比最高的西藏少26.37%。

从城乡均衡度及其排名变动情况来看，2012年各省份小学教师学历城乡均衡度比2003年总体上有大幅提升，部分省份与2003年相比排名波动较大。较2003年均衡度有所提升的省份达30个，排名有所提升的省份有14个。14个省份排名变动在3名之内。排名提升5名及以上的省份有6个：西藏、贵州、云南、内蒙古、浙江和陕西，分别提升了30、18、13、9、5、5个名次。排名降低5名及以上的省份有8个：黑龙江、重庆、江西、福建、山东、宁夏、广东和湖北，分别降低5、6、6、9、10、13、14、17个名次。西部欠发达省份西藏、贵州和中东部省份湖北、广东分列升降两端，排名大幅波动，西部省份排名大幅攀升。

根据2012年小学教师学历指数及城乡均衡度，以全国均值为参照，将31个省份城乡小学教师学历状况划分为以下四类。

小学教师学历指数及城乡均衡度均高于全国均值的省份有16个：北京、上海、浙江、江苏、吉林、内蒙古、青海、天津、西藏、重庆、辽宁、黑龙江、陕西、河北、山西和新疆。

小学教师学历指数高于全国均值而城乡均衡度低于全国均值的省份有1个：广东。

小学教师学历指数低于全国均值而城乡均衡度高于全国均值的省份有3个：四川、云南和贵州。

小学教师学历指数及城乡均衡度均低于全国均值的省份有11个：江西、山东、福建、湖北、安徽、甘肃、宁夏、河南、湖南、海南和广西（表2-34，图2-22）。

表 2-34　2003 年和 2012 年各省份小学教师学历城乡均衡度及排名变动情况

地区	2003 年小学教师学历城乡均衡度（%）	2003 年小学教师学历城乡均衡度排名	2012 年小学教师学历城乡均衡度（%）	2012 年小学教师学历城乡均衡度排名	均衡度变动（%）	排名变动
全国	55.64	—	86.68	—	31.04	—
西藏	31.06	31	104.86	1	73.80	30
青海	76.62	4	97.24	2	20.62	2
上海	98.92	1	97.04	3	-1.88	-2
北京	85.05	2	96.20	4	11.15	-2
浙江	65.57	10	94.30	5	28.73	5
江苏	72.00	7	93.91	6	21.91	1
吉林	78.02	3	92.63	7	14.61	-4
河北	68.77	9	91.22	8	22.45	1
内蒙古	51.66	18	91.16	9	39.50	9
天津	71.44	8	91.00	10	19.56	-2
重庆	75.33	5	90.58	11	15.25	-6
贵州	37.83	30	90.40	12	52.57	18
新疆	63.91	11	89.51	13	25.60	-2
山西	55.67	15	89.28	14	33.61	1
陕西	50.35	20	89.02	15	38.67	5
云南	39.02	29	88.64	16	49.62	13
黑龙江	63.58	12	88.63	17	25.05	-5
四川	54.38	17	87.44	18	33.06	-1
辽宁	47.69	23	86.95	19	39.26	4
广东	72.65	6	86.38	20	13.73	-14
广西	47.47	24	85.96	21	38.49	3

续表

地区	2003年小学教师学历城乡均衡度（%）	2003年小学教师学历城乡均衡度排名	2012年小学教师学历城乡均衡度（%）	2012年小学教师学历城乡均衡度排名	均衡度变动（%）	排名变动
河南	49.99	21	85.91	22	35.92	-1
安徽	44.85	27	85.34	23	40.49	4
湖南	49.38	22	84.69	24	35.31	-2
海南	46.08	26	84.00	25	37.92	1
山东	54.58	16	83.48	26	28.90	-10
宁夏	56.59	14	83.08	27	26.49	-13
福建	51.22	19	82.94	28	31.72	-9
甘肃	41.36	28	82.87	29	41.51	-1
湖北	61.68	13	82.81	30	21.13	-17
江西	47.02	25	78.49	31	31.47	-6

（2）各省份小学教师职称状况差异较大

全国各省份2003年和2012年小学教师职称指数及其排名变动情况见表2-35。从表中可知，2012年小学教师职称指数排名靠前5位的省份依次为天津、辽宁、湖北、内蒙古和青海。最高的是天津，为1.000，高出全国均值0.509。2012年小学教师职称指数排名靠后5位的省份依次为新疆、甘肃、山西、陕西和西藏。最低的是西藏，为0.000，低于全国均值0.491，比最高的天津少1.000。

从指数及其排名变动情况来看，2012年各省份小学教师职称指数总体上略有下降，部分省份与2003年相比排名有明显波动。较2003年指数有所增加的省份达10个，排名有所提升的省份有12个。16个省份排名变动在3名之内。排名提升5名及以上的省份有5个：青海、福建、广东、内蒙古和贵州，分别提升了21、17、12、8、5个名次。排名降低5名及以上的省份有8个：河南、甘肃、北京、山东、宁夏、四川、山西和上海，分别降低5、6、7、7、8、8、8、13个名次。

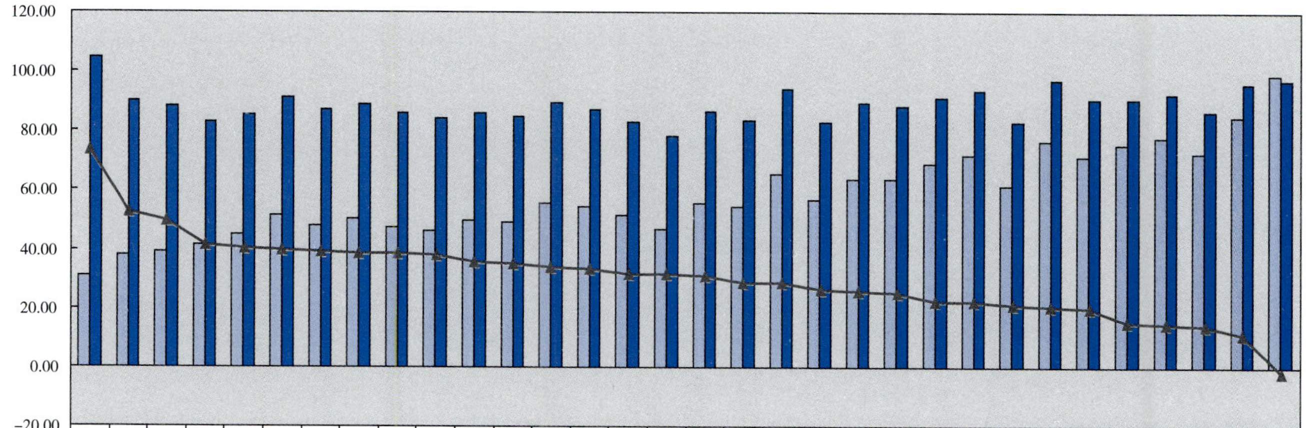

	西藏	贵州	云南	甘肃	安徽	内蒙古	辽宁	陕西	广西	海南	河南	湖南	山西	四川	福建
2003年	31.06	37.83	39.02	41.36	44.85	51.66	47.69	50.35	47.47	46.08	49.99	49.38	55.67	54.38	51.22
2012年	104.86	90.40	88.64	82.87	85.34	91.16	86.95	89.02	85.96	84.00	85.91	84.69	89.28	87.44	82.94
均衡度变动	73.80	52.57	49.62	41.51	40.49	39.50	39.26	38.67	38.49	37.92	35.92	35.31	33.61	33.06	31.72

	江西	全国	山东	浙江	宁夏	新疆	黑龙江	河北	江苏	湖北	青海	天津	重庆	吉林	广东	北京	上海
2003年	47.02	55.64	54.58	65.57	56.59	63.91	63.58	68.77	72.00	61.68	76.62	71.44	75.33	78.02	72.65	85.05	98.92
2012年	78.49	86.68	83.48	94.30	83.08	89.51	88.63	91.22	93.91	82.81	97.24	91.00	90.58	92.63	86.38	96.20	97.04
均衡度变动	31.47	31.04	28.90	28.73	26.49	25.60	25.05	22.45	21.91	21.13	20.62	19.56	15.25	14.61	13.73	11.15	-1.88

图 2-22 2003 年和 2012 年各省份小学教师学历城乡均衡度变动情况

注：各省份按小学教师学历城乡均衡度变动由高到低排列。

［数据来源］2003 年、2012 年《中国教育统计年鉴》。

根据2012年小学教师职称指数得分，我们将31个省份的小学教师职称指数状况划分为以下几类。

小学教师职称指数状况好的省份有4个：天津、辽宁、湖北和内蒙古，中高级职称教师比例在69.569%—80.717%。

小学教师职称指数状况较好的省份有10个：青海、江苏、湖南、广东、黑龙江、福建、广西、安徽、浙江和北京，中高级职称教师比例在55.630%—67.314%。

小学教师职称指数状况一般的省份也有10个：吉林、山东、上海、江西、河北、云南、宁夏、河南、四川和海南，中高级职称教师比例在46.804%—54.655%。

小学教师职称指数状况较差的省份有7个：贵州、重庆、新疆、甘肃、山西、陕西和西藏，中高级职称教师比例在28.802%—41.324%。

2003年和2012年各省份小学教师职称指数的标准差分别为0.211、0.241，变异系数分别为0.405、0.491，表明各省份间小学教师职称指数差异较大，且差异有扩大趋势（表2-35，图2-23）。

表2-35 2003年和2012年各省份小学教师职称指数及排名变动情况

地区	2003年小学教师职称指数	2012年小学教师职称指数	指数变动	2003年排名	2012年排名	排名变动
全国	0.520	0.491	-0.029	—	—	—
天津	0.849	1.000	0.151	2	1	1
辽宁	1.000	0.972	-0.028	1	2	-1
湖北	0.809	0.794	-0.015	3	3	0
内蒙古	0.564	0.785	0.221	12	4	8
青海	0.339	0.742	0.403	26	5	21
江苏	0.655	0.731	0.076	8	6	2
湖南	0.733	0.687	-0.046	5	7	-2
广东	0.425	0.656	0.231	20	8	12
黑龙江	0.713	0.631	-0.082	6	9	-3

全国各省份2003年和2012年小学教师职称指数城乡均衡度及其排名变动情况见表2-36。从表中可知，2012年小学教师职称指数城乡均衡度排名前5位的省份为广东、福建、天津、山东和青海。最高的是广东，为118.67%，高出全国均值27.75%。2012年小学教师职称指数城乡均衡度排名后5位的省份为陕西、上海、新疆、甘肃和西藏。最低的是西藏，为51.88%，低于全国均值39.04%，比最高的广东少66.79%。

从城乡均衡度及其排名变动情况来看，2012年各省份小学教师职称指数城乡均衡度比2003年总体上有明显上升，部分省份与2003年相比排名波动较大。较2003年比例有所增加的省份多达28个，排名有所提升的省份有12个。8个省份排名变动在3名之内。排名提升5名及以上的省份有9个：青海、福建、贵州、天津、江西、安徽、云南、广东和海南，分别提升了25、19、13、12、10、10、9、7、5个名次。排名降低5名及以上的省份有10个：河南、湖北、甘肃、山西、重庆、辽宁、吉林、广西、黑龙江和上海，分别降低5、6、6、7、7、10、10、12、13、26个名次。西部欠发达省份青海和东部发达省份上海分列升降两极，排名巨幅波动，引人注目。

根据2012年小学教师职称指数及城乡均衡度，以全国均值为参照，我们将31个省份城乡小学教师职称状况划分为以下四类。

小学教师职称指数及城乡均衡度均高于全国均值的省份有12个：天津、辽宁、湖北、内蒙古、青海、湖南、江苏、广东、福建、安徽、北京和浙江。

小学教师职称指数高于全国均值而城乡均衡度低于全国均值的省份有3个：黑龙江、广西和吉林。

小学教师职称指数低于全国均值而城乡均衡度均高于全国均值的省份有6个：山东、海南、江西、云南、贵州和河南。

小学教师职称指数及城乡均衡度均低于全国均值的省份有10个：四川、上海、河北、宁夏、重庆、新疆、山西、陕西、甘肃和西藏。

相对于2012年各省份城乡小学教师学历指数状况，2012年各省份城乡小学教师职称指数分化更为明显，双高省份和双低省份都相对较多。尤其是中西部省份在学历、职称方面都占据了双低的绝大多数，反映了这些地区小学教师专业发展状况亟待改善（表 2-36，图 2-24）。

表 2-36　2003 年和 2012 年各省份小学教师职称城乡均衡度及排名变动情况

地区	2003 年小学教师职称城乡均衡度（%）	2003 年小学教师职称城乡均衡度排名	2012 年小学教师职称城乡均衡度（%）	2012 年小学教师职称城乡均衡度排名	均衡度变动（%）	排名变动
全国	77.51	—	90.92	—	13.41	—
广东	84.84	8	118.67	1	33.83	7
福建	70.04	21	110.95	2	40.91	19
天津	77.83	15	109.24	3	31.41	12
山东	103.13	3	108.47	4	5.34	-1
青海	46.85	30	103.43	5	56.58	25
内蒙古	90.50	6	102.66	6	12.16	0
浙江	83.17	11	99.28	7	16.11	4
海南	81.63	13	98.95	8	17.32	5
江苏	90.65	5	98.61	9	7.96	-4
湖北	102.10	4	97.31	10	-4.79	-6
辽宁	111.21	1	96.81	11	-14.40	-10
湖南	79.31	14	96.47	12	17.16	2
安徽	64.46	23	95.29	13	30.83	10
北京	76.15	16	95.19	14	19.04	2
江西	61.85	25	93.09	15	31.24	10
贵州	47.11	29	92.56	16	45.45	13
河南	81.89	12	91.46	17	9.57	-5

续表

地区	2003 年小学教师职称城乡均衡度（%）	2003 年小学教师职称城乡均衡度排名	2012 年小学教师职称城乡均衡度（%）	2012 年小学教师职称城乡均衡度排名	均衡度变动（%）	排名变动
云南	57.51	27	91.18	18	33.67	9
广西	89.52	7	90.79	19	1.27	-12
吉林	83.63	10	89.19	20	5.56	-10
四川	74.46	17	89.05	21	14.59	-4
黑龙江	83.67	9	87.99	22	4.32	-13
河北	68.14	22	86.85	23	18.71	-1
宁夏	70.33	20	84.42	24	14.09	-4
山西	74.06	18	83.68	25	9.62	-7
重庆	71.75	19	82.05	26	10.30	-7
陕西	58.10	26	81.27	27	23.17	-1
上海	107.86	2	78.37	28	-29.49	-26
新疆	52.72	28	72.90	29	20.18	-1
甘肃	61.86	24	65.69	30	3.83	-6
西藏	24.54	31	51.88	31	27.34	0

3. 超过六成省份初中教师专业状况有所改善

全国各省份 2003 年和 2012 年初中教师专业指数及其排名变动情况见表 2-37。从表中可知，2012 年初中教师专业指数排名靠前 5 位的省份为天津、上海、北京、浙江和江苏。最高的是天津，为 0.905，高出全国均值 0.494。2012 年初中教师专业指数排名靠后 5 位的省份为河南、新疆、甘肃、山西和贵州。最低的是贵州，仅为 0.110，低于全国均值 0.301，比最高的天津少 0.795。

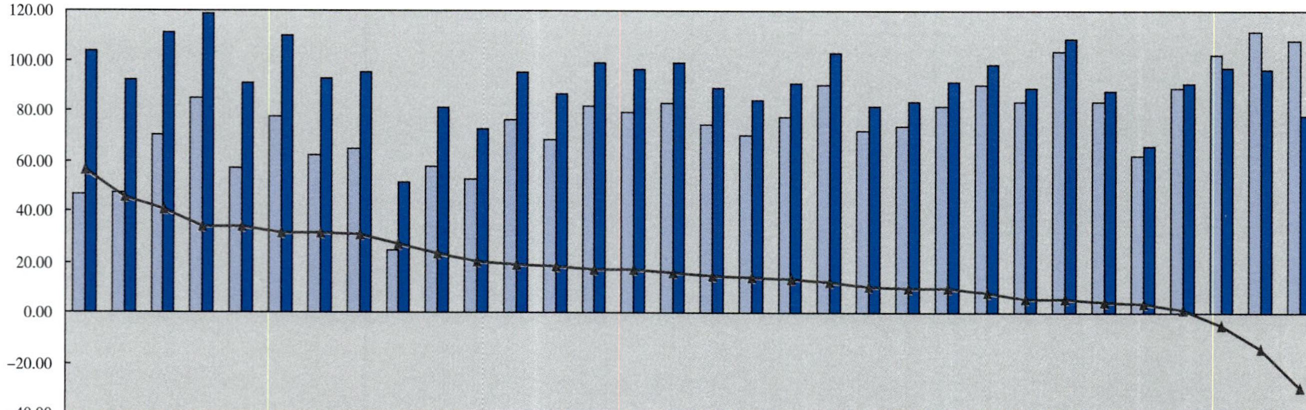

	青海	贵州	福建	广东	云南	天津	江西	安徽	西藏	陕西	新疆	北京	河北	海南	湖南	浙江	四川	宁夏	全国	内蒙古	重庆	山西	河南	江苏	吉林	山东	黑龙江	甘肃	广西	湖北	辽宁	上海
2003年	46.85	47.11	70.04	84.84	57.51	77.83	61.85	64.46	24.54	58.10	52.72	76.15	68.14	81.63	79.31	83.17	74.46	70.33	77.51	90.50	71.75	74.06	81.89	90.65	83.63	103.13	83.67	61.86	89.52	102.10	111.21	107.86
2012年	103.43	92.56	110.95	118.67	91.18	109.24	93.09	95.29	51.88	81.27	72.90	95.19	86.85	98.95	96.47	99.28	89.05	84.42	90.92	102.66	82.05	83.68	91.46	98.61	89.19	108.47	87.99	65.69	90.79	97.31	96.81	78.37
均衡度变动	56.58	45.45	40.91	33.83	33.67	31.41	31.24	30.83	27.34	23.17	20.18	19.04	18.71	17.32	17.16	16.11	14.59	14.09	13.41	12.16	10.30	9.62	9.57	7.96	5.56	5.34	4.32	3.83	1.27	-4.79	-14.40	-29.49

图 2-24 **2003 年和 2012 年各省份小学教师职称城乡均衡度变动情况**

注：各省份按小学教师职称城乡均衡度变动由高到低排列。

［数据来源］2003 年、2012 年《中国教育统计年鉴》。

从指数及其排名变动情况来看，2012年各省份初中教师专业指数总体上略低于小学教师专业指数，而比2003初中教师专业指数明显要高，部分省份专业指数排名波动较大。2012年初中教师专业指数较2003年有所增加的省份多达19个，排名有所提升的省份有13个。13个省份排名变动在3名之内。排名提升5名及以上的省份有8个：福建、河北、广西、江苏、内蒙古、山东、青海和云南，分别提升19、12、11、5、5、5、5、5个名次。排名降低5名及以上的省份有8个：河南、吉林、广东、山西、海南、湖北、安徽和新疆，分别降低5、5、7、7、8、8、10、10个名次。福建、河北、广西排名提升相当突出，而安徽和新疆则明显下滑。

根据2012年初中教师专业指数得分，我们将31个省份的初中教师专业状况划分为以下几类。

初中教师专业状况好的省份有3个：天津、上海和北京，指数分别为0.905、0.822和0.764。

初中教师专业状况较好的省份有8个：浙江、江苏、辽宁、内蒙古、吉林、福建、黑龙江和山东。

初中教师专业状况一般的省份有15个：青海、宁夏、河北、湖北、广西、重庆、湖南、云南、广东、安徽、海南、江西、四川、西藏和陕西。

初中教师专业状况较差的省份有5个：河南、新疆、甘肃、山西和贵州，其中贵州两年持续居于末位。

各省份初中教师专业指数的极差和极差率分别由2003年的0.873、8.795降为2012年的0.795、8.227，表明各省份间初中教师专业指数两极差异显著但明显缩小，标准差和变异系数分别由2003年的0.192、0.540变为2012年的0.210、0.510，表明各省份间的差异变动甚小且呈略减的趋势（表2-37，图2-25）。

表 2-37 2003 年和 2012 年各省份初中教师专业指数及排名变动情况

地区	2003 年初中教师专业指数	2012 年初中教师专业指数	指数变动	2003 年排名	2012 年排名	排名变动
全国	0. 355	0. 411	0. 056	—	—	—
天津	0. 598	0. 905	0. 307	5	1	4
上海	0. 985	0. 822	-0. 163	1	2	-1
北京	0. 736	0. 764	0. 028	2	3	-1
浙江	0. 524	0. 749	0. 225	6	4	2
江苏	0. 458	0. 728	0. 270	10	5	5
辽宁	0. 644	0. 688	0. 044	4	6	-2
内蒙古	0. 367	0. 593	0. 226	12	7	5
吉林	0. 653	0. 570	-0. 083	3	8	-5
福建	0. 181	0. 558	0. 377	28	9	19
黑龙江	0. 505	0. 556	0. 051	8	10	-2
山东	0. 354	0. 508	0. 154	16	11	5
青海	0. 348	0. 492	0. 144	17	12	5
宁夏	0. 498	0. 490	-0. 008	9	13	-4
河北	0. 242	0. 460	0. 218	26	14	12
湖北	0. 521	0. 442	-0. 079	7	15	-8
广西	0. 191	0. 429	0. 238	27	16	11
重庆	0. 313	0. 421	0. 108	19	17	2
湖南	0. 357	0. 397	0. 040	15	18	-3
云南	0. 252	0. 385	0. 133	24	19	5
广东	0. 361	0. 348	-0. 013	13	20	-7
安徽	0. 388	0. 336	-0. 052	11	21	-10

续表

地区	2003 年初中教师专业指数	2012 年初中教师专业指数	指数变动	2003 年排名	2012 年排名	排名变动
海南	0.359	0.298	-0.061	14	22	-8
江西	0.299	0.298	-0.001	20	23	-3
四川	0.281	0.288	0.007	21	24	-3
西藏	0.244	0.273	0.029	25	25	0
陕西	0.172	0.265	0.093	29	26	3
河南	0.264	0.213	-0.051	22	27	-5
新疆	0.347	0.175	-0.172	18	28	-10
甘肃	0.171	0.172	0.001	30	29	1
山西	0.254	0.142	-0.112	23	30	-7
贵州	0.112	0.110	-0.002	31	31	0
极差	0.873	0.795	—	—	—	—
极差率	8.795	8.227	—	—	—	—
标准差	0.192	0.210	—	—	—	—
变异系数	0.540	0.510	—	—	—	—

（1）七成省份初中教师学历状况有所改善

全国各省份 2003 年和 2012 年初中教师学历指数及其排名变动情况见表 2-38。从表中可知，2012 年初中教师学历指数排名前 5 位的省份为北京、上海、天津、浙江和江苏。最高的是北京，为 1.000，高出全国均值 0.686。2012 年初中教师学历指数排名后 5 位的省份为新疆、贵州、湖北、江西和河南。最低的是河南，为 0.000，低于全国均值 0.314，比最高的北京少 1.000。

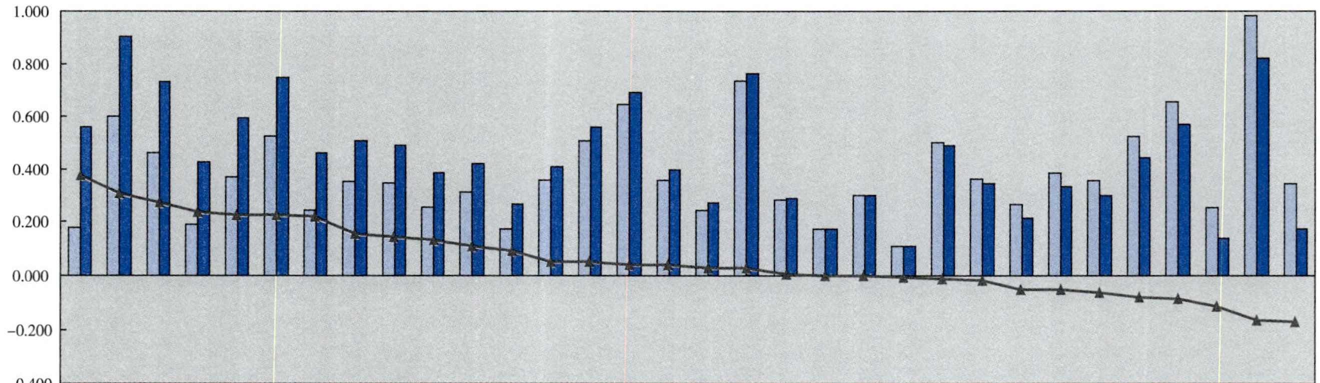

	福建	天津	江苏	广西	内蒙古	浙江	河北	山东	青海	云南	重庆	陕西	全国	黑龙江	辽宁	湖南
2003年	0.181	0.598	0.458	0.191	0.367	0.524	0.242	0.354	0.348	0.252	0.313	0.172	0.355	0.505	0.644	0.357
2012年	0.558	0.905	0.728	0.429	0.593	0.749	0.460	0.508	0.492	0.385	0.421	0.265	0.411	0.556	0.688	0.397
指数变动	0.377	0.307	0.270	0.238	0.226	0.225	0.218	0.154	0.144	0.133	0.108	0.093	0.056	0.051	0.044	0.040

	西藏	北京	四川	甘肃	江西	贵州	宁夏	广东	河南	安徽	海南	湖北	吉林	山西	上海	新疆
2003年	0.244	0.736	0.281	0.171	0.299	0.112	0.498	0.361	0.264	0.388	0.359	0.521	0.653	0.254	0.985	0.347
2012年	0.273	0.764	0.288	0.172	0.298	0.110	0.490	0.348	0.213	0.336	0.298	0.442	0.570	0.142	0.822	0.175
指数变动	0.029	0.028	0.007	0.001	-0.001	-0.002	-0.008	-0.013	-0.051	-0.052	-0.061	-0.079	-0.083	-0.112	-0.163	-0.172

图 2-25　**2003 年和 2012 年各省份初中教师专业指数变动情况**

注：各省份按初中教师专业发展指数变动由高到低排列。

［数据来源］2003 年、2012 年《中国教育统计年鉴》。

从指数及其排名变动情况来看，2012 年各省份初中教师学历指数比 2003 年总体上明显上升，少数省份与 2003 年相比排名波动较大。较 2003 年指数有所增加的省份有 22 个，排名有所提升的省份有 14 个。13 个省份排名变动在 3 名之内。排名提升 5 名及以上的省份有 7 个：福建、陕西、广西、云南、甘肃、内蒙古和山东，分别提升了 21、13、12、11、10、6、5 个名次。排名降低 5 名及以上的省份有 10 个：黑龙江、西藏、安徽、吉林、河南、广东、江西、海南、新疆和湖北，分别降低 5、5、5、7、8、9、9、11、14、14 个名次。

根据 2012 年初中教师学历指数得分，我们将 31 个省份的初中教师学历状况划分为以下几类。

初中教师学历状况好的省份有 4 个：北京、上海、天津和浙江，本科及以上学历教师比例在 89. 561%—97. 064%，其中，北京和上海都超过 95%。

初中教师学历状况较好的省份有 6 个：江苏、宁夏、福建、重庆、西藏和吉林，本科及以上学历教师比例在 79. 832%—86. 158%。

初中教师学历状况一般的省份有 10 个：山东、辽宁、内蒙古、陕西、云南、河北、黑龙江、青海、广西和甘肃，本科及以上学历教师比例在 69. 988%—77. 372%。

初中教师学历状况较差的省份有 11 个：海南、安徽、广东、四川、山西、湖南、新疆、贵州、湖北、江西和河南，本科及以上学历教师比例在 59. 964%—69. 009%，其中，唯有河南一省的比例低于 60%。

2003 年和 2012 年各省份初中教师学历指数的标准差分别为 0. 214、0. 269，变异系数分别为 0. 948、0. 855，表明各省份间初中教师学历指数差异较大，但差异略呈缩小趋势（表 2-38，图 2-26）。

表 2-38 2003 年和 2012 年各省份初中教师学历指数及排名变动情况

地区	2003 年初中教师学历指数	2012 年初中教师学历指数	指数变动	2003 年排名	2012 年排名	排名变动
全国	0.226	0.314	0.088	—	—	—
北京	0.784	1.000	0.216	2	1	1
上海	1.000	0.983	-0.017	1	2	-1
天津	0.375	0.809	0.434	6	3	3
浙江	0.485	0.798	0.313	5	4	1
江苏	0.344	0.706	0.362	7	5	2
宁夏	0.326	0.623	0.297	9	6	3
福建	0.094	0.563	0.469	28	7	21
重庆	0.332	0.554	0.222	8	8	0
西藏	0.488	0.545	0.057	4	9	-5
吉林	0.612	0.536	-0.076	3	10	-7
山东	0.248	0.469	0.221	16	11	5
辽宁	0.288	0.437	0.149	11	12	-1
内蒙古	0.188	0.430	0.242	19	13	6
陕西	0.099	0.363	0.264	27	14	13
云南	0.112	0.361	0.249	26	15	11
河北	0.169	0.359	0.190	20	16	4
黑龙江	0.273	0.344	0.071	12	17	-5
青海	0.236	0.285	0.049	18	18	0
广西	0.000	0.276	0.276	31	19	12
甘肃	0.055	0.270	0.215	30	20	10
海南	0.317	0.244	-0.073	10	21	-11
安徽	0.244	0.243	-0.001	17	22	-5
广东	0.267	0.197	-0.070	14	23	-9
四川	0.145	0.169	0.024	24	24	0

续表

地区	2003 年初中教师学历指数	2012 年初中教师学历指数	指数变动	2003 年排名	2012 年排名	排名变动
山西	0. 147	0. 148	0. 001	22	25	-3
湖南	0. 132	0. 140	0. 008	25	26	-1
新疆	0. 273	0. 098	-0. 175	13	27	-14
贵州	0. 059	0. 098	0. 039	29	28	1
湖北	0. 263	0. 084	-0. 179	15	29	-14
江西	0. 163	0. 031	-0. 132	21	30	-9
河南	0. 145	0. 000	-0. 145	23	31	-8
标准差	0. 214	0. 269	—	—	—	—
变异系数	0. 948	0. 855	—	—	—	—

全国各省份 2003 年和 2012 年初中教师学历城乡均衡度及其排名变动情况见表 2-39。从表中可知，2012 年初中教师学历城乡均衡度排名前 5 位的省份为北京、上海、浙江、西藏和天津。最高的是北京，为 98. 95%，高出全国均值 19. 95%。2012 年初中教师学历城乡均衡度排名后 5 位的省份为湖南、山西、河南、新疆和广东。最低的是广东，为 69. 14%，低于全国均值 9. 86%，比最高的北京少 29. 81%。

从城乡均衡度及其排名变动情况来看，2012 年全国初中教师学历城乡均衡度总体上比 2003 年有极大幅度的上升，增加了 42. 70%，比 2003 年多出 1 倍有余。部分省份与 2003 年相比排名波动较大。与 2003 年相比，全部 31 个省份初中教师学历城乡均衡度都有所增加，多数提升显著，排名有所提升的省份有 13 个。12 个省份排名变动在 3 名之内。排名提升 5 名及以上的省份有 7 个：广西、福建、陕西、天津、甘肃、贵州和云南，分别提升了 22、21、12、11、11、8、6 个名次。排名降低 5 名及以上的省份有 9 个：重庆、湖南、河南、吉林、海南、江西、广东、湖北和新疆，分别降低 5、6、7、8、9、11、12、13、20 个名次。同为西部欠发达省份的广西和新疆分列升降两极，排名波动较大。

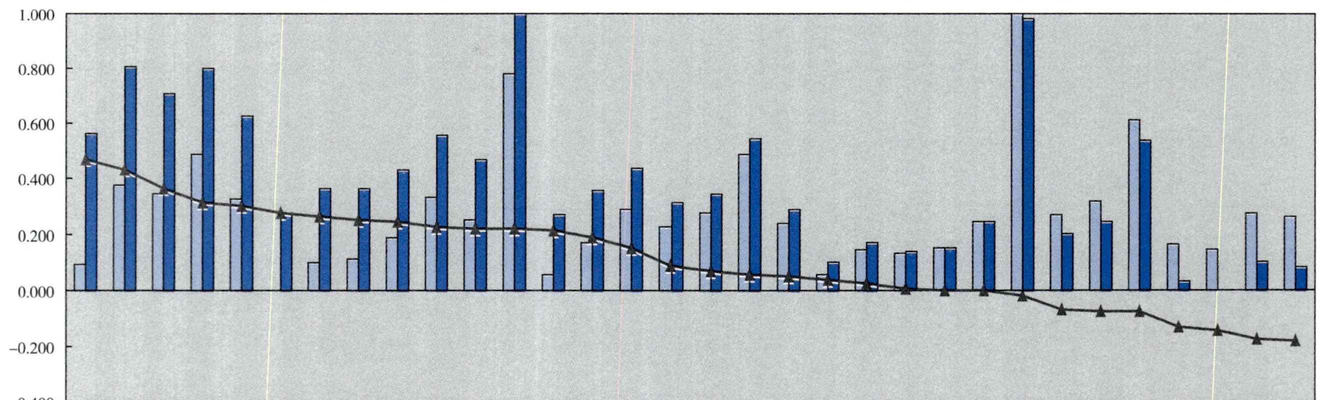

	福建	天津	江苏	浙江	宁夏	广西	陕西	云南	内蒙古	重庆	山东	北京	甘肃	河北	辽宁	全国	黑龙江	西藏	青海	贵州	四川	湖南	山西	安徽	上海	广东	海南	吉林	江西	河南	新疆	湖北
2003年	0.094	0.375	0.344	0.485	0.326	0.000	0.099	0.112	0.188	0.332	0.248	0.784	0.055	0.169	0.288	0.226	0.273	0.488	0.236	0.059	0.145	0.132	0.147	0.244	1.000	0.267	0.317	0.612	0.163	0.145	0.273	0.263
2012年	0.563	0.809	0.706	0.798	0.623	0.276	0.363	0.361	0.430	0.554	0.469	1.000	0.270	0.359	0.437	0.314	0.344	0.545	0.285	0.098	0.169	0.140	0.148	0.243	0.983	0.197	0.244	0.536	0.031	0.000	0.098	0.084
指数变动	0.469	0.434	0.362	0.313	0.297	0.276	0.264	0.249	0.242	0.222	0.221	0.216	0.215	0.190	0.149	0.088	0.071	0.057	0.049	0.039	0.024	0.008	0.001	-0.001	-0.017	-0.070	-0.073	-0.076	-0.132	-0.145	-0.175	-0.179

图 2-26　2003 年和 2012 年各省份初中教师学历指数变动情况

注：各省份按初中教师学历指数变动由高到低排列。

［数据来源］2003 年、2012 年《中国教育统计年鉴》。

根据2012年初中教师学历指数及城乡均衡度，以全国均值为参照，我们将31个省份城乡初中教师学历状况划分为以下四类。

初中教师学历指数及城乡均衡度均高于全国均值的省份有16个：北京、上海、天津、浙江、江苏、宁夏、西藏、福建、吉林、重庆、山东、内蒙古、黑龙江、云南、河北和陕西。

初中教师学历指数高于全国均值而城乡均衡度低于全国均值的省份有1个：辽宁。

初中教师学历指数低于全国均值而城乡均衡度均高于全国均值的省份有5个：青海、广西、甘肃、安徽和贵州。

初中教师学历指数及城乡均衡度均低于全国均值的省份有9个：海南、湖北、新疆、江西、四川、湖南、山西、河南和广东（表2-39，图2-27）。

表2-39　2003年和2012年各省份初中教师学历城乡均衡度及排名变动情况

地区	2003年初中教师学历城乡均衡度（%）	2003年初中教师学历城乡均衡度排名	2012年初中教师学历城乡均衡度（%）	2012年初中教师学历城乡均衡度排名	城乡均衡度变动（%）	排名变动
全国	36.30	—	79.00	—	42.70	—
北京	60.77	3	98.95	1	38.18	2
上海	96.71	1	97.68	2	0.97	-1
浙江	58.43	5	96.00	3	37.57	2
西藏	89.77	2	95.39	4	5.62	-2
天津	38.53	16	93.29	5	54.76	11
江苏	49.25	8	91.89	6	42.64	2
福建	25.28	28	90.46	7	65.18	21
宁夏	56.27	6	90.05	8	33.78	-2
广西	20.24	31	88.06	9	67.82	22
内蒙古	41.05	14	86.41	10	45.36	4

续表

地区	2003年初中教师学历城乡均衡度（%）	2003年初中教师学历城乡均衡度排名	2012年初中教师学历城乡均衡度（%）	2012年初中教师学历城乡均衡度排名	城乡均衡度变动（%）	排名变动
安徽	50.08	7	85.81	11	35.73	-4
吉林	58.83	4	85.45	12	26.62	-8
青海	42.88	13	84.94	13	42.06	0
重庆	48.74	9	84.58	14	35.84	-5
黑龙江	39.35	15	83.83	15	44.48	0
甘肃	25.31	27	83.81	16	58.50	11
河北	36.24	20	83.08	17	46.84	3
陕西	21.49	30	82.14	18	60.65	12
云南	26.89	25	81.96	19	55.07	6
山东	38.41	18	81.92	20	43.51	-2
贵州	24.07	29	81.42	21	57.35	8
江西	43.82	11	78.99	22	35.17	-11
辽宁	26.87	26	78.79	23	51.92	3
四川	28.40	23	76.61	24	48.21	-1
湖北	43.82	12	75.84	25	32.02	-13
海南	38.44	17	75.84	26	37.40	-9
湖南	33.63	21	75.10	27	41.47	-6
山西	27.49	24	74.58	28	47.09	-4
河南	32.90	22	70.40	29	37.50	-7
新疆	45.42	10	70.24	30	24.82	-20
广东	36.97	19	69.14	31	32.17	-12

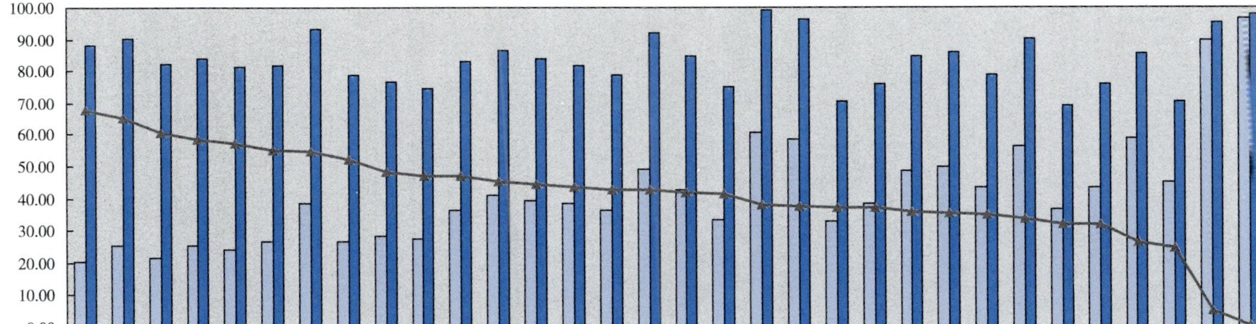

	广西	福建	陕西	甘肃	贵州	云南	天津	辽宁	四川	山西	河北	内蒙古	黑龙江	山东	全国	江苏	青海	湖南	北京	浙江	河南	海南	重庆	安徽	江西	宁夏	广东	湖北	吉林	新疆	西藏	上海
2003年	20.24	25.28	21.49	25.31	24.07	26.89	38.53	26.87	28.40	27.49	36.24	41.05	39.35	38.41	36.30	49.25	42.88	33.63	60.77	58.43	32.90	38.44	48.74	50.08	43.82	56.27	36.97	43.82	58.83	45.42	89.77	96.7
2012年	88.06	90.46	82.14	83.81	81.42	81.96	93.29	78.79	76.61	74.58	83.08	86.41	83.83	81.92	79.00	91.89	84.94	75.10	98.95	96.00	70.40	75.84	84.58	85.81	78.99	90.05	69.14	75.84	85.45	70.24	95.39	97.68
城乡均衡度变动	67.82	65.18	60.65	58.50	57.35	55.07	54.76	51.92	48.21	47.09	46.84	45.36	44.48	43.51	42.70	42.64	42.06	41.47	38.18	37.57	37.50	37.40	35.84	35.73	35.17	33.78	32.17	32.02	26.62	24.82	5.62	0.97

图 2-27　**2003 年和 2012 年各省份初中教师学历城乡均衡度变动情况**

注：各省份按初中教师学历城乡均衡度变动由高到低排列。

［数据来源］2003 年、2012 年《中国教育统计年鉴》。

（2）五成省份初中教师职称状况有所改善

全国各省份2003年和2012年初中教师职称指数及其排名变动情况见表2-40。从表中可知，2012年初中教师职称指数排名前5位的省份为天津、辽宁、湖北、黑龙江和内蒙古。最高的是天津，为1.000，高出全国均值0.492。2012年初中教师职称指数排名后5位的省份为陕西、山西、贵州、甘肃和西藏。最低的是西藏，为0.000，低于全国均值0.508，比最高的天津少1.000。

从指数及其排名变动情况来看，2012年初中教师职称指数总体上比2003年略有上升，部分省份与2003年相比排名有明显波动。较2003年指数有所增加的省份有16个，排名有所提升的省份有15个。15个省份排名变动在3名之内。排名提升5名及以上的省份有5个：福建、广西、河北、内蒙古和青海，分别提升了13、11、11、7、6个名次。排名降低5名及以上的省份有6个：吉林、安徽、上海、新疆、北京和宁夏，分别降低5、6、7、8、10、15个名次。

根据2012年初中教师职称指数得分，我们将31个省份的初中教师职称状况划分为以下几类。

初中教师职称状况好的省份有5个：天津、辽宁、湖北、黑龙江和内蒙古，中高级职称教师比例在69.510%—80.975%。

初中教师职称状况较好的省份有12个：江苏、浙江、青海、上海、湖南、吉林、广西、江西、河北、福建、山东和北京，中高级职称教师比例在58.818%—69.186%。

初中教师职称状况一般的省份有9个：广东、安徽、河南、云南、四川、宁夏、海南、重庆和新疆，中高级职称教师比例在45.857%—57.414%。

初中教师职称状况较差的省份有5个：陕西、山西、贵州、甘肃和西藏，中高级职称教师比例在33.968%—41.844%，其中贵州、甘肃和西藏的比例都低于40%。

2003年和2012年各省份初中教师职称指数的标准差分别为0.225、0.251，变异系数分别为0.466、0.494，表明各省份间初中教师职称指数差异较大，且各省份间的差异有扩大趋势（表2-40，图2-28）。

表 2-40　2003 年和 2012 年各省份初中教师职称指数及排名变动情况

地区	2003 年初中教师职称指数	2012 年初中教师职称指数	指数变动	2003 年排名	2012 年排名	排名变动
全国	0. 483	0. 508	0. 025	—	—	—
天津	0. 820	1. 000	0. 180	3	1	2
辽宁	1. 000	0. 939	-0. 061	1	2	-1
湖北	0. 778	0. 801	0. 023	4	3	1
黑龙江	0. 737	0. 767	0. 030	5	4	1
内蒙古	0. 546	0. 756	0. 210	12	5	7
江苏	0. 572	0. 749	0. 177	10	6	4
浙江	0. 562	0. 700	0. 138	11	7	4
青海	0. 460	0. 699	0. 239	14	8	6
上海	0. 970	0. 660	-0. 310	2	9	-7
湖南	0. 582	0. 653	0. 071	9	10	-1
吉林	0. 693	0. 605	-0. 088	6	11	-5
广西	0. 381	0. 582	0. 201	23	12	11
江西	0. 435	0. 565	0. 130	17	13	4
河北	0. 315	0. 561	0. 246	25	14	11
福建	0. 267	0. 554	0. 287	28	15	13
山东	0. 459	0. 546	0. 087	15	16	-1
北京	0. 688	0. 529	-0. 159	7	17	-10
广东	0. 454	0. 499	0. 045	16	18	-2
安徽	0. 531	0. 430	-0. 101	13	19	-6
河南	0. 383	0. 426	0. 043	22	20	2
云南	0. 391	0. 410	0. 019	21	21	0
四川	0. 416	0. 407	-0. 009	19	22	-3
宁夏	0. 670	0. 356	-0. 314	8	23	-15

续表

地区	2003年初中教师职称指数	2012年初中教师职称指数	指数变动	2003年排名	2012年排名	排名变动
海南	0.401	0.352	-0.049	20	24	-4
重庆	0.293	0.287	-0.006	26	25	1
新疆	0.420	0.253	-0.167	18	26	-8
陕西	0.244	0.168	-0.076	29	27	2
山西	0.360	0.135	-0.225	24	28	-4
贵州	0.164	0.121	-0.043	30	29	1
甘肃	0.287	0.073	-0.214	27	30	-3
西藏	0.000	0.000	0.000	31	31	0
标准差	0.225	0.251	—	—	—	—
变异系数	0.466	0.494	—	—	—	—

全国各省份2003年和2012年初中教师职称城乡均衡度及其排名变动情况见表2-41。从表中可知，2012年初中教师职称城乡均衡度排名前5位的省份为天津、内蒙古、福建、山东和辽宁。最高的是天津，为107.23%，高出全国均值22.85%。2012年初中教师职称城乡均衡度排名后5位的省份为新疆、山西、宁夏、甘肃和西藏。最低的是西藏，为51.58%，低于全国均值32.80%，比最高的天津少55.65%。

从初中教师职称城乡均衡度及其排名变动情况来看，2012年初中教师职称城乡均衡度总体上有显著上升，部分省份与2003年相比排名波动较大。较2003年城乡均衡度有所增加的省份多达29个，排名有所提升的省份有16个。11个省份排名变动在3名之内。排名提升5名及以上的省份有9个：福建、青海、内蒙古、北京、江西、河北、天津、安徽和浙江，分别提升了19、14、8、6、6、6、5、5、5个名次。排名降低5名及以上的省份有7个：江苏、重庆、湖北、吉林、黑龙江、宁夏和上海，分别降低5、9、10、10、12、12、20个名次。同为东部省份的福建和上海却分列升降两极，排名大幅波动，引人注目。

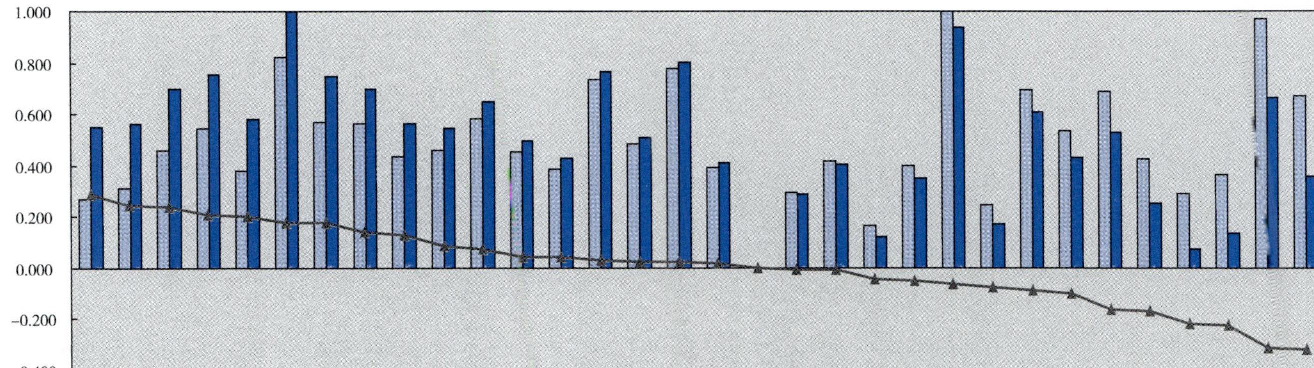

	福建	河北	青海	内蒙古	广西	天津	江苏	浙江	江西	山东	湖南	广东	河南	黑龙江	全国	湖北	云南	西藏	重庆	四川	贵州	海南	辽宁	陕西	吉林	安徽	北京	新疆	甘肃	山西	上海	宁夏
2003年	0.267	0.315	0.460	0.546	0.381	0.820	0.572	0.562	0.435	0.459	0.582	0.454	0.383	0.737	0.483	0.778	0.391	0.000	0.293	0.416	0.164	0.401	1.000	0.244	0.693	0.531	0.688	0.420	0.287	0.360	0.970	0.670
2012年	0.554	0.561	0.699	0.756	0.582	1.000	0.749	0.700	0.565	0.546	0.653	0.499	0.426	0.767	0.508	0.801	0.410	0.000	0.287	0.407	0.121	0.352	0.939	0.168	0.605	0.430	0.529	0.253	0.073	0.135	0.660	0.356
指数变动	0.287	0.246	0.239	0.210	0.201	0.180	0.177	0.138	0.130	0.087	0.071	0.045	0.043	0.030	0.025	0.023	0.019	0.000	-0.006	-0.009	-0.043	-0.049	-0.061	-0.076	-0.088	-0.101	-0.159	-0.167	-0.214	-0.225	-0.310	-0.314

图 2-28　2003 年和 2012 年各省份初中教师职称指数变动情况

注：各省份按初中教师职称指数变动由高到低排列。

［数据来源］2003 年、2012 年《中国教育统计年鉴》。

根据2012年初中教师职称指数及城乡均衡度，以全国均值为参照，我们将31个省份城乡初中教师职称状况划分为以下四类。

初中教师职称指数及城乡均衡度均高于全国均值的省份有15个：天津、辽宁、湖北、黑龙江、内蒙古、青海、江苏、湖南、浙江、吉林、山东、福建、江西、广西和北京。

初中教师职称指数高于全国均值而城乡均衡度低于全国均值的省份有2个：河北和上海。

初中教师职称指数低于全国均值而城乡均衡度高于全国均值的省份有5个：广东、安徽、四川、河南和海南。

初中教师职称指数及城乡均衡度均低于全国均值的省份有9个：云南、重庆、陕西、山西、贵州、新疆、宁夏、甘肃和西藏。

相对于2003年各省份初中专科及以上学历教师城乡均衡度情况，2012年各省份城乡初中教师职称指数分化更为明显，双高省份相对较少而双低省份却相对较多。一方面，中西部省份在学历、职称方面都是双低的主力，反映了这些地区初中教师专业发展状况亟待改善；另一方面，部分东部省份初中教师学历、职称比例与城乡对比的不均衡现象较为集中，也应该予以重视（表2-41，图2-29）。

表2-41　2003年和2012年各省份初中教师职称城乡均衡度及排名变动情况

地区	2003年初中教师职称城乡均衡度（%）	2003年初中教师职称城乡均衡度排名	2012年初中教师职称城乡均衡度（%）	2012年初中教师职称城乡均衡度排名	城乡均衡度变动（%）	排名变动
全国	61.95	—	84.38	—	22.43	—
天津	73.62	6	107.23	1	33.61	5
内蒙古	66.98	10	99.59	2	32.61	8
福建	53.03	22	95.75	3	42.72	19
山东	71.81	7	95.43	4	23.62	3
辽宁	105.34	1	94.92	5	-10.42	-4
广东	68.21	9	93.89	6	25.68	3

续表

地区	2003 年初中教师职称城乡均衡度（%）	2003 年初中教师职称城乡均衡度排名	2012 年初中教师职称城乡均衡度（%）	2012 年初中教师职称城乡均衡度排名	城乡均衡度变动（%）	排名变动
安徽	66. 08	12	93. 01	7	26. 93	5
浙江	65. 45	13	92. 30	8	26. 85	5
北京	62. 95	15	91. 60	9	28. 65	6
江苏	75. 66	5	91. 47	10	15. 81	-5
海南	66. 93	11	91. 05	11	24. 12	0
青海	49. 30	26	90. 85	12	41. 55	14
湖北	80. 63	3	90. 25	13	9. 62	-10
湖南	62. 37	16	89. 42	14	27. 05	2
江西	53. 66	21	88. 82	15	35. 16	6
黑龙江	75. 89	4	88. 68	16	12. 79	-12
广西	57. 66	18	87. 68	17	30. 02	1
吉林	70. 96	8	86. 17	18	15. 21	-10
四川	57. 19	19	85. 07	19	27. 88	0
河南	55. 29	20	84. 70	20	29. 41	0
河北	47. 12	27	83. 96	21	36. 84	6
上海	94. 13	2	83. 56	22	-10. 57	-20
重庆	64. 31	14	80. 66	23	16. 35	-9
云南	52. 16	25	80. 29	24	28. 13	1
陕西	43. 25	28	75. 12	25	31. 87	3
贵州	38. 06	30	74. 06	26	36. 00	4
新疆	52. 83	23	72. 78	27	19. 95	-4
山西	52. 46	24	70. 06	28	17. 60	-4
宁夏	60. 11	17	68. 46	29	8. 35	-12
甘肃	43. 07	29	57. 00	30	13. 93	-1
西藏	22. 34	31	51. 58	31	29. 24	0

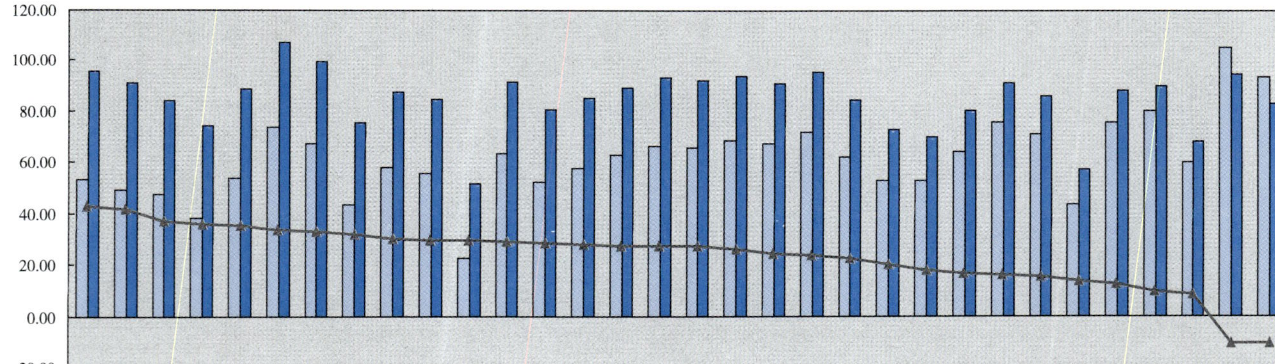

	福建	青海	河北	贵州	江西	天津	内蒙古	陕西	广西	河南	西藏	北京	云南	四川	湖南	安徽	浙江	广东	海南	山东	全国	新疆	山西	重庆	江苏	吉林	甘肃	黑龙江	湖北	宁夏	辽宁	上海
2003年	53.03	49.30	47.12	38.06	53.66	73.62	66.98	43.25	57.66	55.29	22.34	62.95	52.16	57.19	62.37	66.08	65.45	68.21	66.93	71.81	61.95	52.83	52.46	64.31	75.66	70.96	43.07	75.89	80.63	60.11	105.34	94.13
2012年	95.75	90.85	83.96	74.06	88.82	107.23	99.59	75.12	87.68	84.70	51.58	91.60	80.29	85.07	89.42	93.01	92.30	93.89	91.05	95.43	84.38	72.78	70.06	80.66	91.47	86.17	57.00	88.68	90.25	68.46	94.92	83.56
城乡均衡度变动	42.72	41.55	36.84	36.00	35.16	33.61	32.61	31.87	30.02	29.41	29.24	28.65	28.13	27.88	27.05	26.93	26.85	25.68	24.12	23.62	22.43	19.95	17.60	16.35	15.81	15.21	13.93	12.79	9.62	8.35	-10.42	-10.57

图 2-29　2003 年和 2012 年各省份初中教师职称城乡均衡度及排名变动情况

注：各省份按初中教师职称城乡均衡度变动由高到低排列。

［数据来源］2003 年、2012 年《中国教育统计年鉴》。

4. 各省份普通高中教师专业状况差异明显

全国各省份 2003 年和 2012 年普通高中教师专业指数及其排名变动情况见表 2-42。从表中可知，2012 年普通高中教师专业指数排名前 5 位的省份为北京、上海、天津、江苏和吉林。最高的是北京，为 0.819，高出全国均值 0.475。2012 年普通高中教师专业指数排名后 5 位的省份为新疆、山西、贵州、甘肃和西藏。最低的是西藏，仅为 0.070，低于全国均值 0.274，比最高的北京少 0.749。

从指数及其排名变动情况来看，2012 年普通高中教师专业指数总体上较 2003 年明显降低。2012 年普通高中教师专业指数较 2003 年有所增加的省份仅有 6 个，排名有所提升的省份有 13 个。12 个省份排名变动在 3 名之内。排名提升 5 名及以上的省份有 6 个：江苏、浙江、福建、辽宁、河北和青海，分别提升 22、15、14、9、9、7 个名次。排名降低 5 名及以上的省份有 7 个：黑龙江、河南、山西、宁夏、海南、新疆和云南，分别降低 5、9、10、14、14、16、17 个名次。江苏提升非常突出，而新疆、云南则显著下滑。

根据 2012 年普通高中教师专业指数得分，我们将 31 个省份的普通高中教师专业状况划分为以下几类。

普通高中教师专业状况好的省份有 3 个：北京、上海和天津，指数分别为 0.819、0.793 和 0.759。

普通高中教师专业状况较好的省份有 3 个：江苏、吉林和辽宁。

普通高中教师专业状况一般的省份有 16 个：浙江、湖北、江西、湖南、黑龙江、内蒙古、青海、广东、广西、福建、四川、安徽、河北、陕西、宁夏和河南。

普通高中教师专业状况较差的省份有 9 个：山东、海南、云南、重庆、新疆、山西、贵州、甘肃和西藏，其中，西藏两年均居于末位。

各省份普通高中教师专业指数的极差和极差率分别由 2003 年的 0.931、无穷大缩小为 2012 年的 0.749、11.700，表明各省份间普通高中教师专业指数两极差异很大但差距明显缩小，标准差和变异系数分别由 2003 年的 0.187、0.405 变化为 2012 年的 0.195、0.566，表明各省份间的差异明显且有增大的趋势（表 2-42，图 2-30）。

表 2-42 2003 年和 2012 年各省份普通高中教师专业指数及排名变动情况

地区	2003 年普通高中教师专业指数	2012 年普通高中教师专业指数	指数变动	2003 年排名	2012 年排名	排名变动
全国	0. 463	0. 344	-0. 119	—	—	—
北京	0. 931	0. 819	-0. 112	1	1	0
上海	0. 917	0. 793	-0. 124	2	2	0
天津	0. 633	0. 759	0. 126	5	3	2
江苏	0. 325	0. 557	0. 232	26	4	22
吉林	0. 814	0. 530	-0. 284	3	5	-2
辽宁	0. 484	0. 514	0. 030	15	6	9
浙江	0. 386	0. 473	0. 087	22	7	15
湖北	0. 677	0. 460	-0. 217	4	8	-4
江西	0. 514	0. 450	-0. 064	12	9	3
湖南	0. 538	0. 412	-0. 126	9	10	-1
黑龙江	0. 627	0. 410	-0. 217	6	11	-5
内蒙古	0. 477	0. 406	-0. 071	16	12	4
青海	0. 437	0. 392	-0. 045	20	13	7
广东	0. 497	0. 376	-0. 121	14	14	0
广西	0. 444	0. 372	-0. 072	19	15	4
福建	0. 275	0. 327	0. 052	30	16	14
四川	0. 431	0. 297	-0. 134	21	17	4
安徽	0. 470	0. 292	-0. 178	17	18	-1
河北	0. 317	0. 280	-0. 037	28	19	9
陕西	0. 383	0. 253	-0. 130	23	20	3
宁夏	0. 555	0. 250	-0. 305	7	21	-14
河南	0. 504	0. 250	-0. 254	13	22	-9
山东	0. 319	0. 241	-0. 078	27	23	4
海南	0. 536	0. 226	-0. 310	10	24	-14
云南	0. 548	0. 205	-0. 343	8	25	-17

续表

地区	2003年普通高中教师专业指数	2012年普通高中教师专业指数	指数变动	2003年排名	2012年排名	排名变动
重庆	0.350	0.203	-0.147	24	26	-2
新疆	0.517	0.175	-0.342	11	27	-16
山西	0.454	0.124	-0.330	18	28	-10
贵州	0.347	0.093	-0.254	25	29	-4
甘肃	0.292	0.090	-0.202	29	30	-1
西藏	0.000	0.070	0.070	31	31	0
极差	0.931	0.749	—	—	—	—
极差率	∞	11.700	—	—	—	—
标准差	0.187	0.195	—	—	—	—
变异系数	0.405	0.566	—	—	—	—

（1）各省份普通高中教师学历状况差异明显

全国各省份2003年和2012年普通高中教师学历指数及其排名变动情况见表2-43。从表中可知，2012年普通高中教师学历指数排名前5位的省份为北京、上海、天津、江苏和吉林。最高的是北京，为1.000，高出全国均值0.778。2012年普通高中教师学历指数排名后5位的省份为湖南、云南、四川、新疆和贵州。最低的是贵州，为0.000，低于全国均值0.222，比最高的北京少1.000。

从指数及其排名变动情况来看，2012年普通高中教师学历指数总体上有所上升，多数省份与2003年相比排名波动较大。较2003年指数有所增加的省份有13个，排名有所提升的省份有15个。10个省份排名变动在3名之内。排名提升5名及以上的省份有8个：江苏、辽宁、内蒙古、西藏、陕西、福建、宁夏和甘肃，分别提升了22、18、14、10、9、5、5、5个名次。排名降低5名及以上的省份有11个：山东、河北、江西、湖北、河南、山西、黑龙江、新疆、四川、湖南和云南，分别降低了5、6、6、6、6、7、8、9、12、12、16个名次。

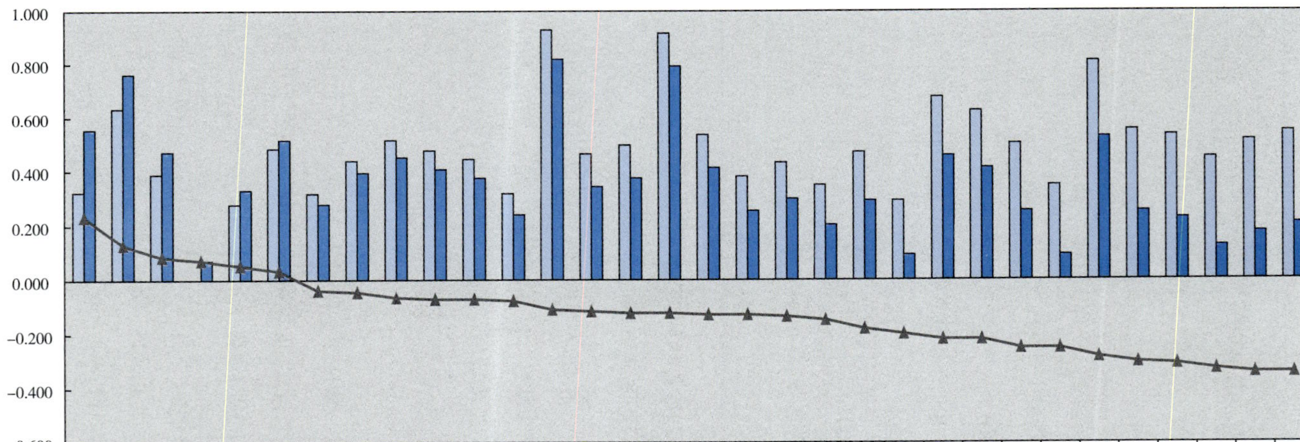

	江苏	天津	浙江	西藏	福建	辽宁	河北	青海	江西	内蒙古	广西	山东	北京	全国	广东	上海	湖南	陕西	四川	重庆	安徽	甘肃	湖北	黑龙江	河南	贵州	吉林	宁夏	海南	山西	新疆	云南
2003年	0.325	0.633	0.386	0.000	0.275	0.484	0.317	0.437	0.514	0.477	0.444	0.319	0.931	0.463	0.497	0.917	0.538	0.383	0.431	0.350	0.470	0.292	0.677	0.627	0.504	0.347	0.814	0.555	0.536	0.454	0.517	0.548
2012年	0.557	0.759	0.473	0.070	0.327	0.514	0.280	0.392	0.450	0.406	0.372	0.241	0.819	0.344	0.376	0.793	0.412	0.253	0.297	0.203	0.292	0.090	0.460	0.410	0.250	0.093	0.530	0.250	0.226	0.124	0.175	0.205
指数变动	0.232	0.126	0.087	0.070	0.052	0.030	−0.037	−0.045	−0.064	−0.071	−0.072	−0.078	−0.112	−0.119	−0.121	−0.124	−0.126	−0.130	−0.134	−0.147	−0.178	−0.202	−0.217	−0.217	−0.254	−0.254	−0.284	−0.305	−0.310	−0.330	−0.342	−0.343

图 2−30 **2003 年和 2012 年各省份普通高中教师专业指数及变动情况**

注：各省份按高中教师专业发展指数变动由高到低排列。

［数据来源］2003 年、2012 年《中国教育统计年鉴》。

根据2012年普通高中教师学历指数得分，我们将31个省份的普通高中教师学历状况划分为以下几类。

普通高中教师学历状况好的省份仅有1个：北京，研究生学历教师比例达16.545%，超过全国均值3倍，大幅领先于其他省份。

普通高中教师学历状况较好的省份有2个：上海和天津，研究生学历教师比例分别为10.694%和9.404%，也都超过全国均值的2倍。

普通高中教师学历状况一般的省份有8个：江苏、吉林、广东、辽宁、内蒙古、陕西、河南和浙江，研究生学历教师比例在5.865%—7.915%。

普通高中教师学历状况较差的省份有20个：湖北、广西、山西、江西、山东、重庆、黑龙江、宁夏、安徽、西藏、河北、福建、海南、甘肃、青海、湖南、云南、四川、新疆和贵州，研究生学历教师比例在1.715%—5.378%，其中，新疆和贵州的比例都低于2%。

2003年和2012年各省份普通高中教师学历指数的标准差分别为0.237、0.200，变异系数分别为0.864、0.901，表明各省份间普通高中教师学历指数差异较大，且各省份间的差异呈扩大趋势（表2-43，图2-31）。

表2-43　2003年和2012年各省份普通高中教师学历指数及排名变动情况

地区	2003年普通高中教师学历指数	2012年普通高中教师学历指数	指数变动	2003年排名	2012年排名	排名变动
全国	0.274	0.222	-0.052	—	—	—
北京	1.000	1.000	0.000	1	1	0
上海	0.834	0.606	-0.228	2	2	0
天津	0.448	0.518	0.070	5	3	2
江苏	0.095	0.418	0.323	26	4	22
吉林	0.763	0.356	-0.407	3	5	-2
广东	0.336	0.309	-0.027	8	6	2
辽宁	0.095	0.305	0.210	25	7	18
内蒙古	0.129	0.291	0.162	22	8	14
陕西	0.199	0.287	0.088	18	9	9

续表

地区	2003 年普通高中教师学历指数	2012 年普通高中教师学历指数	指数变动	2003 年排名	2012 年排名	排名变动
河南	0. 515	0. 281	-0. 234	4	10	-6
浙江	0. 257	0. 280	0. 023	13	11	2
湖北	0. 444	0. 247	-0. 197	6	12	-6
广西	0. 249	0. 237	-0. 012	14	13	1
山西	0. 415	0. 229	-0. 186	7	14	-7
江西	0. 286	0. 211	-0. 075	9	15	-6
山东	0. 278	0. 187	-0. 091	11	16	-5
重庆	0. 162	0. 168	0. 006	19	17	2
黑龙江	0. 282	0. 165	-0. 117	10	18	-8
宁夏	0. 112	0. 161	0. 049	24	19	5
安徽	0. 129	0. 145	0. 016	23	20	3
西藏	0. 000	0. 141	0. 141	31	21	10
河北	0. 203	0. 138	-0. 065	16	22	-6
福建	0. 062	0. 114	0. 052	28	23	5
海南	0. 154	0. 086	-0. 068	20	24	-4
甘肃	0. 037	0. 082	0. 045	30	25	5
青海	0. 058	0. 080	0. 022	29	26	3
湖南	0. 228	0. 061	-0. 167	15	27	-12
云南	0. 266	0. 060	-0. 206	12	28	-16
四川	0. 199	0. 054	-0. 145	17	29	-12
新疆	0. 154	0. 013	-0. 141	21	30	-9
贵州	0. 066	0. 000	-0. 066	27	31	-4
标准差	0. 237	0. 200	—	—	—	—
变异系数	0. 864	0. 901	—	—	—	—

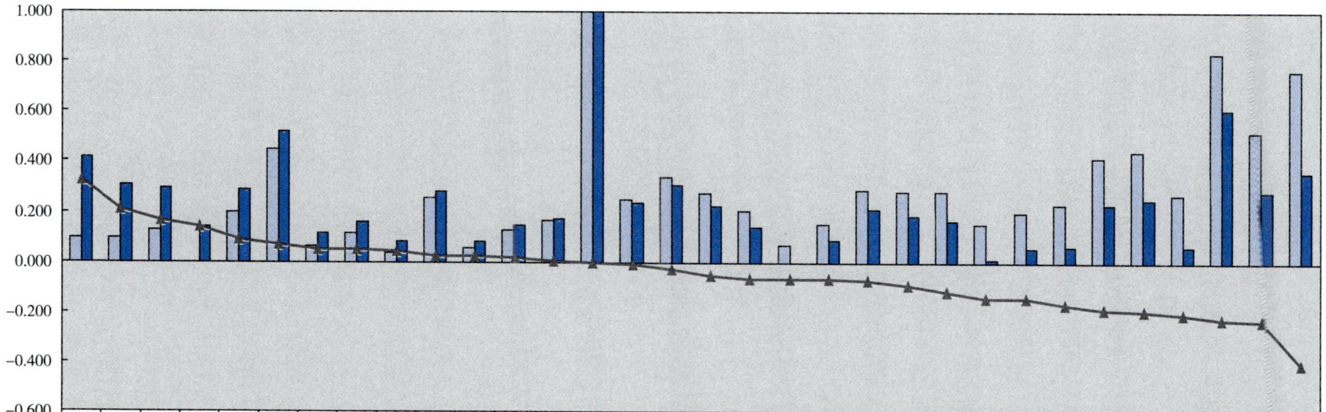

	江苏	辽宁	内蒙古	西藏	陕西	天津	福建	宁夏	甘肃	浙江	青海	安徽	重庆	北京	广西	广东
2003年	0.095	0.095	0.129	0.000	0.199	0.448	0.062	0.112	0.037	0.257	0.058	0.129	0.162	1.000	0.249	0.336
2012年	0.418	0.305	0.291	0.141	0.287	0.518	0.114	0.161	0.082	0.280	0.080	0.145	0.168	1.000	0.237	0.309
指数变动	0.323	0.210	0.162	0.141	0.088	0.070	0.052	0.049	0.045	0.023	0.022	0.016	0.006	0.000	-0.012	-0.027

	全国	河北	贵州	海南	江西	山东	黑龙江	新疆	四川	湖南	山西	湖北	云南	上海	河南	吉林
2003年	0.274	0.203	0.066	0.154	0.286	0.278	0.282	0.154	0.199	0.228	0.415	0.444	0.266	0.834	0.515	0.763
2012年	0.222	0.138	0.000	0.086	0.211	0.187	0.165	0.013	0.054	0.061	0.229	0.247	0.060	0.606	0.281	0.356
指数变动	-0.052	-0.065	-0.066	-0.068	-0.075	-0.091	-0.117	-0.141	-0.145	-0.167	-0.186	-0.197	-0.206	-0.228	-0.234	-0.407

图 2-31　2003 年和 2012 年各省份普通高中教师学历指数及变动情况

注：各省份按高中教师学历指数变动由高到低排列。

［数据来源］2003 年、2012 年《中国教育统计年鉴》。

（2）各省份普通高中教师职称状况差异较大

全国各省份2003年和2012年普通高中教师职称指数及其排名变动情况见表2-44。从表中可知，2012年普通高中教师职称指数排名前5位的省份为天津、上海、湖南、辽宁和青海。最高的是天津，为1.000，高出全国均值0.534。2012年普通高中教师职称指数排名后5位的省份为陕西、贵州、甘肃、山西和西藏。最低的是西藏，为0.000，低于全国均值0.466，比最高的天津少1.000。

从指数及其排名变动情况来看，2012年普通高中教师职称指数总体上大幅下降，部分省份与2003年相比排名有明显波动。较2003年指数有所增加的省份仅有4个，排名有所提升的省份有15个。11个省份排名变动在3名之内。排名提升5名及以上的省份有9个：浙江、江苏、福建、天津、河北、青海、江西、湖南和山东，分别提升了15、15、14、12、10、9、8、7、6个名次。排名降低5名及以上的省份有8个：陕西、甘肃、黑龙江、贵州、云南、海南、新疆和宁夏，分别降低了6、6、8、8、10、16、17、20个名次。

根据2012年普通高中教师职称指数得分，我们将31个省份的普通高中教师职称状况划分为以下几类。

普通高中教师职称状况好的省份有3个：天津、上海和湖南，中高级职称教师比例在71.986%—79.417%。

普通高中教师职称状况较好的省份有13个：辽宁、青海、吉林、江苏、江西、湖北、浙江、黑龙江、北京、四川、福建、内蒙古和广西，中高级职称教师比例在63.130%—70.579%。

普通高中教师职称状况一般的省份有8个：广东、安徽、河北、海南、云南、宁夏、新疆和山东，中高级职称教师比例在55.843%—60.900%。

普通高中教师职称状况较差的省份有7个：重庆、河南、陕西、贵州、甘肃、山西和西藏，中高级职称教师比例在45.681%—53.866%，其中甘肃、山西和西藏三省份的比例都低于50%。

2003年和2012年各省份普通高中教师职称指数的标准差分别为0.224、0.256，变异系数分别为0.343、0.549，表明各省份间普通高中教师职称指数差异较大，且各省份间的差异有明显扩大趋势（表 2-44，图 2-32）。

表 2-44　2003 年和 2012 年各省份普通高中教师职称指数及排名变动情况

地区	2003 年普通高中教师职称指数	2012 年普通高中教师职称指数	指数变动	2003 年排名	2012 年排名	排名变动
全国	0. 652	0. 466	-0. 186	—	—	—
天津	0. 817	1. 000	0. 183	13	1	12
上海	1. 000	0. 980	-0. 020	1	2	-1
湖南	0. 848	0. 764	-0. 084	10	3	7
辽宁	0. 872	0. 723	-0. 149	7	4	3
青海	0. 815	0. 704	-0. 111	14	5	9
吉林	0. 864	0. 703	-0. 161	8	6	2
江苏	0. 555	0. 696	0. 141	22	7	15
江西	0. 742	0. 690	-0. 052	16	8	8
湖北	0. 910	0. 674	-0. 236	5	9	-4
浙江	0. 514	0. 666	0. 152	25	10	15
黑龙江	0. 972	0. 656	-0. 316	3	11	-8
北京	0. 862	0. 637	-0. 225	9	12	-3
四川	0. 662	0. 541	-0. 121	17	13	4
福建	0. 488	0. 541	0. 053	28	14	14
内蒙古	0. 824	0. 522	-0. 302	12	15	-3
广西	0. 638	0. 507	-0. 131	19	16	3
广东	0. 657	0. 442	-0. 215	18	17	1
安徽	0. 811	0. 440	-0. 371	15	18	-3
河北	0. 431	0. 422	-0. 009	29	19	10
海南	0. 918	0. 365	-0. 553	4	20	-16

续表

地区	2003年普通高中教师职称指数	2012年普通高中教师职称指数	指数变动	2003年排名	2012年排名	排名变动
云南	0.829	0.350	-0.479	11	21	-10
宁夏	0.998	0.338	-0.660	2	22	-20
新疆	0.880	0.338	-0.542	6	23	-17
山东	0.359	0.295	-0.064	30	24	6
重庆	0.537	0.238	-0.299	24	25	-1
河南	0.492	0.220	-0.272	27	26	1
陕西	0.566	0.219	-0.347	21	27	-6
贵州	0.627	0.186	-0.441	20	28	-8
甘肃	0.547	0.099	-0.448	23	29	-6
山西	0.493	0.018	-0.475	26	30	-4
西藏	0.000	0.000	0.000	31	31	0
标准差	0.224	0.256	—	—	—	—
变异系数	0.343	0.549	—	—	—	—

综合考察2012年各省份普通高中教师学历指数和职称指数，以全国均值为参照，将各省份普通高中教师专业发展状况分为以下四类。

普通高中教师学历指数和职称指数都高于全国均值的省份有10个：广西、内蒙古、北京、浙江、辽宁、湖北、吉林、江苏、天津和上海。

普通高中教师学历指数高于全国均值而职称指数低于全国均值的省份有4个：山西、陕西、河南和广东。

普通高中教师学历指数低于全国均值而职称指数高于全国均值的省份有6个：四川、青海、湖南、福建、黑龙江和江西。

普通高中教师学历指数和职称指数都低于全国均值的省份有11个：西藏、甘肃、重庆、宁夏、山东、海南、云南、贵州、新疆、河北和安徽。

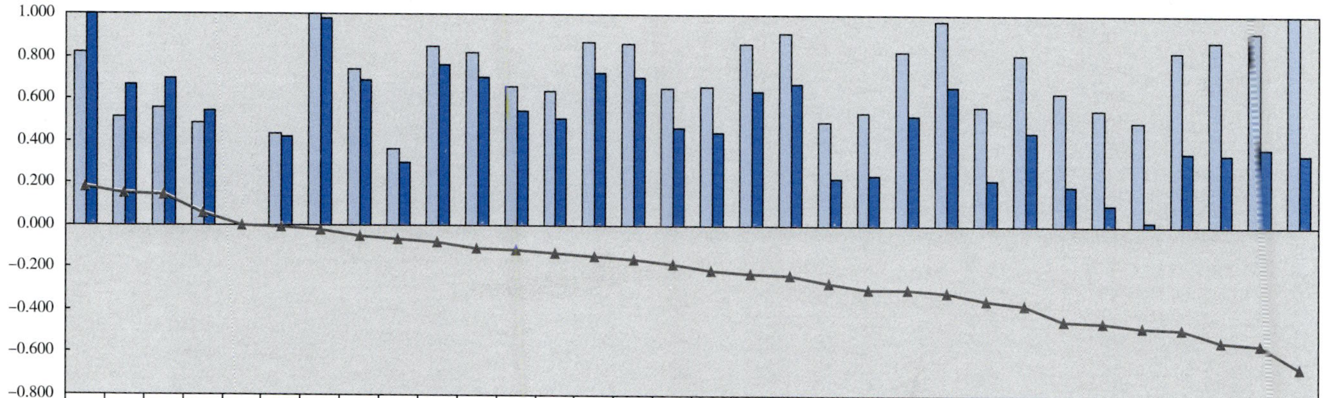

	天津	浙江	江苏	福建	西藏	河北	上海	江西	山东	湖南	青海	四川	广西	辽宁	吉林	全国	广东	北京	湖北	河南	重庆	内蒙古	黑龙江	陕西	安徽	贵州	甘肃	山西	云南	新疆	海南	宁夏
2003年	0.817	0.514	0.555	0.488	0.000	0.431	1.000	0.742	0.359	0.848	0.815	0.662	0.638	0.872	0.864	0.652	0.657	0.862	0.910	0.492	0.537	0.824	0.972	0.566	0.811	0.627	0.547	0.493	0.829	0.880	0.918	0.998
2012年	1.000	0.666	0.696	0.541	0.000	0.422	0.980	0.690	0.295	0.764	0.704	0.541	0.507	0.723	0.703	0.466	0.442	0.637	0.674	0.220	0.238	0.522	0.656	0.219	0.440	0.186	0.099	0.018	0.350	0.338	0.365	0.338
指数变动	0.183	0.152	0.141	0.053	0.000	−0.009	−0.020	−0.052	−0.064	−0.084	−0.111	−0.121	−0.131	−0.149	−0.161	−0.186	−0.215	−0.225	−0.236	−0.272	−0.299	−0.302	−0.316	−0.347	−0.371	−0.441	−0.448	−0.475	−0.479	−0.542	−0.553	−0.660

图 2−32　**2003 年和 2012 年各省份普通高中教师职称指数及变动情况**

注：各省份按高中教师职称指数变动由高到低排列。

［数据来源］2003 年、2012 年《中国教育统计年鉴》。

5. 各省份中职学校教师专业状况差异明显

全国各省份2003年和2012年中职学校教师专业指数及其排名变动情况见表2-45。从表中可知，2012年中职学校教师专业指数排名前5位的省份为上海、江苏、天津、北京和辽宁。最高的是上海，为0.949，高出全国均值0.495。2012年中职学校教师专业指数排名后5位的省份为四川、重庆、西藏、山西和海南。最低的是海南，仅为0.082，低于全国均值0.372，比最高的上海少0.867。

从指数及其排名变动情况来看，2012年中职学校教师专业指数总体上较2003年略有降低，排名波动较大。2012年中职学校教师专业指数较2003年有所增加的省份有8个，排名有所提升的省份有14个。12个省份排名变动在3名之内。排名提升5名及以上的省份有9个：江苏、内蒙古、浙江、宁夏、河南、天津、黑龙江、吉林和云南，分别提升21、14、12、10、10、7、6、5、5个名次。排名降低5名及以上的省份也有9个：甘肃、四川、湖北、广西、安徽、新疆、西藏、海南和青海，分别降低5、8、8、9、11、12、12、16、18个名次。江苏提升非常突出，而青海则大幅下滑。

根据2012年中职学校教师专业指数得分，我们将31个省份的中职学校教师专业状况划分为以下几类。

中职学校教师专业状况好的省份有4个：上海、江苏、天津和北京。

中职学校教师专业状况较好的省份有3个：辽宁、吉林和山东。

中职学校教师专业状况一般的省份有19个：黑龙江、广东、湖北、湖南、江西、内蒙古、河南、广西、宁夏、云南、陕西、浙江、河北、新疆、青海、福建、安徽、甘肃和贵州。

中职学校教师专业状况较差的省份有5个：四川、重庆、西藏、山西和海南，其中海南更是少于0.100，显著落后。

各省份中职学校教师专业指数的极差和极差率分别由2003年的0.842、7.527增加为2012年的0.867、11.573，表明各省份间中职学校教师专业指数两极差异很大且有扩大趋势；标准差和变异系数分别由2003年的0.161、0.325升为2012年的0.195、0.430，表明各省份间的差异明显且有扩大的趋势（表2-45，图2-33）。

表 2-45　2003 年和 2012 年各省份中职学校教师专业指数及排名变动情况

地区	2003 年中职学校教师专业指数	2012 年中职学校教师专业指数	指数变动	2003 年排名	2012 年排名	排名变动
全国	0. 496	0. 454	−0. 042	—	—	—
上海	0. 971	0. 949	−0. 022	1	1	0
江苏	0. 419	0. 837	0. 418	23	2	21
天津	0. 591	0. 800	0. 209	10	3	7
北京	0. 743	0. 759	0. 016	3	4	−1
辽宁	0. 662	0. 649	−0. 013	5	5	0
吉林	0. 580	0. 626	0. 046	11	6	5
山东	0. 600	0. 515	−0. 085	7	7	0
黑龙江	0. 505	0. 492	−0. 013	14	8	6
广东	0. 600	0. 491	−0. 109	8	9	−1
湖北	0. 768	0. 478	−0. 290	2	10	−8
湖南	0. 537	0. 476	−0. 061	12	11	1
江西	0. 500	0. 466	−0. 034	16	12	4
内蒙古	0. 383	0. 449	0. 066	27	13	14
河南	0. 404	0. 434	0. 030	24	14	10
广西	0. 658	0. 433	−0. 225	6	15	−9
宁夏	0. 389	0. 430	0. 041	26	16	10
云南	0. 424	0. 422	−0. 002	22	17	5
陕西	0. 463	0. 406	−0. 057	18	18	0
浙江	0. 129	0. 395	0. 266	31	19	12
河北	0. 437	0. 394	−0. 043	21	20	1
新疆	0. 595	0. 392	−0. 203	9	21	−12
青海	0. 702	0. 372	−0. 330	4	22	−18
福建	0. 390	0. 356	−0. 034	25	23	2

续表

地区	2003 年中职学校教师专业指数	2012 年中职学校教师专业指数	指数变动	2003 年排名	2012 年排名	排名变动
安徽	0. 521	0. 328	−0. 193	13	24	−11
甘肃	0. 441	0. 271	−0. 170	20	25	−5
贵州	0. 340	0. 262	−0. 078	29	26	3
四川	0. 452	0. 248	−0. 204	19	27	−8
重庆	0. 363	0. 243	−0. 120	28	28	0
西藏	0. 500	0. 238	−0. 262	17	29	−12
山西	0. 299	0. 181	−0. 118	30	30	0
海南	0. 503	0. 082	−0. 421	15	31	−16
极差	0. 842	0. 867	—	—	—	—
极差率	7. 527	11. 573	—	—	—	—
标准差	0. 161	0. 195	—	—	—	—
变异系数	0. 325	0. 430	—	—	—	—

综合考察 2012 年各省份普通高中教师专业指数和中职学校教师专业指数，以全国均值为参照，将各省份高中阶段教师专业发展状况分为以下四类。

普通高中教师专业指数和中职学校教师专业指数都高于全国均值的省份有 11 个：黑龙江、广东、湖南、江西、湖北、辽宁、江苏、吉林、天津、上海和北京。

普通高中教师专业指数高于全国均值而中职学校教师专业指数低于全国均值的省份有 4 个：广西、内蒙古、浙江和青海。

普通高中教师专业指数低于全国均值而中职学校教师专业指数高于全国均值的省份有 1 个：山东。

普通高中教师专业指数和中职学校教师专业指数都低于全国均值的省份有 15 个：海南、山西、西藏、四川、甘肃、宁夏、重庆、安徽、贵州、陕西、福建、新疆、河北、云南和河南。

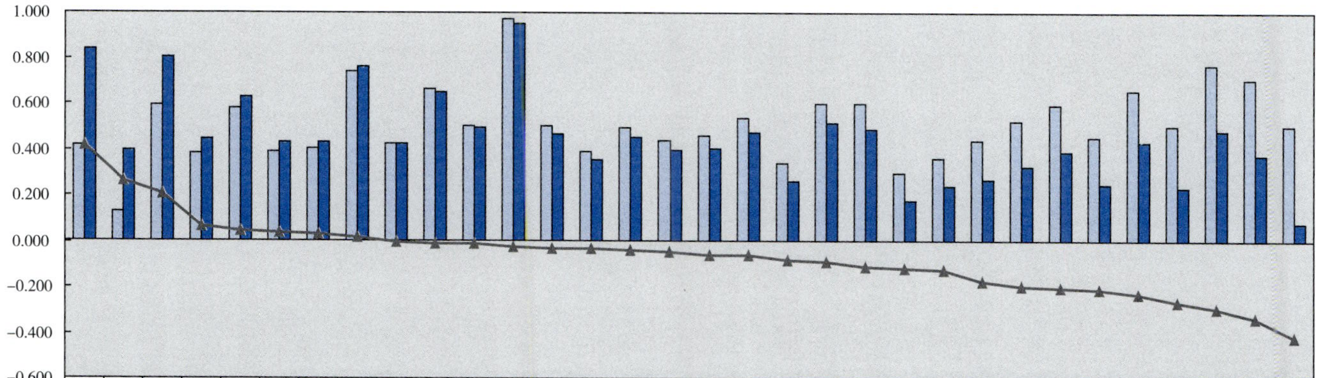

	江苏	浙江	天津	内蒙古	吉林	宁夏	河南	北京	云南	辽宁	黑龙江	上海	江西	福建	全国	河北	陕西	湖南	贵州	山东	广东	山西	重庆	甘肃	安徽	新疆	四川	广西	西藏	湖北	青海	海南
2003年	0.419	0.129	0.591	0.383	0.580	0.389	0.404	0.743	0.424	0.662	0.505	0.971	0.500	0.390	0.496	0.437	0.463	0.537	0.340	0.600	0.600	0.299	0.363	0.441	0.521	0.595	0.452	0.658	0.500	0.768	0.702	0.503
2012年	0.837	0.395	0.800	0.449	0.626	0.430	0.434	0.759	0.422	0.649	0.492	0.949	0.466	0.356	0.454	0.394	0.406	0.476	0.262	0.515	0.491	0.181	0.243	0.271	0.328	0.392	0.248	0.433	0.238	0.478	0.372	0.082
指数变动	0.418	0.266	0.209	0.066	0.046	0.041	0.030	0.016	−0.002	−0.013	−0.013	−0.022	−0.034	−0.034	−0.042	−0.043	−0.057	−0.061	−0.078	−0.085	−0.109	−0.118	−0.120	−0.170	−0.193	−0.203	−0.204	−0.225	−0.262	−0.290	−0.330	−0.421

图 2−33　2003 年和 2012 年各省份中职学校教师专业指数及变动情况

注：各省份按中职学校教师专业发展指数变动由高到低排列。

［数据来源］2003 年、2012 年《中国教育统计年鉴》。

（1）各省份中职学校教师学历状况差异加大

全国各省份2003年和2012年中职学校教师学历指数及其排名变动情况见表2-46。从表中可知，2012年中职学校教师学历指数排名前5位的省份为上海、江苏、北京、天津和广东。最高的是上海，为1.000，高出全国均值0.688。2012年中职学校教师学历指数排名后5位的省份为河北、黑龙江、安徽、四川和青海。最低的是青海，为0.000，低于全国均值0.312，比最高的上海少1.000。

从指数及其排名变动情况来看，2012年中职学校教师学历指数总体上有明显下降，部分省份与2003年相比排名波动较大。较2003年指数有所增加的省份有14个，排名有所提升的省份有15个。10个省份排名变动在3名之内。排名提升5名及以上的省份有9个：天津、宁夏、浙江、江苏、吉林、内蒙古、贵州、云南和辽宁，分别提升了18、18、14、12、9、9、8、7、6个名次。排名降低5名及以上的省份也有9个：西藏、四川、新疆、河北、湖南、湖北、安徽、海南和青海，分别降低5、6、6、8、9、12、14、14、27个名次。天津、宁夏与青海分列升降两极，而宁夏、青海却同为西部省份、不发达地区，显示了中职学校高学历教师资源地区差异原因的复杂性。

根据2012年中职学校教师学历指数得分，我们将31个省份的中职学校教师学历状况划分为以下几类。

中职学校教师学历状况好的省份有3个：上海、江苏和北京，研究生学历教师比例分别达11.456%、11.004%和9.760%，上海、江苏指数均超过全国均值的2倍以上，大幅领先于其他省份。

中职学校教师学历状况较好的省份只有1个：天津，研究生学历教师比例为7.782%，也显著高于全国均值。

中职学校教师学历状况一般的省份有11个：广东、西藏、辽宁、广西、山东、宁夏、陕西、吉林、河南、江西和浙江，研究生学历教师比例在4.926%—6.808%。

中职学校教师学历状况较差的省份有16个：内蒙古、新疆、湖南、云南、湖北、福建、甘肃、贵州、重庆、山西、海南、河北、黑龙江、安徽、四川和青海，研究生学历教师比例在 2.282%—4.437%。其中，海南、河北、黑龙江、安徽、四川和青海 6 省份的比例均低于 3%。

2003 年和 2012 年各省份中职学校教师学历指数的标准差分别为 0.271、0.253，变异系数分别为 0.764、0.811，表明各省份间中职学校教师学历指数差异较大，且各省份间的差异呈扩大趋势（表 2-46，图 2-34）。

表 2-46　2003 年和 2012 年各省份中职学校教师学历指数及排名变动情况

地区	2003 年中职学校教师学历指数	2012 年中职学校教师学历指数	指数变动	2003 年排名	2012 年排名	排名变动
全国	0.354	0.312	-0.042	—	—	—
上海	0.996	1.000	0.004	2	1	1
江苏	0.323	0.951	0.628	14	2	12
北京	0.839	0.815	-0.024	3	3	0
天津	0.197	0.600	0.403	22	4	18
广东	0.605	0.493	-0.112	7	5	2
西藏	1.000	0.476	-0.524	1	6	-5
辽宁	0.363	0.470	0.107	13	7	6
广西	0.610	0.418	-0.192	6	8	-2
山东	0.641	0.417	-0.224	5	9	-4
宁夏	0.040	0.409	0.369	28	10	18
陕西	0.422	0.368	-0.054	10	11	-1
吉林	0.233	0.330	0.097	21	12	9
河南	0.318	0.326	0.008	16	13	3
江西	0.287	0.313	0.026	18	14	4
浙江	0.022	0.288	0.266	29	15	14

续表

地区	2003年中职学校教师学历指数	2012年中职学校教师学历指数	指数变动	2003年排名	2012年排名	排名变动
内蒙古	0.152	0.235	0.083	25	16	9
新疆	0.413	0.229	-0.184	11	17	-6
湖南	0.435	0.215	-0.220	9	18	-9
云南	0.143	0.209	0.066	26	19	7
湖北	0.561	0.204	-0.357	8	20	-12
福建	0.287	0.191	-0.096	17	21	-4
甘肃	0.247	0.180	-0.067	20	22	-2
贵州	0.000	0.138	0.138	31	23	8
重庆	0.188	0.136	-0.052	23	24	-1
山西	0.112	0.115	0.003	27	25	2
海南	0.372	0.077	-0.295	12	26	-14
河北	0.269	0.073	-0.196	19	27	-8
黑龙江	0.009	0.068	0.059	30	28	2
安徽	0.318	0.052	-0.266	15	29	-14
四川	0.175	0.041	-0.134	24	30	-6
青海	0.726	0.000	-0.726	4	31	-27
标准差	0.271	0.253	—	—	—	—
变异系数	0.764	0.811	—	—	—	—

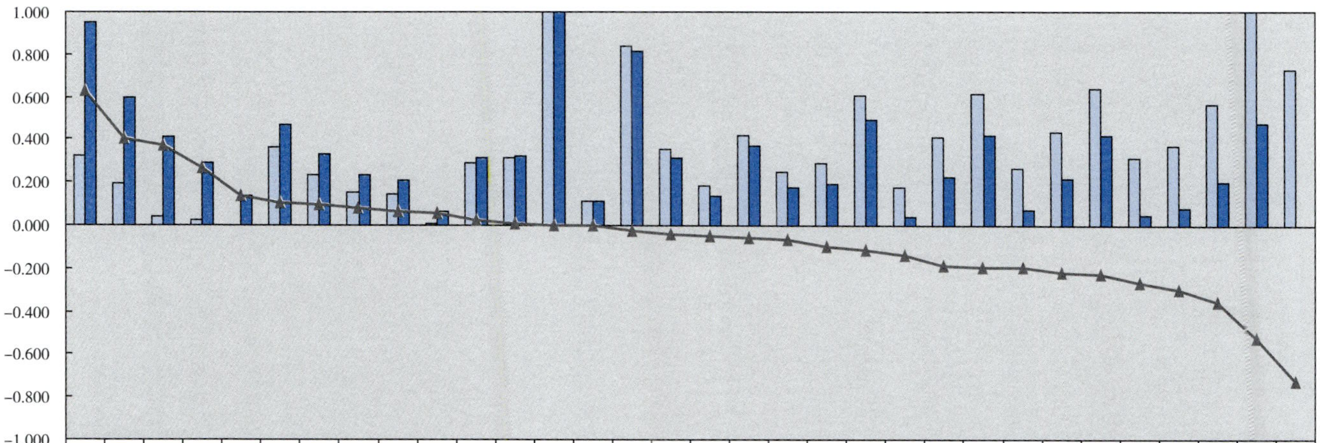

	江苏	天津	宁夏	浙江	贵州	辽宁	吉林	内蒙古	云南	黑龙江	江西	河南	上海	山西	北京	全国	重庆	陕西	甘肃	福建	广东	四川	新疆	广西	河北	湖南	山东	安徽	海南	湖北	西藏	青海
2003年	0.323	0.197	0.040	0.022	0.000	0.363	0.233	0.152	0.143	0.009	0.287	0.318	0.996	0.112	0.839	0.354	0.188	0.422	0.247	0.287	0.605	0.175	0.413	0.610	0.269	0.435	0.641	0.318	0.372	0.561	1.000	0.726
2012年	0.951	0.600	0.409	0.288	0.138	0.470	0.330	0.235	0.209	0.068	0.313	0.326	1.000	0.115	0.815	0.312	0.136	0.368	0.180	0.191	0.493	0.041	0.229	0.418	0.073	0.215	0.417	0.052	0.077	0.204	0.476	0.000
指数变动	0.628	0.403	0.369	0.266	0.138	0.107	0.097	0.083	0.066	0.059	0.026	0.008	0.004	0.003	−0.024	−0.042	−0.052	−0.054	−0.067	−0.096	−0.112	−0.134	−0.184	−0.192	−0.196	−0.220	−0.224	−0.266	−0.295	−0.357	−0.524	−0.726

图 2–34　**2003 年和 2012 年各省份中职学校教师学历指数及变动情况**

注：各省份按中职学校教师学历指数变动由高到低排列。

［数据来源］2003 年、2012 年《中国教育统计年鉴》。

（2）各省份中职学校教师职称状况差异较大

全国各省份2003年和2012年中职学校教师职称指数及其排名变动情况见表2-47。从表中可知，2012年中职学校教师职称指数排名前5位的省份为天津、吉林、黑龙江、上海和辽宁。最高的是天津，为1.000，高出全国均值0.405。2012年中职学校教师职称指数排名后5位的省份为甘肃、重庆、山西、海南和西藏。最低的是西藏，中职学校教师职称指数为0.000，低于全国均值0.595，比最高的天津少1.000。

从指数及其排名变动情况来看，2012年中职学校教师职称指数总体上明显下降，部分省份与2003年相比排名有明显波动。较2003年指数有所增加的省份有11个，排名有所提升的省份有15个。11个省份排名变动在3名之内。排名提升5名及以上的省份有10个：江苏、河北、浙江、河南、湖南、青海、山东、内蒙古、福建和北京，分别提升了16、11、10、10、9、8、8、8、8、5个名次。排名降低5名及以上的省份有8个：安徽、甘肃、新疆、海南、广西、贵州、四川和宁夏，分别降低6、9、10、11、12、12、13、15个名次。

根据2012年中职学校教师职称指数得分，我们将31个省份的中职学校教师职称状况划分为以下几类。

中职学校教师职称状况好的省份有6个：天津、吉林、黑龙江、上海、辽宁和湖北，中高级职称教师比例在68.936%—77.414%。

中职学校教师职称状况较好的省份有14个：青海、湖南、江苏、河北、北京、内蒙古、云南、江西、山东、安徽、新疆、河南、福建和浙江，中高级职称教师比例在60.380%—77.414%。

中职学校教师职称状况一般的省份有8个：广东、四川、宁夏、广西、陕西、贵州、甘肃和重庆，中高级职称教师比例在55.165%—59.940%。

中职学校教师职称状况较差的省份有3个：山西、海南和西藏，中高级职称教师比例在43.196%—51.658%。

2003年和2012年各省份中职学校教师职称指数的标准差分别为0.215、0.233，表明各省份间中职学校教师职称指数差异较大且有所增加，而两年的变异系数分别为0.337、0.393，表明各省份间的差异有明显增大趋势（表 2-47，图 2-35）。

表 2-47　2003 年和 2012 年各省份中职学校教师职称指数及排名变动情况

地区	2003 年中职学校教师职称指数	2012 年中职学校教师职称指数	指数变动	2003 年排名	2012 年排名	排名变动
全国	0.637	0.595	-0.042	—	—	—
天津	0.984	1.000	0.016	2	1	1
吉林	0.926	0.922	-0.004	6	2	4
黑龙江	1.000	0.917	-0.083	1	3	-2
上海	0.946	0.897	-0.049	5	4	1
辽宁	0.960	0.828	-0.132	4	5	-1
湖北	0.975	0.752	-0.223	3	6	-3
青海	0.678	0.744	0.066	15	7	8
湖南	0.638	0.738	0.100	17	8	9
江苏	0.515	0.723	0.208	25	9	16
河北	0.605	0.715	0.110	21	10	11
北京	0.647	0.704	0.057	16	11	5
内蒙古	0.613	0.663	0.050	20	12	8
云南	0.704	0.635	-0.069	13	13	0
江西	0.713	0.619	-0.094	11	14	-3
山东	0.558	0.613	0.055	23	15	8
安徽	0.724	0.604	-0.120	10	16	-6
新疆	0.776	0.555	-0.221	7	17	-10
河南	0.489	0.541	0.052	28	18	10
福建	0.492	0.520	0.028	27	19	8
浙江	0.235	0.503	0.268	30	20	10

续表

地区	2003年中职学校教师职称指数	2012年中职学校教师职称指数	指数变动	2003年排名	2012年排名	排名变动
广东	0.594	0.489	-0.105	22	21	1
四川	0.728	0.455	-0.273	9	22	-13
宁夏	0.738	0.451	-0.287	8	23	-15
广西	0.706	0.449	-0.257	12	24	-12
陕西	0.504	0.443	-0.061	26	25	1
贵州	0.680	0.386	-0.294	14	26	-12
甘肃	0.634	0.362	-0.272	18	27	-9
重庆	0.537	0.350	-0.187	24	28	-4
山西	0.485	0.247	-0.238	29	29	0
海南	0.633	0.086	-0.547	19	30	-11
西藏	0.000	0.000	0.000	31	31	0
标准差	0.215	0.233	—	—	—	—
变异系数	0.337	0.393	—	—	—	—

综合考察2012年各省份中职学校教师学历指数和职称指数，以全国均值为参照，将各省份中职学校教师专业发展状况分为以下四类。

中职学校教师学历指数和职称指数都高于全国均值的省份有8个：吉林、江西、山东、辽宁、天津、江苏、北京和上海。

中职学校教师学历指数高于全国均值而职称指数低于全国均值的省份有6个：陕西、广西、河南、宁夏、西藏和广东。

中职学校教师学历指数低于全国均值而职称指数高于全国均值的省份有8个：青海、黑龙江、河北、内蒙古、湖南、云南、湖北和安徽。

中职学校教师学历指数和职称指数都低于全国均值的省份有9个：海南、山西、甘肃、四川、重庆、贵州、浙江、福建和新疆。

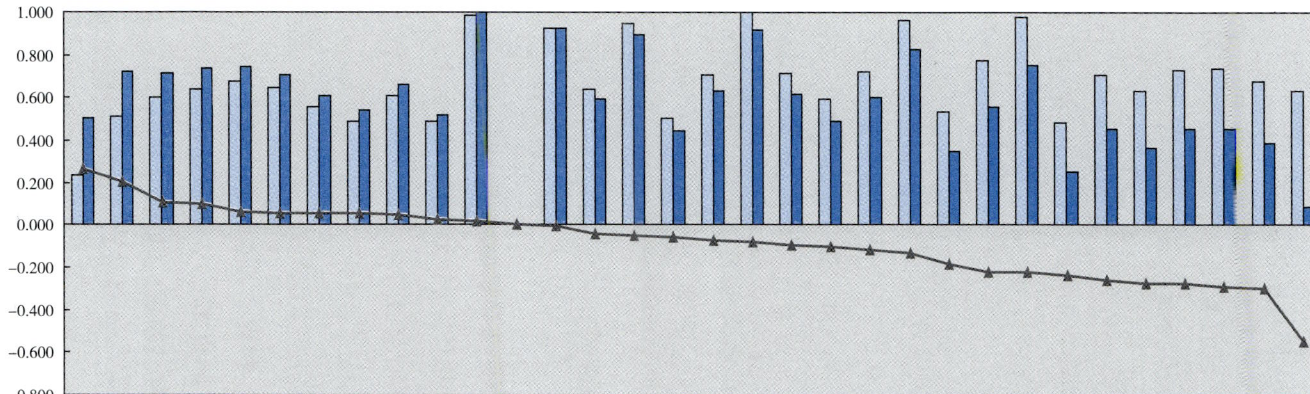

	浙江	江苏	河北	湖南	青海	北京	山东	河南	内蒙古	福建	天津	西藏	吉林	全国	上海	陕西	云南	黑龙江	江西	广东	安徽	辽宁	重庆	新疆	湖北	山西	广西	甘肃	四川	宁夏	贵州	海南
2003年	0.235	0.515	0.605	0.638	0.678	0.647	0.558	0.489	0.613	0.492	0.984	0.000	0.926	0.637	0.946	0.504	0.704	1.000	0.713	0.594	0.724	0.960	0.537	0.776	0.975	0.485	0.706	0.634	0.728	0.738	0.680	0.633
2012年	0.503	0.723	0.715	0.738	0.744	0.704	0.613	0.541	0.663	0.520	1.000	0.000	0.922	0.595	0.897	0.443	0.635	0.917	0.619	0.489	0.604	0.828	0.350	0.555	0.752	0.247	0.449	0.362	0.455	0.451	0.386	0.086
指数变动	0.268	0.208	0.110	0.100	0.066	0.057	0.055	0.052	0.050	0.028	0.016	0.000	−0.004	−0.042	−0.049	−0.061	−0.069	−0.083	−0.094	−0.105	−0.120	−0.132	−0.187	−0.221	−0.223	−0.238	−0.257	−0.272	−0.273	−0.287	−0.294	−0.547

图 2−35　**2003 年和 2012 年各省份中职学校教师职称指数及变动情况**

注：各省份按中职学校教师职称指数变动由高到低排列。

［数据来源］2003 年、2012 年《中国教育统计年鉴》。

（二）各省份高等教育教师专业状况两极差异增大

全国各省份2003年和2012年高等教育教师专业指数及其排名变动情况见表2-48。从表中可知，2012年高等教育教师专业指数排名前5位的省份为北京、上海、天津、浙江和江苏。最高的是北京，为1.000，高出全国均值0.625。2012年高等教育教师专业指数排名后5位的省份为广西、安徽、西藏、海南和山西。最低的是山西，仅为0.065，低于全国均值0.310，比最高的北京少0.935。

从指数及其排名变动情况来看，2012年高等教育教师专业指数总体上略有下降。较2003年指数有所增加的省份有15个，排名有所提升的省份有11个。12个省份排名变动在3名之内。排名提升5名及以上的省份有8个：浙江、新疆、甘肃、江西、江苏、黑龙江、青海和贵州，分别提升13、10、8、8、7、7、7、6个名次。排名降低5名及以上的省份有9个：湖南、广东、云南、四川、湖北、山西、重庆、福建和广西，分别降低5、5、5、6、7、7、9、9、9个名次。

根据2012年高等教育教师专业指数得分，我们将31个省份的高等教育教师专业状况划分为以下几类。

高等教育教师专业状况好的省份有2个：北京和上海，指数分别为1.000和0.857，都超过全国均值1倍以上。

高等教育教师专业状况较好的省份有4个：天津、浙江、江苏和黑龙江。

高等教育教师专业状况一般的省份有13个：辽宁、吉林、新疆、陕西、湖北、广东、山东、青海、重庆、湖南、河北、福建和甘肃。

高等教育教师专业状况较差的省份有12个：四川、云南、江西、贵州、内蒙古、河南、宁夏、广西、安徽、西藏、海南和山西。

2003年和2012年各省份高等教育教师专业指数的极差分别为0.804、0.935，极差率分别为5.102、15.385，表明各省份间高等教育教师专业指数两极差异很大且差距有显著增大趋势。2003年和2012年各省份高等教育教师专业指数的标准差分别为0.204、0.216，变异系数分别为0.540、0.577，表明各省份间的差异变化甚小，且有一定的扩大趋势（表2-48，图2-36）。

表2-48　2003年和2012年各省份高等教育教师专业指数及排名变动情况

地区	2003年高等教育教师专业指数	2012年高等教育教师专业指数	指数变动	2003年排名	2012年排名	排名变动
全国	0.378	0.375	-0.003	—	—	—
北京	1.000	1.000	0.000	1	1	0
上海	0.857	0.857	0.000	2	2	0
天津	0.610	0.611	0.001	3	3	0
浙江	0.279	0.601	0.322	17	4	13
江苏	0.356	0.524	0.168	12	5	7
黑龙江	0.352	0.516	0.164	13	6	7
辽宁	0.455	0.490	0.035	5	7	-2
吉林	0.394	0.469	0.075	8	8	0
新疆	0.272	0.429	0.157	19	9	10
陕西	0.372	0.395	0.023	10	10	0
湖北	0.465	0.373	-0.092	4	11	-7
广东	0.420	0.349	-0.071	7	12	-5
山东	0.323	0.334	0.011	15	13	2
青海	0.230	0.332	0.102	21	14	7
重庆	0.425	0.325	-0.100	6	15	-9
湖南	0.362	0.304	-0.058	11	16	-5
河北	0.251	0.288	0.037	20	17	3
福建	0.387	0.279	-0.108	9	18	-9
甘肃	0.160	0.262	0.102	27	19	8
四川	0.331	0.238	-0.093	14	20	-6
云南	0.303	0.230	-0.073	16	21	-5
江西	0.100	0.198	0.098	30	22	8

续表

地区	2003年高等教育教师专业指数	2012年高等教育教师专业指数	指数变动	2003年排名	2012年排名	排名变动
贵州	0.119	0.188	0.069	29	23	6
内蒙古	0.200	0.183	-0.017	23	24	-1
河南	0.179	0.176	-0.003	25	25	0
宁夏	0.201	0.164	-0.037	22	26	-4
广西	0.272	0.159	-0.113	18	27	-9
安徽	0.155	0.123	-0.032	28	28	0
西藏	0.016	0.114	0.098	31	29	2
海南	0.164	0.071	-0.093	26	30	-4
山西	0.196	0.065	-0.131	24	31	-7
极差	0.804	0.935	—	—	—	—
极差率	5.102	15.385	—	—	—	—
标准差	0.204	0.216	—	—	—	—
变异系数	0.540	0.577	—	—	—	—

1. 超过八成省份高等教育教师学历指数相对位置波动不大

全国各省份2003年和2012年高等教育教师学历指数及其排名变动情况见表2-49。从表中可知，2012年高等教育教师学历指数排名前5位的省份为北京、上海、天津、浙江和江苏。最高的是北京，为1.000，高出全国均值0.729。2012年高等教育教师学历指数排名后5位的省份为内蒙古、山西、贵州、西藏和青海。最低的是青海，为0.000，低于全国均值0.271，比最高的北京少1.000。

从指数及其排名变动情况来看，2012年高等教育教师学历指数总体上有明显下降，大多数省份与2003年相比排名波动不大，基本稳定。较2003年指数有所增加的省份仅有4个，排名有所提升的省份有13个。26个省份排名变动在3名之内。排名提升5名及以上的省份仅有2个：黑龙江和浙江，都提升了5个名次。排名降低5名及以上的省份也仅有2个：福建和山西，分别降低6、9个名次。

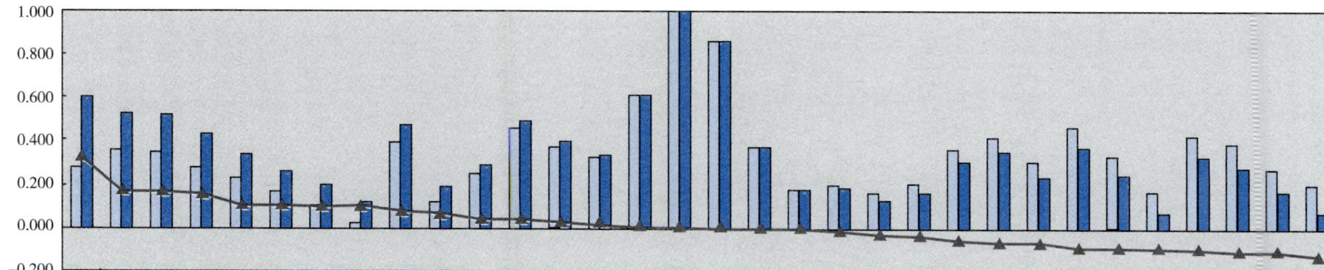

	浙江	江苏	黑龙江	新疆	青海	甘肃	江西	西藏	吉林	贵州	河北	辽宁	陕西	山东	天津	北京
2003年	0.279	0.356	0.352	0.272	0.230	0.160	0.100	0.016	0.394	0.119	0.251	0.455	0.372	0.323	0.610	1.000
2012年	0.601	0.524	0.516	0.429	0.332	0.262	0.198	0.114	0.469	0.188	0.288	0.490	0.395	0.334	0.611	1.000
指数变动	0.322	0.168	0.164	0.157	0.102	0.102	0.098	0.098	0.075	0.069	0.037	0.035	0.023	0.011	0.001	0.000

	上海	全国	河南	内蒙古	安徽	宁夏	湖南	广东	云南	湖北	四川	海南	重庆	福建	广西	山西
2003年	0.857	0.378	0.179	0.200	0.155	0.201	0.362	0.420	0.303	0.465	0.331	0.164	0.425	0.387	0.272	0.196
2012年	0.857	0.375	0.176	0.183	0.123	0.164	0.304	0.349	0.230	0.373	0.238	0.071	0.325	0.279	0.159	0.065
指数变动	0.000	-0.003	-0.003	-0.017	-0.032	-0.037	-0.058	-0.071	-0.073	-0.092	-0.093	-0.093	-0.100	-0.108	-0.113	-0.131

图 2-36 2003 年和 2012 年各省份高等教育教师专业指数及变动情况

注：各省份按高等教育教师专业发展指数变动由高到低排列。

[数据来源] 2003 年、2012 年《中国教育统计年鉴》。

根据2012年高等教育教师学历指数得分，我们将31个省份的高等教育教师学历状况划分为以下几类。

高等教育教师学历状况好的省份有2个：北京和上海，博士学历教师比例分别为48.694%和41.714%。

高等教育教师学历教师状况较好的省份：无。

高等教育教师学历教师状况一般的省份有10个：天津、浙江、江苏、广东、湖北、陕西、黑龙江、吉林、辽宁和福建，博士学历教师比例在17.038%—27.348%。

高等教育教师学历教师状况较差的省份有19个：重庆、山东、四川、湖南、海南、云南、安徽、甘肃、河南、河北、广西、江西、新疆、宁夏、内蒙古、山西、贵州、西藏和青海，博士学历教师比例在6.134%—15.670%。其中，广西、江西、新疆、山西、宁夏、内蒙古、贵州、青海和西藏九省份指数都少于0.100，博士学历教师比例都低于10%。

2003年和2012年各省份高等教育教师学历指数的标准差分别为0.221、0.221，变异系数分别为0.664、0.816，表明各省份间高等教育教师学历指数差异较大，且有明显扩大趋势（表2-49，图2-37）。

表2-49　2003年和2012年各省份高等教育教师学历指数及排名变动情况

地区	2003年高等教育教师学历指数	2012年高等教育教师学历指数	指数变动	2003年排名	2012年排名	排名变动
全国	0.332	0.271	-0.061	—	—	—
北京	1.000	1.000	0.000	1	1	0
上海	0.866	0.836	-0.030	2	2	0
天津	0.537	0.498	-0.039	3	3	0
浙江	0.326	0.397	0.071	9	4	5
江苏	0.440	0.370	-0.070	4	5	-1
广东	0.406	0.316	-0.090	5	6	-1
湖北	0.343	0.306	-0.037	8	7	1
陕西	0.344	0.302	-0.042	7	8	-1

续表

地区	2003 年高等教育教师学历指数	2012 年高等教育教师学历指数	指数变动	2003 年排名	2012 年排名	排名变动
黑龙江	0. 290	0. 293	0. 003	14	9	5
吉林	0. 321	0. 291	−0. 030	10	10	0
辽宁	0. 291	0. 286	−0. 005	13	11	2
福建	0. 402	0. 256	−0. 146	6	12	−6
重庆	0. 297	0. 224	−0. 073	11	13	−2
山东	0. 266	0. 203	−0. 063	15	14	1
四川	0. 296	0. 182	−0. 114	12	15	−3
湖南	0. 257	0. 173	−0. 084	16	16	0
海南	0. 168	0. 141	−0. 027	20	17	3
云南	0. 158	0. 134	−0. 024	22	18	4
安徽	0. 189	0. 132	−0. 057	18	19	−1
甘肃	0. 191	0. 126	−0. 065	17	20	−3
河南	0. 154	0. 117	−0. 037	23	21	2
河北	0. 162	0. 104	−0. 058	21	22	−1
广西	0. 151	0. 089	−0. 062	24	23	1
江西	0. 094	0. 081	−0. 013	26	24	2
新疆	0. 059	0. 078	0. 019	28	25	3
宁夏	0. 062	0. 070	0. 008	27	26	1
内蒙古	0. 109	0. 062	−0. 047	25	27	−2
山西	0. 177	0. 060	−0. 117	19	28	−9
贵州	0. 030	0. 027	−0. 003	30	29	1
西藏	0. 032	0. 024	−0. 008	29	30	−1
青海	0. 000	0. 000	0. 000	31	31	0
标准差	0. 221	0. 221	—	—	—	—
变异系数	0. 664	0. 816	—	—	—	—

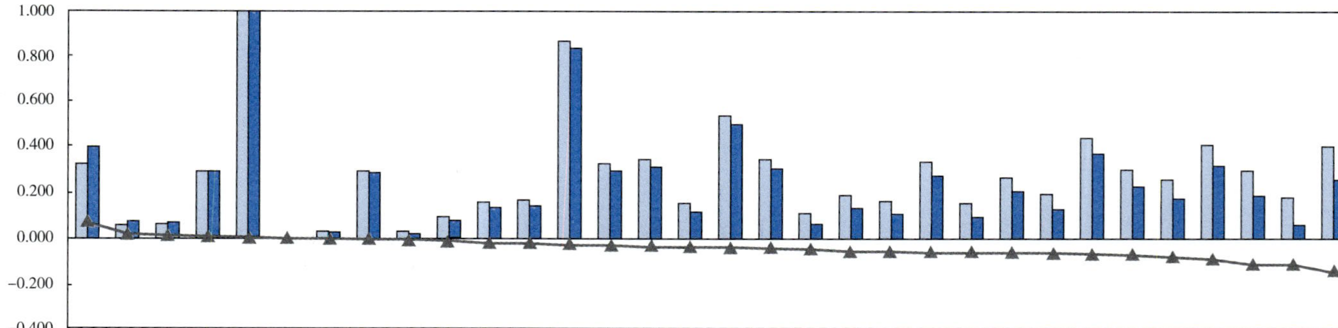

	浙江	新疆	宁夏	黑龙江	北京	青海	贵州	辽宁	西藏	江西	云南	海南	上海	吉林	湖北	河南	天津	陕西	内蒙古	安徽	河北	全国	广西	山东	甘肃	江苏	重庆	湖南	广东	四川	山西	福建
2003年	0.326	0.059	0.062	0.290	1.000	0.000	0.030	0.291	0.032	0.094	0.158	0.168	0.866	0.321	0.343	0.154	0.537	0.344	0.109	0.189	0.162	0.332	0.151	0.266	0.191	0.440	0.297	0.257	0.406	0.296	0.177	0.402
2012年	0.397	0.078	0.070	0.293	1.000	0.000	0.027	0.286	0.024	0.081	0.134	0.141	0.836	0.291	0.306	0.117	0.498	0.302	0.062	0.132	0.104	0.271	0.089	0.203	0.126	0.370	0.224	0.173	0.316	0.182	0.060	0.256
指数变动	0.071	0.019	0.008	0.003	0.000	0.000	−0.003	−0.005	−0.008	−0.013	−0.024	−0.027	−0.030	−0.030	−0.037	−0.037	−0.039	−0.042	−0.047	−0.057	−0.058	−0.061	−0.062	−0.063	−0.065	−0.070	−0.073	−0.084	−0.090	−0.114	−0.117	−0.146

图 2-37　2003 年和 2012 年各省份高等教育教师学历指数及变动情况

注：各省份按高等教育教师学历指数变动由高到低排列。

［数据来源］2003 年、2012 年《中国教育统计年鉴》。

2. 近六成省份高等教育教师职称状况有所改善

全国各省份2003年和2012年高等教育教师职称指数及其排名变动情况见表2-50。从表中可知，2012年高等教育教师职称指数排名前5位的省份为北京、上海、浙江、新疆和黑龙江。最高的是北京，为1.000，高出全国均值0.522。2012年高等教育教师职称指数排名后5位的省份为广西、西藏、安徽、山西和海南。最低的是海南，为0.000，低于全国均值0.478，比最高的北京少1.000。

从指数及其排名变动情况来看，2012年高等教育教师职称指数总体上有明显上升，部分省份与2003年相比排名波动很大。较2003年指数有所增加的省份有18个，排名有所提升的省份有12个。13个省份排名变动在3名之内。排名提升5名及以上的省份有7个：浙江、江苏、甘肃、江西、黑龙江、河北和贵州，分别提升了20、14、11、9、8、7、6个名次。排名降低5名及以上的省份有10个：宁夏、湖南、广东、福建、四川、山西、云南、湖北、重庆和广西，分别降低5、6、6、6、6、6、9、9、10、12个名次。

根据2012年高等教育教师职称指数得分，我们将31个省份的高等教育教师中高级职称状况划分为以下几类。

高等教育教师中高级职称状况好的省份有4个：北京、上海、浙江和新疆，中高级职称教师比例在88.566%—93.670%。

高等教育教师中高级职称状况较好的省份有6个：黑龙江、天津、辽宁、江苏、青海和吉林，中高级职称教师比例在85.449%—87.599%。

高等教育教师中高级职称状况一般的省份有15个：陕西、河北、山东、湖北、湖南、重庆、甘肃、广东、贵州、云南、江西、内蒙古、福建、四川和宁夏，中高级职称教师比例在76.463%—81.785%。

高等教育教师中高级职称状况较差的省份有6个：河南、广西、西藏、安徽、山西和海南，中高级职称教师比例在70.446%—75.895%。

2003年和2012年各省份高等教育教师职称指数的标准差分别为0.216、0.248，变异系数分别为0.510、0.519，表明各省份间高等教育教师职称指数差异较大，且略有扩大趋势（表2-50，图2-38）。

表 2-50　2003 年和 2012 年各省份高等教育教师职称指数及排名变动情况

地区	2003 年高等教育教师职称指数	2012 年高等教育教师职称指数	指数变动	2003 年排名	2012 年排名	排名变动
全国	0.423	0.478	0.055	—	—	—
北京	1.000	1.000	0.000	1	1	0
上海	0.848	0.879	0.031	2	2	0
浙江	0.231	0.805	0.574	23	3	20
新疆	0.485	0.780	0.295	7	4	3
黑龙江	0.413	0.739	0.326	13	5	8
天津	0.682	0.723	0.041	3	6	-3
辽宁	0.618	0.693	0.075	4	7	-3
江苏	0.271	0.678	0.407	22	8	14
青海	0.460	0.663	0.203	10	9	1
吉林	0.466	0.646	0.180	8	10	-2
陕西	0.399	0.488	0.089	14	11	3
河北	0.339	0.471	0.132	19	12	7
山东	0.380	0.466	0.086	16	13	3
湖北	0.587	0.440	-0.147	5	14	-9
湖南	0.466	0.435	-0.031	9	15	-6
重庆	0.553	0.426	-0.127	6	16	-10
甘肃	0.128	0.399	0.271	28	17	11
广东	0.433	0.382	-0.051	12	18	-6
贵州	0.208	0.349	0.141	25	19	6
云南	0.448	0.326	-0.122	11	20	-9
江西	0.106	0.314	0.208	30	21	9

续表

地区	2003 年高等教育教师职称指数	2012 年高等教育教师职称指数	指数变动	2003 年排名	2012 年排名	排名变动
内蒙古	0.290	0.304	0.014	21	22	-1
福建	0.372	0.301	-0.071	17	23	-6
四川	0.366	0.293	-0.073	18	24	-6
宁夏	0.339	0.259	-0.080	20	25	-5
河南	0.204	0.235	0.031	26	26	0
广西	0.393	0.228	-0.165	15	27	-12
西藏	0.000	0.204	0.204	31	28	3
安徽	0.120	0.113	-0.007	29	29	0
山西	0.214	0.069	-0.145	24	30	-6
海南	0.159	0.000	-0.159	27	31	-4
标准差	0.216	0.248	—	—	—	—
变异系数	0.510	0.519	—	—	—	—

综合考察 2012 年各省份高等教育教师学历指数和职称指数，以全国均值为参照，将各省份高等教育教师专业发展状况分为以下四类。

学历指数和职称指数都高于全国均值的省份有 9 个：北京、上海、天津、浙江、江苏、陕西、黑龙江、吉林和辽宁。

学历指数高于全国均值而职称指数低于全国均值的省份有 2 个：广东和湖北。

学历指数低于全国均值而职称指数高于全国均值的省份也有 2 个：新疆和青海。

学历指数和职称指数都低于全国均值的省份有 18 个：福建、海南、山西、江西、山东、广西、河南、宁夏、西藏、河北、内蒙古、湖南、云南、安徽、甘肃、四川、重庆和贵州。

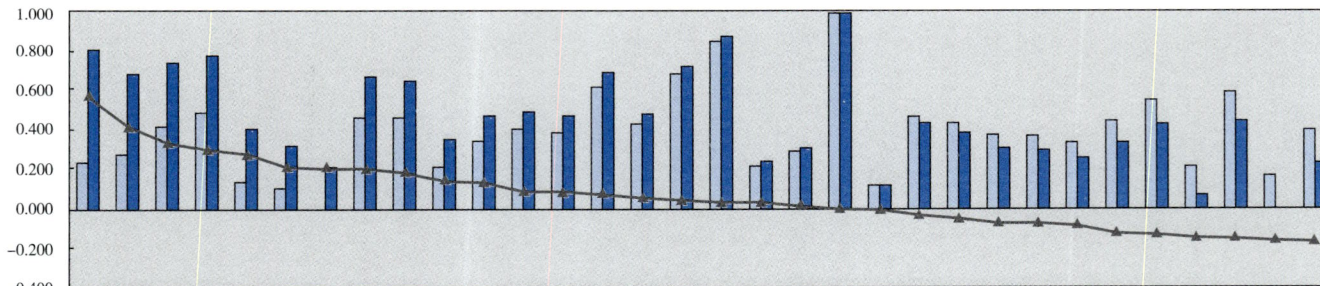

	浙江	江苏	黑龙江	新疆	甘肃	江西	西藏	青海	吉林	贵州	河北	陕西	山东	辽宁	全国	天津	上海	河南	内蒙古	北京	安徽	湖南	广东	福建	四川	宁夏	云南	重庆	山西	湖北	海南	广西
2003年	0.231	0.271	0.413	0.485	0.128	0.106	0.000	0.460	0.466	0.208	0.339	0.399	0.380	0.618	0.423	0.682	0.848	0.204	0.290	1.000	0.120	0.466	0.433	0.372	0.366	0.339	0.448	0.553	0.214	0.587	0.159	0.393
2012年	0.805	0.678	0.739	0.780	0.399	0.314	0.204	0.663	0.646	0.349	0.471	0.488	0.466	0.693	0.478	0.723	0.879	0.235	0.304	1.000	0.113	0.435	0.382	0.301	0.293	0.259	0.326	0.426	0.069	0.440	0.000	0.228
指数变动	0.574	0.407	0.326	0.295	0.271	0.208	0.204	0.203	0.180	0.141	0.132	0.089	0.086	0.075	0.055	0.041	0.031	0.031	0.014	0.000	-0.007	-0.031	-0.051	-0.071	-0.073	-0.080	-0.122	-0.127	-0.145	-0.147	-0.159	-0.165

图 2-38　2003 年和 2012 年各省份高等教育教师职称指数及变动情况

注：各省份按高等教育教师职称指数变动由高到低排列。

［数据来源］2003 年、2012 年《中国教育统计年鉴》。

五、各省份教师待遇比较

（一）基础教育教师待遇指数上升

1. 基础教育教师待遇指数上升了 0.018

基础教育中，幼儿园、小学和中学教育都非常重要，因此考虑到学段、规模及其在基础教育中的重要性等综合因素，将幼儿园、小学、普通中学、中等职业教育权重分别赋为 20%、33%、34.5%以及 12.5%。基础教育教师待遇指数=（幼儿园教师年平均工资无量纲化指数×20%+小学教师年平均工资无量纲化指数×33%+普通中学教师年平均工资无量纲化指数×34.5%+中等职业学校教师年平均工资无量纲化指数×12.5%）/1。

根据教师待遇指数的计算公式，2011 年基础教育教师待遇指数为 1.888，基础教育教师待遇指数较好的省份为西藏、青海、上海、新疆与海南，高出全国平均水平的省份有 22 个，低于全国平均水平的省份有 9 个。2003 年基础教育教师待遇指数为 1.870，基础教育教师待遇指数较好的省份有上海、西藏、宁夏、青海以及新疆，高于全国平均水平的省份有 19 个，低于全国平均水平的省份有 12 个（图 2-39）。[①]

2. 幼儿园教师待遇指数下滑了 0.025

2011 年幼儿园教师年平均待遇指数最高的是西藏，为 1.000，高出全国均值（0.149）0.851。待遇指数最低的是广西，为 0.000。2003 年幼儿园教师年平均待遇指数为 0.174，2011 年为 0.149，绝对数值降低了 0.025。从表中可知，2003 年幼儿园教师年平均待遇指数最高的为上海，为 1.000，最低的为山东，指数为 0.000。

2003 年上海市幼儿园教师年平均待遇指数排名位于所有省份之首，其次为西藏、新疆、宁夏、云南，排名后 5 位的省份为浙江、湖南、海南、

---

① 由于无 2012 年教育经费统计数据，因此本文中的教师待遇指数采用 2011 年的数据计算。

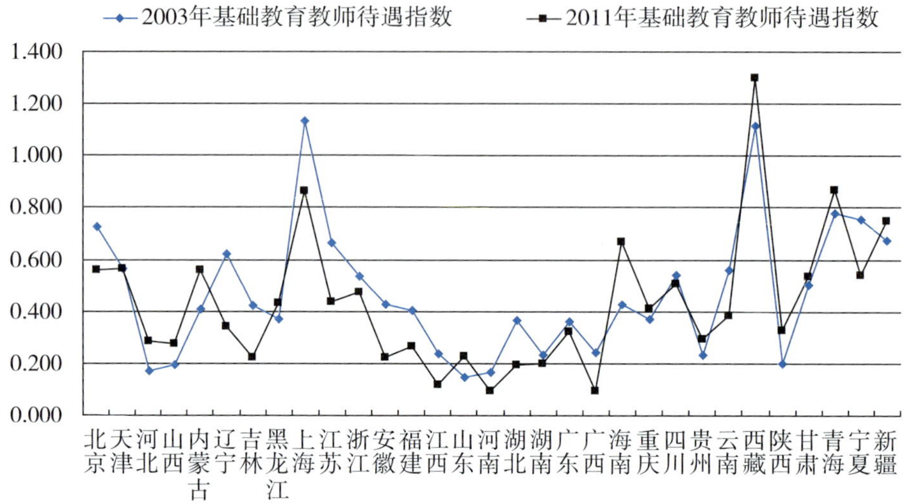

图 2-39　2003 年与 2011 年基础教育教师待遇指数

［数据来源］2003 年、2011 年《中国教育统计年鉴》和 2004 年、2012 年《中国教育经费统计年鉴》。

广东、山东。2011 年幼儿园教师年平均待遇指数排名前 5 位的省份是西藏、上海、天津、新疆、内蒙古，排名后 5 位的是山西、江西、海南、山东、广西（表 2-51，图 2-40）。

表 2-51　2003 年与 2011 年各省份幼儿园教师待遇指数

地区	2003 年幼儿园教师待遇指数	2003 年幼儿园教师待遇指数排名	2011 年幼儿园教师待遇指数	2011 年幼儿园教师待遇指数排名	指数变动	排名变动
全国	0. 174	—	0. 149	—	—	—
西藏	0. 695	2	1. 000	1	-0. 305	1
上海	1. 000	1	0. 721	2	0. 279	-1
天津	0. 354	8	0. 443	3	-0. 089	5
新疆	0. 454	3	0. 424	4	0. 030	-1
内蒙古	0. 399	7	0. 358	5	0. 041	2
河北	0. 237	11	0. 355	6	-0. 118	5

续表

地区	2003年幼儿园教师待遇指数	2003年幼儿园教师待遇指数排名	2011年幼儿园教师待遇指数	2011年幼儿园教师待遇指数排名	指数变动	排名变动
甘肃	0.308	10	0.312	7	-0.004	3
北京	0.191	13	0.293	8	-0.102	5
宁夏	0.437	4	0.267	9	0.170	-5
四川	0.174	15	0.258	10	-0.084	5
黑龙江	0.161	17	0.238	11	-0.077	6
云南	0.410	5	0.211	12	0.199	-7
青海	0.403	6	0.185	13	0.218	-7
辽宁	0.070	26	0.179	14	-0.109	12
江苏	0.133	22	0.162	15	-0.029	7
贵州	0.223	12	0.142	16	0.081	-4
吉林	0.158	18	0.141	17	0.017	1
陕西	0.110	23	0.130	18	-0.020	5
重庆	0.106	24	0.124	19	-0.018	5
湖北	0.182	14	0.104	20	0.078	-6
福建	0.138	20	0.103	21	0.035	-1
湖南	0.040	28	0.084	22	-0.044	6
安徽	0.314	9	0.077	23	0.237	-14
广东	0.020	30	0.070	24	-0.050	6
浙江	0.067	27	0.069	25	-0.002	2
河南	0.153	19	0.056	26	0.097	-7
山西	0.135	21	0.050	27	0.085	-6
江西	0.079	25	0.028	28	0.051	-3
海南	0.029	29	0.027	29	0.002	0
山东	0.000	31	0.018	30	-0.018	1
广西	0.164	16	0.000	31	0.164	-15

［数据来源］2003年、2011《中国教育统计年鉴》和2004年、2012年《中国教育经费统计年鉴》。

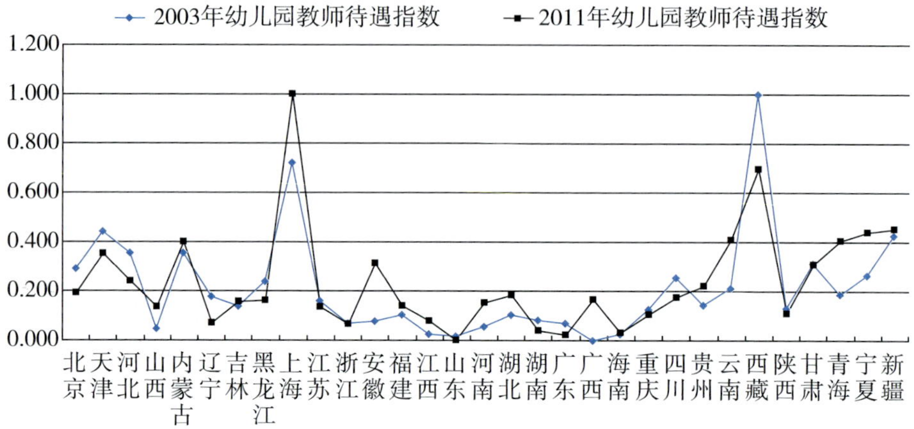

图 2-40　2003 年与 2011 年各省份幼儿园教师待遇指数

［数据来源］2003 年、2011 年《中国教育统计年鉴》和 2004 年、2012 年《中国教育经费统计年鉴》。

从指数及其排名变动情况来看，2011 年幼儿园教师指数总体上有所下降，部分省份与 2003 年相比排名有明显波动。较 2003 年指数有所增加的省份有 15 个，排名有所提升的省份有 17 个。11 个省份排名变动在 3 名之内。排名提升 5 名及以上的省份有 11 个，排名降低 5 名及以上的省份有 8 个。

3. 小学教师待遇总体呈下降趋势

2003 年小学教师年平均待遇指数为 0.255，2011 年为 0.191。从表 2-52可知，2003 年小学教师年平均待遇指数最高的为西藏，指数为 1.000，最低的为河南，指数为 0.000。2011 年小学教师年平均待遇指数最高的是青海，指数为 1.000，指数最低的是河南，为 0.000。

2003 年西藏小学教师年平均待遇指数排名位于所有省份之首，其次为上海、浙江、江苏、北京，排名后 5 位的省份为海南、山西、广西、陕西、河南。2011 年小学教师年平均待遇指数排名前 5 位的省份是青海、西藏、新疆、海南、上海，排名后 5 位的是山东、河北、湖北、广西、河南（表 2-52，图 2-41）。

表 2-52　2003 年与 2011 年各省份小学教师待遇指数

地区	2003 年小学教师待遇指数	2003 年小学教师待遇指数排名	2011 年小学教师待遇指数	2011 年小学教师待遇指数排名	指数变动	排名变动
全国	0.255	—	0.191	—	—	—
青海	0.735	6	1.000	1	0.265	5
西藏	1.000	1	0.884	2	-0.116	-1
新疆	0.612	7	0.849	3	0.237	4
海南	0.104	27	0.645	4	0.540	23
上海	0.998	2	0.602	5	-0.396	-3
北京	0.791	5	0.475	6	-0.316	-1
天津	0.549	8	0.468	7	-0.080	1
四川	0.439	12	0.450	8	0.011	4
内蒙古	0.396	15	0.443	9	0.047	6
浙江	0.859	3	0.426	10	-0.433	-7
辽宁	0.532	9	0.373	11	-0.160	-2
黑龙江	0.412	13	0.370	12	-0.042	1
江苏	0.806	4	0.370	13	-0.437	-9
陕西	0.020	30	0.348	14	0.328	16
甘肃	0.352	16	0.345	15	-0.008	1
宁夏	0.503	10	0.344	16	-0.159	-6
重庆	0.250	20	0.288	17	0.038	3
安徽	0.399	14	0.230	18	-0.168	-4
贵州	0.183	22	0.217	19	0.035	3
吉林	0.329	17	0.210	20	-0.119	-3
湖南	0.264	19	0.209	21	-0.055	-2
山西	0.084	28	0.185	22	0.101	6

续表

地区	2003 年小学教师待遇指数	2003 年小学教师待遇指数排名	2011 年小学教师待遇指数	2011 年小学教师待遇指数排名	指数变动	排名变动
云南	0. 453	11	0. 178	23	−0. 275	−12
福建	0. 327	18	0. 171	24	−0. 157	−6
江西	0. 241	21	0. 168	25	−0. 073	−4
广东	0. 124	25	0. 146	26	0. 022	−1
山东	0. 118	26	0. 141	27	0. 023	−1
河北	0. 157	23	0. 122	28	−0. 035	−5
湖北	0. 153	24	0. 118	29	−0. 035	−5
广西	0. 065	29	0. 065	30	0. 000	−1
河南	0. 000	31	0. 000	31	0. 000	0

［数据来源］2003 年、2011 年《中国教育统计年鉴》和 2004 年、2012 年《中国教育经费统计年鉴》。

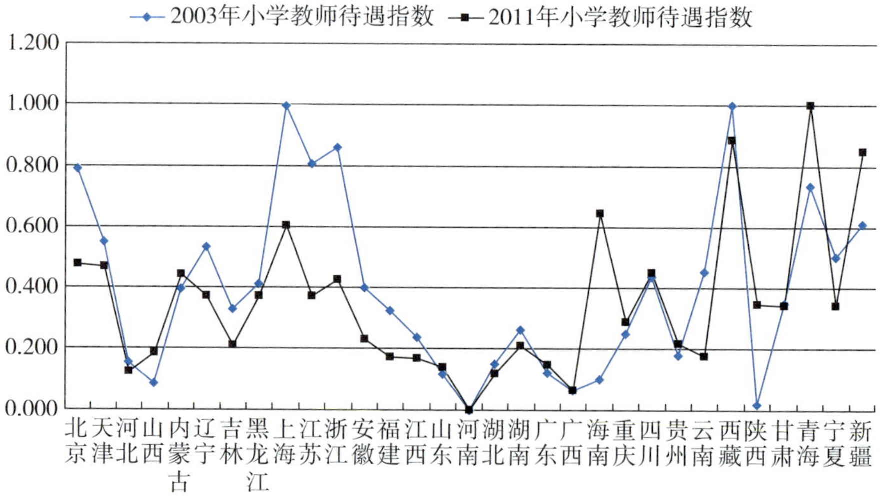

图 2−41　2003 年与 2011 年各省份小学教师待遇指数

［数据来源］2003 年、2011 年《中国教育统计年鉴》和 2004 年、2012 年《中国教育经费统计年鉴》。

从指数及其排名变动情况来看，2011 年小学教师待遇指数总体上有所下降，部分省份与 2003 年相比排名有明显波动。较 2003 年指数有所增加的省份有 11 个，指数没有变化的为 2 个，排名有所提升的省份有 12 个。15 个省份排名变动在 3 名之内。排名提升 5 名及以上的省份有 5 个，排名降低 5 名及以上的省份有 7 个。

4. 普通中学教师待遇指数下滑了 0.101

2011 年普通中学教师年平均待遇指数最高的是西藏，为 1.000，指数最低的是河南，为 0.000。2003 年普通中学教师年平均待遇指数为 0.256，2011 年为 0.155。从表2-53可知，2003 年普通中学教师年平均待遇指数最高的是上海，为 1.000，最低的是陕西，为 0.000。

2003 年上海普通中学教师年平均待遇指数排名位于所有省份之首，其次为西藏、北京、浙江、青海，排名后 5 位的省份为河北、贵州、山西、河南、陕西。2011 年普通中学教师年平均待遇指数排名前 5 位的省份是西藏、上海、青海、天津、海南，排名后 5 位的省份是湖南、江西、广东、广西、河南（表2-53，图 2-42）。

表 2-53　2003 年与 2011 年各省份普通中学教师待遇指数

地区	2003 年普通中学教师待遇指数	2003 年普通中学教师待遇指数排名	2011 年普通中学教师待遇指数	2011 年普通中学教师待遇指数排名	指数变动	排名变动
全国	0.256	—	0.155	—	—	—
西藏	0.924	2	1.000	1	0.076	1
上海	1.000	1	0.567	2	−0.433	−1
青海	0.638	5	0.517	3	−0.122	2
天津	0.440	9	0.495	4	0.055	5
海南	0.209	21	0.410	5	0.201	16
新疆	0.452	8	0.401	6	−0.051	2
宁夏	0.431	10	0.393	7	−0.039	3
北京	0.701	3	0.387	8	−0.313	−5

续表

地区	2003 年普通中学教师待遇指数	2003 年普通中学教师待遇指数排名	2011 年普通中学教师待遇指数	2011 年普通中学教师待遇指数排名	指数变动	排名变动
浙江	0. 648	4	0. 379	9	-0. 269	-5
甘肃	0. 249	17	0. 363	10	0. 115	7
内蒙古	0. 220	18	0. 349	11	0. 129	7
黑龙江	0. 197	23	0. 308	12	0. 111	11
重庆	0. 216	20	0. 308	13	0. 092	7
江苏	0. 569	6	0. 301	14	-0. 268	-8
陕西	0. 000	31	0. 266	15	0. 266	16
四川	0. 330	13	0. 234	16	-0. 096	-3
安徽	0. 370	12	0. 212	17	-0. 158	-5
云南	0. 377	11	0. 207	18	-0. 170	-7
福建	0. 218	19	0. 197	19	-0. 021	0
贵州	0. 075	28	0. 185	20	0. 110	8
辽宁	0. 509	7	0. 156	21	-0. 353	-14
河北	0. 077	27	0. 156	22	0. 079	5
山东	0. 143	24	0. 143	23	0. 000	1
湖北	0. 323	14	0. 138	24	-0. 185	-10
吉林	0. 307	15	0. 135	25	-0. 172	-10
山西	0. 061	29	0. 129	26	0. 068	3
湖南	0. 199	22	0. 092	27	-0. 107	-5
江西	0. 140	25	0. 082	28	-0. 057	-3
广东	0. 269	16	0. 071	29	-0. 198	-13
广西	0. 078	26	0. 044	30	-0. 034	-4
河南	0. 049	30	0. 000	31	-0. 049	-1

［数据来源］2003 年、2011 年《中国教育统计年鉴》和 2004 年、2012 年《中国教育经费统计年鉴》。

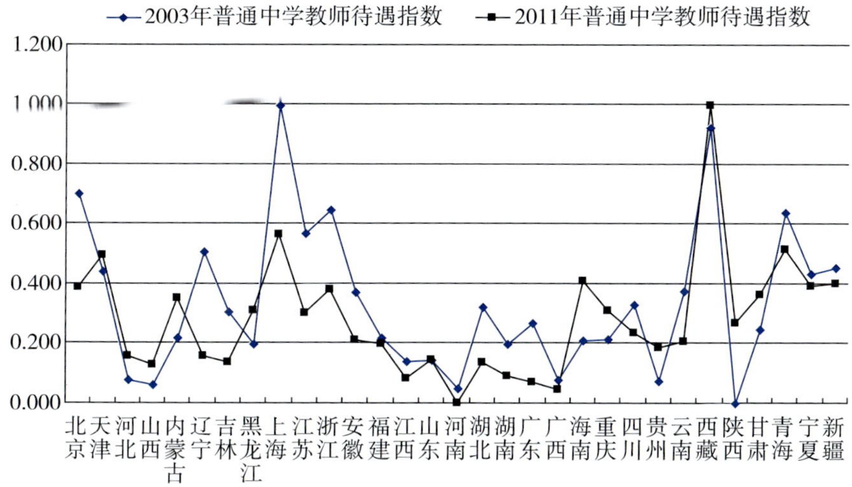

图 2-42　2003 年与 2011 年各省份普通中学教师待遇指数

［数据来源］2003 年、2011 年《中国教育统计年鉴》和 2004 年、2012 年《中国教育经费统计年鉴》。

从指数及其排名变动情况来看，2011 年普通高中教师待遇指数总体上有所下降，部分省份与 2003 年相比排名有明显波动。较 2003 年指数有所增加的省份有 11 个，指数没有变化的为山东，排名有所提升的省份有 15 个。11 个省份排名变动在 3 名之内。排名提升 5 名及以上的省份有 9 个，排名降低 5 名及以上的省份有 10 个。

5. 中职教师待遇指数上升了 0.039

2003 年中职教师年平均待遇指数为 0.243，2011 年为 0.282。从表 2-54中可知，2003 年中职教师年平均待遇指数最高的为宁夏，为 1.000，最低的为浙江，为 0.000。2011 年中职教师年平均待遇指数最高的是西藏，为 1.000，最低的是江西，为 0.000。

2003 年宁夏中职教师年平均待遇指数排名位于所有省份之首，其次为西藏、新疆、海南、辽宁，排名后 5 位的省份为陕西、河北、安徽、湖南、浙江。2011 年中职教师年平均待遇指数排名前 5 位的省份是西藏、上海、海南、青海、广东，排名后 5 位的省份是广西、吉林、安徽、湖北、江西。

从指数及其排名变动情况来看，2011 年中职教师待遇指数总体上有所上升，部分省份与2003年相比排名有明显波动。较2003年指数有所增加的省份有21个，排名有所提升的省份有15个。12个省份排名变动在3名之内。排名提升5名及以上的省份有8个，排名降低5名及以上的省份也有8个（表2-54，图2-43）。

表2-54　2003年与2011年各省份中职教师待遇指数

地区	2003年中职教师待遇指数	2003年中职教师待遇指数排名	2011年中职教师待遇指数	2011年中职教师待遇指数排名	指数变动	排名变动
全国	0.243	—	0.282	—	—	—
西藏	0.635	2	1.000	1	0.365	1
上海	0.505	6	0.774	2	0.270	4
海南	0.582	4	0.711	3	0.129	1
青海	0.493	7	0.668	4	0.175	3
广东	0.367	11	0.560	5	0.194	6
内蒙古	0.302	16	0.539	6	0.237	10
新疆	0.622	3	0.524	7	−0.098	−4
宁夏	1.000	1	0.515	8	−0.485	−7
北京	0.247	19	0.495	9	0.248	10
云南	0.367	10	0.465	10	0.098	0
江苏	0.222	21	0.452	11	0.230	10
四川	0.363	12	0.448	12	0.085	0
浙江	0.000	31	0.419	13	0.419	18
甘肃	0.418	8	0.407	14	−0.011	−6
重庆	0.219	23	0.387	15	0.168	8
山东	0.142	26	0.372	16	0.230	10
山西	0.319	14	0.372	17	0.053	−3
天津	0.246	20	0.363	18	0.117	2
黑龙江	0.263	18	0.352	19	0.090	−1
贵州	0.292	17	0.323	20	0.031	−3
福建	0.396	9	0.313	21	−0.083	−12

续表

地区	2003 年中职教师待遇指数	2003 年中职教师待遇指数排名	2011 年中职教师待遇指数	2011 年中职教师待遇指数排名	指数变动	排名变动
河北	0.096	28	0.265	22	0.169	6
辽宁	0.510	5	0.252	23	−0.258	−18
陕西	0.136	27	0.169	24	0.033	3
河南	0.221	22	0.151	25	−0.070	−3
湖南	0.068	30	0.147	26	0.079	4
广西	0.349	13	0.118	27	−0.231	−14
吉林	0.309	15	0.117	28	−0.192	−13
安徽	0.092	29	0.092	29	0.001	0
湖北	0.148	25	0.069	30	−0.079	−5
江西	0.171	24	0.000	31	−0.171	−7

［数据来源］2003 年、2011 年《中国教育统计年鉴》和 2004 年、2012 年《中国教育经费统计年鉴》。

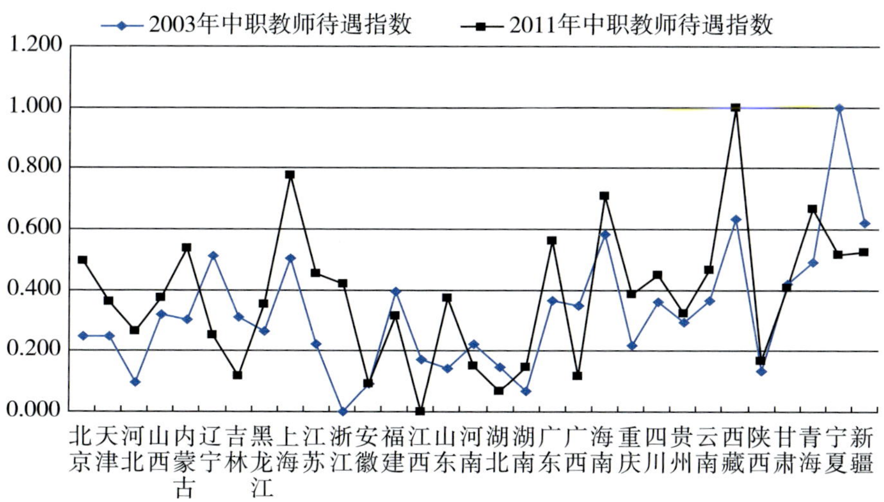

图 2-43　2003 年与 2011 年各省份中职教师待遇指数

［数据来源］2003 年、2011 年《中国教育统计年鉴》和 2004 年、2012 年《中国教育经费统计年鉴》。

（二）高等教育教师待遇指数下滑 0.318

2003 年高等教育教师年平均待遇指数 0.623，2011 年为 0.305。2011 年高等教育教师年平均待遇指数最高的是西藏，为 1.000，最低的是山东，为 0.000。从表 2-55 可知，2003 年高等教育教师年平均待遇指数最高的是四川，为 1.000，最低的是贵州，为 0.000。

2003 年四川的高等教育教师年平均待遇指数排名位于所有省份之首，其次为陕西、湖北、海南、重庆，排名后 5 位的省份为山东、新疆、宁夏、山西、贵州。2011 年高等教育教师年平均待遇指数排名前 5 位的省份是西藏、甘肃、青海、四川、新疆，排名后 5 位的省份是江苏、贵州、广西、福建、山东（表 2-55，图 2-44）。

表 2-55　2003 年与 2011 年各省份高等教育教师待遇指数

地区	2003 年高等教育教师待遇指数	2003 年高等教育教师待遇指数排名	2011 年高等教育教师待遇指数	2011 年高等教育教师待遇指数排名	指数变动	指数排名变动
全国	0.623	—	0.305	—	—	—
西藏	0.923	6	1.000	1	0.077	5
甘肃	0.774	10	0.775	2	0.002	8
青海	0.541	17	0.761	3	0.220	14
四川	1.000	1	0.575	4	-0.425	-3
新疆	0.097	28	0.539	5	0.442	23
海南	0.932	4	0.529	6	-0.402	-2
宁夏	0.089	29	0.519	7	0.429	22
湖北	0.945	3	0.510	8	-0.435	-5
上海	0.715	11	0.492	9	-0.223	2
重庆	0.931	5	0.440	10	-0.491	-5
云南	0.601	15	0.428	11	-0.172	4

续表

地区	2003年高等教育教师待遇指数	2003年高等教育教师待遇指数排名	2011年高等教育教师待遇指数	2011年高等教育教师待遇指数排名	指数变动	指数排名变动
浙江	0.140	25	0.372	12	0.232	13
广东	0.778	9	0.354	13	-0.424	-4
辽宁	0.665	12	0.332	14	-0.333	-2
北京	0.812	7	0.327	15	-0.485	-8
内蒙古	0.167	24	0.313	16	0.146	8
吉林	0.579	16	0.303	17	-0.276	-1
陕西	0.979	2	0.301	18	-0.678	-16
黑龙江	0.356	20	0.279	19	-0.077	1
山西	0.055	30	0.267	20	0.213	10
湖南	0.381	19	0.247	21	-0.135	-2
河南	0.355	21	0.237	22	-0.118	-1
安徽	0.603	14	0.233	23	-0.371	-9
江西	0.292	23	0.225	24	-0.067	-1
河北	0.114	26	0.211	25	0.098	1
天津	0.636	13	0.208	26	-0.428	-13
江苏	0.802	8	0.207	27	-0.595	-19
贵州	0.000	31	0.169	28	0.169	3
广西	0.319	22	0.146	29	-0.173	-7
福建	0.468	18	0.126	30	-0.342	-12
山东	0.102	27	0.000	31	-0.102	-4

［数据来源］2003年、2011年《中国教育统计年鉴》和2004年、2012年《中国教育经费统计年鉴》。

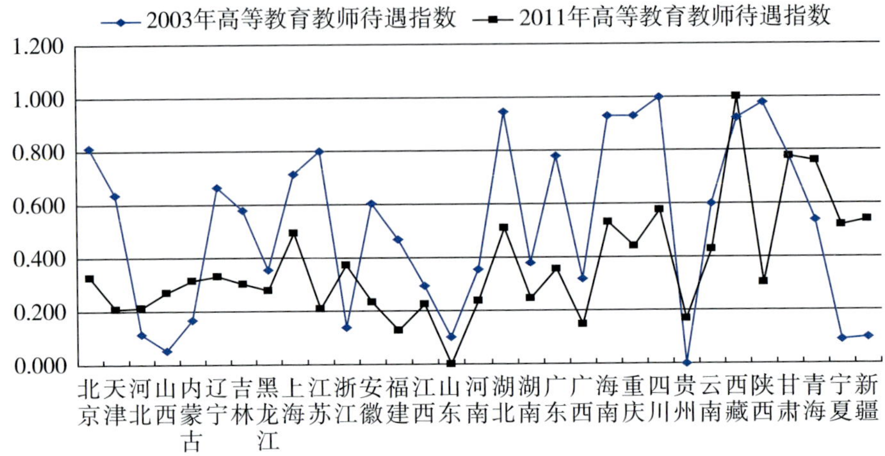

图 2-44　2003 年与 2011 年各省份高等教育教师待遇指数

［数据来源］2003 年、2011 年《中国教育统计年鉴》和 2004 年、2012 年《中国教育经费统计年鉴》。

从指数及其排名变动情况来看，2011 年高等教育教师待遇指数总体上有所下降，部分省份与 2003 年相比排名有明显波动。较 2003 年指数有所增加的省份有 10 个，排名有所提升的省份有 13 个。11 个省份排名变动在 3 名之内。排名提升 5 名及以上的省份有 8 个，排名降低 5 名及以上的省份有 9 个。

六、教师发展水平的影响因素分析

（一）教师综合发展指数受到人均 GDP 和生均公共财政预算教育事业费及学龄人口比例的显著影响

1. 经济发展

经济发展对于教育的人力资源供给提出了数量和质量的要求，而教育的发展又对教师的数量和质量提出了要求。因此，经济发展水平不仅是教师发展的基础性条件，也是教师发展的驱动因素。

（1）基础教育教师综合发展指数与人均 GDP

根据 2012 年的统计数据，各省份基础教育阶段教师综合发展指数与人均 GDP 呈线性相关关系。通过散点图（图 2-45）可以看出，2012 年各省份基础教育阶段教师综合发展指数与人均 GDP 呈线性正相关关系，二者相关系数的平方为 0.6379。这表明人均 GDP 越高的省份，基础教育阶段教师综合发展指数越高。天津、北京和上海三地的人均 GDP 较高，三地的基础教育阶段教师综合发展指数也相对较高。相比之下，贵州、广西和云南的基础教育阶段教师综合发展指数与人均 GDP 都处于较低的水平。

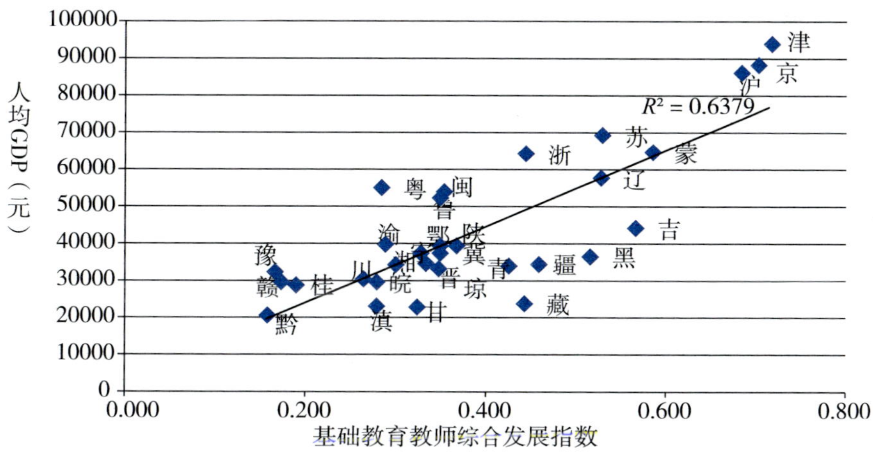

图 2-45　2012 年各省份基础教育教师综合发展指数与人均 GDP 的关系

［数据来源］2013 年《中国统计年鉴》。

（2）高等教育教师综合发展指数与人均 GDP

根据 2012 年的统计数据，各省份高等教育教师综合发展指数与人均 GDP 也呈显著的线性相关关系。通过散点图（图 2-46）可以看出，2012 年各省份高等教育教师综合发展指数与人均 GDP 的相关程度相对较高，相关系数的平方为 0.3670。北京、上海的高等教育教师综合发展指数与人均 GDP 都处于较高的水平，而贵州、云南的高等教育教师综合发展指数与人均 GDP 则相对较低。

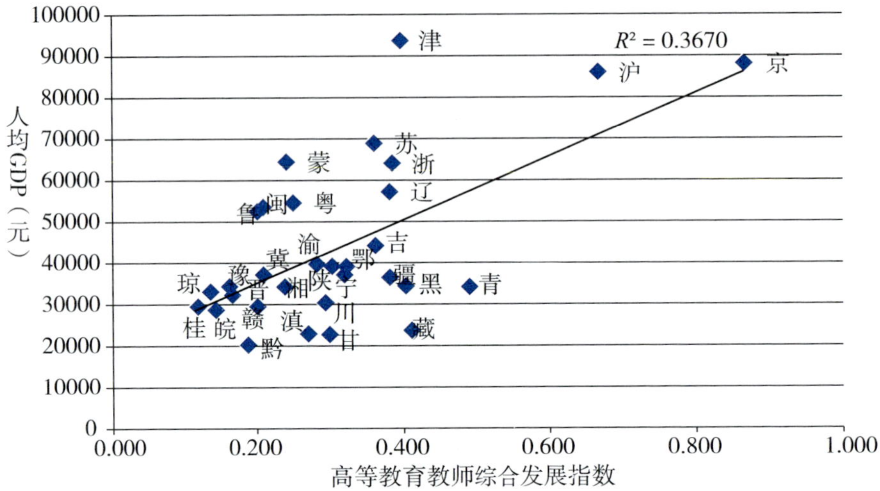

图 2-46　2012 年各省份高等教育教师综合发展指数与人均 GDP 的关系

[数据来源] 2013 年《中国统计年鉴》。

2. 政府责任

教师在许多国家享有与公务员同等的待遇，教师的人力成本主要由政府负担，因而政府在教育方面的努力程度直接影响着教师的发展水平和质量。

（1）基础教育教师综合发展指数与生均公共财政预算教育事业费

根据 2011 年的统计数据，各省份基础教育教师综合发展指数与生均公共财政预算教育事业费呈线性相关关系。通过散点图（图 2-47）可以看出，各省份基础教育阶段教师综合发展指数与生均公共财政预算教育事业费呈线性正相关关系，二者的相关系数平方为 0. 4554。这表明各省份生均公共财政预算教育事业费越高，基础教育教师综合发展指数也越高。北京、天津和上海的生均公共财政预算教育事业费和基础教育教师综合发展指数都相对较高，而贵州、甘肃和云南的生均公共财政预算教育事业费和基础教育教师综合发展指数相对较低。但与此同时，中部地区的湖北、河南和湖南等省尽管生均公共财政预算教育事业费相对较低，但教师综合发展指数却高于某些西部地区。这与我国教育财政的转移支付制度有一定关系。

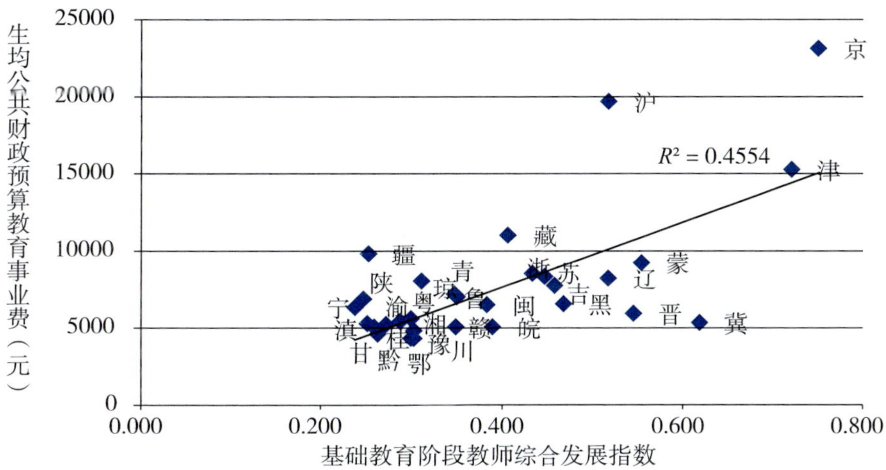

图 2-47　2011 年各省份基础教育教师综合发展指数与生均公共财政预算教育事业费

［数据来源］2012 年《中国统计年鉴》。

（2）高等教育教师综合发展指数与生均公共财政预算教育事业费

根据 2011 年的统计数据，各省份高等教育教师综合发展指数与生均公共财政预算教育事业费呈线性相关关系。通过散点图（图 2-48）可以发现，二者的相关关系在高等教育阶段更加显著，相关系数平方为 0.4990。这表明大体上高等教育生均公共财政预算教育事业费越高，教师综合发展指数也越高。北京和上海在生均公共财政预算教育事业费和教师综合发展指数两方面都处于较高的水平，而广西、海南和贵州则处于较低的水平。但与此同时，宁夏、西藏、青海和新疆的高校生均公共财政预算教育事业费尽管较高，但是高校教师综合发展指数却相对较低，这与该地区高校在校生人数较少以及国家教育财政转移支付有关。

3. 人口因素

学龄人口的数量直接影响学校对教师的需求和教师的发展。在入学压力较大的情况下，教师的发展水平会受到一定的影响。

（1）基础教育教师综合发展指数与 5—19 岁学龄人口比例

根据第六次全国人口普查的数据，各省份 5—19 岁人口在全部人口中所占的比例与基础教育教师综合发展指数呈线性的负相关关系。通过散点

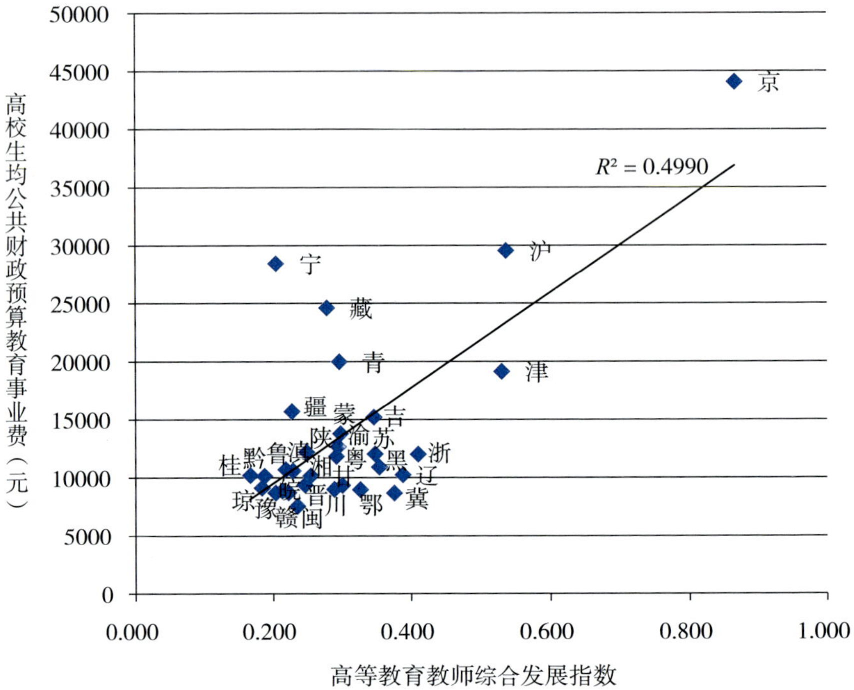

图 2-48　2011 年各省份高等教育教师综合发展指数与生均公共财政预算教育事业费

［数据来源］2012 年《中国教育统计年鉴》。

图（图 2-49）可以发现，5—19 岁学龄人口比例较大的省份，其教师综合发展指数相对较低，二者呈负相关关系，相关系数的平方值达到了 0.4864，这表明 5—19 岁学龄人口比例较高的省份面临更大的师资供给压力，从而影响到教师综合发展指数。从图中可以看出，北京、天津和上海的 5—19 岁学龄人口比例相对较低，其基础教育教师综合发展指数就相对较高。相比之下，5—19 岁学龄人口比例较高的贵州、宁夏和云南等省份，其基础教育教师综合发展指数就相对较低。

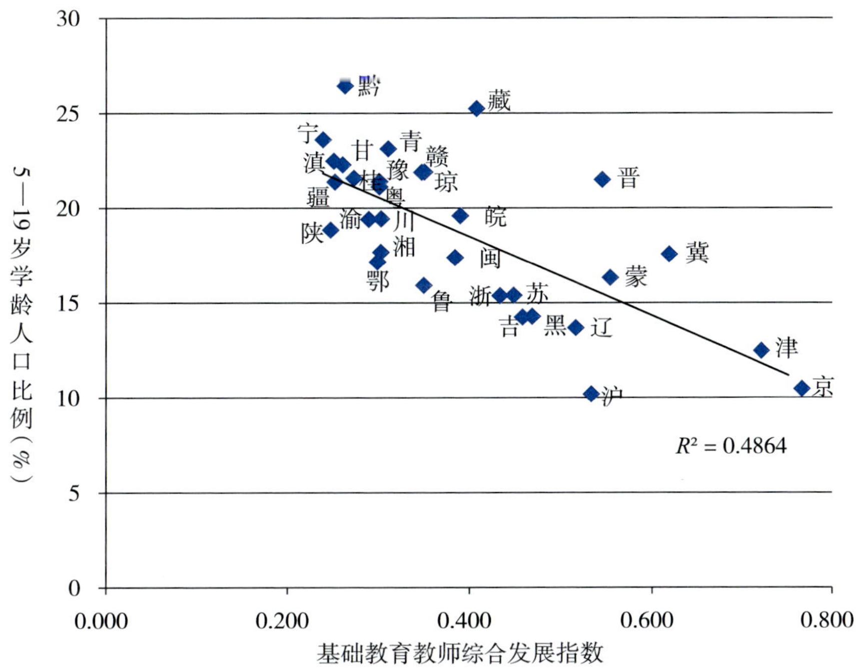

图 2-49　基础教育教师综合发展指数与学龄人口比例的关系

［数据来源］《中国 2010 年人口普查资料》。

（2）高等教育教师综合发展指数与 20—24 岁学龄人口比例

根据第六次全国人口普查的统计数据，各省份 20—24 岁学龄人口比例与高等教育教师综合发展指数之间呈线性的相关关系。通过散点图（图 2-50）可以发现，20—24 岁学龄人口比例较高的省份，高等教育教师综合发展指数相对较高，二者的相关系数平方为 0. 4063，这表明 20—24 岁学龄人口比例较高的省份，更加重视高等教育的发展，因而高校教师综合发展指数也相对较高。从图中可以看出，北京、天津、上海的 20—24 岁学龄人口比例相对较高，其高校教师综合发展指数也相对较高。相比之下，贵州、广西和宁夏的 20—24 岁学龄人口比例与高校教师综合发展指数都相对较低。

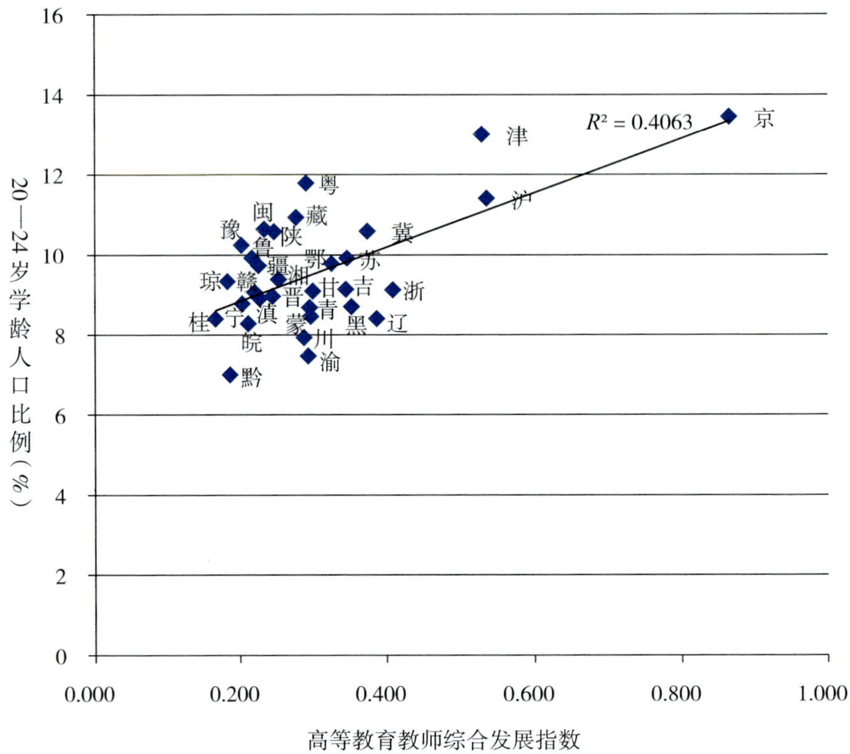

图 2-50　高等教育教师综合发展指数与学龄人口比例的关系

［数据来源］《中国 2010 年人口普查资料》。

（二）教师配置水平受到高校在校生人数和城乡居民人均可支配收入差异的显著影响

教师配置水平主要反映了教师数量的充足性和分配的公平性。教师数量的补充主要取决于高等学校的毕业生，特别是师范院校的毕业生。由于我国的城乡二元结构，教师的配置又受到城乡发展水平的影响。

1. 高校在校生数

随着我国教师教育体系从封闭走向开放以及教师教育的大学化，包括师范院校在内的高等院校均为基础教育和高等教育提供了必要的师资，从而影响到教师的配置水平。

(1) 高校在校生数与基础教育教师配置指数的关系

根据2012年的统计数据，各省份每十万人中普通高校在校生数与基础教育教师配置指数呈线性的相关关系。通过散点图（图2-51）可以发现，二者之间呈正相关关系，二者的相关系数平方为0.4676，这表明普通高校在校生人数越多，基础教育教师的配置指数越高。从图中可以看出，北京、天津的高校在校生人数较多，两地的基础教育教师配置指数也相对较高。相比之下，贵州等省的高校在校生人数较少，基础教育教师配置指数也相对较低。

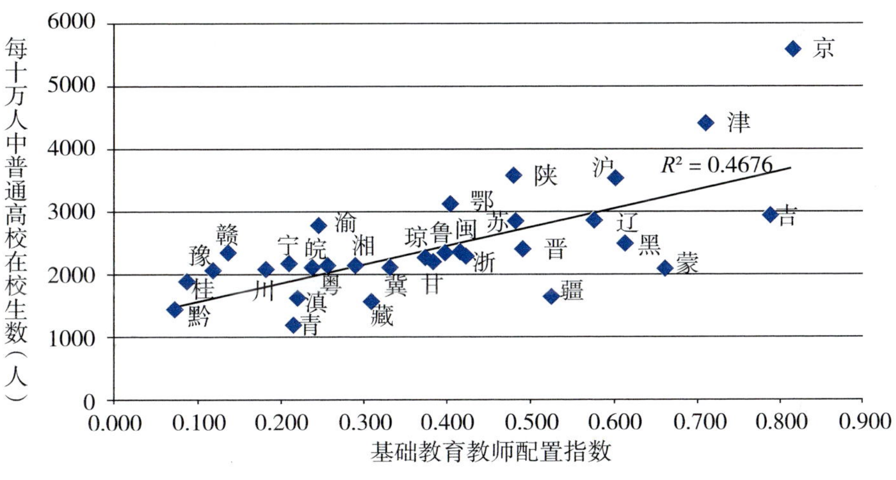

图2-51　2012年高校在校生数与基础教育教师配置指数的关系

[数据来源] 2013年《中国统计年鉴》。

(2) 高校在校生数与高等教育教师配置指数的关系

根据2012年的统计数据，各省份每十万人中普通高校在校生数与高等教育教师配置指数也呈线性相关关系。通过散点图（图2-52）可以发现，二者之间呈正相关关系，二者的相关系数平方为0.2814，这表明普通高校在校生人数越多，高等教育教师的配置指数越高。从图中可以看出，北京、上海的高校在校生人数较多，两地的高等教育教师配置指数也相对较高。相比之下，贵州、云南的高校在校生人数较少，高等教育教师配置指数也相对较低。

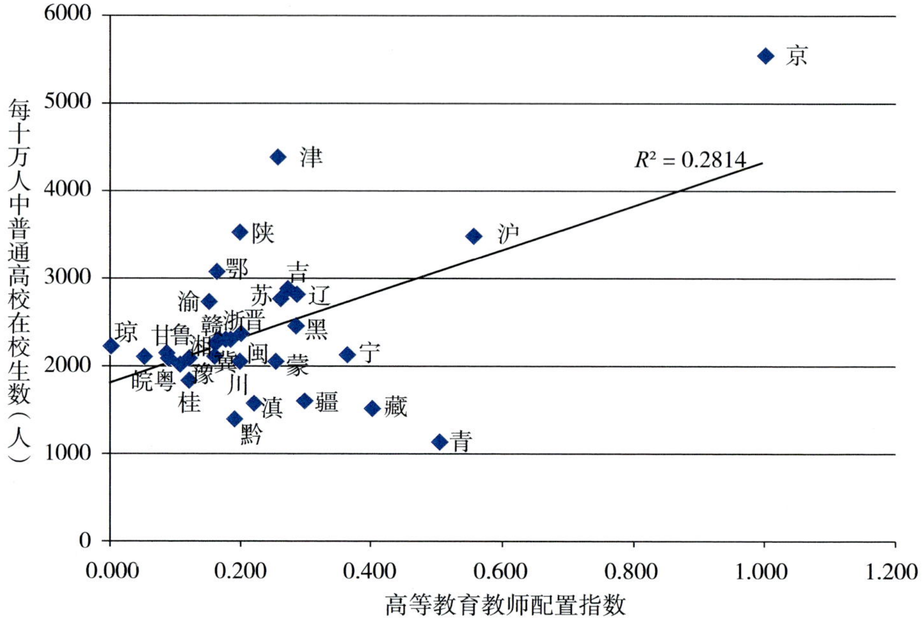

图 2-52　2012 年高校在校生数与高等教育教师配置指数的关系

［数据来源］2013 年《中国统计年鉴》。

2. 城乡居民人均可支配收入差异

城乡居民消费支出差异反映了城乡经济发展差异对于教师配置的影响。城乡居民消费支出差异越大，教师公平配置的难度就越大，从而影响到教师的配置指数。

（1）城乡居民人均可支配收入之比与基础教育教师配置指数的关系

根据 2011 年的统计数据，城乡居民人均可支配收入之比与基础教育教师的配置指数呈负相关，二者的相关系数平方为 0. 3368，这表明城乡居民人均可支配收入比值越大，基础教育教师的配置指数越低。通过散点图（图 2-53）可以发现，北京等地的城乡居民人均可支配收入之比相对较小，其基础教育教师配置指数相对较高，而贵州、广西等地的城乡居民人均可支配收入之比相对较大，其基础教育教师配置指数相对较低。

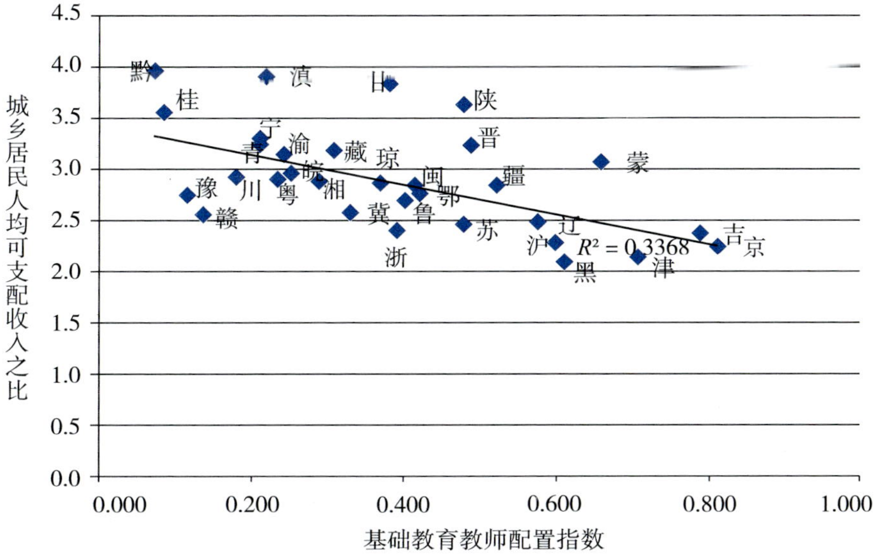

图 2-53　2011 年城乡居民人均可支配收入之比与基础教育教师配置指数的关系

［数据来源］2013 年《中国统计年鉴》。

（2）城乡居民人均可支配收入之比与高等教育教师配置指数的关系

根据 2011 年的统计数据，城乡居民人均可支配收入之比与高等教育教师的配置指数呈负相关关系，二者的相关系数平方为 0.0827，这表明城乡居民人均可支配收入之比越大，高等教育教师的配置指数越低，但二者的相关性不及基础教育阶段显著。通过散点图（图 2-54）可以发现，北京等地的城乡居民人均可支配收入之比相对较小，其高等教育教师配置指数相对较高，海南等地的城乡居民人均可支配收入之比相对较大，其高等教育教师配置指数相对较低。

（三）教师专业水平受到生均公用经费和每十万人中拥有大专以上学历人数的显著影响

教师专业水平主要反映了教师的职称和学历水平。教师的专业发展依赖于教师的专业学习和培训。因此，教师专业发展的经费和地区的人口素质影响到教师专业发展的水平。

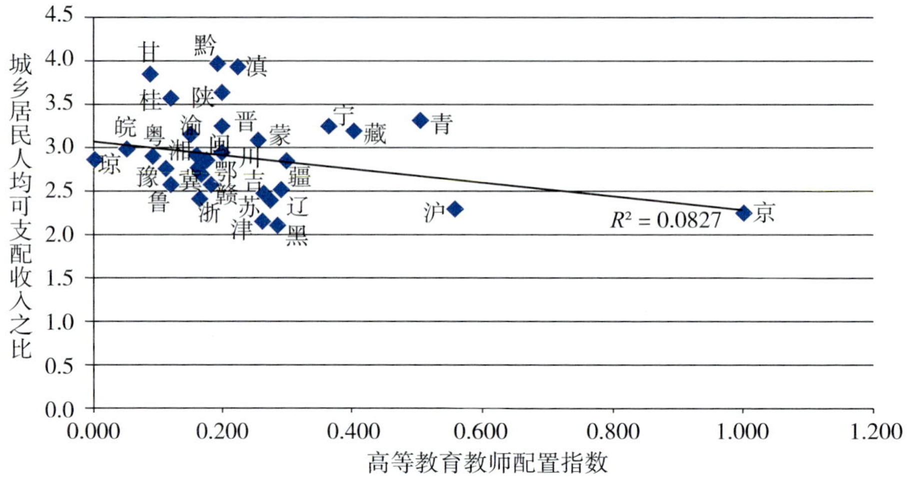

图 2-54　2011 年城乡居民人均可支配收入之比与高等教育教师配置指数的关系

［数据来源］2013 年《中国统计年鉴》。

1. 生均公用经费

教师的继续教育和培训经费主要从学校的公用经费中支出，因而生均公用经费直接影响教师专业发展的机会和质量，从而对各地区教师的专业指数产生影响。

（1）基础教育生均公用经费与教师专业指数

根据 2011 年的统计数据，各省份基础教育生均公用经费与教师专业指数大体上呈正相关关系。通过散点图（图 2-55）可以发现，基础教育生均公用经费较高的省份，教师专业指数也相对较高，二者具有一定的线性相关关系，相关系数的平方为 0. 2247。从图中可以发现，北京等地的生均公用经费和教师专业指数都处于较高的水平，而甘肃等地则都处于较低的水平。但与此同时，也有个别例外情况，河北和山西的生均公用经费尽管较低，但教师专业指数却相对较高，这可能是由于教师专业发展经费来源具有多样性。

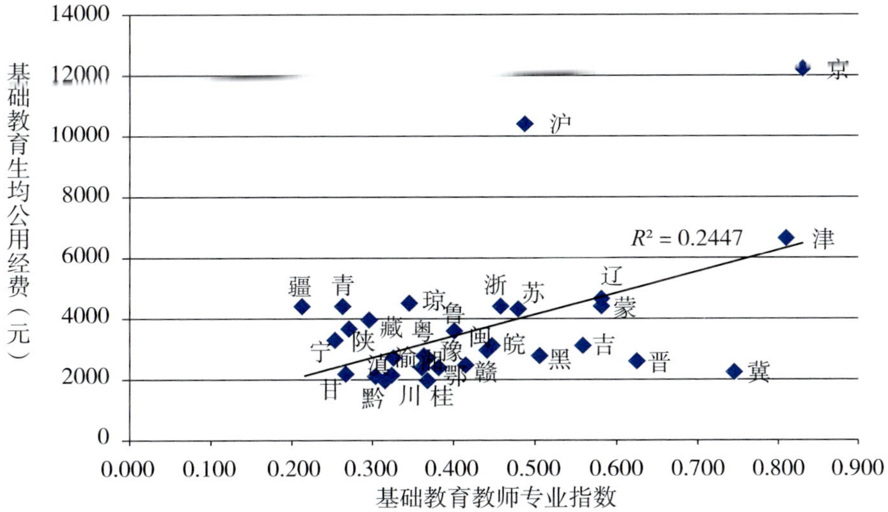

图 2-55　2011 年基础教育生均公用经费与教师专业指数的关系

［数据来源］2012 年《中国教育经费统计年鉴》。

（2）普通高校生均公用经费与教师专业指数

根据 2011 年的统计数据，各省份普通高校生均公用经费与教师专业指数呈显著的正相关关系。通过散点图（图 2-56）可以发现，高等学校生均公用经费较高的省份，高等教育教师的专业指数也相对较高，二者具有线性相关关系，相关系数的平方值为 0.6446。从图中可以发现，北京、上海的高校生均公用经费与教师专业指数都处于较高的水平，而海南和山西在两个方面都处于较低的水平。

2. 人口素质

地区人口素质的高低直接影响教师的专业水平，特别是学历情况。各省份每十万人中拥有大专以上学历的人数与教师专业指数具有一定的相关关系。

（1）基础教育教师专业指数与每十万人中拥有大专以上学历的人数

根据《中国统计年鉴》的数据，各省份基础教育教师专业指数与每十万人中拥有的大专以上学历的人数具有正相关关系。通过散点图（图 2-57）可以发现，人口素质越高的地区，教师的专业指数越高。每十万人中

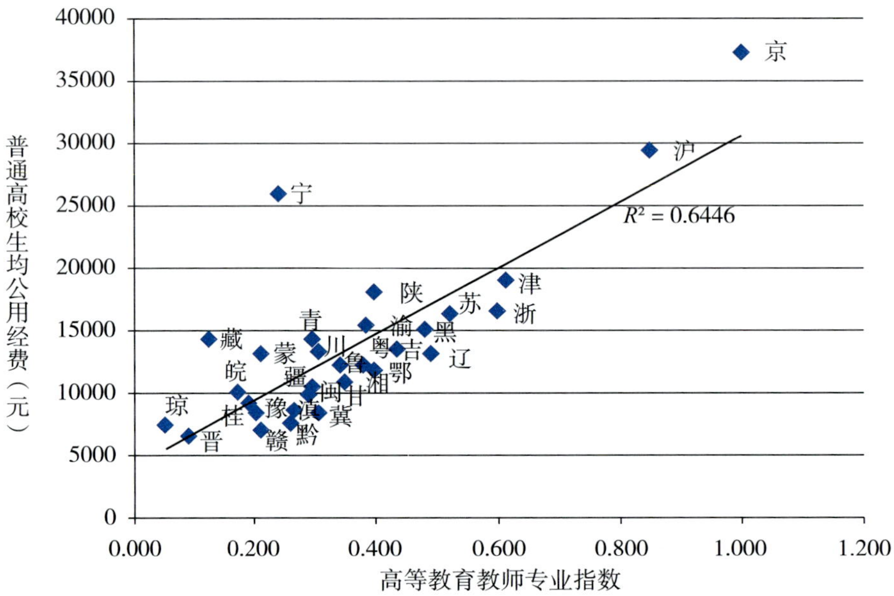

图 2-56　2011 年普通高校生均公用经费与教师专业指数的关系

[数据来源] 2012 年《中国教育经费统计年鉴》。

拥有大专及以上学历的人数比例与地区基础教育教师专业指数具有线性关系，二者的相关系数平方为 0.3535。从图中可以看出，北京、天津等地的人口素质和教师专业指数都处于较高的水平，而甘肃、西藏和云南则均处于较低的水平。河北则是一个例外，尽管人口素质不高，但是基础教育教师专业指数相对较高。

（2）高等教育教师专业指数与每十万人中拥有大专以上学历的人数

根据《中国统计年鉴》的数据，各省份高等教育教师的专业指数与每十万人中拥有大专以上学历的人数呈正相关关系，并且相关程度比基础教育阶段更为显著。通过散点图（图 2-58）可以发现，每十万人中拥有大专及以上学历的人数越多的省份，其高等教育教师专业指数也越高，二者的相关系数平方为 0.7356。从图中可以发现，北京、上海和天津的人口素质与高等教育教师专业指数都处于较高的水平，而西藏和广西则均处于较低的水平。

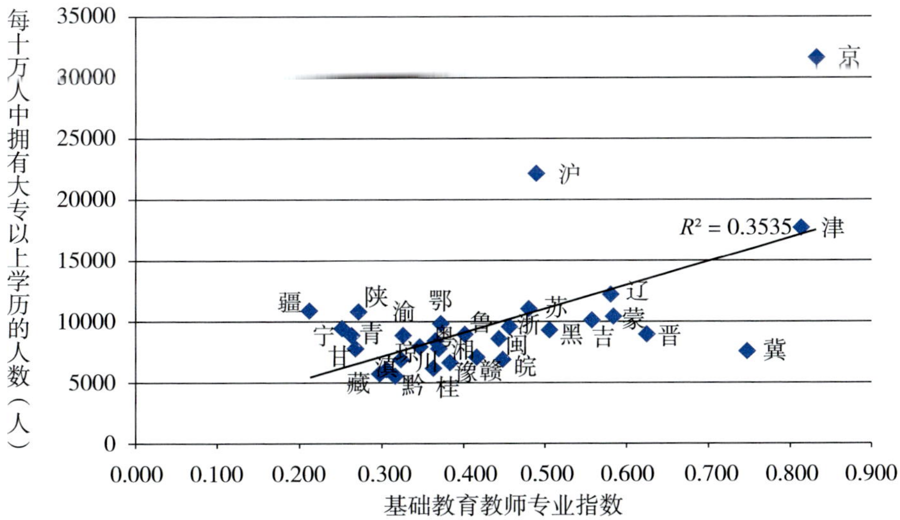

图 2-57　基础教育教师专业指数与每十万人中拥有大专以上学历的人数的关系

［数据来源］2011 年《中国统计年鉴》。

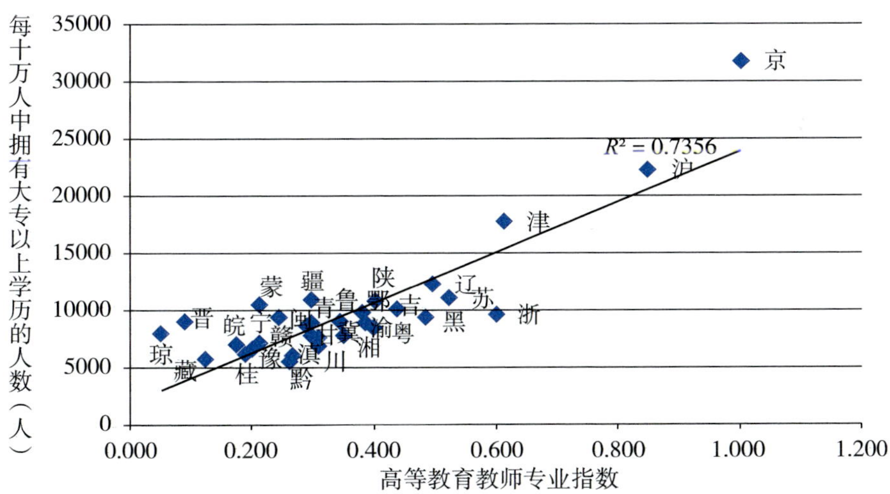

图 2-58　高等教育教师专业指数与每十万人中拥有大专以上学历的人数的关系

［数据来源］2011 年《中国统计年鉴》。

(四) 教师待遇水平受到人均 GDP、政府公共财政教育支出占公共财政支出比例以及教育行业平均年薪的显著影响

教师的待遇水平主要体现在工资福利等方面，而教师的工资福利待遇又主要取决于地方经济的发展水平和政府的财政支持。

1. 经济水平

地区经济发展水平影响教师的待遇水平，但近几年随着教育财政公平政策的推进，国家通过转移支付等手段保障各地区义务教育阶段教师的工资待遇，同时对西部和偏远地区教师实行的财政激励政策也提高了这些地区教师的待遇水平。

(1) 基础教育教师待遇指数与人均 GDP 的关系

根据 2011 年的统计数据，各省份的人均 GDP 与基础教育教师待遇指数的相关程度不高，相关系数的平方值仅为 0.0365。通过散点图（图 2-59）可以看出，上海、北京和天津属于人均 GDP 和基础教育教师待遇水平都比较高的地区，广西和江西属于二者都比较低的地区。但与此同时，西藏、青海和新疆的人均 GDP 水平尽管相对较低，但基础教育教师待遇指数却相对较高，这反映出我国公共财政对于保障不同地区教师待遇做出的努力。

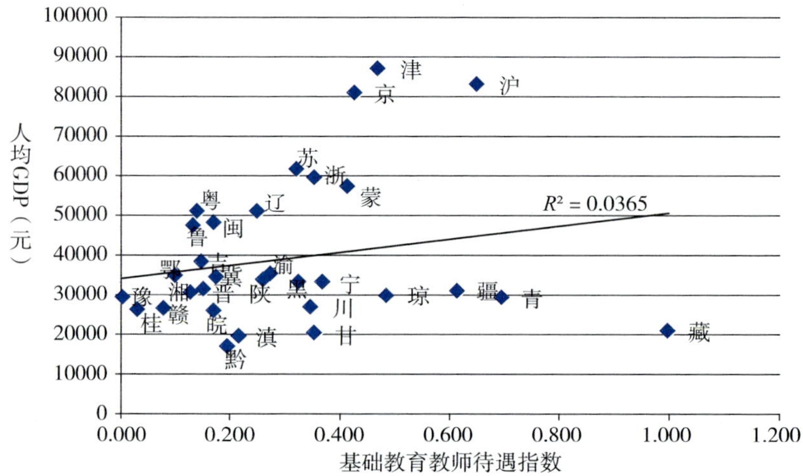

图 2-59　2011 年基础教育教师待遇指数与人均 GDP 的关系

［数据来源］2012 年《中国统计年鉴》。

（2）高等教育教师待遇指数与人均 GDP 的关系

根据 2011 年的统计数据，各省份人均 GDP 与高等教育教师待遇指数相关程度不高，相关系数的平方值仅为 0.0641。通过散点图（图 2-60）可以看出，北京和天津的人均 GDP 水平尽管相对较高，但是高等教育教师待遇指数却不高。相反，西藏、青海和甘肃人均 GDP 尽管较低，但是高等教育教师待遇指数却相对较高。这反映出我国对于民族地区高校教师的大力支持，从各个方面保障了西部地区高校教师的待遇。

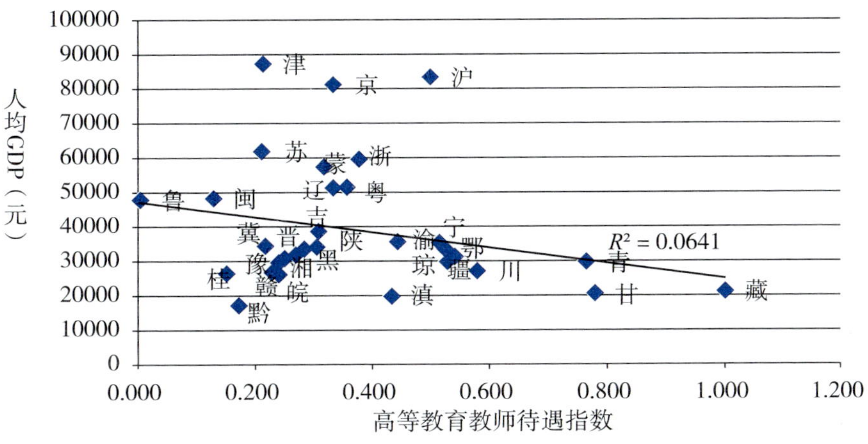

图 2-60　2011 年高等教育教师待遇指数与人均 GDP 的关系

［数据来源］2012 年《中国统计年鉴》。

2. 政府投入

地方政府对教育发展的经费投入影响到教师的待遇水平。通常，公共财政支持的力度越大，教师的待遇水平越高。

（1）基础教育教师待遇指数与公共财政教育支出占公共财政支出的比例

根据 2011 年的统计数据，各省份基础教育教师的待遇指数与公共财政教育支出占公共财政支出的比例呈负相关的关系，二者的相关系数平方为 0.3070，这表明公共财政教育支出比例较高的地区，基础教育教师的待遇指数反而较低。通过散点图（图 2-61）可以看出，山东、河南的公共财政教育支出占公共财政支出的比例较高，但是基础教育教师的待遇指数相对较低；而西藏和青海等地尽管公共财政教育支出比例较低，但是基础教育教师的待遇指数却相对较高，这反映出地区因素对基础教育教师待遇指数的重要影响。

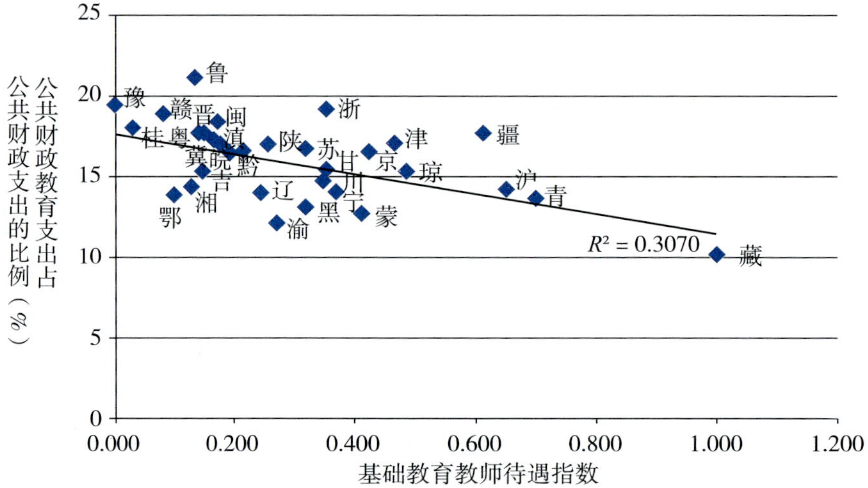

图 2-61　2011 年基础教育教师待遇指数与公共财政教育支出占公共财政支出比例的关系

［数据来源］2012 年《中国教育经费统计年鉴》。

（2）高等教育教师待遇指数与公共财政教育支出占公共财政支出的比例

根据 2011 年的统计数据，各省份高等教育教师待遇指数与公共财政教育支出占公共财政支出的比例呈负相关的关系，二者的相关系数平方为 0.4213，这表明公共财政教育支出比例较高的地区，高等教育教师的待遇指数反而较低。通过散点图（图 2-62）可以看出，山东和福建的公共财政教育支出比例较高，但是高等教育教师的待遇指数却较低，而西藏和青海尽管公共财政教育支出比例较低，但高等教育教师的待遇指数却相对较高，这反映出我国政府教育财政转移支付对于高等教育教师待遇的影响。

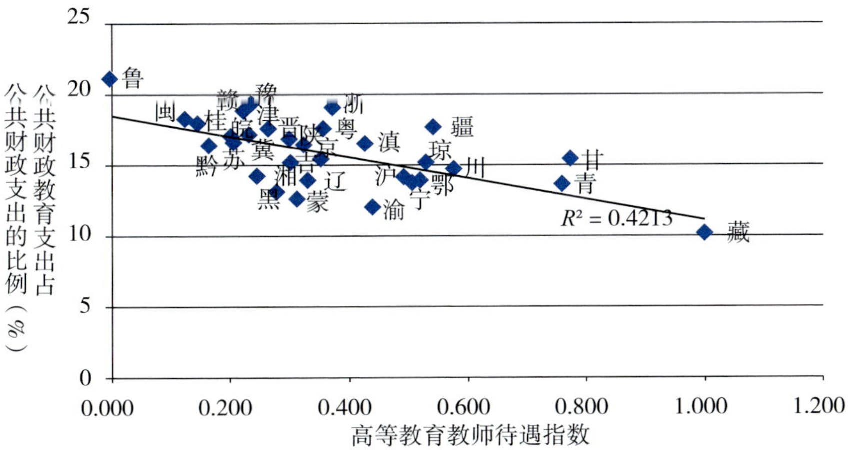

图 2-62　2011 年高等教育教师待遇指数与公共财政教育支出占公共财政支出比例的关系

［数据来源］2012 年《中国教育经费统计年鉴》。

3. 行业工资

教育行业的平均工资在一定程度上反映了教师的社会地位和待遇，通常教育行业的平均工资越高，教师待遇越好。

（1）基础教育教师待遇指数与教育行业的平均年薪

根据 2012 年《中国劳动统计年鉴》的统计数据，各省份教育行业在岗人员的平均年薪与基础教育教师待遇指数呈线性的正相关关系，二者的相关系数平方为 0.3121，这表明教育行业的平均年薪越高，基础教育教师待遇指数越高。从散点图（图 2-63）中可以看出，上海、天津教育行业的平均年薪相对较高，基础教育教师的待遇指数也相对较高。此外，西藏和青海教育行业的平均年薪虽然不是很高，但是基础教育教师的待遇指数非常高。

（2）高等教育教师待遇指数与教育行业的平均年薪

根据 2012 年《中国劳动统计年鉴》的统计数据，各省份教育行业在岗人员的平均年薪与高等教育教师待遇指数的相关程度不高，二者的相关系数平方为 0.0146。从散点图（图 2-64）中可以看出，上海、北京和天津教育行业在岗人员的平均年薪虽然较高，但是高等教育教师待遇指数并不是很高。此外，西藏、青海和甘肃教育行业在岗人员的平均年薪虽然不是最高，但是高等教育教师的待遇指数却相对较高，这反映了教育行业在不同地区的差异性。

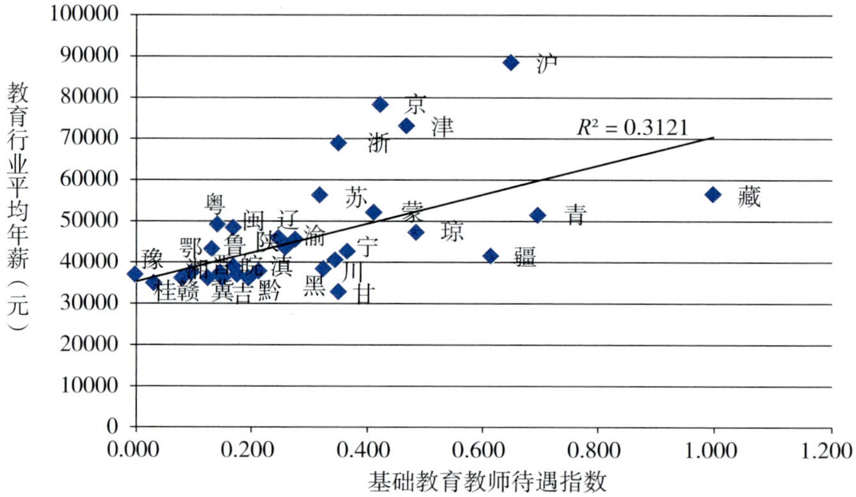

图 2-63　2011 年基础教育教师待遇指数与教育行业的平均年薪的关系

［数据来源］2012 年《中国劳动统计年鉴》。

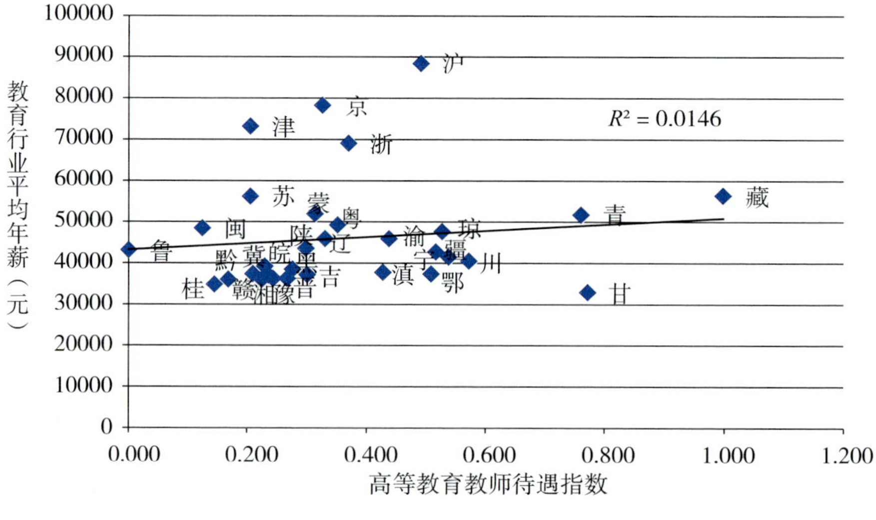

图 2-64　2011 年高等教育教师待遇指数与教育行业的平均年薪的关系

［数据来源］2012 年《中国劳动统计年鉴》。

（五）基础教育教师综合指数与专业指数的相关性最高，而高等教育教师综合指数与配置指数的相关性最高

1. 基础教育教师发展指数之间的相关关系

运用 SPSS 对基础教育教师发展相关指数进行相关分析时发现，基础教育教师综合指数与教师专业指数的相关程度最高，相关系数为 0.957，且显著相关（$p=0.00$）。其次是教师的配置指数，二者的相关系数为 0.939，显著相关（$p=0.00$）。基础教育教师综合指数与教师待遇指数相关系数较低，为 0.181，且相关不显著。此外，基础教育教师待遇指数与教师的配置指数和专业指数呈负相关，但相关不显著（表 2-56）。

表 2-56 基础教育教师发展指数之间的相关性

		基础教育教师综合指数	基础教育教师配置指数	基础教育教师专业指数	基础教育教师待遇指数
基础教育教师综合指数	皮尔逊相关	1	0.939**	0.957**	0.181
	显著性（双尾）		0.000	0.000	0.331
	样本量	31	31	31	31
基础教育教师配置指数	皮尔逊相关	0.939**	1	0.987**	-0.161
	显著性（双尾）	0.000		0.000	0.386
	样本量	31	31	31	31
基础教育教师专业指数	皮尔逊相关	0.957**	0.987**	1	-0.103
	显著性（双尾）	0.000	0.000		0.582
	样本量	31	31	31	31
基础教育教师待遇指数	皮尔逊相关	0.181	-0.161	-.103	1
	显著性（双尾）	0.331	0.386	0.582	
	样本量	31	31	31	31

注：** 表示相关性在 0.01 层面上显著（双尾），下同。

2. 高等教育教师发展指数之间的相关关系

运用 SPSS 对高等教育教师发展指数进行相关分析时发现，高等教育教师综合指数与高等教育教师配置指数的相关程度较高，相关系数为 0.660，且显著相关（$p=0.00$）。高等教育教师综合指数与专业指数呈负相关但相关不显著，与待遇指数相关程度不高且相关不显著。此外，高等教

育教师的配置指数与专业指数的相关系数为0.579，且显著相关（$p=0.001$）。高等教育教师的配置指数与教师待遇指数的相关系数为-0.416，且显著相关（$p=0.028$）（表2-57）。

表2-57　高等教育教师发展指数之间的相关性

		高等教育教师综合指数	高等教育教师配置指数	高等教育教师专业指数	高等教育教师待遇指数
高等教育教师综合指数	皮尔逊相关	1	0.660**	-0.189	0.027
	显著性（双尾）		0.000	0.336	0.887
	样本量	31	28	28	31
高等教育教师配置指数	皮尔逊相关	0.660**	1	0.579**	-0.416*
	显著性（双尾）	0.000		0.001	0.028
	样本量	28	31	31	28
高等教育教师专业指数	皮尔逊相关	-0.189	0.579**	1	-0.181
	显著性（双尾）	0.336	0.001		0.356
	样本量	28	31	31	28
高等教育教师待遇指数	皮尔逊相关	0.027	-0.416*	-0.181	1
	显著性（双尾）	0.887	0.028	0.356	
	样本量	31	28	28	31

注：**表示相关性在0.01层面上显著（双尾）；*表示相关性在0.05层面上显著（双尾），下同。

第三章 教师发展水平国际比较

本章运用教师发展的关键指标，从每万人口教师数、教师性别结构、教师年龄结构、生师比、班额、教师工作时间、教师教学时间和教师工资水平这八个方面比较2003年和2012年中国与OECD、G20国家的差异，了解与分析中国教师发展的国际位置，为制定中国教师发展政策提供实证参考。

一、中国每万人口中教师数量较少

本文选择可获得数据的OECD和G20国家在幼儿园、小学、中学和高校各教育阶段的教师数量进行比较分析，通过计算每万人口中的教师人数反映不同国家各阶段的教师规模状况。[①][②]

(一) 中国每万人口中的幼儿园教师数量较少

2012年，我国每万人口中的幼儿园教师数量为10.92人（表3-1）。在可获得数据的28个国家中，平均值为25.01人，中数为22.25人，标准差为15.46人。我国每万人口中幼儿园教师数低于平均值，在28个国家中

① 本章除中国以外的其他国家数据均取自历年经济合作与发展组织《教育概览》（*Education at a Glance*）。中国的相关数据取自中国教育部2003年、2012年教育统计数据及《中国统计年鉴》。

② 中学教师数量包括初中、普通高中教师数量；高校教师数量主要包括普通本科院校教师数量，即国际教育标准分类5A类院校教师。

排第24位。冰岛、爱沙尼亚和俄罗斯每万人口中的幼儿园教师数量较多，均超过40人。日本、沙特阿拉伯和土耳其幼儿园教师数量较少，每万人口中的幼儿园教师不到10人（图3-1）。

与2003年相比，在21个国家中，85.71%的国家每万人口中幼儿园教师数量有所增加，智利、土耳其和中国幼儿园教师数量增长幅度最大，超过了100%；14.29%的国家幼儿园教师数量有所减少，其中冰岛的降幅最大，超过了30%（图3-2）。

表3-1　2003年与2012年每万人口幼儿园教师数量变化情况①

序号	国家	2003年幼儿园教师数量（人）	2012年幼儿园教师数量（人）	变化幅度（%）
1	智利	10.72	33.17	209.24
2	土耳其	2.87	7.55	163.18
3	中国	4.74	10.92	130.24
4	西班牙	21.33	33.61	57.53
5	波兰	14.11	19.98	41.64
6	奥地利	17.90	24.44	36.56
7	芬兰	21.67	28.84	33.08
8	德国	23.03	29.84	29.55
9	新西兰	19.03	24.56	29.09
10	斯洛文尼亚	24.20	29.95	23.75
11	葡萄牙	13.74	16.06	16.89
12	爱沙尼亚	51.01	57.88	13.46
13	日本	7.99	8.66	8.44
14	比利时	27.03	29.19	7.99
15	捷克	21.96	23.61	7.52
16	巴西	21.06	22.27	5.74
17	俄罗斯	42.12	44.31	5.19
18	墨西哥	15.11	15.45	2.27
19	匈牙利	34.04	30.72	-9.75
20	法国	22.04	18.98	-13.90
21	冰岛	123.34	79.37	-35.65

① 在每万人口中幼儿园教师数量比较中，智利和冰岛2012年数据缺失，以2011年数据代替。

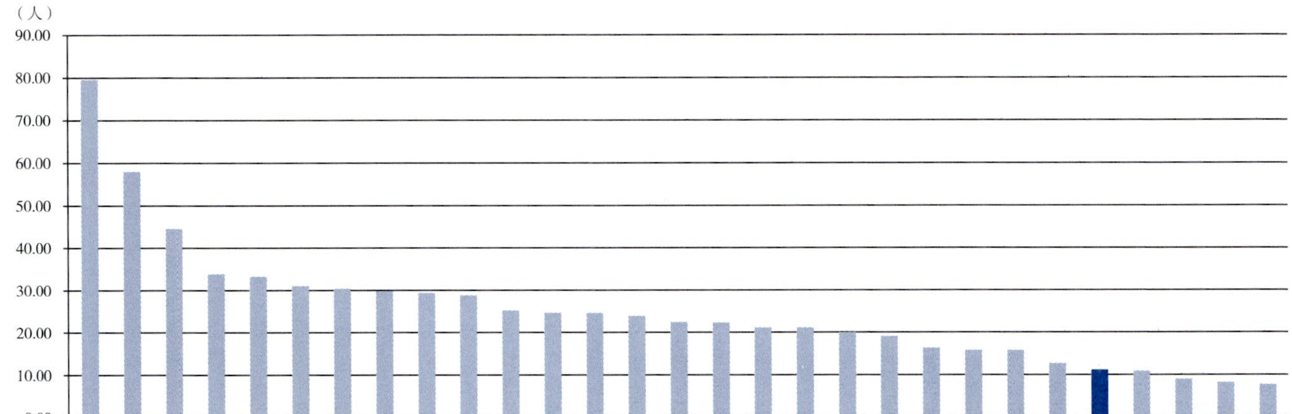

	冰岛	爱沙尼亚	俄罗斯	西班牙	智利	匈牙利	斯洛文尼亚	德国	比利时	芬兰	平均值	新西兰	奥地利	捷克	巴西	斯洛伐克	荷兰	美国	波兰	法国	葡萄牙	瑞士	墨西哥	印度尼西亚	中国	英国	日本	沙特阿拉伯	土耳其
每万人口中幼儿园教师数量	79.37	57.88	44.31	33.61	33.17	30.72	29.95	29.84	29.19	28.84	25.01	24.56	24.44	23.61	22.27	22.23	20.99	20.86	19.98	18.98	16.06	15.66	15.45	12.46	10.92	10.69	8.6€	8.00	7.55

图 3-1　各国 2012 年每万人口中的幼儿园教师数量

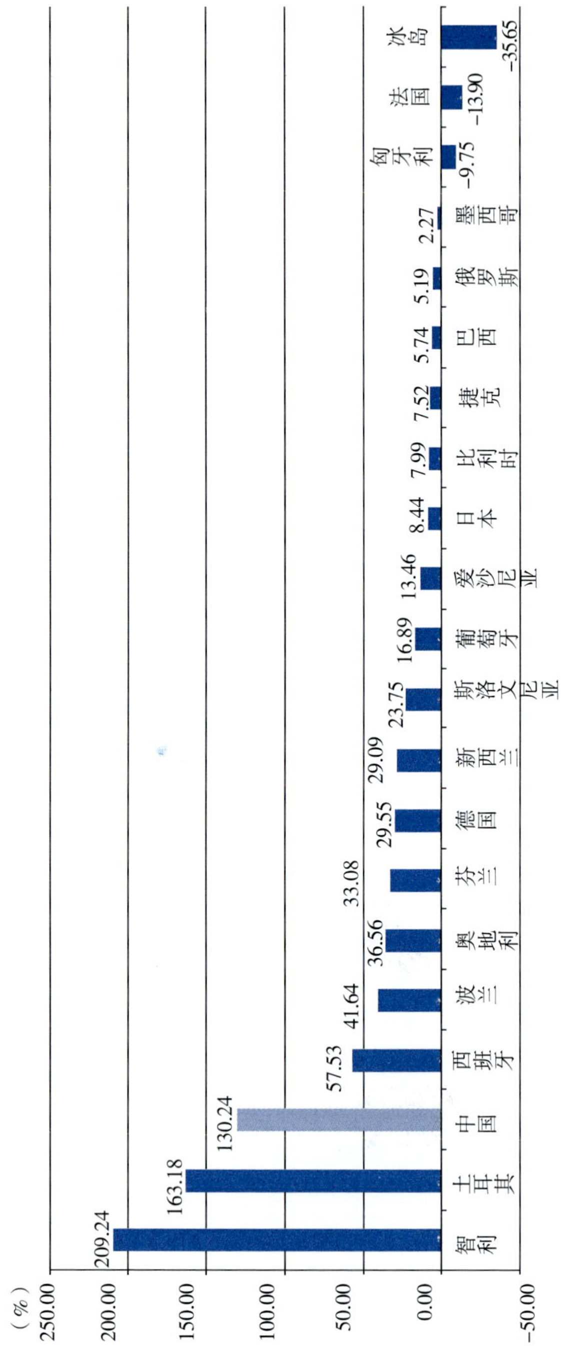

图 3-2　2003 年与 2012 年各国每万人口中幼儿园教师数量变化幅度

（二）中国每万人口中的小学教师数量较少

2012 年，我国每万人口中的小学教师数量为 41.47 人（表 3-2），与其他国家相比数量较少。在可获得数据的 33 个国家中，平均值为 47.76 人，中数为 44.18 人，标准差为 18.70 人。我国每万人口中的小学教师数低于该平均值，在 33 个国家中排第 19 位。沙特阿拉伯、以色列和爱尔兰每万人口中的小学教师数量较多，均超过 70 人。斯洛伐克、捷克和俄罗斯每万人口中小学教师数量最少，均不到 30 人（图 3-3）。

与 2003 年相比，在 23 个国家中，52.17%的国家每万人口中的小学教师数量有所增加，其中智利、爱尔兰、印度和西班牙的增幅超过 15%；包括我国在内的 47.83%的国家每万人口中的小学教师数量有所减少，其中匈牙利和捷克的降幅最大，超过 20%（图 3-4）。

表 3-2　2003 年与 2012 年每万人口中的小学教师数量变化情况①

序号	国家	2003 年小学教师数量（人）	2012 年小学教师数量（人）	变化幅度（%）
1	智利	31.42	40.69	29.51
2	爱尔兰	59.98	70.35	17.28
3	印度	27.78	32.09	15.52
4	西班牙	42.69	47.80	11.96
5	德国	28.49	31.17	9.40
6	日本	29.10	31.76	9.13
7	法国	32.68	35.52	8.67
8	新西兰	49.79	53.75	7.95
9	以色列	79.56	84.61	6.35

① 在每万人口中的小学教师数量的比较中，印度和以色列 2012 年数据缺失，以 2011 年数据代替。

续表

序号	国家	2003 年小学教师数量（人）	2012 年小学教师数量（人）	变化幅度（%）
10	芬兰	46. 08	47. 30	2. 64
11	印度尼西亚	65. 62	67. 07	2. 21
12	奥地利	35. 49	35. 83	0. 96
13	比利时	61. 80	59. 71	-3. 39
14	南非	47. 91	45. 42	-5. 20
15	中国	44. 13	41. 47	-6. 03
16	斯洛文尼亚	34. 49	31. 28	-9. 33
17	波兰	61. 71	55. 72	-9. 70
18	俄罗斯	22. 52	19. 66	-12. 70
19	葡萄牙	66. 19	57. 02	-13. 85
20	墨西哥	51. 57	44. 18	-14. 34
21	瑞典	77. 31	65. 59	-15. 15
22	匈牙利	47. 77	37. 01	-22. 52
23	捷克	33. 05	23. 94	-27. 57

（三）中国每万人口中的中学教师数量较少

2012 年，我国每万人口中的中学教师数量为 44. 27 人（表 3-3），与其他国家相比数量较少。在可获得数据的 28 个国家中，平均值为 67. 19 人，中数为 71. 62 人，标准差为 14. 87 人。我国每万人口中中学教师数低于平均值，在 28 个国家中排第 26 位。奥地利、匈牙利和葡萄牙每万人口中中学教师数量较多，均超过 85 人。中国、智利和印度每万人口中中学教师数量最少，均不到 45 人（图 3-5）。

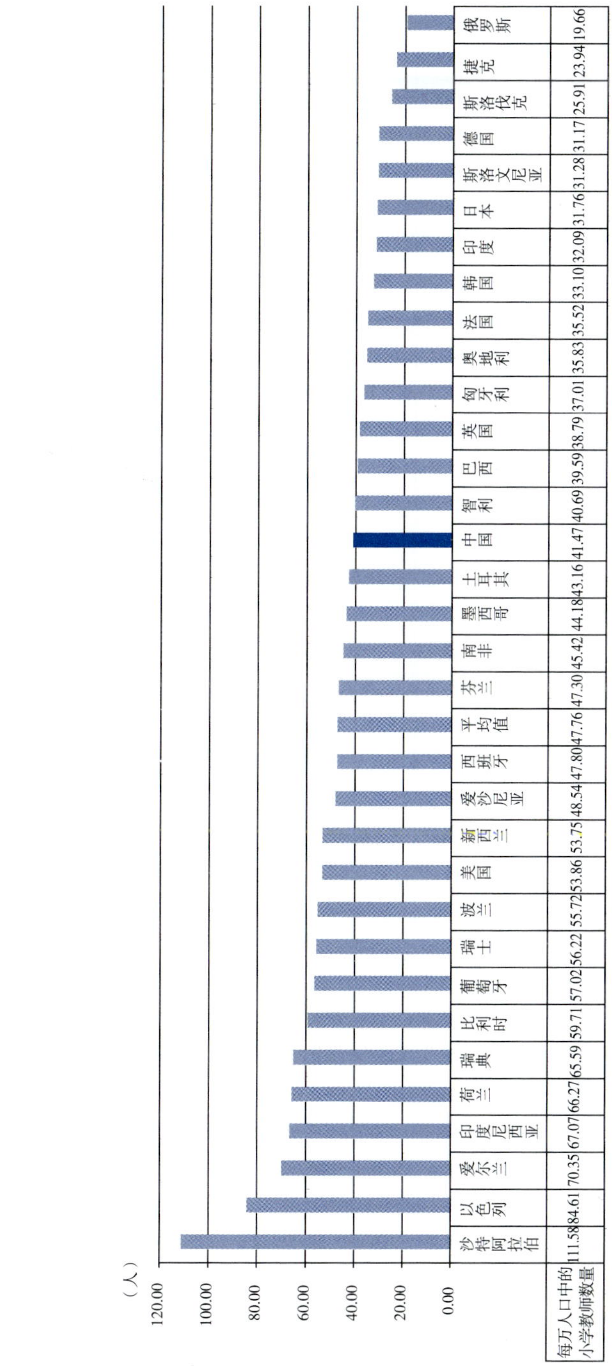

图 3-3　各国 2012 年每万人口中的小学教师数量

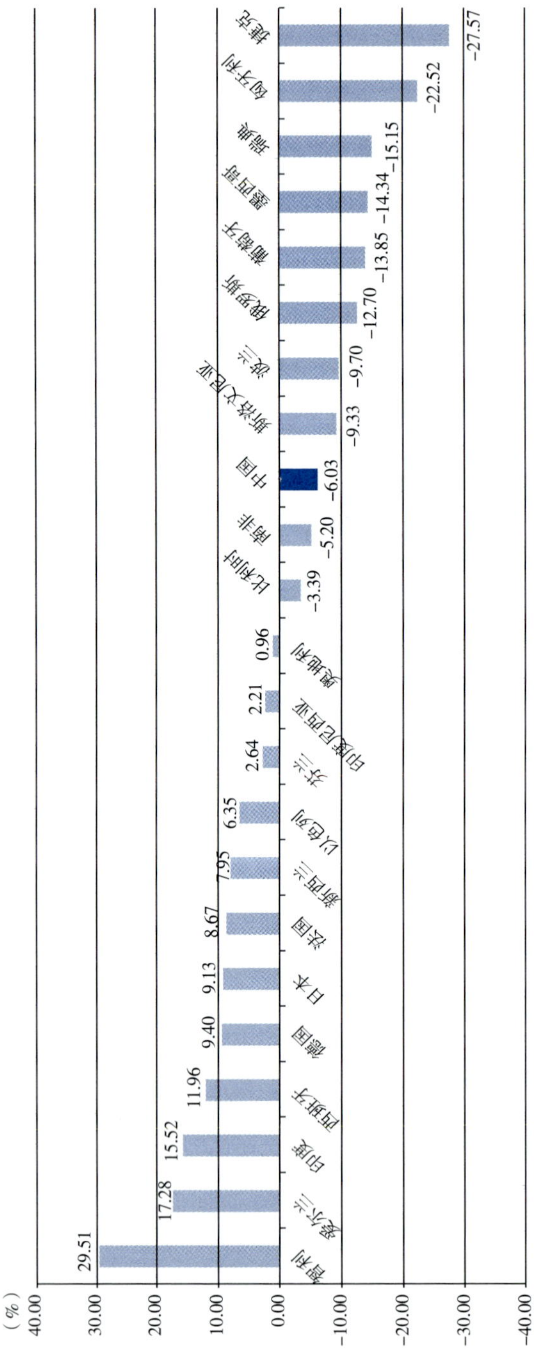

图 3-4　2003 年与 2012 年各国每万人口中的小学教师数量变化幅度

与2003年相比，在20个国家中，包括我国在内的50.00%的国家每万人口中的中学教师数量有所增加，其中印度和智利增幅较大，超过40%；50.00%的国家每万人口中的中学教师数量有所减少，其中捷克和以色列的降幅最大，超过25%（图3-6）。

表3-3　2003年与2012年每万人口中的中学教师数量变化情况①

序号	国家	2003年中学教师数量（人）	2012年中学教师数量（人）	变化幅度（%）
1	印度	22.92	35.93	56.73
2	智利	29.45	41.24	40.02
3	中国	39.88	44.27	11.01
4	波兰	72.23	78.23	8.31
5	芬兰	79.71	82.83	3.91
6	墨西哥	55.01	56.62	2.93
7	印度尼西亚	51.12	52.28	2.27
8	葡萄牙	83.61	85.50	2.25
9	日本	48.17	48.93	1.60
10	荷兰	66.65	66.77	0.17
11	德国	72.14	72.13	-0.02
12	奥地利	89.43	88.29	-1.28
13	西班牙	65.42	62.10	-5.07
14	匈牙利	92.76	86.79	-6.44
15	瑞典	80.52	74.54	-7.43
16	斯洛文尼亚	79.39	73.30	-7.68
17	新西兰	88.17	78.77	-10.66
18	法国	82.09	70.24	-14.43
19	捷克	91.11	66.07	-27.48
20	以色列	102.01	71.10	-30.30

① 在每万人口中中学教师数量比较中，印度、斯洛文尼亚和以色列2012年数据缺失，以2011年数据代替。

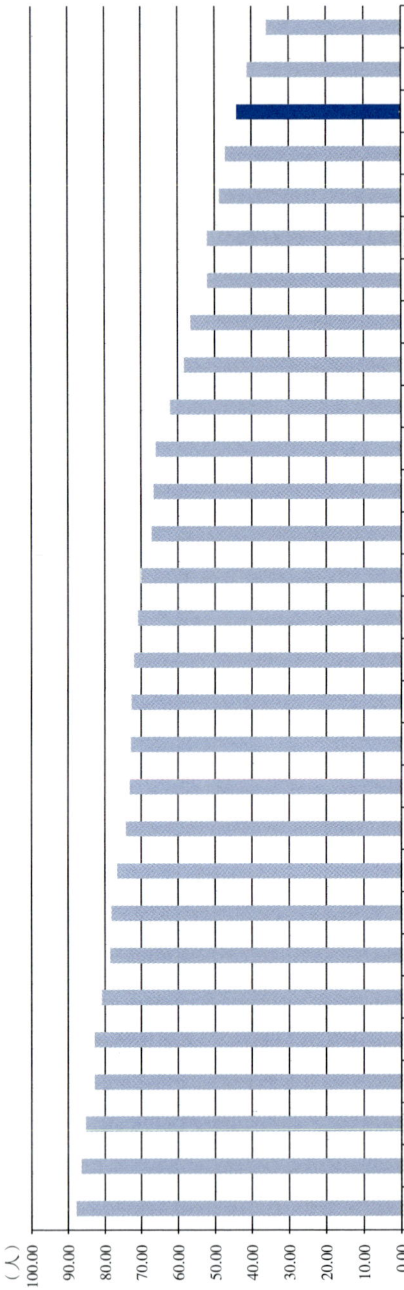

	奥地利	匈牙利	葡萄牙	斯洛伐克	芬兰	瑞士	新西兰	波兰	爱沙尼亚	瑞典	斯洛文尼亚	俄罗斯	巴西	德国	以色列	法国	平均值	荷兰	捷克	西班牙	土耳其	墨西哥	美国	印度尼西亚	日本	韩国	中国	智利	印度
每万人口中的中学教师数量	88.29	86.79	85.50	83.10	82.83	81.25	78.77	78.23	76.75	74.54	73.30	73.04	72.90	72.13	71.10	70.24	67.19	66.77	66.07	62.10	58.42	56.62	52.41	52.28	48.93	47.47	44.27	41.24	35.93

图 3-5 各国 2012 年每万人口中的中学教师数量

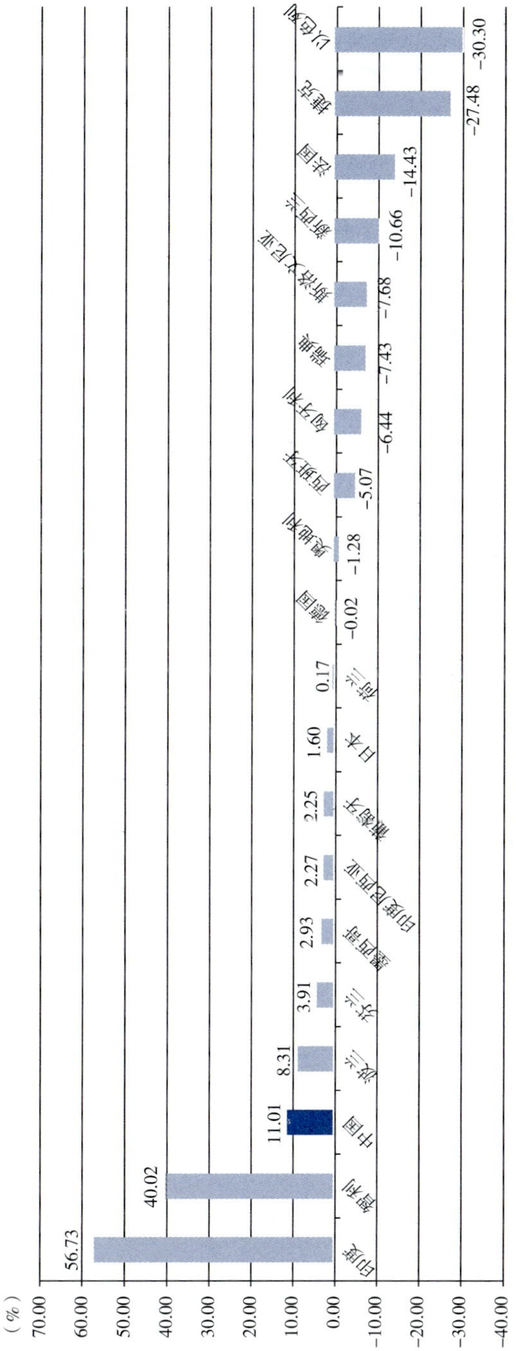

图 3-6　2003 年与 2012 年各国每万人口中的中学教师数量变化幅度

（四）中国每万人口中的高校教师数量较少

2012年，中国每万人口中的高校教师数量为7.49人（表3-4），与其他国家相比数量较少。在可获得数据的26个国家中，平均值为30.52人，中数为30.00人，标准差为14.62人。我国每万人口中高校教师数量低于该平均值，在26个国家中排第26位。冰岛、奥地利和瑞士每万人口中的高校教师数量较多，均超过50人。印度尼西亚和中国每万人口中的高校教师数量最少，均不到10人（图3-7）。

与2003年相比，在24个国家中，包括我国在内的70.83%的国家每万人口中高校教师数量有所增加，其中斯洛文尼亚每万人口中的高校教师数量增加了1倍多。29.17%的国家每万人口中的高校教师数量有所减少，其中法国的降幅最大，超过30%（图3-8）。

表3-4　2003年与2012年每万人口中的高校教师数量变化情况①

序号	国家	2003年高校教师数量（人）	2012年高校教师数量（人）	变化幅度（%）
1	斯洛文尼亚	15.58	35.14	125.58
2	沙特阿拉伯	10.22	19.51	90.88
3	瑞士	27.82	52.42	88.44
4	奥地利	35.34	58.17	64.62
5	德国	34.42	47.99	39.39
6	土耳其	11.54	15.26	32.25
7	中国	5.76	7.49	29.97
8	墨西哥	21.43	27.34	27.57

① 在每万人口中高校教师数量比较中，斯洛文尼亚、沙特阿拉伯、瑞士、奥地利、德国、土耳其、墨西哥、意大利、巴西、日本、阿根廷、比利时、葡萄牙、新西兰、西班牙、波兰、冰岛、匈牙利、印度尼西亚、芬兰、瑞典和捷克2012年数据缺失，以2011年数据代替。

续表

序号	国家	2003 年高校教师数量（人）	2012 年高校教师数量（人）	变化幅度（%）
9	意大利	15.14	17.04	12.54
10	巴西	16.48	18.15	10.10
11	日本	38.37	41.60	8.43
12	阿根廷	34.62	37.16	7.32
13	比利时	24.44	25.75	5.32
14	葡萄牙	34.66	36.06	4.02
15	新西兰	35.42	36.52	3.09
16	西班牙	32.48	33.21	2.26
17	波兰	26.37	26.63	0.97
18	冰岛	68.35	66.55	-2.64
19	匈牙利	23.49	22.76	-3.12
20	印度尼西亚	10.70	9.79	-8.50
21	芬兰	34.51	30.58	-11.36
22	瑞典	40.65	32.63	-19.73
23	捷克	21.65	17.15	-20.77
24	法国	21.55	14.03	-34.90

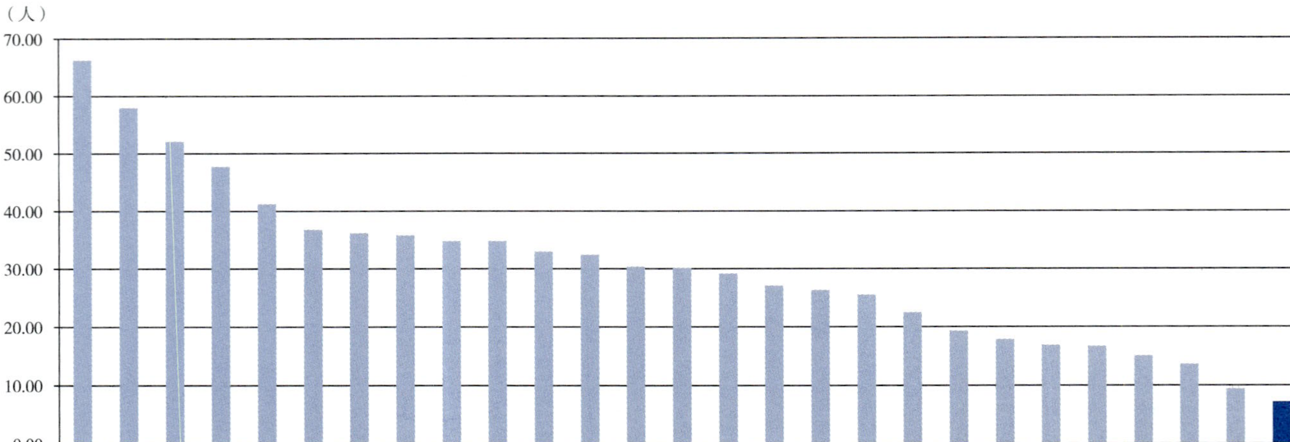

	冰岛	奥地利	瑞士	德国	日本	阿根廷	新西兰	葡萄牙	斯洛文尼亚	荷兰	西班牙	瑞典	芬兰	平均值	智利	墨西哥	波兰	比利时	匈牙利	沙特阿拉伯	巴西	捷克	意大利	土耳其	法国	印度尼西亚	中国
每万人口中的高校教师数量	66.55	58.17	52.42	47.99	41.60	37.16	36.52	36.06	35.14	35.09	33.21	32.63	30.58	30.52	29.41	27.34	26.63	25.75	22.76	19.51	18.15	17.15	17.04	15.26	14.03	9.79	7.49

图 3-7　各国 2012 年每万人口中的高校教师数量①

① 该图中，智利、法国和中国采用 2012 年数据，其他各国 2012 年数据缺失，以 2011 年数据代替。

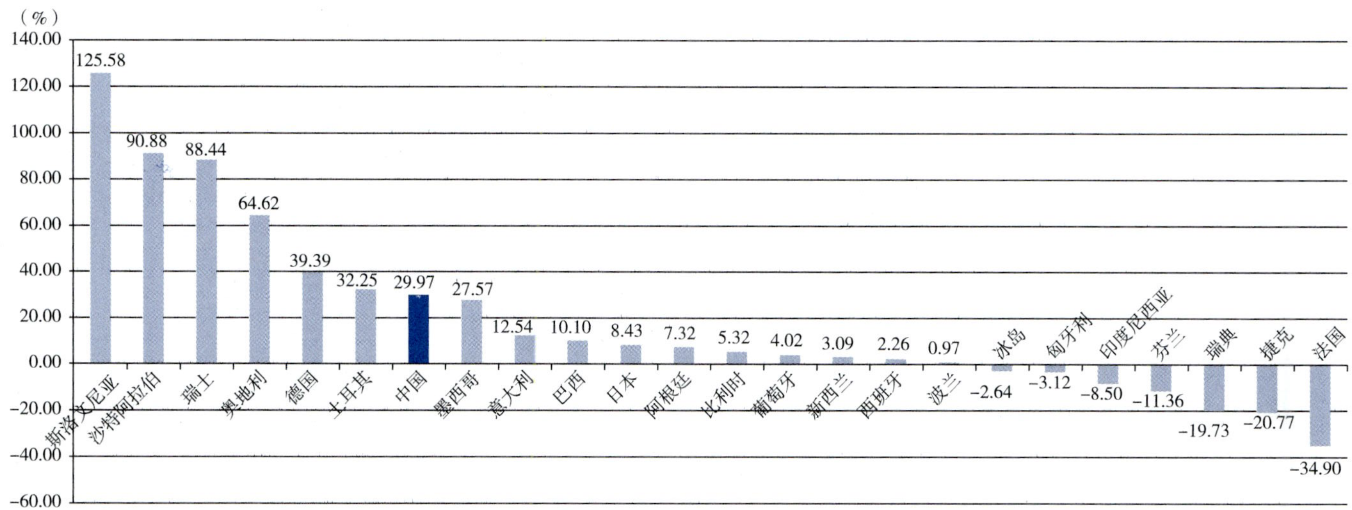

图 3-8　2003 年与 2012 年各国每万人口中的高校教师数量变化幅度

二、中国女教师比例总体好于 OECD 和 G20 国家①

2012 年，中国中小学教师中女教师比例低于世界平均水平，2003—2012 年，世界大多数国家中小学女教师比例有所增长，中国中小学女教师比例也有所增长。

（一）中国幼儿园女教师比例与 OECD、G20 国家平均水平相当

2012 年，在可获得数据的 32 个国家中，幼儿园女教师占教师总数的比例平均为 96.65%，标准差为 3.66%。有 10 个国家低于世界平均值，22 个国家高于平均值。中国幼儿园女教师所占比例为 97.97%（表 3-5），在 32 个国家中排名第 14，斯洛伐克、匈牙利、爱沙尼亚等 7 个国家幼儿园女教师比例高于 99%，荷兰和法国幼儿园女教师比例低于 90%（图 3-9）。

与 2003 年相比，在 2003 年和 2012 年数据齐全的 21 个国家中，8 个国家幼儿园女教师比例提高，13 个国家幼儿园女教师比例降低，其中增幅最大的是西班牙，为 8.45%，降幅最大的为英国，为 2.09%（表3-5、图 3-10）。

表 3-5　2003 年和 2012 年各国幼儿园女教师占教师总数比例变化情况

序号	国家	2003 年幼儿园女教师比例（%）	2012 年幼儿园女教师比例（%）	变化幅度（%）
1	西班牙	87.74	95.15	8.45
2	美国	90.89	94.13	3.56
3	匈牙利	96.42	99.76	3.46

① 男女教师比例各占 50% 为最好，高于或低于此比例都存在结构不合理问题，下同。

续表

序号	国家	2003 年幼儿园女教师比例（%）	2012 年幼儿园女教师比例（%）	变化幅度（%）
4	巴西	94.48	96.93	2.59
5	法国	80.62	82.64	2.51
6	墨西哥	93.84	95.14	1.39
7	波兰	97.53	98.13	0.62
8	芬兰	96.95	97.23	0.29
9	中国	98.00	97.97	-0.03
10	捷克	99.66	99.56	-0.10
11	斯洛伐克	99.92	99.81	-0.11
12	爱沙尼亚	100.00	99.62	-0.38
13	土耳其	95.08	94.71	-0.39
14	奥地利	99.35	98.76	-0.59
15	斯洛文尼亚	98.22	97.60	-0.63
16	智利	98.89	98.09	-0.81
17	冰岛	96.72	95.81	-0.94
18	新西兰	98.94	97.82	-1.13
19	德国	98.26	97.04	-1.24
20	比利时	98.82	97.29	-1.55
21	英国	97.03	95.00	-2.09

注：此处数据计算沿用已出版的《中国教师发展报告 2012》中计算方法，即（2012 年比例—2003 年比例）/2003 年比例。下同。

	斯洛伐克	匈牙利	爱沙尼亚	捷克	俄罗斯	以色列	韩国	奥地利	葡萄牙	意大利	波兰
幼儿园女教师比例	99.81	99.76	99.62	99.56	99.55	99.50	99.26	98.76	98.64	98.56	98.13

	智利	瑞士	中国	新西兰	斯洛文尼亚	卢森堡	比利时	芬兰	德国	日本	巴西
幼儿园女教师比例	98.09	98.07	97.97	97.82	97.60	97.36	97.29	97.23	97.04	97.00	96.93

	平均值	瑞典	冰岛	西班牙	墨西哥	英国	印度尼西亚	土耳其	美国	荷兰	法国
幼儿园女教师比例	96.65	96.38	95.81	95.15	95.14	95.00	94.75	94.71	94.13	85.97	82.64

图 3-9 2012 年各国幼儿园女教师比例

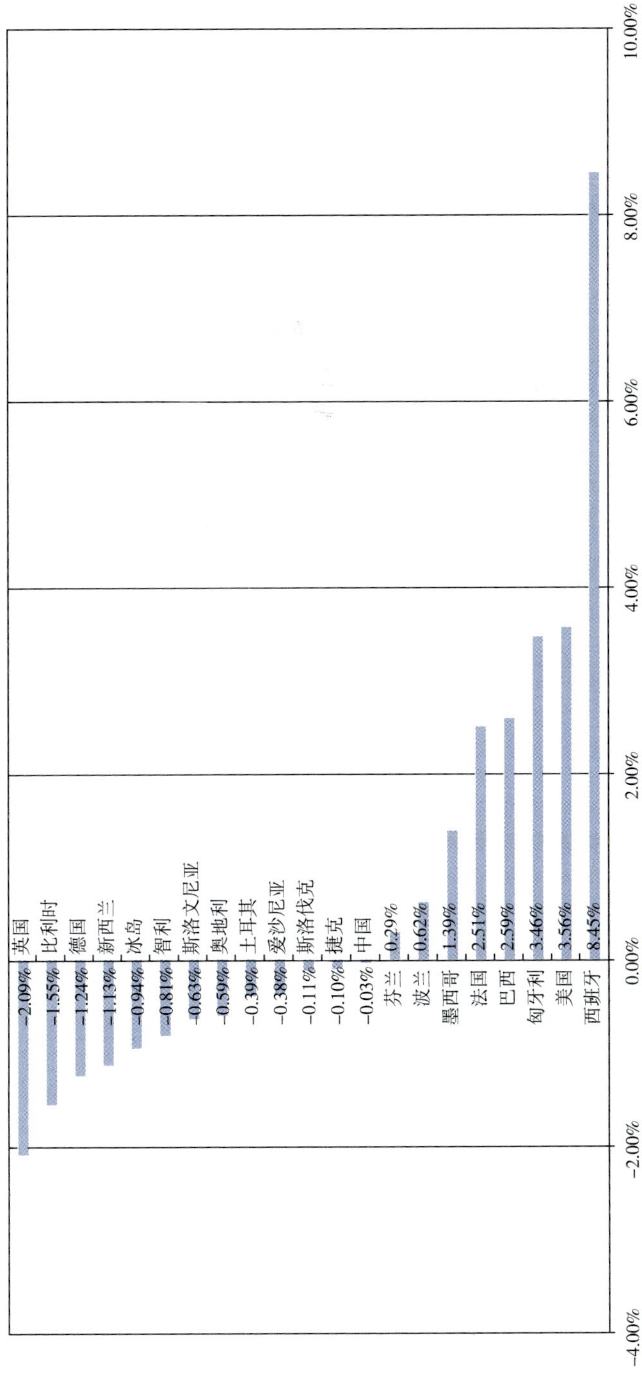

图 3-10 2003 年与 2012 年各国幼儿园女教师占教师总数比例变化幅度

（二）中国小学女教师比例好于大多数 OECD、G20 国家

2012 年，在可获得数据的 35 个国家中，小学女教师占教师总数的比例平均为 80.72%，标准差为 11.81%。有 15 个国家低于平均值，20 个国家高于这一平均值。中国小学女教师所占比例为 59.58%（表 3-6），在 35 个国家中排第 33 名，俄罗斯、斯洛文尼亚、捷克、意大利和匈牙利 5 个国家小学女教师比例达 95%以上，中国、土耳其和沙特阿拉伯 3 个国家小学女教师比例低于 60%（图 3-11）。

与 2003 年相比，在可获得数据的 23 个国家中，86.96%的国家小学女教师比例有所升高，其中印度尼西亚、捷克、匈牙利和中国 4 个国家的增幅在 10%以上，中国小学女教师比例增长了 12.61%。新西兰、美国和斯洛伐克小学女教师比例有所下降，其中斯洛伐克降幅最大，为 3.05%（图 3-12）。

表 3-6　2003 年和 2012 年各国小学女教师占教师总数比例变化情况①

序号	国家	2003 年小学女教师比例（%）	2012 年小学女教师比例（%）	变化幅度（%）
1	印度尼西亚	54.08	63.59	17.59
2	捷克	84.03	97.17	15.64
3	匈牙利	84.26	95.69	13.57
4	中国	52.91	59.58	12.61
5	卢森堡	69.25	75.43	8.92
6	韩国	72.97	78.70	7.85
7	西班牙	70.49	75.82	7.56
8	英国	81.39	86.98	6.87

① 南非 2012 年数据缺失，以 2011 年数据代替。

续表

序号	国家	2003 年小学女教师比例（%）	2012 年小学女教师比例（%）	变化幅度（%）
9	南非	74. 38	79. 00	6. 21
10	墨西哥	63. 45	67. 14	5. 82
11	芬兰	74. 80	78. 86	5. 43
12	比利时	77. 70	81. 29	4. 62
13	法国	80. 62	82. 81	2. 72
14	德国	82. 83	85. 02	2. 64
15	瑞典	80. 43	82. 49	2. 56
16	智利	77. 10	78. 19	1. 41
17	以色列	84. 48	85. 23	0. 89
18	奥地利	90. 11	90. 87	0. 84
19	斯洛文尼亚	96. 50	97. 30	0. 83
20	波兰	84. 75	85. 28	0. 63
21	新西兰	83. 93	83. 40	−0. 63
22	美国	88. 17	87. 15	−1. 16
23	斯洛伐克	92. 13	89. 32	−3. 05

（三）中国中学女教师比例好于多数 OECD、G20 国家

2012 年，在可获得数据的 24 个国家中，中学女教师占教师总数的比例平均为 61. 36%，标准差为 11. 25%。有 13 个国家低于世界平均值，11 个国家高于平均值。中国中学女教师所占比例为 48. 98%（表 3−7），在 24 个国家中排第 19 名，爱沙尼亚、意大利、斯洛伐克和斯洛文尼亚 4 个国家中学女教师比例达 75%以上，日本中学女教师比例最低，仅为 34. 82%（图 3−13）。

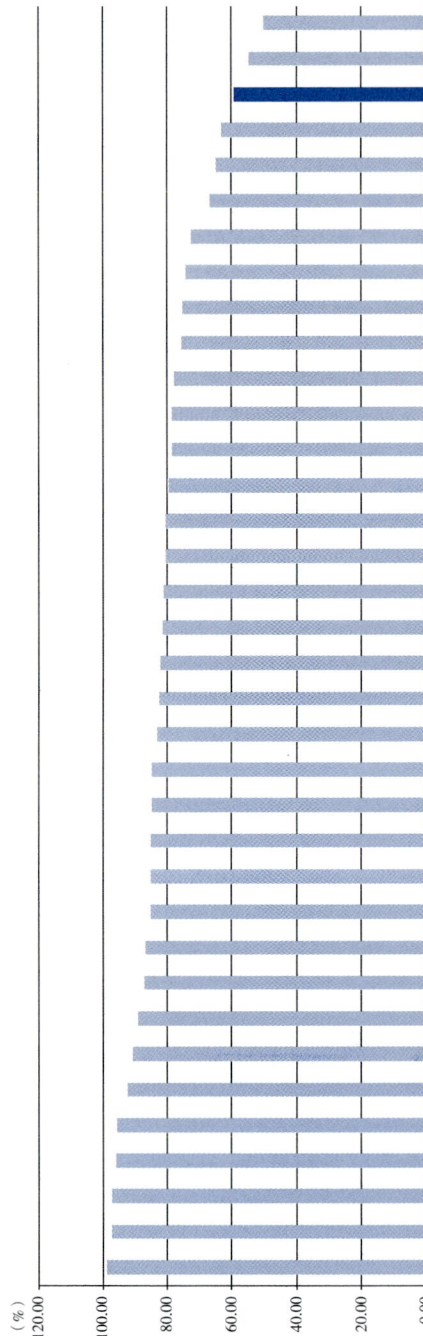

	俄罗斯	斯洛文尼亚	捷克	意大利	匈牙利	爱沙尼亚	奥地利	斯洛伐克	美国	英国	波兰	以色列	荷兰	德国	爱尔兰	新西兰	法国	瑞典	瑞士	比利时	平均值	冰岛	葡萄牙	芬兰	韩国	智利	西班牙	卢森堡	挪威	加拿大	墨西哥	日本	印度尼西亚	中国	土耳其	沙特阿拉伯
小学女教师比例	98.96	97.30	97.17	95.99	95.69	92.30	90.87	89.32	87.15	86.98	85.28	85.23	85.23	85.02	84.89	83.40	82.81	82.49	81.63	81.29	80.72	80.69	79.75	78.86	78.70	78.19	75.82	75.43	74.61	73.04	67.14	65.03	63.59	59.58	55.00	50.61

图 3-11　2012 年各国小学女教师比例

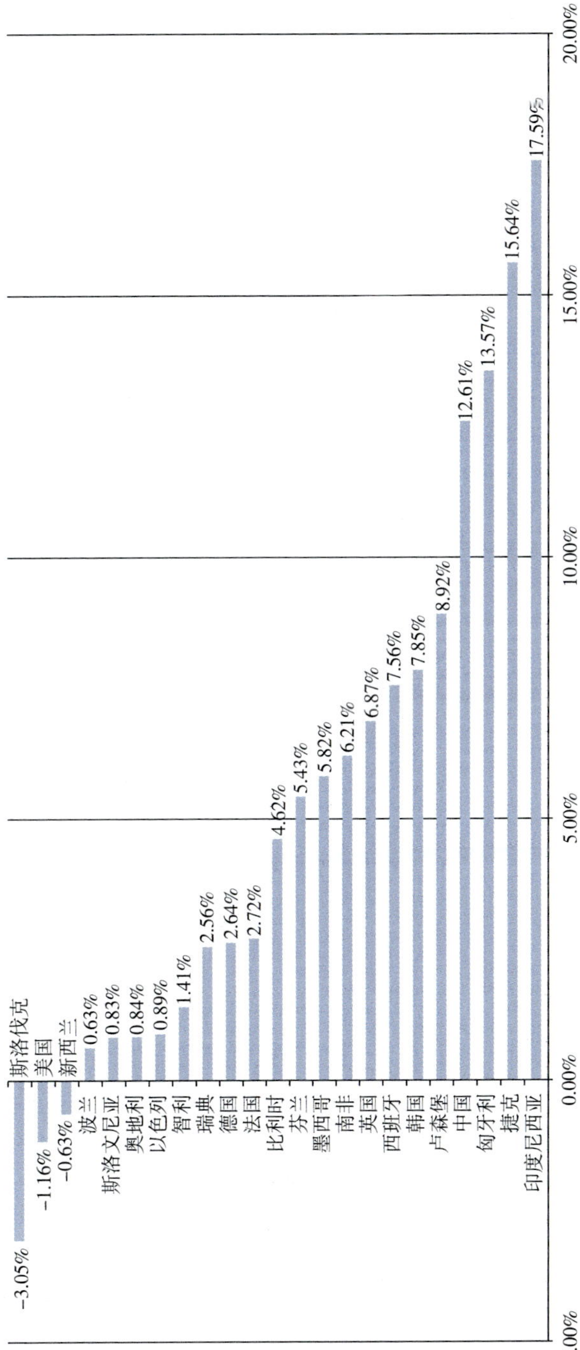

图 3-12　2003 年与 2012 年各国小学女教师比例变化幅度

与2003年相比，在可获得数据的23个国家中，91.30%的国家中学女教师比例有所升高，其中卢森堡、印度尼西亚和韩国的增幅在20%以上，中国中学女教师比例增长了15.24%。匈牙利和捷克中学女教师比例有所下降，降幅分别为0.80%和1.17%。（图3-14）。

表3-7 2003年与2012年各国中学女教师占教师总数的比例变化情况①

序号	国家	2003年中学女教师比例（%）	2012年中学女教师比例（%）	变化幅度（%）
1	卢森堡	43.00	59.59	38.58
2	印度尼西亚	40.94	53.82	31.46
3	韩国	49.09	59.56	21.33
4	印度	34.63	41.00	18.39
5	荷兰	42.78	49.70	16.18
6	中国	43.37	49.98	15.24
7	奥地利	59.86	67.01	11.94
8	芬兰	64.23	71.11	10.71
9	墨西哥	45.15	48.95	8.42
10	德国	54.94	59.13	7.63
11	斯洛文尼亚	70.33	75.13	6.82
12	智利	63.07	67.19	6.53
13	波兰	68.83	72.48	5.30
14	斯洛伐克	72.86	75.56	3.71
15	新西兰	60.43	62.48	3.39
16	法国	58.15	60.12	3.39
17	以色列	71.30	73.00	2.38
18	瑞典	56.48	57.68	2.12
19	美国	60.51	61.00	0.81
20	西班牙	54.73	55.00	0.49
21	葡萄牙	68.89	69.00	0.16
22	匈牙利	73.85	73.26	-0.80
23	捷克	66.78	66.00	-1.17

① 印度、以色列、美国、西班牙、葡萄牙和捷克2012年数据缺失，以2011年数据代替。

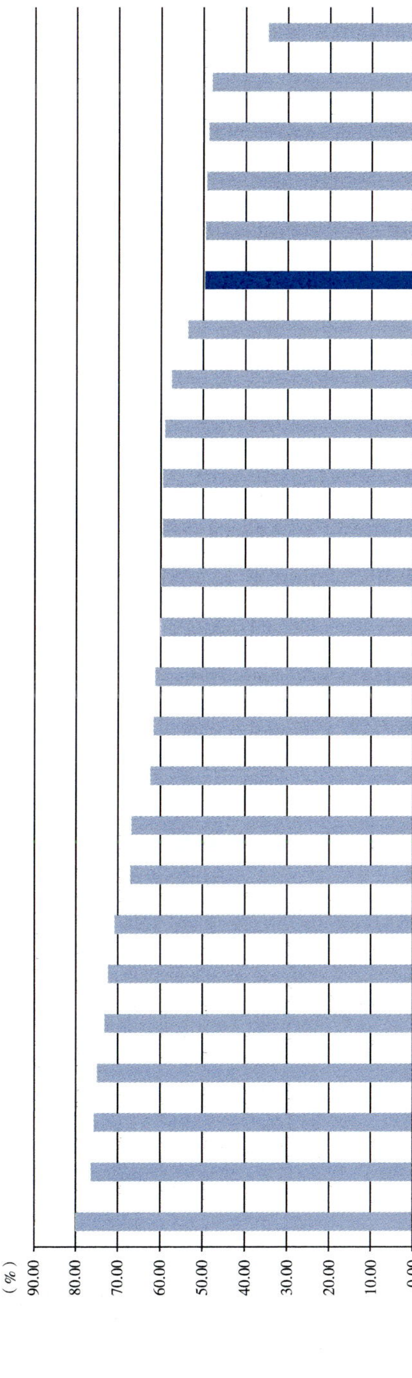

	爱沙尼亚	意大利	斯洛伐克	斯洛文尼亚	匈牙利	波兰	芬兰	智利	奥地利	新西兰	比利时	平均值	法国	英国	卢森堡	韩国	德国	瑞典	印度尼西亚	中国	荷兰	瑞士	墨西哥	土耳其	日本
中学女教师比例	79.72	76.37	75.56	75.13	73.26	72.48	71.11	67.19	67.01	62.48	61.64	61.36	60.12	60.01	59.59	59.56	59.13	57.68	53.82	49.98	49.70	49.28	48.95	48.07	34.82

图 3–13　2012 年各国中学女教师比例

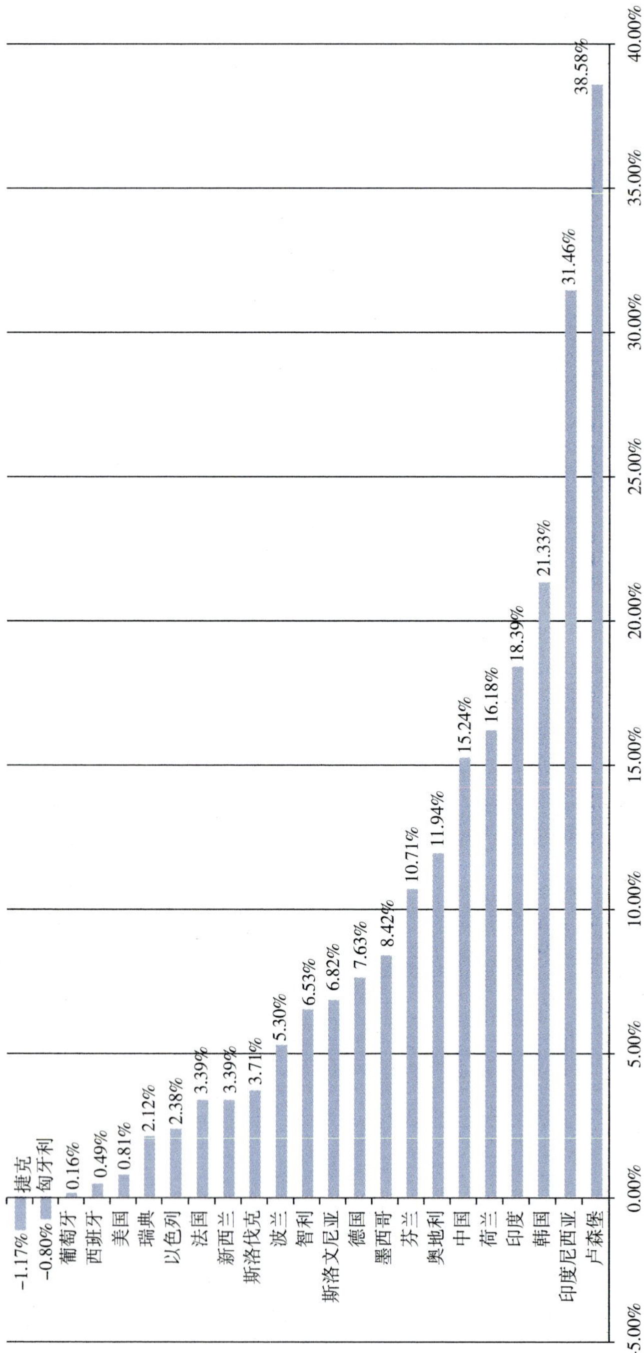

图 3-14　2003 年与 2012 年各国中学女教师比例变化幅度

（四）中国高校女教师比例高于 OECD、G20 国家平均值

2012 年，在可获得数据的 23 个国家中，高校女教师占教师总数的比例平均值为 40.55%，标准差为 6.98%。有 12 个国家高于平均值，11 个国家低于平均值。中国高校女教师所占比例为 47.28%（表 3-8），在 23 个国家中排第 4 名，俄罗斯和芬兰高校女教师比例高于 50%，日本高校女教师比例最低，不足 20%。总体而言，与基础教育阶段相比，各国高等教育阶段女教师比例较低（图 3-15）。

与 2003 年相比，在可获得数据的 25 个国家中，80.00%的国家高校女教师比例有所升高，其中瑞士、奥地利、斯洛文尼亚和英国的增幅在 20%以上，瑞士增幅最高，达 70.09%。中国高校女教师比例增长了 6.49%。冰岛等 5 个国家高校女教师比例有所下降，捷克降幅最大，为 12.42%。（图 3-16）。

表 3-8 2003 年与 2012 年各国高校女教师占教师总数的比例变化情况①

序号	国家	2003 年高校女教师比例（%）	2012 年高校女教师比例（%）	变化幅度（%）
1	瑞士	21.90	37.25	70.09
2	奥地利	29.37	39.00	32.79
3	斯洛文尼亚	29.69	39.00	31.36
4	英国	36.23	44.00	21.45
5	荷兰	33.83	39.99	18.21
6	比利时	39.26	46.00	17.17
7	美国	42.13	48.00	13.93
8	土耳其	37.07	42.15	13.70

① 奥地利、英国、比利时、美国、沙特阿拉伯、葡萄牙、印度尼西亚、冰岛、阿根廷和巴西 2012 年数据缺失，以 2011 年数据代替。

续表

序号	国家	2003 年高校女教师比例（%）	2012 年高校女教师比例（%）	变化幅度（%）
9	沙特阿拉伯	33. 61	38. 00	13. 06
10	韩国	28. 76	32. 29	12. 27
11	意大利	32. 52	36. 49	12. 21
12	德国	32. 90	36. 55	11. 09
13	芬兰	45. 28	50. 27	11. 02
14	斯洛伐克	39. 58	43. 77	10. 59
15	瑞典	39. 88	43. 39	8. 80
16	葡萄牙	41. 23	44. 00	6. 72
17	中国	44. 40	47. 28	6. 49
18	印度尼西亚	39. 31	41. 00	4. 30
19	新西兰	46. 8	48. 6	3. 85
20	西班牙	38. 10	39. 07	2. 55
21	冰岛	47. 85	47. 00	-1. 78
22	阿根廷	50. 25	49. 00	-2. 49
23	巴西	46. 47	45. 00	-3. 16
24	匈牙利	38. 97	36. 34	-6. 75
25	捷克	39. 30	34. 42	-12. 42

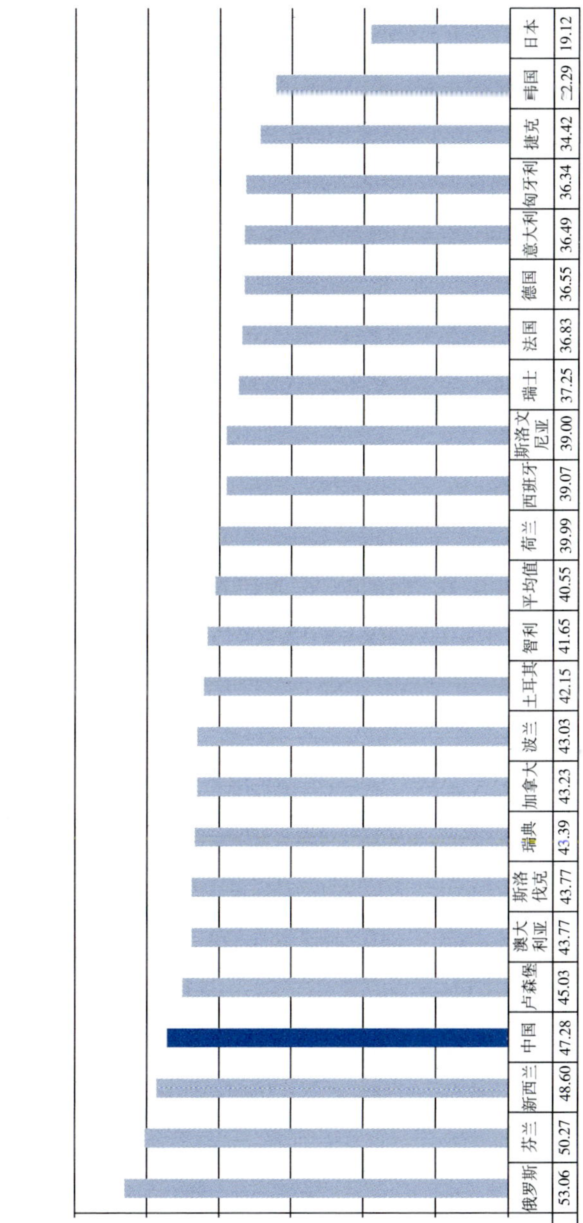

图 3-15 2012 年各国高校女教师比例

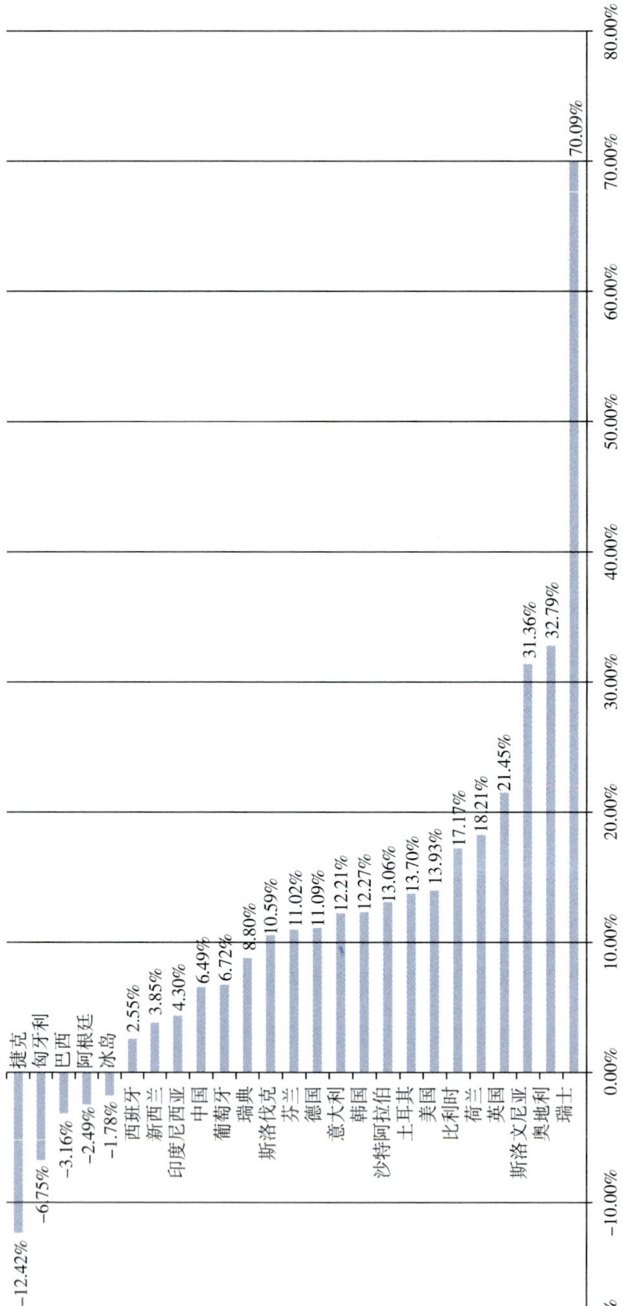

图 3-16　2003 年与 2012 年各国高校女教师比例变化幅度

三、中国中青年教师比例高于 OECD、G20 国家平均水平

根据 OECD 国家的教师平均年龄和中国教师平均年龄统计数据计算可知，2012 年中国年龄在 30—49 岁的中青年教师数量占教师总数的比例高于所统计国家的平均水平，并且高于大多数国家的中青年教师所占比例。与 2003 年相比，2012 年中国小学、初中和高中该年龄段教师比例都有较大幅度增长。

（一）中国小学阶段中青年教师比例处于中上水平

可获得数据的 30 个国家小学教师年龄统计数据显示，2012 年小学阶段 29 岁及以下教师所占比例平均为 13. 8%，中数为 13. 0%，标准差为 6. 72%；30—49 岁教师所占比例平均为 56. 5%，中数为 55. 3%，标准差为 6. 80%；50 岁及以上教师所占比例平均为 29. 7%，中数为 30. 9%，标准差为 8. 83%。其中，波兰 30—49 岁教师所占比例最高，为 68. 2%，而意大利和德国该年龄段教师的比例相对较小（表 3-9）。2012 年中国小学 29 岁及以下教师占 21. 4%，30—49 岁教师占 61. 9%，50 岁及以上教师占 16. 7%，中青年教师所占比例在 30 个国家中排第 10 位，处于中上水平（图 3-17）。

与 2003 年相比，2012 年可获得数据的 25 个国家中有 48. 00%的国家小学 30—49 岁教师比例有所上升，其中斯洛伐克的增幅最大，达到 28. 01%。中国该年龄段教师比例增加了 15. 98%。52. 00%的国家该年龄段教师比例有所下降，其中日本的降幅最大，为 27. 77%（图 3-18）。

表 3-9　2003 年与 2012 年各国小学 30—49 岁教师比例变化情况①

序号	国家	2003 年比例（%）	2012 年比例（%）	变化幅度（%）
1	斯洛伐克	49.6	63.5	28.01
2	丹麦	47.7	55.7	16.85
3	中国	53.4	61.9	15.98
4	韩国	53.7	62.2	15.82
5	卢森堡	47.9	54.6	13.88
6	瑞典	44.7	50.1	12.11
7	法国	61.1	66.6	8.94
8	德国	44.0	46.3	5.13
9	挪威	51.2	53.5	4.55
10	葡萄牙	62.4	65.2	4.49
11	美国	52.5	53.3	1.50
12	芬兰	62.1	62.4	0.56
13	英国	48.7	48.6	-0.27
14	爱尔兰	53.1	52.7	-0.71
15	西班牙	56.4	55.8	-1.00
16	冰岛	59.2	57.9	-2.23
17	波兰	70.1	68.2	-2.74
18	比利时	56.9	55.3	-2.82
19	以色列	64.5	62.5	-3.16
20	新西兰	53.7	49.2	-8.40
21	匈牙利	69.2	60.0	-13.32
22	荷兰	54.9	44.9	-18.18
23	奥地利	64.2	52.1	-18.85
24	意大利	60.2	47.8	-20.57
25	日本	73.9	53.4	-27.77

注：由于 2003 年、2012 年小学 30—49 岁教师比例原始数据均为 1 位小数，故此处只保留 1 位小数。表 3-10、表 3-11 同。

① 丹麦 2012 年数据缺失，以 2011 年数据代替。

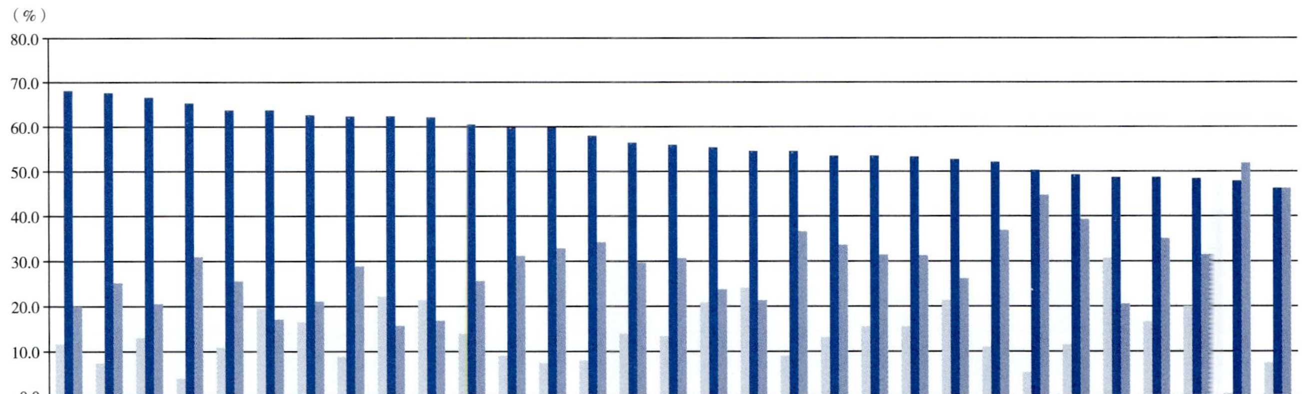

	波兰	斯洛文尼亚	法国	葡萄牙	斯洛伐克	印度尼西亚	以色列	芬兰	韩国	中国	加拿大	捷克	匈牙利	冰岛	平均值
29岁及以下	11.7	7.3	13.0	3.9	11.0	19.5	16.4	8.8	22.0	21.4	13.9	8.9	7.3	8.0	13.8
30—49岁	68.2	67.7	66.6	65.2	63.5	63.5	62.5	62.4	62.2	61.9	60.5	60.0	60.0	57.9	56.5
50岁及以上	20.1	25.1	20.4	30.9	25.5	17.0	21.1	28.8	15.8	16.7	25.6	31.1	32.7	34.1	29.7

	西班牙	比利时	卢森堡	爱沙尼亚	挪威	日本	美国	爱尔兰	奥地利	瑞典	新西兰	英国	瑞士	智利	意大利	德国
29岁及以下	13.4	20.9	24.1	8.9	12.9	15.3	15.4	21.3	11.0	5.3	11.5	30.8	16.5	20.[illegible]	0.4	7.4
30—49岁	55.8	55.3	54.6	54.5	53.5	53.4	53.3	52.7	52.1	50.1	49.2	48.6	48.5	48.[illegible]	47.8	46.3
50岁及以上	30.7	23.8	21.3	36.6	33.6	31.4	31.3	26.0	36.9	44.6	39.3	20.6	35.0	31.[illegible]	51.8	46.3

图 3-17　2012 年各国小学各年龄段教师所占比例

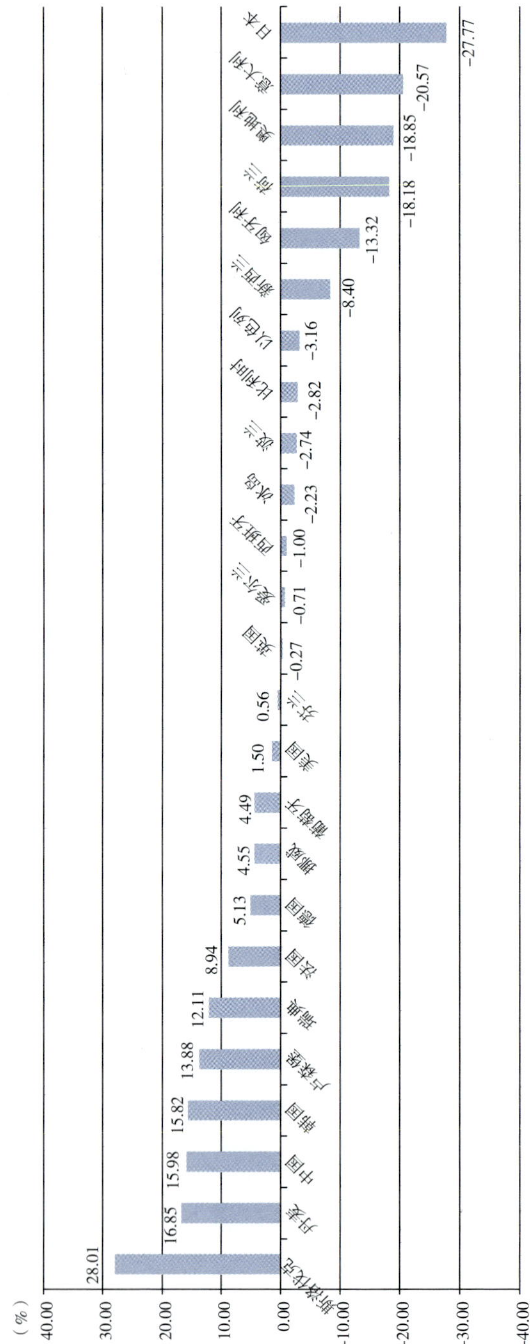

图 3-18 2003 年与 2012 年各国小学 30—49 岁教师比例变化幅度

（二）中国初中阶段中青年教师比例明显高于世界平均水平

可获得数据的 31 个国家的初中教师年龄统计数据显示，2012 年初中阶段 29 岁及以下教师所占比例平均为 12.4%，中数为 11.6%，标准差为 6.91%；30—49 岁教师所占比例平均为 55.8%，中数为 56.8%，标准差为 7.93%；50 岁及以上教师所占比例平均为 31.8%，中数为 32.1%，标准差为 11.09%。2012 年中国初中 29 岁及以下教师占 22.4%，30—49 岁教师占 69.9%（表 3-10），50 岁及以上教师占 7.7%。在所统计各国中，中国 30—49 岁教师所占比例最高。此外，波兰、葡萄牙、韩国和阿根廷该年龄段教师比例也较高，均超过了 65%，而意大利、荷兰、爱沙尼亚和德国该年龄段教师的比例相对较小，均低于 45%（图 3-19）。

与 2003 年相比，可获得数据的 25 个国家中有 44.00% 的国家初中 30—49 岁教师比例有所上升，其中中国的增幅最大，达到 33.65%。此外，瑞典和法国增幅也在 20% 以上。56.00% 的国家该比例有所下降，其中奥地利降幅最大，达到 35.30%（图 3-20）。

表 3-10　2003 年与 2012 年各国初中 30—49 岁教师比例变化情况①

序号	国家	2003 年比例（%）	2012 年比例（%）	变化幅度（%）
1	中国	52.3	69.9	33.65
2	瑞典	47.9	59.6	24.44
3	法国	50.1	61.5	22.80
4	丹麦	47.7	57.1	19.68
5	德国	39.1	44.3	13.40
6	卢森堡	53.0	59.5	12.19

① 爱尔兰 2012 年数据缺失，以 2011 年数据代替。

续表

序号	国家	2003 年比例（%）	2012 年比例（%）	变化幅度（%）
7	波兰	61. 6	68. 6	11. 30
8	葡萄牙	64. 6	68. 6	6. 25
9	芬兰	57. 0	59. 8	4. 96
10	挪威	51. 2	53. 5	4. 56
11	意大利	41. 0	42. 0	2. 46
12	英国	53. 0	52. 2	-1. 48
13	冰岛	59. 2	57. 9	-2. 23
14	斯洛伐克	49. 6	48. 4	-2. 44
15	美国	54. 9	53. 2	-3. 06
16	爱尔兰	55. 0	52. 8	-3. 99
17	以色列	63. 9	61. 3	-4. 00
18	韩国	70. 8	66. 2	-6. 46
19	比利时	55. 3	51. 2	-7. 38
20	匈牙利	62. 0	56. 7	-8. 49
21	新西兰	52. 7	47. 3	-10. 24
22	西班牙	68. 8	60. 1	-12. 67
23	荷兰	51. 1	43. 1	-15. 66
24	日本	74. 8	59. 5	-20. 50
25	奥地利	70. 3	45. 5	-35. 30

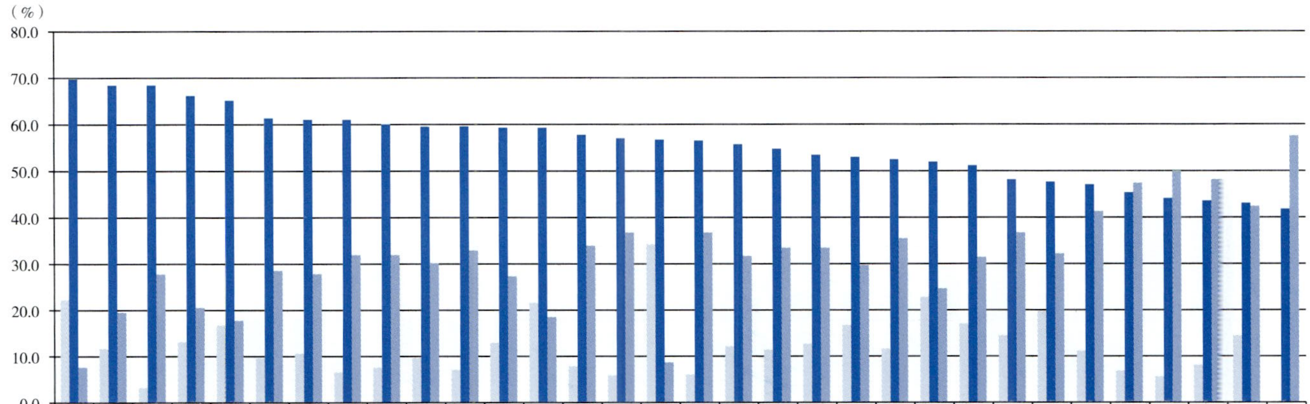

	中国	波兰	葡萄牙	韩国	阿根廷	法国	以色列	斯洛文尼亚	西班牙	芬兰	瑞典	日本	卢森堡	冰岛	丹麦	印度尼西亚	匈牙利	平均值	捷克	挪威	美国	瑞士	英国	比利时	斯洛伐克	智利	新西兰	奥地利	德国	爱沙尼亚	荷兰	意大利
29岁及以下	22.4	11.7	3.4	13.2	16.9	9.8	10.7	6.8	7.8	9.8	7.2	13.0	21.8	7.9	5.9	34.4	6.3	12.4	11.6	12.9	16.9	11.8	23.0	17.2	14.7	19.9	11.2	7.0	5.6	8.2	14.5	0.4
30—49岁	69.9	68.6	68.6	66.2	65.2	61.5	61.3	61.2	60.1	59.8	59.6	59.5	59.5	57.9	57.1	56.8	56.7	55.8	54.9	53.5	53.2	52.6	52.2	51.2	48.4	47.7	47.3	45.5	44.3	43.[illegible]	43.1	42.0
50岁及以上	7.7	19.7	28.0	20.6	17.9	28.7	28.0	32.0	32.1	30.4	33.2	27.5	18.7	34.2	37.0	8.8	37.0	31.8	33.5	33.6	29.7	35.6	24.8	31.6	36.9	32.4	41.5	47.5	50.1	48.[illegible]	42.4	57.6

图 3-19　2012 年各国初中各年龄段教师所占比例

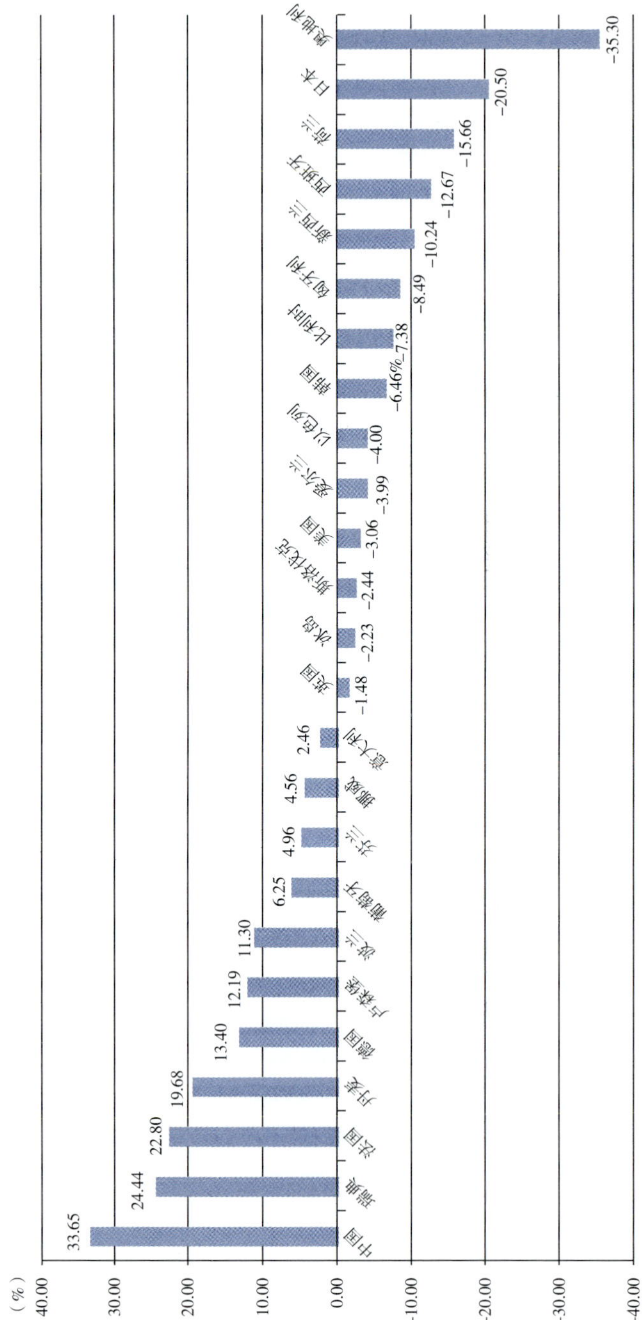

图 3-20　2003 年与 2012 年各国初中 30—49 岁教师比例变化幅度

（三）中国高中阶段中青年教师比例较高

可获得数据的32个国家高中教师年龄统计数据显示，2012年高中阶段29岁及以下教师所占比例平均为9.9%，中数为9.0%，标准差为5.92%；30—49岁教师所占比例平均为54.8%，中数为53.5%，标准差为8.52%；50岁及以上教师所占比例平均为35.3%，中数为33.8%，标准差为11.99%。2012年中国高中29岁及以下教师占27.7%，30—49岁教师占67.4%（表3-11），50岁及以上教师占4.9%，中青年教师所占比例在32个国家中排第3，处于较高水平。葡萄牙30—49岁教师所占比例最高，为69.5%，此外，印度尼西亚该比例也较高，超过了65%。而荷兰和意大利该年龄段教师的比例相对较小，均低于40%（图3-21）。

与2003年相比，可获得数据的24个国家中有41.67%的国家高中30—49岁教师比例有所上升，其中中国的增幅最大，达到24.13%。此外，瑞典和爱尔兰该比例增幅也在15%以上。58.33%的国家该比例有所下降，其中意大利降幅最大，达到34.63%。此外，奥地利和荷兰也有较大降幅，均超过20%（图3-22）。

表3-11　2003年与2012年各国高中30—49岁教师比例变化情况

序号	国家	2003年比例（%）	2012年比例（%）	变化幅度（%）
1	中国	54.3	67.4	24.13
2	瑞典	42.8	49.8	16.28
3	爱尔兰	55.0	63.6	15.70
4	匈牙利	52.9	60.2	13.76
5	卢森堡	53.0	59.0	11.25
6	葡萄牙	64.3	69.5	8.03

续表

序号	国家	2003 年比例（%）	2012 年比例（%）	变化幅度（%）
7	波兰	58. 0	61. 9	6. 69
8	法国	55. 6	59. 1	6. 34
9	美国	51. 9	52. 2	0. 60
10	挪威	46. 8	47. 0	0. 51
11	英国	53. 0	51. 8	-2. 23
12	芬兰	55. 4	52. 3	-5. 64
13	以色列	58. 1	54. 8	-5. 69
14	西班牙	68. 8	64. 2	-6. 71
15	比利时	56. 2	52. 2	-7. 18
16	日本	63. 0	57. 1	-9. 39
17	冰岛	51. 7	45. 8	-11. 49
18	新西兰	52. 6	46. 5	-11. 66
19	德国	57. 5	50. 3	-12. 60
20	韩国	70. 5	61. 4	-12. 85
21	斯洛伐克	57. 1	49. 2	-13. 85
22	荷兰	51. 1	39. 9	-21. 92
23	奥地利	71. 8	53. 1	-26. 01
24	意大利	52. 9	34. 6	-34. 63

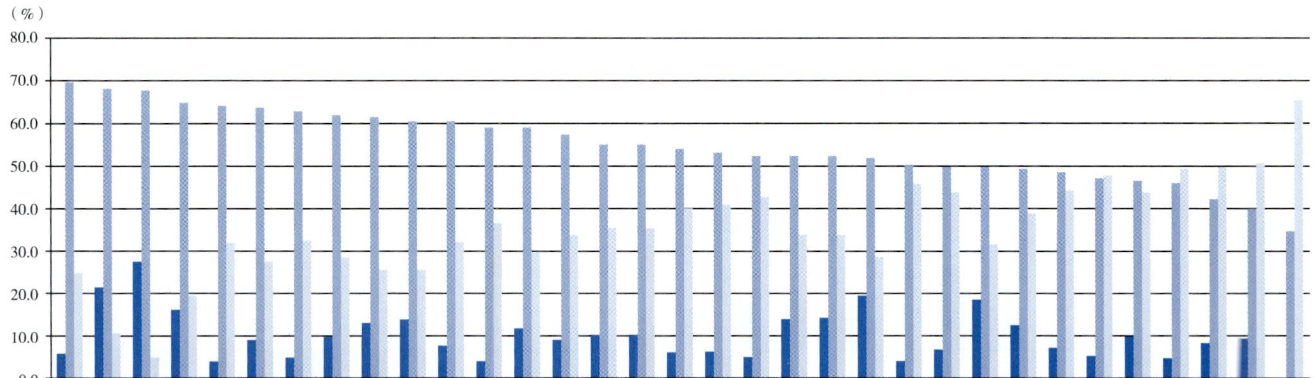

	葡萄牙	印度尼西亚	中国	阿根廷	西班牙	爱尔兰	斯洛文尼亚	波兰	韩国	加拿大	匈牙利	法国	卢森堡	日本	以色列	平均值	瑞士	奥地利	芬兰	比利时	美国	英国	德国	瑞典	智利	斯洛伐克	捷克	挪威	新西兰	冰岛	爱沙尼亚	荷兰	意大利
29岁及以下	5.7	21.4	27.7	16.1	4.0	8.9	4.7	9.6	12.9	13.9	7.8	4.1	11.6	9.1	9.8	9.9	6.0	6.2	5.1	14.0	14.2	19.5	4.2	6.5	18.4	12.2	7.3	5.3	9.6	4.8	8.5	9.5	0.1
30—49岁	69.5	67.9	67.4	64.6	64.2	63.6	62.8	61.9	61.4	60.5	60.2	59.1	59.0	57.1	54.8	54.8	53.9	53.1	52.3	52.2	52.2	51.8	50.3	49.8	49.8	49.2	48.5	47.0	46.5	45.8	41.9	39.9	34.6
50岁及以上	24.8	10.7	4.9	19.3	31.8	27.5	32.5	28.5	25.7	25.6	32.0	36.7	29.4	33.8	35.4	35.3	40.1	40.7	42.6	33.8	33.6	28.7	45.5	43.7	31.8	38.6	44.2	47.7	43.9	49.4	49.6	50.6	65.3

图 3-21　2012 年各国高中各年龄段教师所占比例

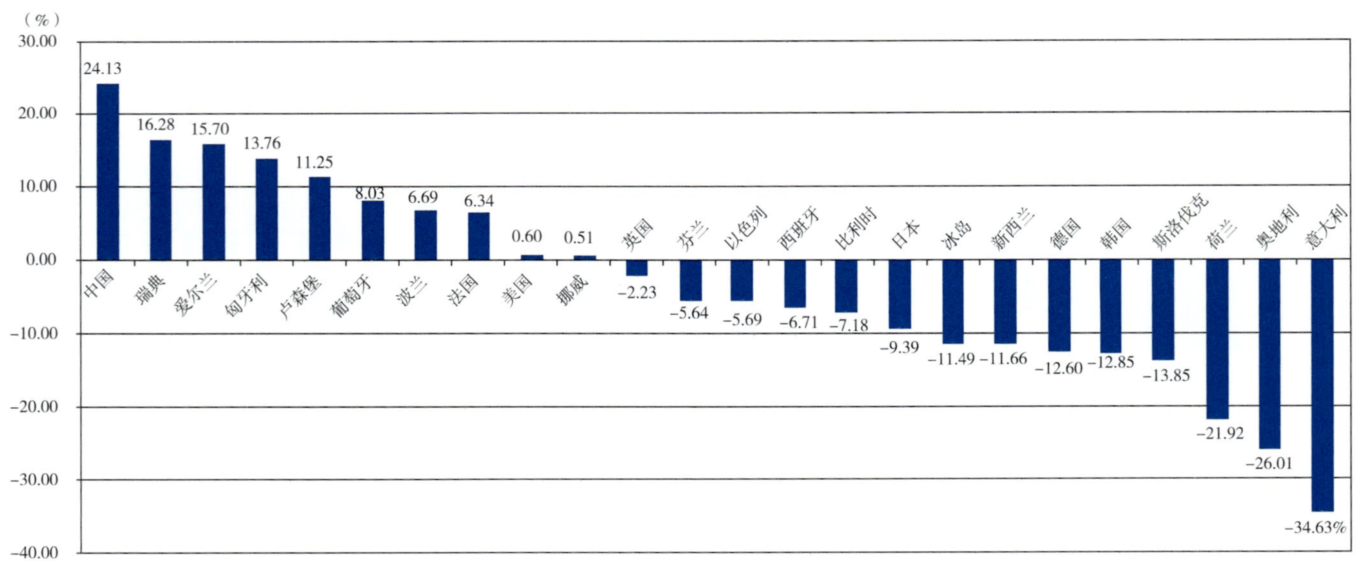

图 3-22　2003 年与 2012 年各国高中 30—49 岁教师比例变化幅度

四、中国小学和初中班额较大

根据2014年OECD教育概览的统计数据，2012年中国小学和初中的班额均高于OECD、G20国家。与2003年相比，中国初中的班额有较大幅度的下降，其他各国的初中班额也多呈现下降趋势。

（一）中国小学班额显著高于其他国家

可获得数据的29个国家小学班额统计结果显示，2012年各国小学班额平均水平为22.30人，中数为21.10人，众数为20.70人。其中，中国班额最大，为38.18人，卢森堡班额最小，为15.42人（表3-12）。除中国外，平均班额超过25人的国家还有智利、以色列、日本、英国、巴西、韩国。相比其他国家，斯洛伐克、希腊和卢森堡的班额较小，平均班额小于18人（图3-23）。

与2003年相比，48.28%的国家小学班额有所增加，其中俄罗斯、葡萄牙和中国的增幅最大，增幅均超过10%。中国的小学班额增加了10.83%。约一半国家小学班额有所减少，其中韩国的减少幅度最大，达到27.60%。此外，土耳其、阿根廷、斯洛伐克和巴西的小学班额也有较大幅度的减少，减少幅度均超过10%（图3-24）。

表3-12　2003年与2012年小学班额变化幅度①

序号	国家	2003年班额（人）	2012年班额（人）	变化幅度（%）
1	俄罗斯	15.82	18.16	14.79
2	葡萄牙	18.59	20.72	11.46
3	中国	34.45	38.18	10.83
4	以色列	25.58	27.94	9.23

① 其中阿根廷2012年数据缺失，使用2011年数据代替。

续表

序号	国家	2003 年班额（人）	2012 年班额（人）	变化幅度（%）
5	丹麦	19. 71	21. 14	7. 26
6	意大利	18. 03	19. 13	6. 10
7	西班牙	19. 40	20. 26	4. 43
8	冰岛	18. 15	18. 90	4. 13
9	比利时法语区	19. 90	20. 68	3. 92
10	匈牙利	20. 47	21. 07	2. 93
11	爱尔兰	24. 01	24. 44	1. 79
12	澳大利亚	22. 70	23. 08	1. 67
13	法国	22. 32	22. 66	1. 52
14	英国	26. 00	26. 02	0. 08
15	希腊	17. 10	17. 10	0. 00
16	卢森堡	15. 48	15. 42	-0. 39
17	墨西哥	19. 98	19. 82	-0. 80
18	美国	22. 00	21. 50	-2. 27
19	日本	28. 60	27. 65	-3. 32
20	捷克	20. 84	19. 91	-4. 46
21	德国	22. 01	20. 98	-4. 68
22	智利	31. 39	29. 25	-6. 82
23	奥地利	20. 03	18. 21	-9. 09
24	波兰	20. 76	18. 76	-9. 63
25	土耳其	26. 93	24. 13	-10. 40
26	阿根廷	28. 04	24. 61	-12. 23
27	斯洛伐克	20. 24	17. 38	-14. 13
28	巴西	32. 57	25. 26	-22. 44
29	韩国	34. 67	25. 10	-27. 60

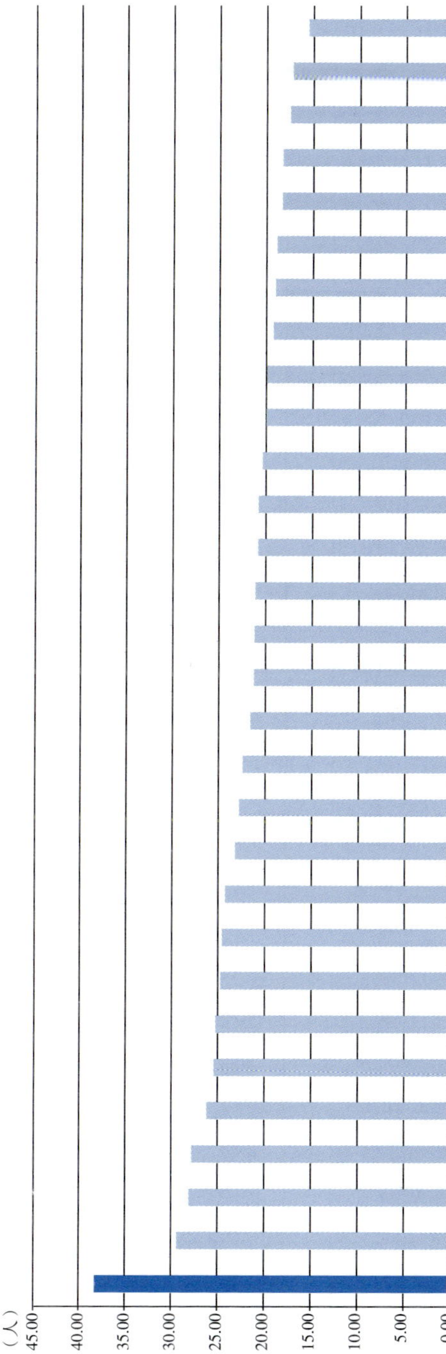

	中国	智利	以色列	日本	英国	巴西	韩国	阿根廷	爱尔兰	土耳其	澳大利亚	法国	平均值	美国	丹麦	匈牙利	德国	葡萄牙	比利时法语区	西班牙	捷克	墨西哥	意大利	冰岛	波兰	奥地利	俄罗斯	斯洛伐克	希腊	卢森堡
班额	38.18	29.25	27.94	27.65	26.02	25.26	25.10	24.61	24.44	24.13	23.08	22.66	22.30	21.50	21.14	21.07	20.98	20.72	20.68	20.26	19.91	19.82	19.13	18.90	18.76	18.21	18.16	17.38	17.10	15.42

图 3-23　2012 年各国小学班额

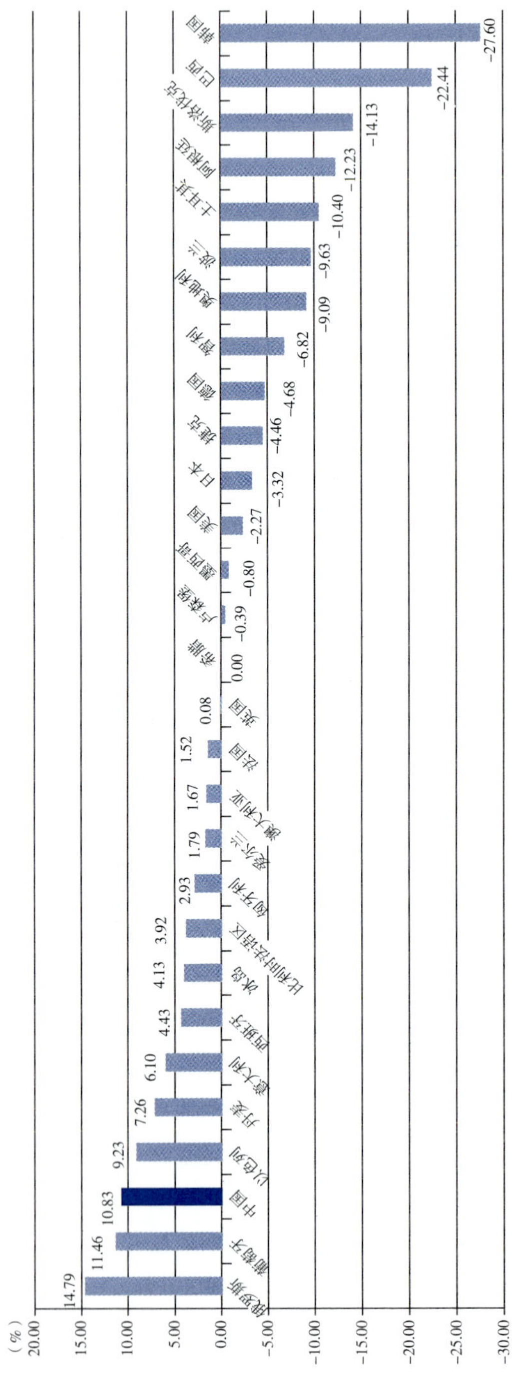

图 3-24　2003 年和 2012 年各国小学班额变化幅度

（二）中国初中班额有所下降

可获得数据的26个国家初中班额统计结果显示，2012年各国初中班额平均水平为25.30人，中数为22.70人，众数为21.40人。其中，中国班额远大于其他国家，为51.80人，而俄罗斯班额最小，为18.37人（表3-13）。除中国外，韩国、日本和智利的初中班额也在30人以上。斯洛伐克、卢森堡和俄罗斯的初中班额均不到20人（图3-25）。

尽管中国的初中班额比其他国家高出许多，但相比2003年已经有了较大幅度的减少。2012年与2003年相比，中国初中班额减幅达9.21%。与2003年相比，30.77%的国家初中班额有所增加，其中美国和丹麦的增幅相对较大，在10%以上。69.23%的国家初中班额有所减少，其中奥地利、斯洛伐克、巴西和英国的减幅较大，均超过10%，英国减幅最大，为16.75%（图3-26）。

表3-13　2003年与2012年初中班额变化幅度[①]

序号	国家	2003年班额（人）	2012年班额（人）	变化幅度（%）
1	美国	23.16	27.60	19.17
2	丹麦	19.44	21.42	10.19
3	冰岛	19.35	20.10	3.85
4	意大利	20.91	21.66	3.59
5	法国	24.08	24.80	2.99
6	西班牙	23.40	24.09	2.95
7	澳大利亚	22.16	22.71	2.48
8	葡萄牙	22.09	22.17	0.34

① 其中阿根廷2012年数据缺失，使用2011年数据代替。

续表

序号	国家	2003年班额（人）	2012年班额（人）	变化幅度（%）
9	德国	24. 61	24. 51	-0. 38
10	匈牙利	21. 52	21. 38	-0. 65
11	阿根廷	28. 83	28. 18	-2. 26
12	智利	31. 96	30. 87	-3. 40
13	日本	33. 86	32. 56	-3. 85
14	希腊	22. 74	21. 78	-4. 21
15	卢森堡	20. 20	19. 19	-4. 99
16	韩国	35. 38	33. 57	-5. 10
17	以色列	31. 03	29. 32	-5. 51
18	波兰	24. 57	22. 73	-7. 45
19	捷克	23. 28	21. 38	-8. 16
20	俄罗斯	20. 18	18. 37	-8. 97
21	中国	57. 05	51. 80	-9. 21
22	墨西哥	30. 15	27. 20	-9. 78
23	奥地利	23. 98	21. 03	-12. 31
24	斯洛伐克	23. 01	19. 68	-14. 47
25	巴西	34. 29	28. 81	-15. 99
26	英国	24. 20	20. 15	-16. 75

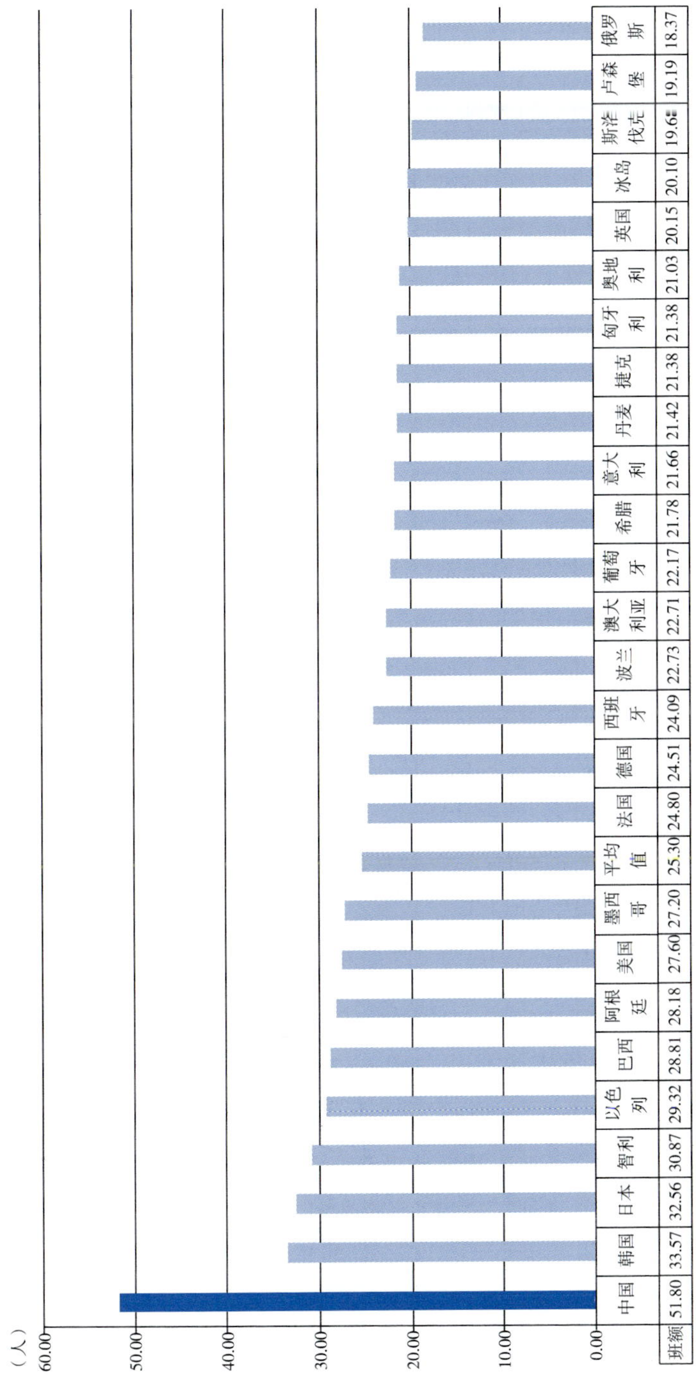

	中国	韩国	日本	智利	以色列	巴西	阿根廷	美国	墨西哥	平均值	法国	德国	西班牙	波兰	澳大利亚	葡萄牙	希腊	意大利	丹麦	捷克	匈牙利	奥地利	英国	冰岛	斯洛伐克	卢森堡	俄罗斯
班额	51.80	33.57	32.56	30.87	29.32	28.81	28.18	27.60	27.20	25.30	24.80	24.51	24.09	22.73	22.71	22.17	21.78	21.66	21.42	21.38	21.38	21.03	20.15	20.10	19.6[illegible]	19.19	18.37

图 3-25 2012 年各国初中班额

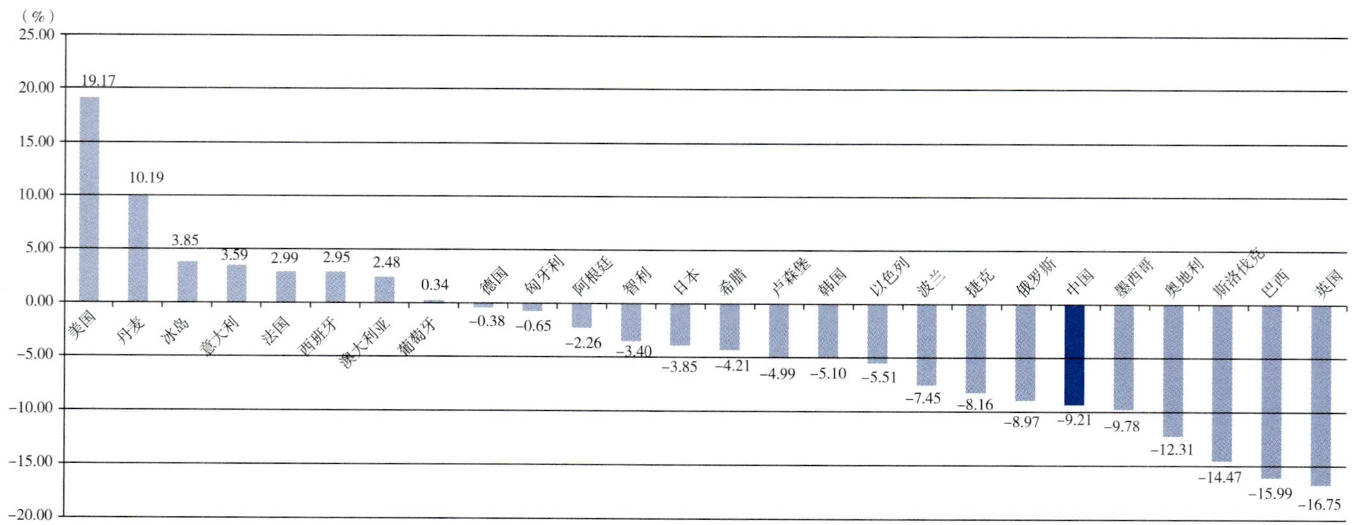

图 3-26　2003 年与 2012 年各国初中班额变化幅度

五、中国各教育阶段生师比差于多数国家

2012 年，中国各教育阶段生师比均高于世界平均水平。与 2003 年相比，2012 年世界各国中小学生师比均有所下降。

（一）中国幼儿园生师比高于大部分国家

2012 年 OECD 数据表明，在可获得数据的 32 个国家中，各国幼儿园生师比均值为 15，中数为 13. 94，标准差为 5. 8。按照生师比由低到高排序，位于前 5 位的是冰岛、瑞典、新西兰、爱沙尼亚和斯洛文尼亚；位于后 5 位的是法国、智利（与法国并列）、中国、墨西哥、印度尼西亚和以色列。中国幼儿园生师比为 25，位于第 29 位（图 3–27，表 3–14）。

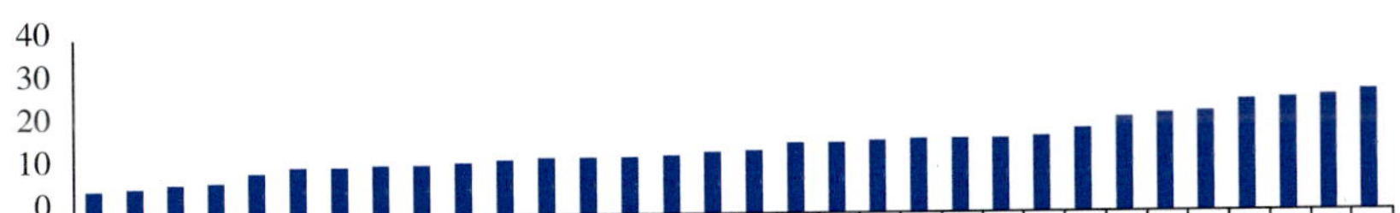

	冰岛	瑞典	新西兰	爱沙尼亚	斯洛文尼亚	芬兰	沙特阿拉伯	匈牙利	卢森堡	拉脱维亚	意大利	美国	德国	斯洛伐克	西班牙	捷克	奥地利	日本	荷兰	韩国	葡萄牙	比利时	波兰	巴西	英国	土耳其	法国	智利	中国	墨西哥	印度尼西亚	以色列
幼儿园生师比	6	6	7	7	9	11	11	11	11	11	12	12	12	12	13	14	14	15	16	16	16	16	16	17	19	21	22	22	25	25	26	27

图 3–27　2012 年 OECD 部分国家和其他 G20 国家幼儿园生师比

在 2003 年和 2012 年数据完整的 24 个国家中，与 2003 年相比，2012 年印度尼西亚、土耳其、斯洛伐克、法国、冰岛和墨西哥等 9 个国家幼儿园生师比上升，其中印度尼西亚升幅高达 62. 50%，中国幼儿园生师比也有所上升，升幅为 8. 70%。瑞典、新西兰、韩国、奥地利和英国等 12 个国家幼儿园生师比下降（图 3–28）。

表 3-14 2003 年与 2012 年 OECD 部分国家和其他 G20 国家幼儿园生师比

序号	国家	2003 年幼儿园生师比	2012 年幼儿园生师比
1	冰岛	5	6
2	瑞典	11	6
3	新西兰	10	7
4	芬兰	12	11
5	匈牙利	11	11
6	卢森堡	13	11
7	意大利	12	12
8	美国	15	12
9	斯洛伐克	10	12
10	西班牙	15	13
11	捷克	13	14
12	奥地利	16	14
13	日本	18	15
14	韩国	21	16
15	比利时	16	16
16	波兰	15	16
17	巴西	19	17
18	英国	24	19
19	土耳其	16	21
20	法国	19	22
21	智利	23	22
22	中国	23	25
23	墨西哥	22	25
24	印度尼西亚	16	26

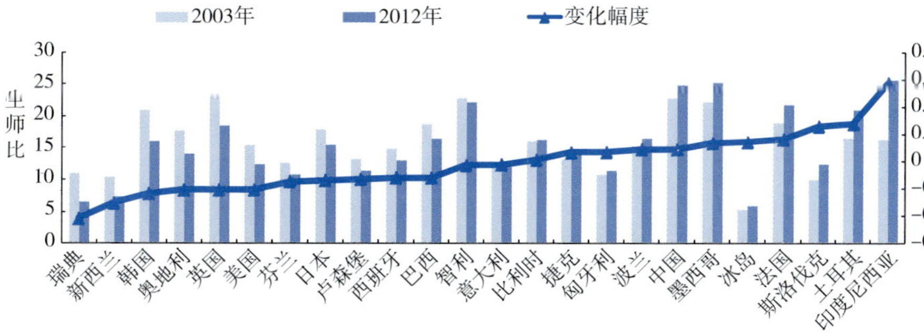

图 3-28　2003 年和 2012 年 OECD 部分国家和其他 G20 国家幼儿园生师比及变化幅度

（二）中国小学阶段生师比高于多数国家

2012 年 OECD 数据表明，在可获得数据的 37 个国家中，各国小学阶段生师比均值为 15.44，中数为 15.54，标准差为 4.54。按照生师比由低到高排序，位于前 4 位的是卢森堡、希腊、冰岛、挪威；位于后 5 位的是英国、巴西、智利、印度尼西亚和墨西哥。中国为 17，位于第 25（图 3-29，表 3-15）。

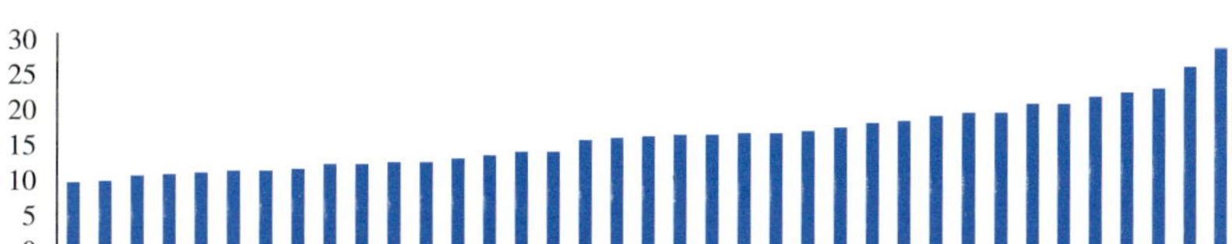

	卢森堡	希腊	冰岛	挪威	匈牙利	沙特阿拉伯	波兰	拉脱维亚	瑞典	葡萄牙	奥地利	意大利	比利时	爱沙尼亚	西班牙	芬兰	以色列	美国	澳大利亚	荷兰	斯洛文尼亚	德国	爱尔兰	新西兰	斯洛伐克	中国	日本	韩国	捷克	法国	俄罗斯	土耳其	英国	巴西	智利	印度尼西亚	墨西哥
小学阶段生师比	9	9	10	10	11	11	11	11	12	12	12	12	13	13	13	14	15	15	16	16	16	16	16	16	17	17	18	18	19	19	20	20	21	22	22	25	28

图 3-29　2012 年 OECD 部分国家和其他 G20 国家小学阶段生师比

在 2003 年和 2012 年数据完整的 32 个国家中，与 2003 年相比，2012 年俄罗斯、意大利、印度尼西亚、英国和墨西哥等 7 个国家小学阶段生师比上升，其中俄罗斯升幅高达 17.65%。韩国、智利、以色列、希腊和土耳其等 18 个国家小学阶段生师比下降，中国小学阶段生师比有所下降，降幅为22.73%（图3-30）。

表3-15 2003年与2012年OECD部分国家和其他G20国家小学阶段生师比

序号	国家	2003年小学阶段生师比	2012年小学阶段生师比
1	卢森堡	11	9
2	希腊	12	9
3	冰岛	11	10
4	挪威	12	10
5	匈牙利	11	11
6	波兰	12	11
7	瑞典	12	12
8	奥地利	14	12
9	意大利	11	12
10	比利时	13	13
11	西班牙	14	13
12	芬兰	17	14
13	以色列	21	15
14	美国	15	15
15	澳大利亚	17	16
16	荷兰	16	16
17	德国	19	16
18	爱尔兰	19	16
19	新西兰	20	16
20	斯洛伐克	19	17
21	中国	22	17
22	日本	20	18
23	韩国	30	18
24	捷克	18	19
25	法国	19	19

续表

序号	国家	2003 年小学阶段生师比	2012 年小学阶段生师比
26	俄罗斯	17	20
27	土耳其	26	20
28	英国	20	21
29	巴西	22	22
30	智利	34	22
31	印度尼西亚	23	25
32	墨西哥	27	28

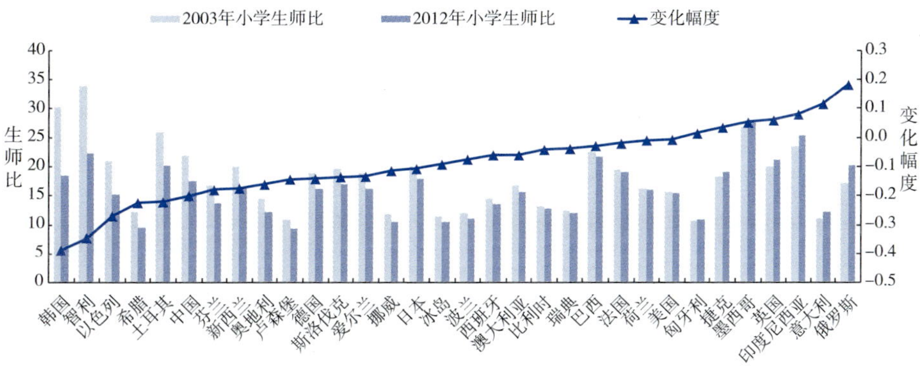

图 3-30 2003 年与 2012 年 OECD 部分国家和其他 G20 国家小学阶段生师比及变化幅度

（三）中国初中阶段生师比高于多数国家

2012 年 OECD 数据表明，在可获得数据的 36 个国家中，各国初中阶段生师比均值为 13. 39，中数为 11. 85，标准差为 5. 00。按照生师比由低到高排序，位于前 5 位的是拉脱维亚、斯洛文尼亚、比利时、俄罗斯、芬兰和奥地利；位于后 5 位的是巴西、土耳其、印度尼西亚、智利和墨西哥。中国为 13，位于第 20（图 3-31，表 3-16）。

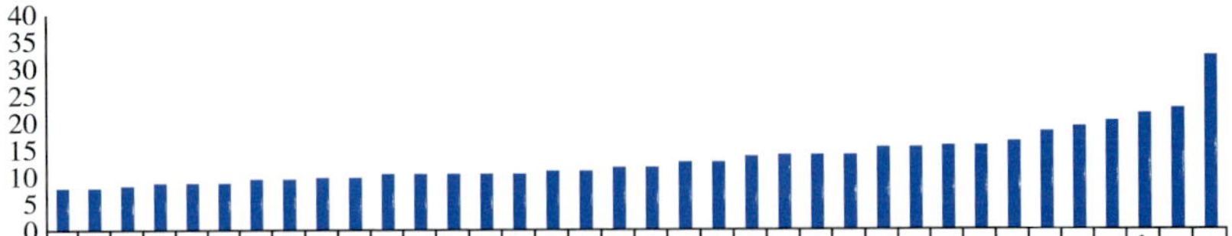

国家	拉脱维亚	斯洛文尼亚	比利时	俄罗斯	芬兰	奥地利	葡萄牙	沙特阿拉伯	波兰	爱沙尼亚	挪威	匈牙利	西班牙	冰岛	卢森堡	捷克	瑞典	意大利	丹麦	中国	斯洛伐克	以色列	德国	日本	英国	美国	法国	荷兰	加拿大	新西兰	韩国	巴西	土耳其	印度尼西亚	智利	墨西哥
初中阶段生师比	8	8	8	9	9	9	10	10	10	10	10	11	11	11	11	11	11	12	12	13	13	14	14	14	14	15	15	16	16	16	18	19	20	22	22	32

图 3-31　2012 年 OECD 部分国家和其他 G20 国家初中阶段生师比

在2003年和2012年数据完整的国家中，与2003年相比，2012年意大利、印度尼西亚、法国、巴西和以色列初中阶段生师比上升，其中意大利升幅最高，达20.00%。中国、智利、比利时、捷克、波兰等15个国家初中阶段生师比下降，中国初中阶段生师比降幅最大，为35.00%（图3-32，表3-16）。

表 3-16　2003 年与 2012 年 OECD 部分国家和其他 G20 国家初中阶段生师比

序号	国家	2003年初中阶段生师比	2012年初中阶段生师比
1	比利时	11	8
2	芬兰	10	9
3	奥地利	10	9
4	波兰	13	10
5	挪威	10	10
6	匈牙利	11	11
7	西班牙	13	11
8	捷克	14	11
9	瑞典	12	11
10	意大利	10	12
11	中国	20	13
12	斯洛伐克	14	13

续表

序号	国家	2003 年初中阶段生师比	2012 年初中阶段生师比
13	以色列	13	14
14	德国	16	14
15	日本	16	14
16	英国	17	14
17	美国	15	15
18	法国	14	15
19	新西兰	19	16
20	韩国	20	18
21	巴西	18	19
22	印度尼西亚	19	22
23	智利	34	22
24	墨西哥	32	32

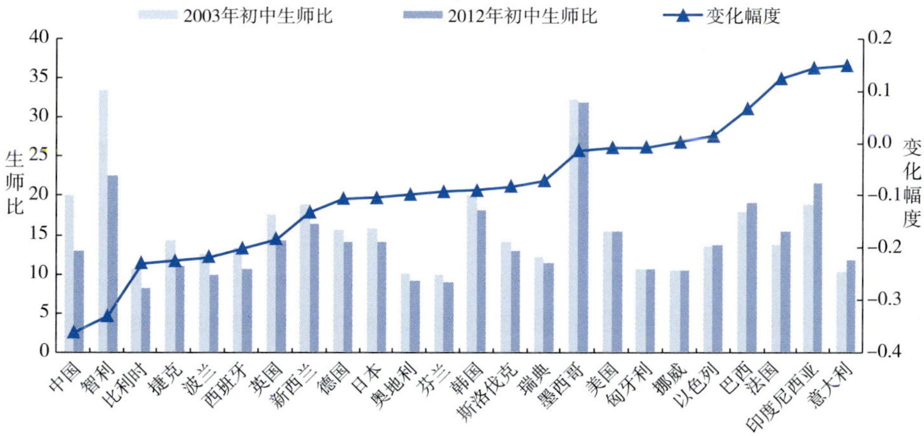

图 3-32　2003 年与 2012 年 OECD 部分国家和其他 G20 国家初中阶段生师比变化幅度

（四）中国高中阶段生师比高于多数国家

2012 年 OECD 数据表明，在可获得数据的 35 个国家中，各国高中阶段生师比均值为 13.49，中数为 13.66，标准差为 4.30。按照生师比由低到高排序，位于前 5 位的是卢森堡、葡萄牙、挪威、奥地利、法国、西班牙和比利时；位于后 5 位的是巴西、英国、荷兰、印度尼西亚、智利和墨西哥。中国为 16，位于第 27 位（图 3-33，表 3-17）。

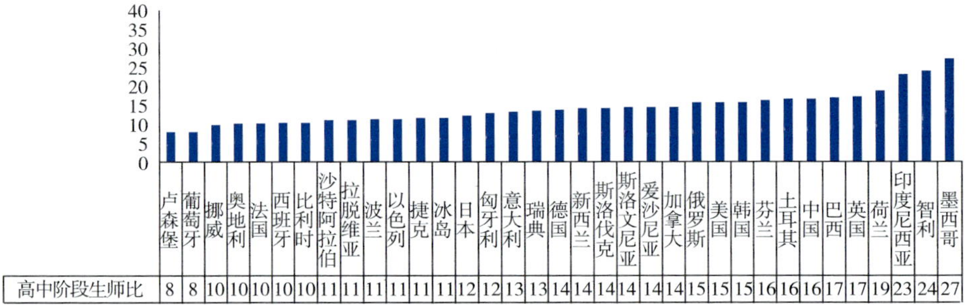

图 3-33　2012 年 OECD 部分国家和其他 G20 国家高中阶段生师比

在 2003 年和 2012 年数据完整的 26 个国家中，与 2003 年相比，2012 年印度尼西亚、英国、新西兰、西班牙、意大利等 7 个国家高中阶段生师比上升，其中印度尼西亚升幅最高，达 35.29%。智利、波兰、以色列、日本和捷克等 11 个国家高中阶段生师比下降，中国高中阶段生师比不变（图 3-34）。

表 3-17　2003 年与 2012 年 OECD 部分国家和其他 G20 国家高中教育阶段生师比

序号	国家	2003 年高中阶段生师比	2012 年高中阶段生师比
1	挪威	9	10
2	奥地利	10	10
3	法国	11	10
4	西班牙	8	10
5	比利时	10	10

续表

序号	国家	2003 年高中阶段生师比	2012 年高中阶段生师比
6	波兰	13	11
7	以色列	13	11
8	捷克	13	11
9	冰岛	11	11
10	日本	13	12
11	匈牙利	13	12
12	意大利	11	13
13	瑞典	14	13
14	德国	14	14
15	新西兰	11	14
16	斯洛伐克	14	14
17	美国	16	15
18	韩国	16	15
19	芬兰	16	16
20	土耳其	18	16
21	中国	16	16
22	巴西	17	17
23	英国	13	17
24	印度尼西亚	17	23
25	智利	32	24
26	墨西哥	24	27

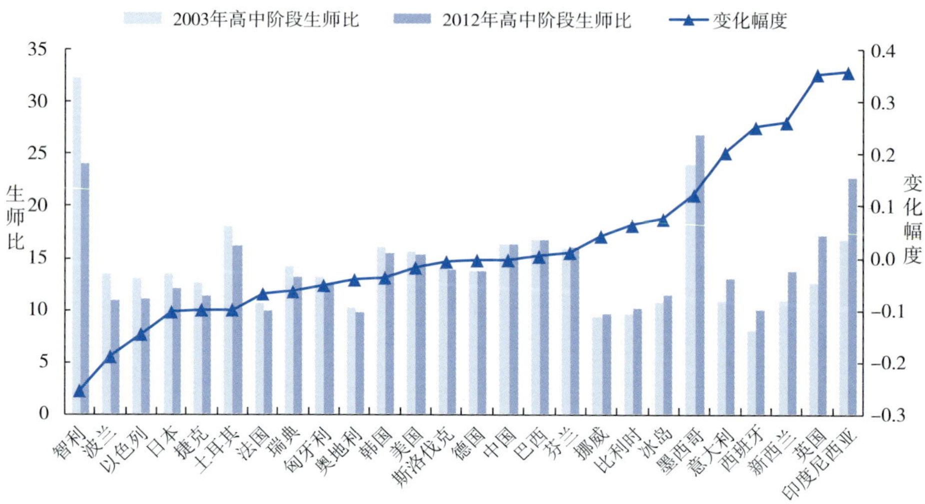

图 3-34　2003 年与 2012 年 OECD 部分国家和其他 G20 国家高中阶段生师比变化幅度

（五）中国高等教育阶段生师比高于多数国家[①]

2012 年 OECD 数据表明，在可获得数据的 21 个国家中，各国高等教育阶段生师比均值为 15.44，中数为 15.08，标准差为 2.76。按照生师比由低到高排序，位于前 4 位的是瑞典、德国、西班牙、南非；位于后 5 位的是中国、奥地利、新西兰、意大利、沙特阿拉伯和捷克。中国为 17，排第 16 位（图 3-35，表 3-18）。

在 2003 年和 2012 年数据完整的 14 个国家中，与 2003 年相比，2012 年新西兰、中国、斯洛伐克、捷克和奥地利等 7 个国家高等教育阶段生师比上升，其中新西兰升幅最高，达 100.00%，中国升幅为 41.67%。法国、波兰、意大利、澳大利亚等 6 个国家高等教育阶段生师比下降（图 3-36）。

① 根据 OECD 的数据，高等教育生师比指标采用普通高等学校本专科生与专任教师之比。

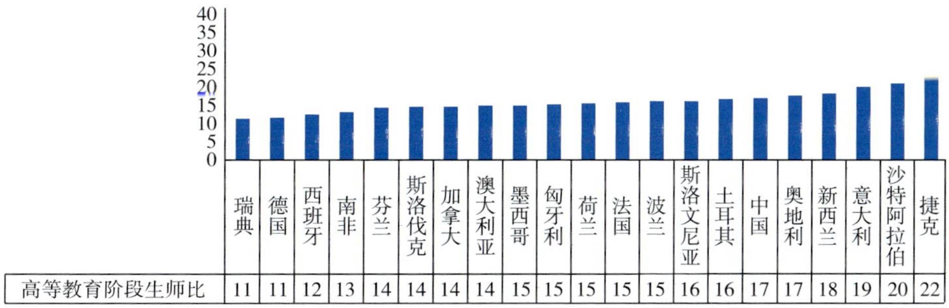

图 3-35　2012 年 OECD 部分国家和其他 G20 国家高等教育阶段生师比

表 3-18　2003 年与 2012 年 OECD 部分国家和其他 G20 国家高等教育阶段生师比

序号	国家	2003 年高等教育阶段生师比	2012 年高等教育阶段生师比
1	德国	12	11
2	西班牙	13	12
3	芬兰	12	14
4	斯洛伐克	11	14
5	澳大利亚	16	14
6	墨西哥	15	15
7	法国	19	15
8	波兰	18	15
9	土耳其	13	16
10	中国	12	17
11	奥地利	14	17
12	新西兰	9	18
13	意大利	22	19
14	捷克	17	22

图 3-36　2003 年与 2012 年 OECD 部分国家和其他 G20 国家高等教育阶段生师比变化幅度

六、中国中小学教师工作时间较长①

本部分所采用的工作时间是各国规定的教师年工作小时数。根据已有研究及各国相关政策，教师工作时间包括所有与教学直接相关的时间以及用于与教学相关工作的时间（如备课、批改作业、组织家长会、参与专业发展等）。因此，总体而言，教师在校工作时间包括教学时间和非教学时间。教师年工作小时数在一定程度上反映了教师的工作量，以及一个国家对教育的投入情况。

2012 年，在有数据的 30 多个国家中，中国中小学教师工作时间较长，位居前 3 位。

（一）中国小学教师工作时间较长

2012 年 OECD 数据表明，在可获得数据的 23 个国家中，各国小学教师工作时间均值为 1649 小时，中数和众数分别为 1659 小时和 1776 小时，

① 中国中小学教师工作时间按照每天 8 小时，每周 5 天工作日，每年 41 周工作时间计算。

标准差为 194.68 小时，表明各国小学教师工作时间差距较大。按照工作时间由多到少排序，位于前 5 位的是智利、美国、日本、匈牙利和冰岛，位于后 5 位的是韩国、波兰、西班牙、苏格兰、葡萄牙和英格兰。中国为 1640 小时，排第 13 位（图 3-37，表 3-19）。

在 2003 年和 2012 年数据完整的 18 个国家中，与 2003 年相比，波兰、捷克和德国小学教师工作时间有大幅增加，挪威小学教师工作时间也有所增加。土耳其、葡萄牙、韩国、日本和斯洛伐克小学教师工作时间有所减少，其余 9 个国家没有变化（图 3-38）。

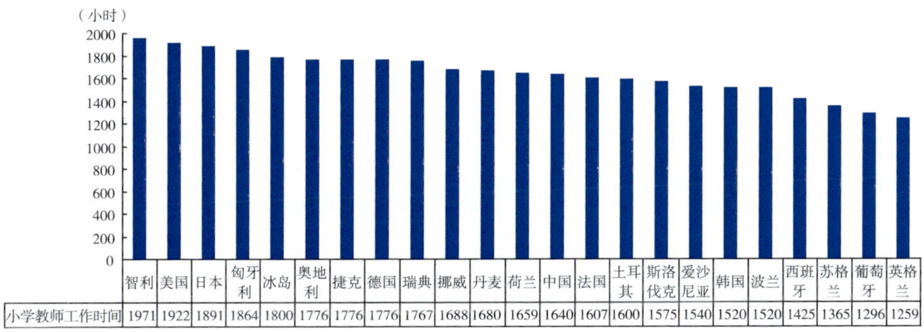

图 3-37　2012 年 OECD 国家和部分 G20 国家小学教师工作时间

表 3-19　2003 年与 2012 年 OECD 部分国家和其他 G20 国家小学教师工作时间

序号	国家	2003 年小学教师年工作时间（小时）	2012 年小学教师年工作时间（小时）
1	土耳其	1840	1600
2	葡萄牙	1526	1296
3	韩国	1613	1520
4	日本	1960	1891
5	斯洛伐克	1613	1575
6	苏格兰	1365	1365
7	西班牙	1425	1425
8	中国	1640	1640

续表

序号	国家	2003 年小学教师年工作时间（小时）	2012 年小学教师年工作时间（小时）
9	荷兰	1659	1659
10	丹麦	1680	1680
11	瑞典	1767	1767
12	奥地利	1776	1776
13	冰岛	1800	1800
14	匈牙利	1864	1864
15	挪威	1680	1688
16	德国	1708	1776
17	捷克	1696	1776
18	波兰	1416	1520

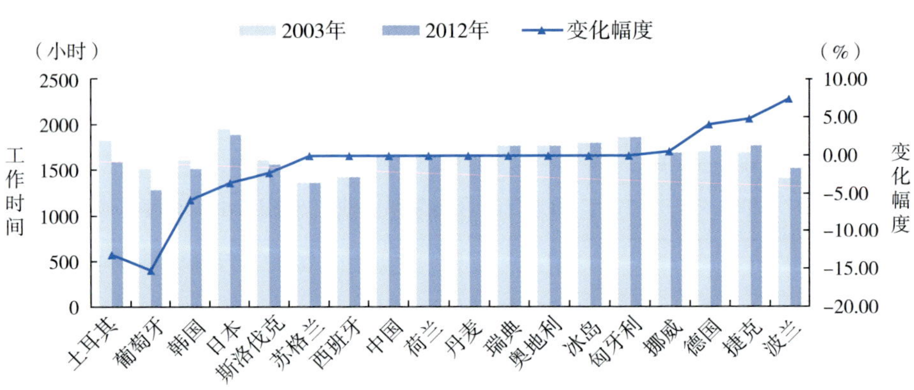

图 3-38　2003 年与 2012 年 OECD 部分国家和其他 G20 国家小学教师工作时间变化幅度

（二）中国初中教师工作时间较长

2012 年 OECD 数据表明，各国初中教师工作时间均值为 1648 小时，中数为 1659 小时，标准差为 196.08 小时，表明各国初中教师工作时间差距较大。按照工作时间由多到少排序，排在前 5 位的是智利、美国、日本、匈牙利和冰岛；位于后5位的是波兰、西班牙、苏格兰、葡萄牙和英格兰。中国为1640小时，排第13位（图3-39，表3-20）。

在2003年和2012年数据完整的17个国家中，与2003年相比，2012年波兰、捷克和德国初中教师工作时间有大幅增加，挪威也有所增加。葡萄牙、韩国、日本和斯洛伐克初中教师工作时间有所减少，其余9个国家没有变化（图3-40）。

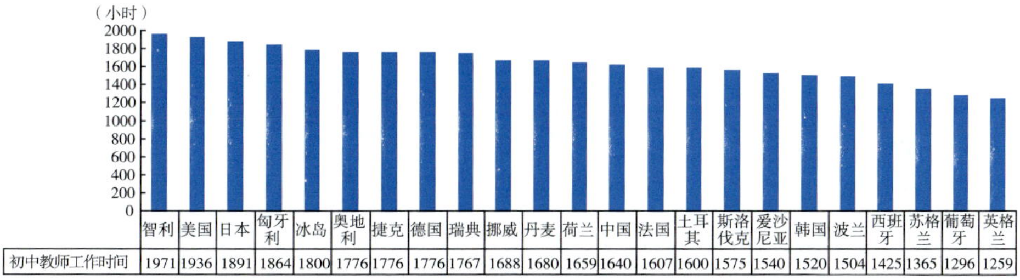

图3-39　2012年OECD国家和部分G20国家初中教师工作时间

表3-20　2003年与2012年OECD部分国家和其他G20国家初中教师工作时间

序号	国家	2003年初中教师年工作时间（小时）	2012年初中教师年工作时间（小时）
1	葡萄牙	1526	1296
2	韩国	1613	1520
3	日本	1960	1891
4	斯洛伐克	1613	1575
5	苏格兰	1365	1365
6	西班牙	1425	1425
7	中国	1640	1640
8	荷兰	1659	1659
9	丹麦	1680	1680
10	瑞典	1767	1767
11	奥地利	1776	1776
12	冰岛	1800	1800

续表

序号	国家	2003 年初中教师年工作时间（小时）	2012 年初中教师年工作时间（小时）
13	匈牙利	1864	1864
14	挪威	1680	1688
15	德国	1708	1776
16	捷克	1696	1776
17	波兰	1416	1504

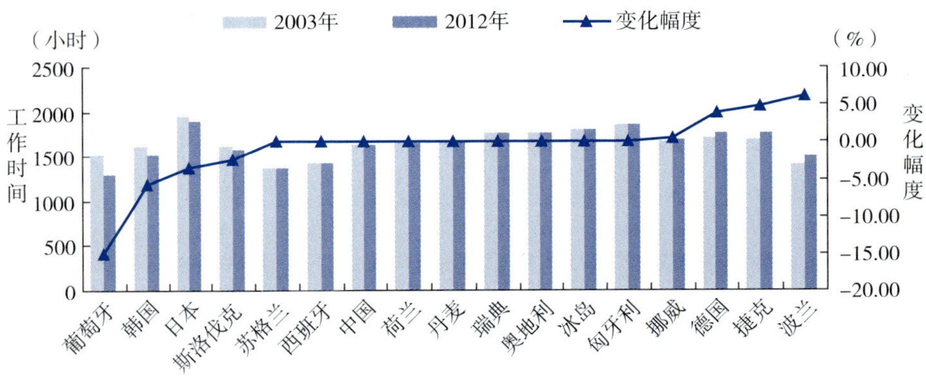

图 3-40　2003 年与 2012 年 OECD 部分国家和其他 G20 国家初中教师工作时间变化幅度

（三）中国高中教师工作时间较长

2012 年 OECD 数据表明，各国高中教师工作时间均值为 1643 小时，中数为 1650 小时，标准差为 201.00 小时，表明各国高中教师工作时间差距较大。按照工作时间由多到少排序，排名前 5 位的是智利、美国、日本、匈牙利和冰岛；排名后 5 位的是波兰、西班牙、苏格兰、葡萄牙和英格兰。中国为 1640 小时，排第 12 位（图 3-41，表 3-21）。

在 2003 年和 2012 年数据完整的 17 个国家中，与 2003 年相比，2012 年捷克、波兰和德国高中教师工作时间有大幅增加，挪威也有所增加。土耳其、葡萄牙、韩国、日本和斯洛伐克高中教师工作时间有所减少，其余

8 个国家没有变化（图 3-42）。

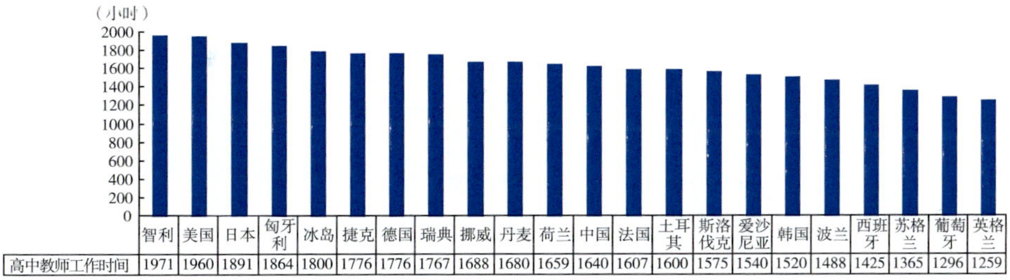

图 3-41　2012 年 OECD 部分国家和其他 G20 国家高中教师工作时间

表 3-21　2003 年与 2012 年 OECD 部分国家和其他 G20 国家高中教师工作时间

序号	国家	2003 年高中教师年工作时间（小时）	2012 年高中教师年工作时间（小时）
1	土耳其	1840	1600
2	葡萄牙	1526	1296
3	韩国	1613	1520
4	日本	1960	1891
5	斯洛伐克	1613	1575
6	苏格兰	1365	1365
7	西班牙	1425	1425
8	中国	1640	1640
9	荷兰	1659	1659
10	丹麦	1680	1680
11	瑞典	1767	1767
12	冰岛	1800	1800
13	匈牙利	1864	1864
14	挪威	1680	1688
15	德国	1708	1776
16	波兰	1416	1488
17	捷克	1696	1776

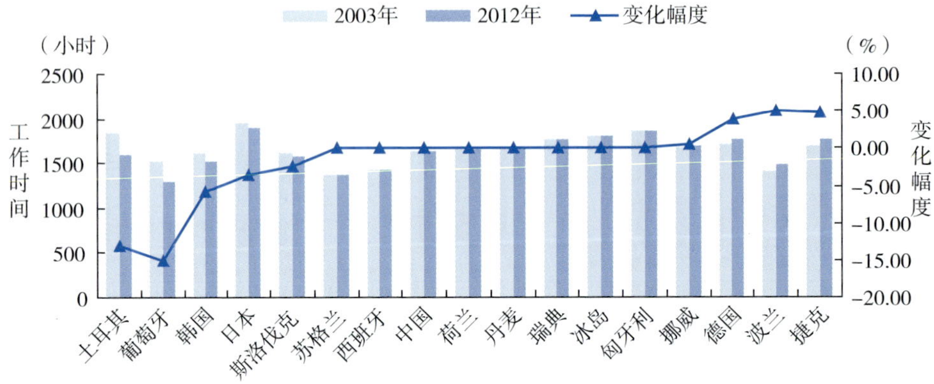

图 3-42　2003 年与 2012 年 OECD 部分国家和其他 G20 国家高中教师工作时间变化幅度

七、中国中小学教师教学时间较短

2012 年，在有数据的 30 多个国家中，中国除初中教师教学时间位居倒数第 2 之外，小学和高中教师教学时间均位居最后一位，教学时间较短。

（一）中国小学教师教学时间较短

2012 年 OECD 数据表明，各国小学教师教学时间均值为 778 小时，中数为 754 小时，标准差为 159. 41 小时，表明各国小学教师教学时间差距较大。按照教学时间由多到少排序，排名前 5 位的是印度尼西亚、美国、智利、新西兰和荷兰；排名后 5 位的是冰岛、匈牙利、希腊、俄罗斯和中国。中国为 492 小时，排最后 1 位（表 3-22，图 3-43）。

与 2003 年相比，在数据齐全的 34 个国家中，2012 年智利、斯洛伐克、日本、土耳其等国小学教师教学时间有所增加。俄罗斯、以色列、希腊等国小学教师教学时间有所减少（图 3-44）。

表 3-22　2003 年与 2012 年 OECD 部分国家和其他 G20 国家小学教师教学时间

序号	国家	2003 年小学教师年教学时间（小时）	2012 年小学教师年教学时间（小时）
1	俄罗斯	860	561
2	以色列	1098	838
3	希腊	780	569
4	匈牙利	777	604
5	阿根廷	810	680
6	韩国	809	694
7	苏格兰	950	855
8	新西兰	985	935
9	比利时弗兰芒语区	797	748
10	意大利	792	752
11	冰岛	653	624
12	葡萄牙	783	756
13	澳大利亚	885	871
14	奥地利	792	779
15	芬兰	684	673
16	美国	1139	1131
17	印度尼西亚	1260	1255
18	波兰	637	633
19	荷兰	930	930

续表

序号	国家	2003 年小学教师年教学时间（小时）	2012 年小学教师年教学时间（小时）
20	中国	492	492
21	挪威	741	741
22	墨西哥	800	800
23	西班牙	880	880
24	爱尔兰	915	915
25	比利时法语区	717	721
26	丹麦	640	659
27	德国	782	804
28	法国	900	924
29	卢森堡	774	810
30	捷克	772	827
31	土耳其	639	720
32	日本	648	731
33	斯洛伐克	656	819
34	智利	873	1103

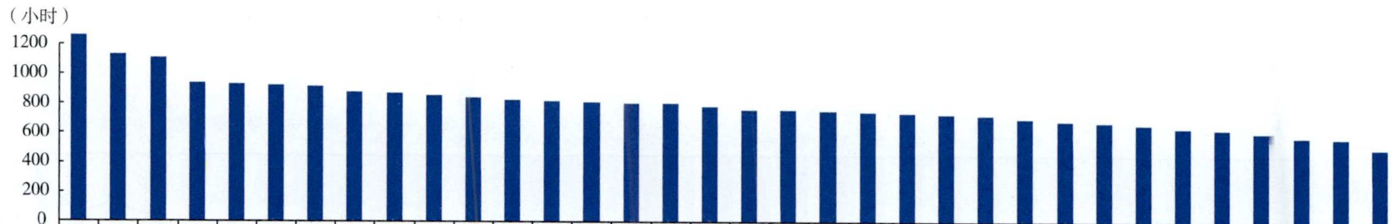

	印度尼西亚	美国	智利	新西兰	荷兰	法国	爱尔兰	西班牙	澳大利亚	苏格兰	以色列	捷克	斯洛伐克	卢森堡	德国	墨西哥	奥地利	葡萄牙	意大利	比利时弗兰芒语区	挪威	日本	比利时法语区	土耳其	韩国	阿根廷	芬兰	丹麦	波兰	冰岛	匈牙利	希腊	俄罗斯	中国
小学教师教学时间	1255	1131	1103	935	930	924	915	880	871	855	838	827	819	810	804	800	779	756	752	748	741	731	721	720	694	680	673	659	633	624	604	569	561	492

图 3-43　2012 年 OECD 部分国家和其他 G20 国家小学教师教学时间

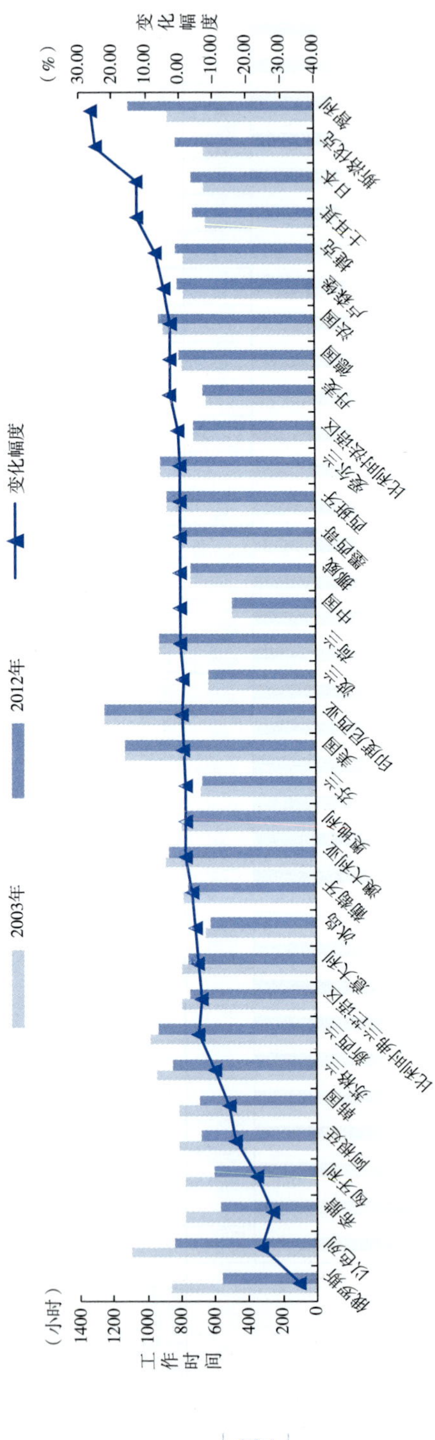

图 3-44　2003 年与 2012 年 OECD 部分国家和其他 G20 国家小学教师教学时间变化幅度

（二）中国初中教师教学时间较短

2012 年，各国初中教师教学时间均值为 700 小时，中数为 650 小时，标准差为 188.90 小时，表明各国初中教师教学时间差距较大。按照教学时间由多到少排序，前 5 位分别是阿根廷、智利、美国、墨西哥和苏格兰；后 5 位分别是波兰、土耳其、俄罗斯、中国和希腊（表 3-23，图 3-45）。

与 2003 年相比，在数据齐全的 33 个国家中，2012 年阿根廷、智利、西班牙、卢森堡等国初中教师教学时间有所增加。俄罗斯、希腊、以色列等国初中教师教学时间有所减少（图 3-46）。

表 3-23 2003 年与 2012 年 OECD 部分国家和其他 G20 国家初中教师教学时间

序号	国家	2003 年初中教师年教学时间（小时）	2012 年初中教师年教学时间（小时）
1	俄罗斯	774	483
2	希腊	629	415
3	以色列	840	629
4	新西兰	968	848
5	波兰	637	561
6	比利时弗兰芒语区	712	652
7	比利时法语区	720	661
8	美国	1127	1085
9	苏格兰	893	855
10	冰岛	653	624
11	斯洛伐克	656	635
12	澳大利亚	825	809
13	奥地利	622	607

续表

序号	国家	2003 年初中教师年教学时间（小时）	2012 年初中教师年教学时间（小时）
14	葡萄牙	626	616
15	芬兰	599	589
16	印度尼西亚	738	734
17	中国	430	430
18	爱尔兰	735	735
19	荷兰	750	750
20	墨西哥	1047	1047
21	捷克	614	620
22	挪威	656	663
23	韩国	560	568
24	丹麦	640	659
25	德国	735	755
26	意大利	594	616
27	法国	626	648
28	匈牙利	555	604
29	日本	535	602
30	卢森堡	642	739
31	西班牙	564	713
32	智利	873	1103
33	阿根廷	900	1368

国家	初中教师教学时间
阿根廷	1368
智利	1103
美国	1085
墨西哥	1047
苏格兰	855
新西兰	848
澳大利亚	809
德国	755
荷兰	750
加拿大	747
卢森堡	739
爱尔兰	735
印度尼西亚	734
西班牙	713
英格兰	692
挪威	663
比利时法语区	661
丹麦	659
比利时弗兰芒语区	652
法国	648
斯洛伐克	635
以色列	629
斯洛文尼亚	627
冰岛	624
捷克	620
爱沙尼亚	619
葡萄牙	616
意大利	616
奥地利	607
匈牙利	604
日本	602
芬兰	589
韩国	568
波兰	561
土耳其	504
俄罗斯	483
中国	430
希腊	415

图 3-45 2012 年 OECD 部分国家和其他 G20 国家初中教师教学时间

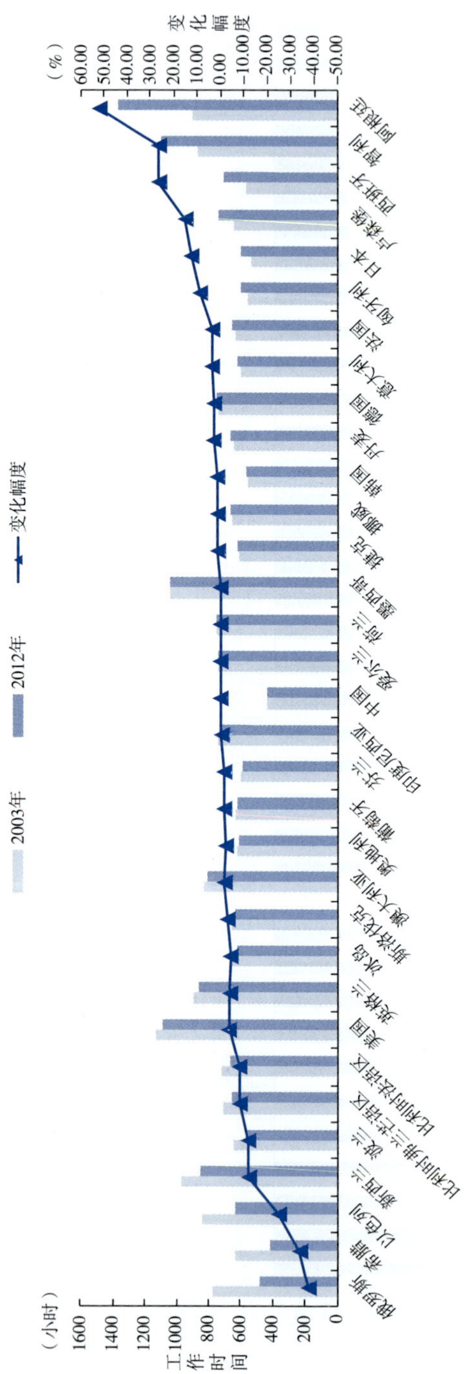

图 3-46 2003 年与 2012 年 OECD 部分国家和其他 G20 国家初中教师教学时间变化幅度

（三）中国高中教师教学时间较短

2012 年，各国高中教师教学时间均值为 660 小时，中数为 626 小时，标准差为 544.00 小时，表明各国高中教师教学时间差距较大。按照教学时间由多到少排序，前 5 位分别是阿根廷、智利、美国、苏格兰和墨西哥；后 5 位分别是日本、俄罗斯、希腊、丹麦和中国（表 3-24，图 3-47）。

与 2003 年相比，在数据齐全的 34 个国家中，2012 年阿根廷、智利、西班牙、卢森堡等国高中教师教学时间有所增加。俄罗斯、以色列、希腊等国高中教师教学时间有所减少（图 3-48）。

表 3-24　2003 年与 2012 年 OECD 部分国家和其他 G20 国家高中教师教学时间

序号	国家	2003 年高中教师年教学时间（小时）	2012 年高中教师年教学时间（小时）
1	俄罗斯	774	483
2	以色列	840	558
3	希腊	629	415
4	丹麦	560	369
5	新西兰	950	760
6	波兰	637	558
7	比利时法语区	661	601
8	比利时弗兰芒语区	668	609
9	美国	1121	1076
10	苏格兰	893	855
11	斯洛伐克	627	607
12	冰岛	560	544

续表

序号	国家	2003年高中教师年教学时间（小时）	2012年高中教师年教学时间（小时）
13	奥地利	602	589
14	澳大利亚	813	801
15	墨西哥	848	838
16	芬兰	556	547
17	印度尼西亚	738	734
18	挪威	524	523
19	中国	369	369
20	土耳其	567	567
21	爱尔兰	735	735
22	荷兰	750	750
23	韩国	544	549
24	捷克	586	592
25	意大利	594	616
26	德国	684	718
27	葡萄牙	580	616
28	日本	467	510
29	法国	602	648
30	匈牙利	555	604
31	卢森堡	642	739
32	西班牙	548	693
33	智利	873	1103
34	阿根廷	900	1368

	阿根廷	智利	美国	苏格兰	墨西哥	澳大利亚	新西兰	加拿大	荷兰	卢森堡	爱尔兰	印度尼西亚	德国	西班牙	英格兰	法国	葡萄牙	意大利	比利时弗兰芒语区	斯洛伐克	匈牙利	比利时法语区	捷克	奥地利	斯洛文尼亚	爱沙尼亚	土耳其	波兰	以色列	韩国	芬兰	冰岛	挪威	日本	俄罗斯	希腊	丹麦	中国
高中教师教学时间	1368	1103	1076	855	838	801	760	751	750	739	735	734	718	693	692	648	616	616	609	607	604	601	592	589	570	568	567	558	558	549	547	544	523	510	483	415	369	369

图 3-47　2012 年 OECD 部分国家和其他 G20 国家高中教师教学时间

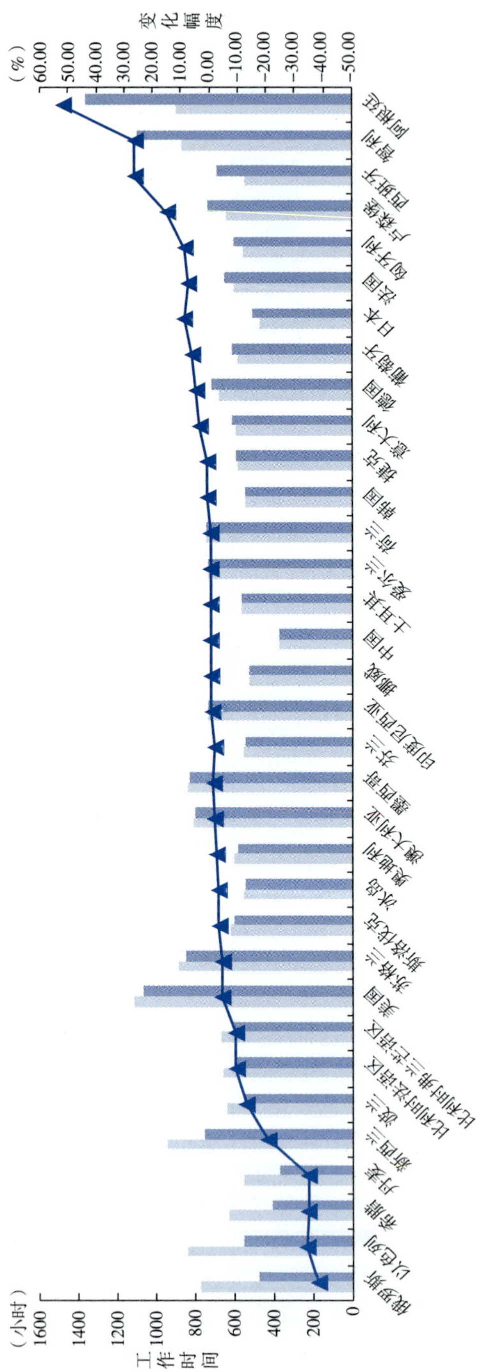

图 3-48 2003 年与 2012 年 OECD 部分国家和其他 G20 国家高中教师教学时间变化幅度

八、中国中小学教师工资水平较低

本部分对 OECD 国家、中国和印度尼西亚公立学校教师年平均工资水平进行比较。根据数据的可获得性，OECD 国家和印度尼西亚选择工作满 15 年教龄教师年平均工资作为比较对象，中国教师年平均工资水平为各地区教师的工资福利支出/当地的教职工人数，所有教师年平均工资均通过购买力平价指数进行换算。①

2012 年，在所选取的国家和地区中，中国幼儿园、小学和中学教师年平均工资均位于倒数第 2。以教师的绝对工资来看，中国教师年平均绝对工资与人均 GDP 的比值在可获得数据的国家中排名靠前，幼儿园教师年平均绝对工资与人均 GDP 的比值在可获得数据的 26 个国家排第 21 位，小学教师年平均绝对工资与人均 GDP 的比值在可获得数据的 32 个国家中排第 5 位，初中教师年平均绝对工资与人均 GDP 的比值在可获得数据的 31 个国家中排第 6 位，且年平均绝对工资与人均 GDP 的比值高于 1，高中教师年平均绝对工资与人均 GDP 的比值在可获得数据的 31 个国家中排第 12 位，且年平均绝对工资与人均 GDP 的比值高于 1。

（一）中国教师年平均工资排倒数第 2

1. 中国幼儿园教师工资水平较低

在可获得数据的 26 个国家中，各国幼儿园教师的年平均工资差距较大。通过购买力平价指数换算，OECD 国家教龄满 15 年的幼儿园教师年平均工资为 33636 美元，其中卢森堡幼儿园教师年平均工资最高，为 93397 美元。中国和印度尼西亚分别为 5466 美元和 2072 美元。中国的幼儿园教师年平均工资高于印度尼西亚但低于可获得数据的 OECD 国家。如果按照

① 中国教师年平均工资计算方法如下，以初中教师为例，初中教师年平均工资=初中教师的工资福利支出/初中的教职工人数，再根据购买力平价指数换算为美元。

人均 GDP 发展水平划分高收入国家、中等收入国家和低收入国家，印度尼西亚、墨西哥、智利、土耳其和中国属于中等收入国家，其余 21 个国家均属于高收入国家。中国幼儿园教师年平均工资位列中等收入国家第 4，土耳其（24854 美元）位列中等收入国家第 1，智利（23623 美元）次之，墨西哥（19590 美元）位列第 3。因此，对 26 个国家幼儿园教师的年平均工资进行综合排名，中国低于 OECD 国家（图 3-49）。

2. 中国小学教师工资水平较低

根据数据的可获得性，小学教师的年平均工资较幼儿园可比较的国家增加了 OECD 中的 6 个国家，但是这些国家之间的小学教师年平均工资差距仍较大。经过购买力平价指数换算，OECD 国家满 15 年教龄的小学教师年平均工资为 36058 美元，小学教师的年平均工资高于幼儿园教师的年平均工资。卢森堡小学教师年平均工资排名第 1，为 93397 美元，中国和印度尼西亚的小学教师年平均工资分别为 11963 美元和 2072 美元，中国小学教师年平均工资高于印度尼西亚，但低于 OECD 中的 30 多个国家。在 5 个中等收入国家中中国依旧排名第 4（图 3-50）。

3. 中国初中教师工资水平较低

初中教师年平均工资国家间差距仍较大。经过购买力平价指数换算，OECD 国家满 15 年教龄的初中教师年平均工资为 37953 美元。卢森堡初中教师年平均工资排第 1 位，年平均工资为 100013 美元，爱沙尼亚初中教师年平均工资在 OECD 国家中最低，为 12306 美元，中国和印度尼西亚的初中教师年平均工资分别为 11358 美元和 2361 美元，中国初中教师年平均工资高于印度尼西亚，但低于 OECD 中的 30 多个国家（图 3-51）。

4. 中国高中教师工资水平较低

如图 3-52 所示，在可获得数据的国家中，中国高中教师年平均工资水平较低，位居倒数第 2。

	卢森堡	加拿大	荷兰	澳大利亚	韩国	丹麦	奥地利	西班牙	葡萄牙	挪威	瑞典	法国	意大利	斯洛文尼亚	芬兰	希腊	以色列	土耳其	智利	冰岛	墨西哥	捷克	波兰	匈牙利	中国	印度尼西亚
幼儿园教师平均工资	93397	56349	52292	47576	46904	45328	41633	41339	39424	38043	33896	33152	32969	32193	29125	28184	25842	24854	23623	23083	19590	17792	16506	12212	5466	2072

图 3-49　2012 年 OECD 部分国家和其他 G20 国家①幼儿园教师年平均工资

① 在教师工资部分，“其他 G20 国家”是指可获得数据的中国和印度尼西亚。

	卢森堡	德国	加拿大	爱尔兰	荷兰	丹麦	澳大利亚	韩国	美国	日本	新西兰	奥地利	西班牙	葡萄牙	芬兰	挪威	瑞典	法国	意大利	斯洛文尼亚	希腊	以色列	冰岛	土耳其	智利	捷克	墨西哥	波兰	匈牙利	爱沙尼亚	中国	印度尼西亚
小学教师平均工资	93397	58662	56349	54954	52292	50332	48522	48251	46130	45741	41755	41633	41339	39424	37886	37585	34387	33152	32969	32193	28184	27174	26991	25189	23623	20185	19590	16506	13115	12306	11963	2072

图 3-50　2012 年 OECD 部分国家和其他 G20 国家小学教师年平均工资

	卢森堡	德国	荷兰	加拿大	爱尔兰	丹麦	澳大利亚	韩国	美国	日本	西班牙	奥地利	新西兰	芬兰	葡萄牙	挪威	法国	意大利	瑞典	斯洛文尼亚	希腊	冰岛	以色列	墨西哥	智利	捷克	波兰	匈牙利	爱沙尼亚	中国	印度尼西亚
初中教师平均工资	100013	64491	63695	56349	54954	50332	49144	48146	45950	45741	45689	45105	42241	40917	39424	37585	36159	35922	35495	32193	28184	26991	24997	24910	23623	20360	18806	13115	12306	11358	2361

图 3-51　2012 年 OECD 部分国家和其他 G20 国家初中教师年平均工资

	卢森堡	德国	荷兰	丹麦	加拿大	爱尔兰	美国	澳大利亚	韩国	西班牙	奥地利	日本	芬兰	新西兰	挪威	葡萄牙	瑞典	意大利	法国	斯洛文尼亚	希腊	冰岛	土耳其	智利	捷克	波兰	以色列	匈牙利	爱沙尼亚	中国	印度尼西亚
高中教师平均工资	100013	69715	63695	58347	56569	54954	49414	49144	48146	46479	46317	45741	43302	42726	40430	39424	37584	36928	36398	32193	28184	27159	25747	25027	21733	21518	21316	15515	12306	9642	2615

图 3-52　2012 年 OECD 部分国家和其他 G20 国家高中教师年平均工资

高中教师年平均工资国家间差距仍旧较大。经过购买力平价指数换算，OECD 国家满 15 年教龄的高中教师年平均工资为 38977 美元。卢森堡高中教师年平均工资排名第 1 位，为 100013 美元，爱沙尼亚高中教师年平均工资在 OECD 国家中最低，为 12306 美元，中国和印度尼西亚的高中教师年平均工资分别为 9642 美元和 2615 美元，中国高中教师年平均工资高于印度尼西亚，但低于 OECD 中的 30 多个国家。中国高中教师年平均工资水平与国际上其他国家还有很大的差距。

（二）中国中小学教师年平均工资与人均 GDP 的比值较高

人均 GDP 也称人均国内生产总值，它是经济学中衡量经济发展状况的指标，是人们了解和把握一个国家和地区宏观经济运行状况的有效工具。本书中各国教师年均工资水平与人均 GDP 之比反映该国教师工资水平高于或者低于本国人民生活水平的情况，若比值大于 1 说明该国教师工资水平高于其人民平均生活水平，代表教师工资相对较高。

1. 中国幼儿园教师年平均工资与人均 GDP 的比值位列第 21

根据统计分析，2012 年幼儿园教师年均工资与人均 GDP 之比大于等于 1 的有奥地利、意大利、卢森堡、希腊、丹麦、智利、澳大利亚、斯洛文尼亚、墨西哥、荷兰、西班牙、加拿大、土耳其、葡萄牙和韩国。两者之比低于 1 的有印度尼西亚、匈牙利、挪威、冰岛、中国、捷克、芬兰、波兰、瑞典、以色列和法国（图 3-53）。

从幼儿园教师年均工资与人均 GDP 的比值分析可以看出，中国幼儿园教师的年平均工资与人均 GDP 的比值位列第 21。

2. 中国小学教师年平均工资与人均 GDP 的比值位列第 5

根据统计分析，2012 年小学教师年均工资高于人均 GDP 的国家有韩国、葡萄牙、德国、土耳其、中国、加拿大、日本、新西兰、西班牙、爱尔兰、丹麦、荷兰、墨西哥、斯洛文尼亚、澳大利亚、智利、希腊、卢森堡、芬兰、意大利和奥地利。两者之比低于 1 的有法国、美国、以色列、

	韩国	葡萄牙	土耳其	加拿大	西班牙	荷兰	墨西哥	斯洛文尼亚	澳大利亚	智利	丹麦	希腊	卢森堡	意大利	奥地利	法国	以色列	瑞典	波兰	芬兰	捷克	中国	冰岛	挪威	匈牙利	印度尼西亚
幼儿园教师工资与人均GDP比值	1.6	1.5	1.4	1.4	1.3	1.2	1.2	1.2	1.1	1.1	1.1	1.1	1.1	1.0	1.0	0.9	0.8	0.8	0.8	0.8	0.7	0.7	0.6	0.6	0.6	0.5

图 3-53　2012 年 OECD 部分国家和其他 G20 国家幼儿园教师年平均工资与人均 GDP 比值

瑞典、波兰、捷克、冰岛、匈牙利、挪威、爱沙尼亚和印度尼西亚（图 3-54）。中国小学教师的年平均工资与人均 GDP 的比值位列第 5（图 3-54）。

	韩国	葡萄牙	德国	土耳其	中国	加拿大	日本	新西兰	西班牙	爱尔兰	丹麦	荷兰	墨西哥	斯洛文尼亚	澳大利亚	智利	希腊	卢森堡	芬兰	意大利	奥地利	法国	美国	以色列	瑞典	波兰	捷克	冰岛	匈牙利	挪威	爱沙尼亚	印度尼西亚
小学教师工资与人均GDP比值	1.6	1.5	1.5	1.5	1.4	1.4	1.4	1.3	1.3	1.3	1.2	1.2	1.2	1.2	1.2	1.1	1.1	1.1	1.0	1.0	1.0	0.9	0.9	0.9	0.8	0.8	0.8	0.7	0.6	0.6	0.6	0.5

图 3-54　2012 年 OECD 部分国家和其他 G20 国家小学教师年平均工资与人均 GDP 比值

3. 中国初中教师年平均工资与人均 GDP 的比值位列第 6

根据统计分析，2012 年初中教师年均工资与人均 GDP 之比大于等于 1 的有德国、韩国、墨西哥、葡萄牙、荷兰、西班牙、中国、加拿大、日本、新西兰、爱尔兰、丹麦、斯洛文尼亚、澳大利亚、卢森堡、智利、意大利、芬兰、希腊、奥地利和法国。两者之比低于 1 的有美国、波兰、瑞典、以色列、捷克、冰岛、匈牙利、挪威、爱沙尼亚和印度尼西亚（图3-55）。中国初中教师的年平均工资与人均 GDP 的比值位列第 6（图3-55）。

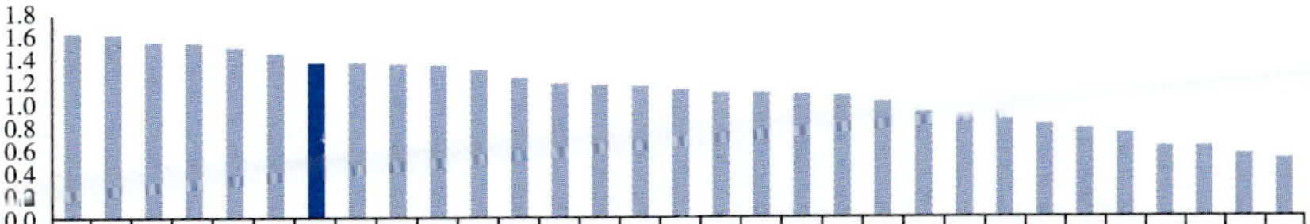

国家	德国	韩国	墨西哥	葡萄牙	荷兰	西班牙	中国	加拿大	日本	新西兰	爱尔兰
初中教师工资与人均GDP比值	1.6	1.6	1.6	1.5	1.5	1.4	1.4	1.4	1.4	1.3	1.3

国家	丹麦	斯洛文尼亚	澳大利亚	卢森堡	智利	意大利	芬兰	希腊	奥地利	法国
初中教师工资与人均GDP比值	1.2	1.2	1.2	1.2	1.1	1.1	1.1	1.1	1.1	1.0

国家	美国	波兰	瑞典	以色列	捷克	冰岛	匈牙利	挪威	爱沙尼亚	印度尼西亚
初中教师工资与人均GDP比值	0.9	0.9	0.9	0.8	0.8	0.7	0.6	0.6	0.6	0.5

图 3-55　2012 年 OECD 部分国家和其他 G20 国家初中教师年平均工资与人均 GDP 比值

4. 中国高中教师年平均工资与人均 GDP 的比值位列第 12

根据统计分析，2012 年高中教师年均工资与人均 GDP 之比大于等于 1 的有德国、韩国、葡萄牙、荷兰、土耳其、西班牙、丹麦、加拿大、日本、新西兰、爱尔兰、智利、斯洛文尼亚、澳大利亚、芬兰、中国、卢森堡、意大利、奥地利、希腊、法国、波兰和美国。两者之比低于 1 的有瑞典、捷克、冰岛、匈牙利、以色列、挪威、印度尼西亚和爱沙尼亚（图3-56）。中国高中教师的年平均工资与人均 GDP 的比值位列第 12（图3-56）。

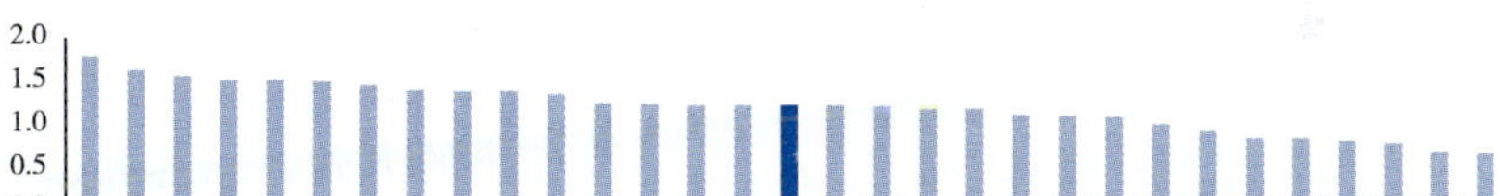

国家	德国	韩国	葡萄牙	荷兰	土耳其	西班牙	丹麦	加拿大	日本	新西兰	爱尔兰
高中教师工资与人均GDP比值	1.8	1.6	1.5	1.5	1.5	1.5	1.4	1.4	1.4	1.3	1.3

国家	智利	斯洛文尼亚	澳大利亚	芬兰	中国	卢森堡	意大利	奥地利	希腊	法国
高中教师工资与人均GDP比值	1.2	1.2	1.2	1.2	1.2	1.2	1.1	1.1	1.1	1.0

国家	波兰	美国	瑞典	捷克	冰岛	匈牙利	以色列	挪威	印度尼西亚	爱沙尼亚
高中教师工资与人均GDP比值	1.0	1.0	0.9	0.8	0.7	0.7	0.7	0.7	0.6	0.6

图 3-56　2012 年 OECD 部分国家和其他 G20 国家高中教师年平均工资与人均 GDP 比值

第四章

教师发展改革创新

2003 年以来，通过创新教师发展改革方式，实施一系列政策举措或项目，实行教师发展试点项目，教师队伍建设取得明显成效，教师发展在改革创新中不断取得突破和进展。

一、"师范生免费教育"吸引优秀人才从教

师范生免费教育是国家通过公共财政支出的方式，培养和造就优秀教师的一项基础性、战略性举措。2007 年，国务院总理温家宝在十届全国人大五次会议政府工作报告中宣布，为了促进教育发展和教育公平，拟在教育部直属师范大学实行师范生免费教育。2007 年 5 月 9 日，温家宝总理主持召开国务院第 176 次常务会议，讨论并原则通过《教育部直属师范大学师范生免费教育实施办法（试行）》，决定从 2007 年秋季起在六所教育部直属师范大学实行师范生免费教育。

（一）政策要点与实施举措

2007 年 5 月，国务院办公厅转发教育部等部门的《教育部直属师范大学师范生免费教育实施办法（试行）》（以下简称《办法》）对免费

师范生的招生、培养、就业和在职攻读硕士等方面做出了明确的规定和要求。

第一，招生。从2007年秋季学期开始，国家在北京师范大学、华东师范大学、东北师范大学、华中师范大学、陕西师范大学和西南大学六所部属师范大学实行师范生免费教育。部属师范大学师范专业实行提前批次录取，择优选拔热爱教育事业，有志于长期从教、终身从教的优秀高中毕业生。

第二，培养。免费师范生在校学习期间免除学费，免缴住宿费并补助生活费，所需经费由中央财政安排。免费师范生可按照学校规定在师范专业范围内进行二次专业选择。有志从教并符合条件的非师范专业优秀学生在入学两年内，可在教育部和学校核定的计划内转入师范专业，并由学校按标准返还学费、住宿费，补发生活费补助。

第三，就业。免费师范毕业生一般回生源所在省份中小学任教。省级政府统筹规划，做好接收免费师范毕业生的各项工作，确保每一位到中小学校任教的免费师范毕业生有编有岗；省级教育行政部门负责组织用人学校与毕业生在需求岗位范围内进行双向选择，切实为每一位毕业生安排落实任教学校。各地应先用自然减员编制指标或采取先进后出的办法安排免费师范毕业生，必要时接收地省级政府可设立专项周转编制。免费师范毕业生在协议规定服务期内，可在学校间流动或从事教育管理工作。

第四，在职攻读硕士。免费师范生毕业前及在协议规定服务期内，一般不得报考脱产研究生。经考核符合要求的，可录取为教育硕士专业学位研究生，在职学习专业课程，任教考核合格并通过论文答辩的，颁发硕士研究生毕业证书和教育硕士专业学位证书。

多年来，教育部等部门会同六所部属师范大学和各地教育行政部门，认真贯彻中央决策部署，扎实开展了师范生免费教育试点工作。

提高认识，加强宣传。实施师范生免费教育就是要进一步形成尊师重教的浓厚氛围，让教育成为全社会最受尊重的事业；就是要培养大批优秀的教师；就是要提倡教育家办学，鼓励更多的优秀青年终身做教育工作者。教育部等有关部门通过多种方式宣传师范生免费教育的重大意义、重要政策及招生办法；六所师范大学领导带队分赴招生省份和中学宣传解读政策，确保了招生等各项工作的顺利开展。

周密部署，精心组织。《办法》颁布后，教育部立即召开师范生免费教育实施工作会议，研究部署师范生免费教育实施工作，对招生、录取、签约等工作提出了明确要求并做出具体安排。在实施过程中，教育部和六所部属师范大学及有关省级教育行政部门不断总结经验，有效开展了师范生免费教育的相关工作。

建立机制，完善政策。2008 年 4 月，教育部组织召开免费师范生工作协调会议，建立了六所部属师范大学与省级教育行政部门协商沟通机制。六所大学认真研究和做好新生入学两年内非师范专业优秀学生转入师范专业的选拔和签约工作，并制定实施细则。教育部等有关部门深入实际，研究完善免费师范生就业和在职攻读硕士的实施办法。2012 年，教育部联合财政部、人社部和中央编办起草并由国务院办公厅转发了《关于完善和推进师范生免费教育的意见》，对免费师范生招生、录取、退出、经费、培养、专业发展、就业等做了具体规定。

（二）主要成效

师范生免费教育工作是促进教育事业特别是基础教育事业发展的重要举措，是教师队伍特别是基础教育教师队伍建设的重要内容，是师范院校改革的重要方面。师范生免费教育在吸引优秀人才从教、推动教师教育改革和完善制度框架等方面取得了显著成效。

向全社会发出了重视教师教育的强烈信号，吸引了大批优秀学生就读师范专业。2007 年实施师范生免费教育政策以来，考生报考积极踊跃，生源质量保持良好，六所部属师范大学（以下简称六校）在各地录取的免费师范生平均成绩均高出省重点线 40 分以上。免费师范生的生源结构基本稳定，其中中西部省份生源为 90%左右，农村生源保持在 60%左右。

推动部属师范大学对教师教育给予前所未有的重视和投入，推进了教师教育改革创新。六校紧紧围绕培养造就优秀教师和教育家的目标，积极推进教师教育人才培养模式创新和教育教学改革，探索建立教师教育创新实验区，不断提高免费师范生培养质量，取得了显著成效。例如，北京师范大学先后建立了京师教育创新实验区、西部生源地教育创新实验区、华北教育创新实验区、校际合作教育创新实验区，探索高等学校、地方政府和中小学合作培养师范生的新机制。西南大学加强理论研究和课程教材建

培养优秀教师奠定坚实基础，审核批
究的××学科教学法分解为××学科教
学能力综合训练三门新课程。华东师
见习、以项目研究为基础的研习、以
系，强化实践教学环节，提高免费师
实行双导师制，遴选了一大批优秀中
并选派校内优秀教师承担教师教育

任教，促进了教育公平和均衡发展。
首届免费师范毕业生有 10331 人，其
任教；2012 年，有 10769 名免费师
西部中小学任教的有 9895 人。两年
质教师，其中 92%的免费师范毕业
平和均衡发展。
带动了地方实施师范生免费教育。
学师范生免费教育工作示范引领了
积极跟进，参照师范生免费教育政
措施。例如，广东省对到经济欠发
生实行上岗退费政策，上岗一年后
3 年。江苏省对幼儿师范生实行在
毕业生实行以奖代补政策，分年度
设立“定向培养免费师范生计划”
生在校期间的学费、教材费、住宿
，全国已有 17 个省份在地方师范大
。

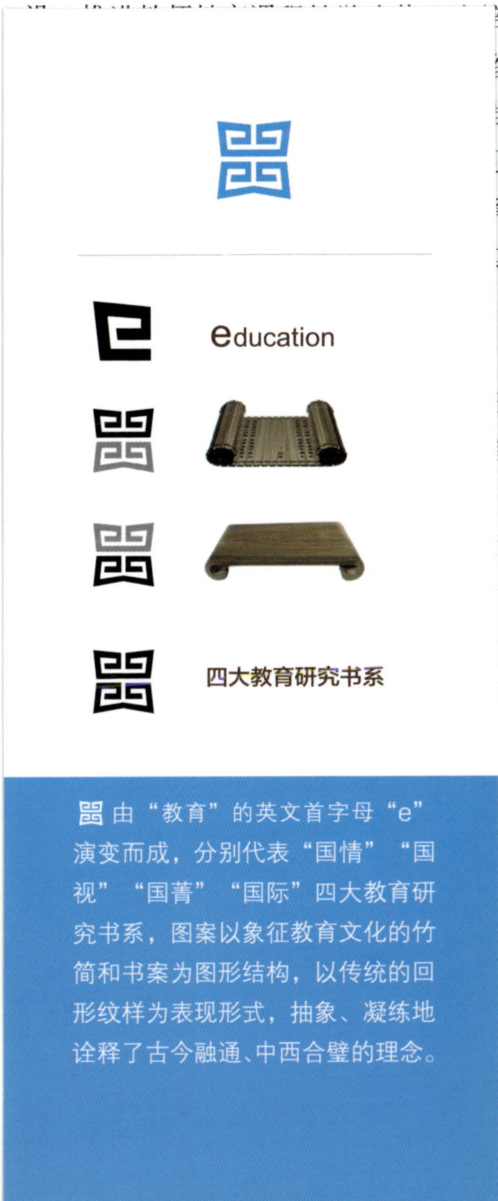

二、“特岗计划”创新农村教师补充机制

为进一步加强农村教师队伍建设，促进义务教育均衡发展，2006 年 5 月，教育部、财政部、人事部和中央编办联合印发《关于实施农村义务教育阶段学校教师特设岗位计划的通知》（以下简称《通知》），由中央财政支持，公开招聘高校毕业生到西部地区农村学校任教。“特岗计划”是我国在进入 21 世纪之后启动的扶持农村教育的重大举措之一，是新进教师公开招聘、创新农村教师补充机制的示范性举措。

（一）政策要点与实施举措

“特岗计划”由中央财政予以特殊支持，主要在中西部“两基”攻坚县、国家扶贫开发工作重点县农村学校相对集中设立教师岗位，公开招聘高校毕业生到校任教，缓解这些地方教师紧缺的问题，并示范引导地方创新教师补充机制，加强教师队伍建设。“特岗计划”由省级教育行政部门统筹负责，遵循“公开、公平、自愿、择优”的原则，主要面向应届本科毕业生公开招聘、择优录用。特岗教师聘期 3 年，采用合同制管理，聘任期间，与当地正式教师享受同等待遇；同时，特岗教师享受中央关于引导和鼓励高校毕业生面向基层就业、“三支一扶”计划等文件规定的相关优惠政策。服务期结束后，鼓励继续从教，考核合格并自愿留任的，当地负责落实工作岗位；也可重新择业，并享受为其提供的方便和帮助。

“特岗计划”实施以来，教育部作为牵头部门，高度重视、精心组织，财政部、人事部和中央编办密切配合，实施“特岗计划”的 22 个省份认真落实《通知》精神，结合本地实际，扎实开展了相关工作。

一是切实加强组织领导。各地高度重视“特岗计划”实施工作，严格执行国家相关政策，成立了“特岗计划”实施工作领导小组，设立专门办公室。教育、财政、人事和编办四个部门各负其责，为“特岗计划”的顺利实施提供了重要的机制保障。例如，贵州省主管副省长全面了解各年本

省计划的实施方案，提出具体工作要求，形成了国家、省、地、县四级“特岗计划”运行链。

二是及时制定配套政策。各地结合自身实际及时研究出台了具体实施方案、管理办法等政策措施，对公开报名、资格审查、笔试面试、公示聘用、岗前培训、考核管理等方面都做出了具体部署。江西省发布了《关于组成省实施“农村义务教育阶段学校教师特设岗位计划”工作协调组的通知》《关于做好 2006 年特岗教师考核进编工作的通知》《关于“特岗计划”教师招聘工作中严禁违规收费的通知》《关于做好 2009 年“特岗计划”教师管理工作的通知》等文件，对有关工作进行了有效统筹和管理。

三是扎实开展招聘工作。招聘工作是“特岗计划”实施的关键环节。各地区坚持“公开、公平、自愿、择优”和“定县、定校、定岗”的原则，深入调研，广泛宣传，周密安排，精心组织，切实把核对需求、网上报名、资格审查、考试考核、签订合同、培训上岗等各项工作做细、做实、做好。2011 年，改革招聘方式，加强省级统筹，由县级教育行政部门招聘改为省级教育行政部门统一公开招聘，严把入口关。

四是有效组织培养培训。实施“特岗计划”的地区纷纷制订培训方案，提供经费支持，采取多种方式，扎实开展特岗教师的培训工作。一方面，把岗前培训作为特岗教师上岗的必要条件，对特岗教师进行全员岗前培训，培训时间不少于 5 个工作日，培训内容包括教师职业道德规范、教育教学基本要求、教育技能操作以及国家四部委关于特岗教师的政策等。另一方面，各地将特岗教师纳入正式在编教师培训序列，并鼓励特岗教师参加各种活动或比赛，为特岗教师的发展搭建平台。例如，湖北省每年聘请一大批富有教育教学经验的教育专家、湖北名师、特级教师、省级骨干教师，开展以师德教育、专业素养、职业技能、新课程实践与应用为主题的岗前培训。

五是着力强化监督管理。各地大力加强对“特岗计划”的监督管理，建立健全管理制度，及时了解工作进展情况，不断提高“特岗计划”工作管理和服务水平。大力加强对特岗教师的跟踪服务，着力解决好特岗教师入编、周转宿舍及各项待遇问题。

（二）主要成效

“特岗计划”的实施在中西部地区产生了强烈反响，得到了广大群众的热烈欢迎，他们普遍认为“特岗计划”是一项具有治本意义的重大举措，充分体现了国家对中西部地区教育工作的重视和支持。实践证明，“特岗计划”是当前加强教师队伍建设的制度创新，是一项行之有效、一举多得的重大举措。

一是补充了教师数量，缓解了师资不足。据统计，2006—2009年，实施“特岗计划”的22个省份共招聘特岗教师123431人，覆盖22个省份的885个县、17606所农村学校。2012年，新招聘特岗教师61572人，其中72.6%具有本科及以上学历，70%到乡镇学校任教，25.6%到村小和教学点任教。2013年新招聘特岗教师64991人，累计招聘特岗教师36.1万人，服务期满特岗教师留任率达到90%以上。

二是优化了教师结构，提升了整体素质。特岗教师的到来改善了农村教师队伍的学历结构、学科结构，尤其是集中补充了音乐、体育、美术、英语、信息技术等学科教师，一定程度上解决了紧缺学科的师资不足问题。特岗教师到岗后，新老教师结对子，促进了新老教师的共同成长，也解决了老教师职业倦怠问题，使农村教师整体素质得到大幅度提升。

三是激发了办学活力，提高了教育质量。实施“特岗计划”以后，一批批年轻有为、思维活跃、理念先进、充满朝气的特岗教师走进农村学校，给原本很难得到高学历教师的农村学校带来了生机，注入了新的活力。在教学改革实践中，他们大胆实践，勇于创新，有效推动了教学观念更新、教学方式转变，促进了农村学校新课程改革，为农村学校的发展带来了全新的气象。

四是产生了示范效应，带动了机制创新。“特岗计划”的实施，创新了农村教师补充机制，对于解决合格教师补充问题起到了积极的示范作用，促进了各地重视加强农村教师队伍建设。在国家“特岗计划”的引领下，一些地区结合实际，建立了各具特色的地方农村中小学教师补充机制，采取有力措施，吸引高校毕业生到农村支教。

五是吸引了优秀人才，拓宽了就业渠道。“特岗计划”既是农村教师补充机制的重大创新，也是落实《国务院办公厅关于加强普通高等学校毕业生就业工作的通知》精神，解决大学生就业的重要措施。“特岗计划”实施以来，将数以万计的优秀大学生吸引到农村中小学任教，给他们提供了施展才华的平台。特岗教师在中西部农村中小学绽放着他们青春的异彩，为当地教育事业发展做出了积极贡献。

三、“国培计划”示范引领教师培训

实施“国培计划”是加强中小学幼儿园教师特别是农村教师队伍建设的一项重要的示范性举措。“国培计划”旨在发挥示范引领、“雪中送炭”和促进改革的作用。培训一批“种子”教师，使他们在推进素质教育和教师培训方面发挥骨干示范作用；开发教师培训优质资源，创新教师培训模式和方法；重点支持中西部农村教师培训，加大农村教师培训力度；促进教师教育改革，推动高等师范院校面向基础教育，服务基础教育。因此，实施“国培计划”，对于加强教师队伍建设、推进义务教育均衡发展和学前教育普及、促进基础教育改革、提高教育教学质量具有重要意义。

（一）政策要点与实施举措

根据党的十七大关于“加强教师队伍建设，重点提高农村教师素质”的要求，为进一步加大教师培训力度，提高教师教育教学能力和整体素质，促进基础教育改革和发展，教育部启动了“国培计划”。

2008 年，“国培计划”由五个项目组成，主要包括“西部边远地区教师培训专项计划”“普通高中课改实验省教师远程培训计划”“中西部农村义务教育学校教师远程培训计划”“中小学班主任专项培训计划”“中小学体育教师培训计划”。直接培训全国中小学教师共计 30 余万名。

2009 年，“国培计划”主要包括七大培训项目，具体为：骨干教师培训，重点是培训中西部地区的农村教师；边境少数民族地区的教师培训项目，主要是委托教育部直属高校对西藏、新疆、云南、贵州、宁夏、青海、甘肃、内蒙古等边境民族地区教师培训给予支持；远程培训项目，主要是针对高中教师新课程实施的培训；培训者的培训；专门针对地震灾区中小学教师的培训项目；体育、艺术等紧缺学科的师资培训；班主任的培训。

2010—2013年，"国培计划"共培训400多万名教师，其中农村教师占95%以上，取得显著成效。

"国培计划"具有统筹安排、竞争择优、创新模式等特点。

科学设计，统筹安排。教育部成立专门领导小组负责项目的总体规划和统筹管理工作。省级教育行政部门制定相关政策和培训实施的具体方案。地（市、县）教育行政部门负责本地培训组织工作，整合本地优势培训资源，配备技术服务人员、培训辅导者，建立工作规范，检查和督促本地培训工作。

竞争择优，确保质量。不管是集中培训还是远程培训，不管是院校还是远程教育平台，均实行招投标机制。各地均按招标流程要求规范招标，通过竞争机制，遴选最好的资源实施培训。

整合资源，精心组织。充分整合全国优质资源，组织有实践经验、有水平的师资力量开展培训，建立项目首席专家制。例如，"中西部农村骨干教师培训项目"明确要求中小学幼儿园教育教学一线优秀教师、教研员数量不低于50%，省域外高水平专家和优秀教师占到1/3以上。

创新模式，提高实效。"国培计划"采用定岗置换、远程培训、送教下乡、短期集中、专家指导、校本研修等多种形式实施培训。充分利用集中面授、网络研修和现场实践相结合的混合模式，在培训机制、培训手段、培训内容和方法等方面进一步积累了经验。

完善管理，加强评估。一是完善项目管理机制。"国培计划"项目办下设子项目执行办，建立了承担院校领导、学科主持专家和项目管理团队分工负责的管理机制。二是健全评审和监管评估机制。健全了项目招投标答辩评审机制，加强了项目监管和评估。三是加强项目的监督检查，确保质量。四是探索项目之间的有机结合，提高培训质量。

（二）主要成效

“国培计划”的实施对全国中小学幼儿园教师培训起到了十分重要的示范引领作用，为各地区新课程教师培训做出了“样板”，使基层教育行政部门、教师培训机构都在“国培计划”实施过程中得到了有益的借鉴和启发；对农村教师特别是中西部农村教师起到了“雪中送炭”的作用，解决了农村教师教育教学中的实际困难。从整体上看，“国培计划”大幅提升了各地中小学幼儿园教师队伍整体素质，为深化基础教育改革、促进义务教育均衡发展、加快推进学前教育普及提供了有力的师资保障，得到了广大教师和各地的高度评价。

培训了一大批“种子”教师。这些种子教师在实施素质教育和基础教育课程改革过程中积极进取，在岗位上发挥专业引领和示范作用，使更多的一线教师受益，扩大了培训的影响，促进了教师整体素质的提升。

开发了一大批国家级优质教师培训资源。远程培训是这次国家级培训的主要方式之一。利用现代远程教育手段，为更多教师创造接受高水平培训的机会，例如，2009 年中西部地区农村义务教育学校教师远程培训项目采用以卫星电视为主、网络远程为辅的远程培训方式，充分发挥“农村中小学现代远程教育工程”的效益，对中西部 23 个省份 97 个项目县的 25 万名农村义务教育学校教师实施 30 学时的专项培训（教育部师范教育司，2010）。

探索和创新了有效的教师培训模式和方法。相关省级教育行政部门、财政部门按照“国培计划”总体要求，认真组织实施，积极创新培训模式，确保了培训质量。河北按照“校推、县审、市评、省定”程序，做好学员遴选工作，确保教师参训率，加强学员管理。

推动了教师教育改革。一大批高水平、有影响的专家教授纷纷担任“国培计划”项目首席专家。通过置换脱产研修、短期集中培训、远程培训等多种形式，促进高校特别是高等师范院校面向基础教育，服务基础教育，研究基础教育，有力地促进了教师教育人才培养模式的改革。

四、“职业院校教师素质提高计划”培训大批“双师型”教师

为贯彻落实全国教育工作会议精神和《国家中长期教育改革和发展规划纲要（2010—2020年）》提出的完成培训一大批“双师型”教师、聘任（聘用）一大批有实践经验和技能的专兼职教师的工作要求，进一步推动和加强职业院校教师队伍建设，促进职业教育科学发展，教育部、财政部决定于2011—2015年实施“职业院校教师素质提高计划”（以下简称“计划”）。

（一）政策要点与实施举措

实施职业院校专业骨干教师培训项目。首先，组织开展职业院校专业骨干教师国家级培训。2011—2015年，教育部、财政部组织中等和高等职业学校专业骨干教师各5万人参加国家级培训。中等职业学校专业骨干教师国家级培训的培训对象为中等职业学校具有中级以上教师职称的专业教师。高等职业学校专业骨干教师国家级培训包括国内培训2.25万人、国外培训2500人、企业顶岗培训2.5万人，培训对象为全国非示范（骨干）高等职业学校具有中级以上教师职称的专业教师。其次，组织开展职业院校专业骨干教师省级培训。“十二五”期间，各省份参照国家级培训要求，组织35万名职业院校专业骨干教师参加省级培训。

实施中等职业学校青年教师企业实践项目。2011—2015年，教育部、财政部组织遴选2万名中等职业学校青年教师到企业进行专业实践。参加企业实践的对象是从事职业教育教学工作2年以上、35岁以下的中等职业学校专业课教师和实习指导教师。

实施职业院校兼职教师推进项目。2011—2015年，各省份要支持职业院校设立一批兼职教师岗位，建立科学合理的工作量考评和薪酬补助机制，逐步优化教师队伍结构，提高职业学校教育教学水平。中央财政将综

合评价各省份兼职教师聘用工作进展情况，给予适当奖补。

实施职教师资培养培训体系建设项目。2012—2014 年，支持国家级职业教育师资基地重点建设 300 个职教师资培养培训专业点，改善职教师资基地的实训条件。2012—2015 年，支持职教师资培养工作基础好、具有相关学科优势的本科层次国家级职业教育师资基地等有关机构，牵头组织职业院校、行业企业等方面的研究力量，共同开发 100 个职教师资本科专业的培养标准、培养方案、核心课程和特色教材，加强职业教育师资培养体系的内涵建设。

为了顺利实施这些项目，有关部门注重统筹规划，分级实施，多方参与，强化激励，提高质量。

统筹规划，分级实施。中央财政在“职业院校教师素质提高计划”实施中主要起引导和示范作用，各省份教育等相关部门要充分发挥在教师队伍建设中的主体作用，加强对本地区职业院校教师队伍建设的科学规划，创新制度机制，努力提升本地区职业院校教师队伍建设水平。

财政引导，多方参与。发挥政府在发展职业教育中的主导作用，各级财政要加大对职业院校教师队伍建设的投入力度，充分调动职业院校、培训机构、行业企业和教师个人的积极性，逐步建立健全政府主导、多方参与的工作机制和财政为主、多渠道筹措经费的投入机制。

突出重点，强化激励。各省份教育等相关部门要加强统筹规划，着力解决教师专业教学能力不强、来自企业的兼职教师比例偏低、教师培养培训体系薄弱等突出问题，特别是重点支持现代农业、先进制造业和现代服务业相关专业，以及中西部、农村和民族地区教师队伍建设。

加强管理，提高质量。建立健全项目管理制度和工作机制，完善项目资格审查制度，加强对项目实施的过程管理和效果评价，提高项目管理的信息化水平，规范高效推进项目的实施。全面总结“十一五”期间教师队伍建设经验，利用好师资培训包等前期项目成果，创新工作思路和模式，完善企业参与机制，促使各地区和培训机构不断提高项目实施的质量。

（二）主要成效

实施“职业院校教师素质提高计划”，是职教师资队伍建设历史上的突破性举措，投入之大前所未有，参与之广前所未有，受益之深前所未有。“计划”紧扣职教师资队伍建设的关键环节和突出问题，导向明确，措施有力，运行有序，促进了职教教师专业成长，推动了职业教育事业的科学发展，受到了地方教育行政部门、职业院校和广大教师的一致好评，在社会上产生了广泛的影响，职业院校教师队伍的整体水平有了很大提升。

引领示范作用明显，带动地方加大经费投入力度。在国家项目的引导和支持下，截至目前，全国有 26 个省份（含新疆生产建设兵团、计划单列市）财政列支专项经费用于支持兼职教师聘用。2011 年以来，省级财政共投入 3.7 亿元，支持 3493 所中高等职业院校 11170 个专业点聘请 32100 名兼职教师。

实施效果连年提升，教师队伍整体素质明显改善。自 2011 年“计划”实施以来，承担教师国家级培训任务的师资培训基地达到 96 家，每年举办培训班超过 500 个，国家级培训项目中职教师完成近 35000 人，高职教师已完成 14000 多人，近 27 万名职业院校教师参加国家级培训、企业实践和省级培训，2700 名教师赴德国、奥地利、澳大利亚、美国等职业教育发达国家进修。其中，仅国家级和省级培训人数就已达到全国职业院校专任教师总数的 21.6%，上万名教师培训结束时取得了更高一级职业资格证书或专业技术资格证书，教师专业技能水平和实践教学能力进一步增强，专业课教师“双师”素质进一步提升。

项目参与单位数量激增，教师培养培训体系基本形成。目前，多数全国重点建设职教师资培养培训基地成立了职业技术教育（师范）学院，基地向机构实体化、职能专门化、水平专业化发展。中央财政已累计划拨 4 亿元专项经费，支持国家级职业教育师资培养培训基地重点建设 200 个职教师资培养培训专业点，改善职教师资培养培训基地的实习实训条件。遴选 42 个职教师资培养工作基础好、具有相关学科优势的本科层次国家级职业教育师资基地等有关机构，牵头组织职业院校、行业企业等方面的研究力量，开发 100 个职教师资本科专业的培养标准、培养方案、核心课程和特色教材，进一步加强职业教育师资培养体系的内涵建设。

校企合作机制逐步完善，教师培训的产教融合更深入。企业在职教师资培养培训中的作用更加凸显，101 个全国重点建设职教师资培养培训基地的长期合作企业达到数千家，省级职教师资培养培训基地也都与对口企业建立了固定合作关系，承担青年教师企业实践项目任务的企业达到 580 多家，校企合作开展职教师资培养培训的模式和机制初步形成。数千名来自行业企业和职业院校的专家、校长、教师、管理及技术人员直接参与了师资培养培训方案、课程和教材开发工作，形成了一支熟悉职业教育、深入研究职教师资队伍建设的科研队伍，为提高职教师资工作的科学化水平提供了有力支撑。

职业学校教师队伍结构得到优化。一大批具有中级以上专业技术职称或高级工以上职业资格，在本行业享有较高声誉、具有丰富实践经验和特殊技能的“能工巧匠”和高技能人才被聘请到职业院校兼职任教。全国中等职业学校兼职教师比例不断攀升，专兼结合的“双师型”教师队伍特色进一步突出。

五、“高层次创造性人才计划”加快高校人才建设

为贯彻落实全国人才工作会议精神，按照国务院《2003—2007 年教育振兴行动计划》的总体部署，2004 年，教育部启动了高等学校“高层次创造性人才计划”。“高层次创造性人才计划”是一项系统工程，它既是高校战线贯彻落实人才强国战略的重大举措，又是积极推进高水平大学和重点学科建设的关键环节，对加快高等学校高层次人才队伍建设，实施人才强校战略具有重要的推动和促进作用。

（一）政策要点与实施举措

“一个体系”。构建定位明确、层次清晰、衔接紧密、促进优秀人才可

持续发展的培养和支持体系，并通过这一体系的实施，实现以下总体目标：培养和汇聚一批具有国际领先水平的学科带头人，一大批具有创新能力和发展潜力的青年学术带头人和学术骨干，带动高等学校教师队伍整体素质的提升。

“三个层次”。“高层次创造性人才计划”按支持对象不同，分三个层次。

第一层次为“长江学者和创新团队发展计划”，这是教育部最高层次的人才项目，主要着眼于吸引、遴选和造就一批具有国际领先水平的学科带头人，形成一批优秀创新团队。该计划包括长江学者和创新团队两个项目。

长江学者项目是1998年教育部与香港李嘉诚基金会合作实施的“长江学者奖励计划”的继续和发展。该项目将紧紧围绕国家重点科研领域、高等学校重点学科发展方向设置长江学者特聘教授岗位，由高等学校面向海内外公开招聘在国际学术界有一定影响，具有创新性构想和战略性思维，能带领本学科跟踪国际科学前沿并赶超国际先进水平的学科带头人，开展原创性、重大理论与实践问题研究和进行关键领域攻关，力争取得重大标志性成果。

该项目在总结经验的基础上主要在五个方面进行了改革和完善：一是实施范围扩大到高等学校的人文社会学科领域；二是增加了讲座教授数额，由过去的每年10人增加到100人；三是进一步增强岗位设置的针对性，要求高校在进行岗位设置时必须坚持与国家科技创新平台建设相结合，与重点学科、重点科研基地以及新兴、交叉学科相结合，与高校科学研究整体规划和学科布局相结合；四是更加重视发挥招聘学校的主体作用，强化高校在长江学者的岗位设置、遴选聘任和提供科研配套条件等方面的责任；五是在长江学者的任职条件和职责任务中，强调长江学者不仅要学术造诣高深、创新能力强，而且要有很强的团结协作精神和相应的组织管理能力，善于培养青年人。该项目每年遴选聘任100名长江学者特聘教授、100名长江学者讲座教授。

创新团队项目是一个崭新的项目，是“高层次创造性人才计划”中对优秀人才群体的支持项目，是一个重大创新举措。创新团队项目以国家科技创新平台、重点科研基地为依托，对以两院院士、长江学者特聘教授等拔尖创新人才为核心，从事国家重点发展领域或国际重大科学与技术前沿研究的优秀创新团队给予重点资助，充分发挥优秀人才的团队效应，提升高校的创新能力和竞争实力，推动高水平大学和重点学科建设。该项目每年遴选支持60个创新团队。

第二层次是“新世纪优秀人才支持计划”，这实际上是对高校青年学术带头人的一个支持计划。这个计划是由过去的“高校青年教师奖”“跨世纪优秀人才培养计划”“优秀青年教师资助计划”和“高等学校骨干教师资助计划”四个人才计划集成产生的，主要着眼于培养、支持一大批学术基础扎实、具有突出的创新能力和发展潜力的优秀学术带头人，支持他们开展创新性研究工作，承担国家重大科研任务，为培养他们成为优秀学科带头人搭建台阶、创造条件。该计划每年遴选支持1000名左右自然科学和人文社会科学领域的优秀青年学术带头人。

第三层次是“青年骨干教师培养计划”，该计划主要着眼于培养数以万计的青年骨干教师，带动教师队伍整体素质的提升，这一计划主要靠高等学校实施。为推动高等学校实施“青年骨干教师培养计划”，教育部将实施“高等学校青年骨干教师在职学位提升项目”“高等学校全国优秀博士学位论文作者资助项目”“留学回国人员科研启动基金项目”“高等学校青年骨干教师出国研修项目”“高等学校青年骨干教师国内访问学者项目”“高等学校青年骨干教师高级研修班”六个项目，每年重点支持培养10000名以上的青年骨干教师。

为了落实上述计划，有关部门注重整合资源，加大投入，创新模式，加强领导等，有效保证了计划的实施。

一是统筹规划，整合资源。“高层次创造性人才计划”要与“985”工程、“211”工程、“高等学校哲学社会科学繁荣计划”和“研究生教育创新计划”密切配合，整体实施，大力推进高水平大学和重点学科建设。

二是加大人才投入力度。教育部设立人才工作专项资金，用于支持有关人才计划的实施。

三是创新人才组织模式。积极改革教学科研组织形式，打破人才组织上的体制性障碍，充分发挥多学科优势，通过凝练学科方向，汇聚学科队伍，构筑学科基地，组建一批多学科集成的创新团队和创新群体。

四是改革人才遴选评价机制。进一步强化高等学校在人才遴选中的主体作用，注重发挥同行专家在评审中的作用，严把人才遴选质量关。改革和完善人才评价标准，实施人才分类管理，建立以业绩为核心，由品德、知识、能力等要素构成的人才评价体系。

五是完善人才激励与约束机制。继续深化人事分配制度改革，更加重视支持人才成长和事业发展，鼓励优秀人才脱颖而出。按照“按需设岗、公开招聘、择优聘任、合同管理”的原则，加快推进以教师聘任制为核心的高校全员聘任制改革，逐步形成人员能出能进、职务能上能下、待遇能高能低的局面。

六是创新留学工作机制。积极推动高校与国外著名大学强强合作或联合培养，进一步扩大高校教师出国留学规模，进一步加大学术带头人和学术骨干的选派力度，选择一大批有较大发展潜力的优秀青年教师赴国外高水平大学攻读博士学位或从事博士后研究。

七是大力吸引优秀留学人才回国工作或为国服务。进一步创新人才引进机制，大力做好出国招聘留学人才工作，积极探索团队引进、核心人才带动引进、创业引进、智力引进等灵活多样的形式。建立优秀留学人才库，通过多种途径加强高等学校与优秀留学人才的联系，制订并实施“留学人才回归计划”，重点引进高新技术和基础研究等方面紧缺的高层次人才。

八是加强组织领导，做好宏观指导和统筹协调工作。教育部为此专门成立了教育部人才发展办公室。

（二）主要成效

“高层次创造性人才计划”汇聚了一批具有国际竞争力的学科带头人，激发了高校教师的创新能力和发展潜力，促进了高校教师队伍整体素质的提升。

以“长江学者奖励计划”为例。该计划包括特聘教授、讲座教授岗位制度和长江学者成就奖。2004 年，教育部加大了该计划的实施力度，将实施范围扩大到人文社会科学领域，增加讲座教授招聘数量，更加重视发挥高校在长江学者岗位设置、遴选聘任和提供科研配套条件等方面的主体作用。2005 年 6 月，“长江学者成就奖”奖励范围由内地高校扩大到港澳高校和中国科学院所属研究机构。“长江学者奖励计划”的实施有效凝聚了一批高层次人才在高校从事科研、教学工作，特别是吸引了一批海外优秀学者回国工作或为国服务。1998—2006 年，共有 906 位长江学者特聘教授、讲座教授受聘，10 位优秀学者荣获“长江学者成就奖”。截至 2006 年，有 24 位长江学者特聘教授当选为中国科学院院士、中国工程院院士；有 175 项由长江学者特聘教授主持或作为主要完成人参加的科研成果获得了国家三大科技奖（栾宗涛，王磊，周家贵，2009）。2011 年起，教育部实施新的“长江学者奖励计划”，继续实施特聘教授、讲座教授项目，每年支持高校聘任 150 名特聘教授、50 名讲座教授。长江学者实行岗位聘任制，高校自主设置岗位，面向海内外公开招聘，择优推荐，经教育部组织同行专家评审通过后，由高校聘任（教育部人才发展办公室，2014）。

“高层次创造性人才计划”的实施发挥了重要的示范和导向作用，许多地方政府和高等学校纷纷出台并实施了相应的人才计划，加大引进高层次人才和培养优秀青年学术骨干的力度。继“长江学者奖励计划”之后，广东、福建、四川、湖南、湖北、河北等省分别在省内高校实施了“珠江学者计划”“闽江学者计划”“天府学者计划”“芙蓉学者计划”“楚天学者计划”“燕赵学者计划”等，其他省份也相继建立了省内特聘教授制度。

六、“硕师计划”促进高素质农村教师培养

2004 年，教育部启动实施“农村学校教育硕士师资培养计划”（以下简称“硕师计划”），这是提高农村师资水平，创新农村教师补充机制的一项重要举措，对于推进教育均衡发展，加强农村教师队伍建设，促进社

会主义新农村建设具有重要的战略意义。

（一）政策要点与实施举措

取得“农村学校教育硕士师资培养计划”入学资格的学生，先由省级教育行政部门安排到签约的农村学校任教三年，取得教育教学实践经验。第四年，农村师资教育硕士生到培养学校注册入学，脱产学习教育硕士专业学位研究生课程。第五年，农村师资教育硕士生在任教学校工作岗位上，边工作，边学习，通过现代远程教育等方式完成课程学习并撰写学位论文。学生毕业通过论文答辩后，由学校按规定授予教育硕士学位并颁发硕士研究生学历证书。农村师资教育硕士生必须履行规定的服务义务，从本科毕业到农村学校报到任教开始，服务期至少五年（包括在培养学校的一年学习时间）。规定服务期结束后，鼓励其继续在农村学校任教。培养经费由培养学校主管部门按照教育部下达的研究生招生国家计划安排。农村师资教育硕士生在学习期间免缴学费，住宿费等费用按照在校研究生缴费办法执行；带薪并享受相关待遇，按照在职教师脱产学习的规定执行。往返交通费按照当地教师脱产学习的有关规定执行。

2010 年，“硕师计划”进行了如下调整。一是服务范围由国家级和省级扶贫开发工作重点县扩大到所有县镇及以下农村学校，由中西部 21 个省份扩大到全国 31 个省份。二是培养方式由“3+1+1”五年制改为“3+1”四年制。三是结合“特岗计划”，采取两种方式：一种方式为录取为“硕师计划”研究生并同时应聘为特岗教师，先到设岗县的农村义务教育学校任教服务三年，并在职学习研究生课程，第四年到培养学校脱产集中学习一年，毕业时获硕士研究生毕业证书和教育硕士专业学位证书；另一种方式为根据有关文件精神，对于具备普通高等学校本科学历、三年聘期内年度（或绩效）考核至少一年优秀并继续留在当地学校任教，表现突出的特岗教师，经任教学校和县级教育行政部门考核推荐、培养学校单独考核、符合培养要求的，可推荐免试在职攻读教育硕士。四是参加推荐免试工作的高等学校由 58 所增加至 86 所，承担教育硕士专业学位培养资格的高等学校由 30 所增加至 73 所。

（二）主要成效

自2004年实施以来，“硕师计划”取得了积极成效，为贫困地区学校输送了一批优秀硕士毕业生，为农村学校培养了一批骨干教师，在一定程度上缓解了农村中学教师缺乏的矛盾。实施“硕师计划”是通过推荐免试攻读教育硕士、“特岗计划”等政策导向，鼓励、吸引优秀高校毕业生服务农村教育的重要途径，也是通过教育硕士培养，为立志长期从教的教师专业发展创造条件的有效方式，还是创新教师培养模式，造就大批高层次高素质骨干教师的重要措施。而通过政策引导吸引优秀高校毕业生到基层建功立业这一举措，又拓宽了大学生就业渠道，同时创新了农村教师培养和补充机制，提高了农村教师学历层次。2012年，共有70多所大学具备推荐资格，40多所大学承担相应的硕士研究生培养任务；招收1079名优秀应届本科毕业生到边远艰苦地区农村学校任教，并推荐免试攻读教育硕士专业学位。

七、教师资格考试改革与定期注册制度试点促进教师考核管理

中小学教师资格考试改革和定期注册制度试点是国家教改领导小组确定的国家层面重大教育改革之一，是提升教师队伍来源质量、严格教师考核管理的重大制度创新，对于加强教师培养、培训和管理产生了积极的政策联动效应。教师资格制度的实施更是中国教育史上具有里程碑意义的大事，对于促进教师专业化、提高教师社会地位发挥了重要作用。

（一）政策要点与实施举措

2011年，国家探索建立“国标、省考、县聘、校用”教师准入和管理制度。教育部颁发《关于开展中小学和幼儿园教师资格考试改革试点的指导意见》和《中小学教师资格定期注册试行办法》，颁布考试标准、32个

科目笔试大纲和3类面试大纲。同年，国务院办公厅发出《关于开展国家教育体制改革试点的通知》，要求开展教师资格考试改革和教师资格定期注册试点，建立中小学新任教师公开招聘制度和办法，探索建立教师退出机制。

按照国家教育体制改革试点的总体部署，在浙江、湖北两省进行教师资格考试改革试点，在两省各选1个地级市进行教师资格定期注册试点。集中全国教育领域300多位专家，建立了200多套题库，并在湖北、广西和吉林等省份进行了教师资格考试试测。召开了多次工作部署会议，组织试点省细化实施方案，确保万无一失。

2013年教师资格考试和定期注册改革试点进入分步全面推开的新阶段。一是全面总结2011年以来河北、上海、浙江、湖北、广西、海南6个省份试点的成功经验，研究解决改革中遇到的若干重要政策问题。二是扩大试点工作范围。2013年8月，教育部进一步扩大中小学教师资格考试和定期注册改革试点范围。在6个省份试点基础上，新增山西、安徽、山东、贵州4个省为试点省。新增试点省份从2013年下半年开始进行中小学教师资格考试，同时选择1个地级市开展中小学教师资格定期注册试点。原有试点省份继续完善中小学教师资格考试的组织实施，同时可适当扩大中小学教师资格定期注册试点的区域，逐步在全省全面实施。尚未参加改革试点的省教育部门要积极做好准备，提出实施中小学教师资格考试和定期注册制度的工作计划和实施方案。

（二）主要成效

通过教师资格考试和定期注册试点，逐步建立了科学有效的教师资格考试机制，严格教师资格认定条件和认定程序，不断完善教师资格制度，把好教师职业入口关。通过建立中小学教师资格定期注册制度，强化中小学教师职业道德与教育教学能力建设，推进教师教育改革和入职后教师管理机制创新，激发教师教书育人的积极性，逐步提高中小学教师素质与水平。

2011年，试点地区有2.9万名考生参加资格考试，5.5万名教师申请首次注册，切实推进建立“国标、省考、县聘、校用”教师准入和管理制度。2012年平稳组织两次全国性考试，6个省份参加考试人数17.1万人，为严格教师职业准入、完善教师资格考试办法积累了宝贵经验。指导试点地区结合工作考核对18.9万在编在岗教师进行首次注册，不予注册或暂缓注册了一批不合格教师，在严格教师考核和探索教师退出机制方面迈出坚实步伐。2013年平稳顺利组织两次全国性考试，37.4万人参加；上海等3个省份10.3万教师申请首次注册，通过率99.61%，不予注册或暂缓注册了一批不合格教师。

八、中小学教师职称制度改革健全教师考核评价机制

深化中小学教师职称制度改革是分类推进职称制度改革的重大突破，是加强中小学教师队伍建设的重要举措。深化中小学教师职称制度改革，有利于提高中小学教师职业地位，鼓励更多高学历、高素质人才投身教育事业。

（一）政策要点与实施举措

2009年国家启动深化中小学教师职称制度改革试点。经国务院同意，人力资源和社会保障部、教育部决定在吉林省松原市、山东省潍坊市、陕西省宝鸡市开展深化中小学教师职称制度改革试点工作。2011年9月，国务院决定在3地试点基础上，将深化中小学教师职称改革试点扩大到全国各省份近百个地级市。扩大改革试点将原来独立的中学教师职务系列与小学教师职务系列统一并入新设置的中小学教师职称（职务）系列。在职称等级上设置五个等级，依次为正高级教师、高级教师、一级教师、二级教师、三级教师，并完善与之相配套的评价标准和办法。

中小学教师职称制度改革试点着重探索建立统一的中小学教师职称制度，按照注重师德素养、教育教学工作实绩和一线实践经历的要求，完善教师专业技术水平评价标准，国家制定基本评价标准，各地区制定具

体评价标准，对特别优秀的教师制定相应的破格评审条件；建立以同行专家评审为基础的业内评价机制，健全工作程序和评审规则；实现与事业单位岗位聘用制度有效衔接。中小学教师中高级专业技术职务评聘重点是坚持育人为本、德育为先原则，切实改变以往过分强调论文、学历的倾向，引导教师立德树人，爱岗敬业，积极进取，不断提高实施素质教育的能力和水平。

为抓好这项牵一发而动全身的关键改革，教育部与人力资源和社会保障部在推动改革实施、开展调研、转变政府职能等方面做了大量工作。

一是扎实推进中小学教师职称制度改革，审核批复30个省份中小学正高级教师评审结果，在109个地级市共评聘中小学正高级教师806人。教育部会同人力资源和社会保障部专业技术人员管理司举办专题培训班，将试点地市人力资源和社会保障、教育部门负责同志轮训一遍。专门发文要求加强省级统筹，兼顾不同学段教师的代表性，并向农村、艰苦边远地区一线教师倾斜。二是会同教育部职业技术教育中心研究所开展全国中等职业学校教师职称制度改革调研，在回收中职教师11164份调研问卷的基础上，形成总体改革方案和政策文件稿，为下一步启动中职教师职称制度改革做好前期准备。三是在2012年将高校副教授评审权审批下放到省级教育行政部门的基础上，研究提出了下放教授评审权审批工作的改革方案，进一步简政放权、转变政府职能。

（二）主要成效

教师职称制度改革充分调动了广大中小学教师的积极性，为全面实施素质教育提供了制度保障和人才支持。改革逐步健全了教师考核评价制度，激励教师提升专业素质；完善了重师德、重能力、重业绩、重贡献的教师考核评价标准，探索实行了学校、学生、教师和社会等多方参与的评价办法，引导教师潜心教书育人。

2012年，教育部会同人力资源和社会保障部完成27个省份96个地市中小学教师职称制度改革试点工作，设置中小学正高级教师岗位839个，召开2次省级人力资源和社会保障部门、教育部门负责人座谈会，举办2

期地市级有关部门负责人培训班，激发了中小学教师工作热情。2013 年，全面深化教师职称制度改革，进一步激发了教师队伍的生机和活力。截至 2013 年 9 月，教师职称制度改革在前期试点基础上已扩大到全国 30 个省份 109 个地级市。

第五章

教师专业发展状况调研

为贯彻落实全国教育工作会议精神和《国家中长期教育改革和发展规划纲要（2010—2020年）》，推进教师队伍建设工作，促进教师专业发展，我们开展了教师专业发展状况调查研究。调研旨在了解教师对教育意义的理解与认同情况，提升专业精神，增强职业道德，掌握教育规律，拓展学科知识，强化专业技能和提高教育教学水平。我们从教师专业发展、学校管理和政府保障三个方面对教师专业发展状况进行全方位、立体式调研，通过对所获得的第一手研究数据与资料进行统计和分析，得出重要结论，提出解决对策，为教师发展决策提供科学参考。

一、幼儿园教师专业发展状况调研

（一）研究方法

1. 研究对象

本研究以幼儿园教师为对象。

2. 研究工具

本研究采用自编的《幼儿园教师专业发展状况调查问卷》实施调研。

问卷结构的一级维度为专业发展、学校管理、政府保障和总体满意度，其中专业发展的二级维度为专业态度（职业认同、科研与发展规划、专业学习）、专业知识（学科知识、学生身心发展知识）和专业能力，学校管理的二级维度为培训支持、发展空间、业务支持、环境创设、学校管理制度和工作压力，政府保障的二级维度为社会地位、政府管理制度和工资待遇（表 5-1）。采用 SPSS15.0 统计分析软件对数据进行整理和分析。

表 5-1　调查问卷结构

一级维度	二级维度
专业发展	专业态度
	专业知识
	专业能力
学校管理	培训支持
	发展空间
	业务支持
	环境创设
	学校管理制度
	工作压力
政府保障	社会地位
	政府管理制度
	工资待遇
总体满意度	—

3. 调查问卷发放情况

本次调查共发放幼儿园教师问卷 1880 份，回收有效问卷 1779 份①，有效回收率为 94.63%。其中，女性占 96.8%，城市和县镇乡村（简称乡镇，下同）分别占 61.3%、38.7%，东部、中部、西部分别占 13.3%、

① 本章调查问卷样本在个别题目上有缺失值，所以部分选项样本量不足 1779；问卷包含多项选择题，具体计算时所有选择项人数相加与总和不等，或比例相加略超出或不足 100%，视为正常。

19.7%、67.0%（表5-2）。

表5-2　幼儿园教师数据基本情况

变量		人数	比例（%）
性别	男	56	3.2
	女	1721	96.8
城乡	城市	1087	61.3
	乡镇	686	38.7
地区	东部	236	13.3
	中部	350	19.7
	西部	1193	67.0

（二）调查结果

1. 幼儿园教师专业发展状况调查结果

当前我国幼儿园教师职业忠诚度不高。在专业知识、专业能力方面，幼儿园男教师、乡镇幼儿园教师和西部幼儿园教师有待进一步学习、提高。

（1）幼儿园专业态度调查结果

幼儿园教师职业认同感较高，大都主持或参与过科研课题研究，重视专业学习。但是职业忠诚度不高，没有专业发展的目标，发表论文较少，对专业知识学习较少。

①绝大多数幼儿园教师职业认同感较高，中部地区教师明显高于东部和西部地区教师

幼儿园教师职业认同感调查结果显示，选择“非常不认同”的比例为2.60%，选择“不认同”的比例为8.00%，选择“比较不认同”的比例为8.80%，选择“比较认同”的比例为37.90%，选择“认同”的比例为29.10%，选择“非常认同”的比例为13.70%。选择“不认同”的总比例为19.40%，选择“认同”的总比例为80.60%，说明绝大多数幼儿园教师职业认同感较高（表5-3）。

表 5-3　幼儿园教师职业认同感情况

变量	分组	例数	非常不认同	不认同	比较不认同	比较认同	认同	非常认同
性别	男	56	1 (1.79)	7 (12.50)	6 (10.71)	23 (41.07)	8 (14.29)	11 (19.64)
	女	1721	45 (2.61)	135 (7.84)	150 (8.72)	650 (37.77)	509 (29.58)	232 (13.48)
城乡	城市	1087	34 (3.13)	78 (7.18)	110 (10.12)	367 (33.76)	345 (31.74)	153 (14.08)
	乡镇	686	12 (1.75)	64 (9.33)	46 (6.71)	302 (44.02)	172 (25.07)	90 (13.12)
地区	东部	236	13 (5.51)	13 (5.51)	23 (9.75)	97 (41.10)	62 (26.27)	28 (11.86)
	中部	350	9 (2.57)	8 (2.29)	8 (2.29)	144 (41.14)	103 (29.43)	78 (22.29)
	西部	1192	24 (2.01)	121 (10.15)	125 (10.49)	433 (36.33)	352 (29.53)	137 (11.49)

注：例数（百分比），下同。

对不同性别和城乡幼儿园教师职业认同感情况进行 t 检验发现，幼儿园女教师和男教师的职业认同感无显著差异，城市和乡镇幼儿园教师职业认同感无显著差异（$p>0.05$）（表 5-4）。

表 5-4　幼儿园教师职业认同感性别和城乡比较

变量	分组	样本量	平均数±标准差	t 值	p 值
性别	男	56	4.125±1.308	-0.73	0.4668
	女	1721	4.243±1.189		
城乡	城市	1087	4.260±1.218	0.92	0.3595
	乡镇	686	4.207±1.154		

对不同地区幼儿园教师职业认同感进行方差分析发现，不同地区幼儿园教师在职业认同感方面存在极其显著的差异（p<0. 001）。通过进一步分析（多重比较）发现，中部地区幼儿园教师的职业认同感最高，明显高于东部地区和西部地区幼儿园教师；东部地区和西部地区幼儿园教师的职业认同感差异不大（表 5-5）。

表 5-5　幼儿园教师职业认同感的地区比较

变量	分组	样本量	平均数±标准差	F 值	p 值	SNK 多重比较
地区	东部	236	4. 127±1. 241	19. 82	<0. 0001	(2>3) (2>1)
	中部	350	4. 594±1. 087			
	西部	1192	4. 157±1. 193			

注：多重比较中，数字“1”代表东部，数字“2”代表中部，数字“3”代表西部，下同。

综上，绝大多数幼儿园教师都认同教师这一职业，且相较于东部地区和西部地区，中部地区的幼儿园教师更加认同教师这一职业。幼儿园女教师和男教师的职业认同感没有显著差异，城乡幼儿园教师的职业认同感也没有显著差异。

②超过 2/3 的幼儿园教师职业忠诚度不高

幼儿园教师职业忠诚度调查结果显示，选择“非常不认同”的比例为 30. 30%，选择“不认同”的比例为 20. 80%，选择“比较不认同”的比例为 18. 60%，选择“比较认同”的比例为 15. 50%，选择“认同”的比例为 11. 50%，选择“非常认同”的比例为 3. 30%。选择“不认同”的总比例为 69. 70%，选择“认同”的总比例为 30. 30%（表 5-6）。这说明超过 2/3 的幼儿园教师职业忠诚度不高。

表 5-6　幼儿园教师职业忠诚度情况

变量	分组	例数	非常不认同	不认同	比较不认同	比较认同	认同	非常认同
性别	男	56	16（28.57）	14（25.00）	13（23.21）	4（7.14）	9（16.07）	0（0.00）
	女	1721	522（30.35）	356（20.70）	318（18.49）	269（15.64）	196（11.40）	59（3.43）
城乡	城市	1087	302（27.81）	234（21.55）	194（17.86）	180（16.57）	135（12.43）	41（3.78）
	乡镇	686	236（34.40）	136（19.83）	137（19.97）	91（13.27）	68（9.91）	18（2.62）
地区	东部	236	30（12.77）	29（12.34）	31（13.19）	72（30.64）	62（26.38）	11（4.68）
	中部	350	3（0.86）	19（5.43）	32（9.14）	147（42.00）	105（30.00）	44（12.57）
	西部	1192	505（42.37）	322（27.01）	268（22.48）	55（4.61）	38（3.19）	4（0.34）

对不同性别和城乡幼儿园教师职业忠诚度情况进行 t 检验发现：不同性别幼儿园教师职业忠诚度无显著差异（$p>0.05$），城乡幼儿园教师职业忠诚度存在显著的差异（$p<0.05$），城市幼儿园教师的职业忠诚度明显高于乡镇幼儿园教师（表 5-7）。

表 5-7　幼儿园教师职业忠诚度的性别、城乡比较

变量	分组	样本量	平均数±标准差	t 值	p 值
性别	男	56	2.571±1.399	−0.50	0.6154
	女	1720	2.673±0.495		
城乡	城市	1086	2.756±1.508	3.21	0.0014
	乡镇	686	2.523±1.454		

对不同地区幼儿园教师职业忠诚度进行差异检验发现，不同地区幼儿园教师职业忠诚度存在极其显著的差异（$p<0.001$）。进一步分析可知，中部地区幼儿园教师的职业忠诚度明显高于东部地区，东部地区幼儿园教师职业忠诚度明显高于西部地区（表5-8）。

表5-8　幼儿园教师职业忠诚度的地区比较

变量	分组	样本量	平均数±标准差	平均秩	H值	p值	Nemenyi多重比较
地区	东部	235	3.596±1.439	1195.270	709.6387	0.0001	2>1>3
	中部	350	4.326±1.042	1422.459			
	西部	1192	2.003±1.084	671.983			

综上，超过2/3的幼儿园教师职业忠诚度不高，不太喜欢自己的工作。从城乡来看，城市幼儿园教师比乡镇幼儿园教师更喜欢自己的工作。从地区来看，中部地区幼儿园教师比东部地区教师更喜欢自己的工作，东部地区幼儿园教师比西部地区教师更喜欢自己的工作；同时，中部地区幼儿园教师的职业认同感也明显高于东部地区和西部地区。这说明，中部地区幼儿园教师更加认同并喜欢自己的工作，西部地区幼儿园教师往往不安于自己的工作。

目前，幼儿园教师职业忠诚度不高主要是由我国学前教育以民办幼儿园为主导的格局所导致。根据《中国学前教育发展报告2012》数据显示，我国民办园在幼儿园总数中的比重显著上升，达到68%，成为主要的办园形式。我国的办园格局已经从以集体办园为主发展到以民办园为主（刘占兰，2013）。近年来，虽然国家非常重视学前教育发展，制订和落实学前教育“国十条”和“学前教育三年行动计划”，加大对学前教育的投入，各地兴建了大量的公办幼儿园，但学前教育办园以民办园为主的格局没有改变。2010年，我国幼儿园教职工总数是1849301人，而民办幼儿园教职工总数是1168429人（刘占兰，2013）。民办幼儿园教职工总数占全国幼儿园教职工总数的近2/3。由于民办幼儿园是以向社会招聘教师的形式来组建自己的师资队伍，招聘来的幼儿教师是合同制，合同到期后可以续约或辞退。另外，招聘来的幼儿教师也可根据自己或社会的需要自由谋取其他幼儿园的工作机会。这样势必影响民办幼儿园教师工作的安定感。工作不安定、不稳定，幼儿园教师的职业忠诚度就比较低。增强幼儿园教师职业认同感和岗位意识是今后幼儿园教师队伍建设的重要内容。

③近一半的幼儿园教师没有专业规划

幼儿园教师专业发展规划情况调查发现：选择“规划明确且付诸实践”的比例为 17.40%，选择“曾经有明确规划但没有坚持”的比例为 10.90%，选择“有想法但行动跟不上”的比例为 24.70%，选择“从未思考过”的比例为 14.20%，选择“对专业规划话题比较反感”的比例为 32.90%。“从未思考过”和“对专业规划话题比较反感”总比例是 47.10%，表明近一半幼儿园教师对自己的专业发展没有规划。

对不同性别、不同地区和城乡幼儿园教师专业发展规划情况进行差异检验发现：幼儿园教师专业发展规划无显著性别差异（$p>0.05$）；城乡幼儿园教师的专业发展规划存在极其显著的差异（$p<0.001$），城市幼儿园教师有明确专业发展规划的比例高于乡镇幼儿园教师；不同地区幼儿园教师的专业发展规划存在极其显著的差异（$p<0.001$），东部和中部地区的幼儿园教师有明确专业发展规划的比例高于西部地区。这表明，我国城市幼儿园教师专业发展规划状况好于乡镇幼儿园教师；东部和中部幼儿园教师专业发展规划状况好于西部幼儿园教师（表 5-9）。

表 5-9　幼儿园教师专业发展规划的性别、城乡和地区比较

变量	分组	例数	规划明确且付诸实践	曾经有明确规划但没有坚持	有想法但行动跟不上	从未思考过	对专业规划话题比较反感	卡方值	p 值
性别	男	56	10 (17.86)	2 (3.57)	10 (17.86)	7 (12.50)	27 (48.21)	8.1596	0.0859
	女	1721	298 (17.37)	190 (11.07)	428 (24.94)	24 (14.22)	556 (32.40)		

续表

变量	分组	例数	规划明确且付诸实践	曾经有明确规划但没有坚持	有想法但行动跟不上	从未思考过	对专业规划话题比较反感	卡方值	p 值
城乡	城市	1087	225 (20.76)	126 (11.62)	294 (27.12)	143 (13.19)	296 (27.31)	56.9774	0.0001
	乡镇	686	80 (11.68)	66 (9.64)	144 (21.02)	108 (15.77)	287 (41.90)		
地区	东部	236	76 (32.62)	59 (25.32)	71 (30.47)	18 (7.73)	9 (3.86)	607.9343	0.0001
	中部	350	140 (40.11)	53 (15.19)	138 (39.54)	8 (2.29)	10 (2.87)		
	西部	1192	92 (7.72)	81 (6.80)	229 (19.23)	225 (18.89)	564 (47.36)		

教师是否有专业发展规划，说明其专业发展是否有明确目标。调查发现，当前我国幼儿园教师，特别是乡镇幼儿园教师，专业发展规划意识、目标意识淡薄，这势必影响教师专业发展及幼儿园工作效率。

④近九成的幼儿园教师主持或参与过科研课题

幼儿园教师近五年主持和参与科研课题的情况调查结果显示，选择“主持过2个及以上”的比例为50.50%，选择“主持过1个”的比例为16.70%，选择“参与过2个及以上”的比例为9.80%，选择“参与过1个”的比例为10.50%，选择“没有主持或参与过”的比例为12.50%。“主持过2个及以上”“主持过1个”“参与过2个及以上”“参与过1个”的幼儿园教师总比例为87.50%，即87.50%的幼儿园教师主持或参与过科研课题。

对不同性别、不同地区和城乡幼儿园教师近五年主持和参与科研课题的情况进行卡方检验发现：不同性别幼儿园教师近五年主持和参与科研课题的情况没有显著差异（$p>0.05$）；城乡幼儿园教师近五年主持和参与科研课题的情况存在极其显著的差异（$p<0.001$），乡镇幼儿园教师主持或参与过科研课题的比例高于城市幼儿园教师；不同地区幼儿园教师近五年主持和参与科研课题的情况存在极其显著的差异（$p<0.001$），西部幼儿园教师主持或参与过科研课题的比例高于中部和东部幼儿园教师（表5-10）。

表5-10　幼儿园教师近五年主持和参与科研课题情况的性别、城乡、地区比较

变量	分组	例数	主持过2个及以上	主持过1个	参与过2个及以上	参与过1个	没有主持或参与过	卡方值	p 值
性别	男	56	36 (64.29)	11 (19.64)	4 (7.14)	4 (7.14)	1 (1.79)	8.1596	0.0859
	女	1721	862 (50.12)	284 (16.51)	171 (9.94)	183 (10.64)	220 (12.79)		
城乡	城市	1087	490 (45.12)	178 (16.39)	132 (12.15)	138 (12.71)	148 (13.63)	49.5518	0.0001
	乡镇	686	408 (59.48)	118 (17.20)	42 (6.12)	49 (7.14)	69 (10.06)		
地区	东部	236	47 (20.00)	32 (1.80)	43 (18.30)	50 (21.28)	63 (26.81)	1029.2248	0.0001
	中部	350	16 (0.90)	24 (6.86)	50 (14.29)	107 (30.57)	153 (43.71)		
	西部	1192	835 (70.05)	240 (20.13)	82 (6.88)	30 (2.52)	5 (0.42)		

⑤ 2/3的幼儿园教师没有在正式报刊上发表过论文

幼儿园教师入职以来在正式报刊上发表文章数量的情况调查发现：选择“无”的比例为65.40%，选择“1—3篇”的比例为21.00%，选择“4—6篇”的比例为6.30%，选择“7篇及以上”的比例为7.30%。可见，近2/3的幼儿园教师没有在正式报刊上发表过论文。

对不同性别、不同地区和城乡幼儿园教师在正式报刊上发表文章数量的情况进行卡方检验发现，幼儿园教师的文章发表数量存在极其显著的性别、城乡和地区差异（$p<0.001$）。幼儿园男教师发表文章数量明显多于幼儿园女教师，城市幼儿园教师发表文章数量明显多于乡镇幼儿园教师，东部和西部的幼儿园教师发表文章数量明显多于中部幼儿园教师（表 5-11）。

发表论文状况是反映教师科研能力的一个重要指标。从总体上看，我国现阶段幼儿园教师发表论文状况较差，有 65.40% 的教师没有发表过论文。这表明幼儿园教师科研能力、水平还有待进一步提高。

表 5-11　幼儿园教师发表论文数量的性别、城乡、地区比较

变量	分组	例数	无	1—3 篇	4—6 篇	7 篇及以上	卡方值	*p* 值
性别☆	男	56	29（51.79）	9（16.07）	6（10.71）	12（21.43）	18.921	0.0001
	女	1721	1131（65.79）	364（21.18）	123（7.16）	101（5.87）		
城乡	城市	1087	660（60.83）	278（25.62）	84（7.74）	63（5.81）	39.3656	0.0001
	乡镇	686	497（72.45）	94（13.70）	45（6.56）	50（7.29）		
地区	东部	236	151（64.53）	63（26.92）	7（2.99）	13（5.56）	26.6067	0.0002
	中部	350	247（70.57）	71（20.29）	24（6.86）	8（2.28）		
	西部	1192	763（64.01）	239（20.05）	98（8.22）	92（7.72）		

注：☆表示不满足卡方值检验条件，采用 Fisher 确切概率法，下同。

⑥绝大多数幼儿园教师重视专业学习

幼儿园教师专业学习情况调查发现：选择“不断学习”的比例为58.90%，选择“需要的时候学习”的比例为29.80%，选择“随大流完成学习任务”的比例为10.40%，选择“太忙，没有时间”的比例为0.80%，选择“觉得现在工作还应付得了，学习不是最要紧的”的比例为0.10%。选择“不断学习”和“需要的时候学习”的幼儿园教师总比例为88.70%，这说明绝大多数幼儿园教师重视专业学习。

对幼儿园教师职后学习情况进行性别、城乡和地区差异检验发现：不同性别幼儿园教师职后学习存在极其显著的差异（$p<0.001$），幼儿园女教师不断学习的比例高于男教师；城乡幼儿园教师职后学习没有显著差异（$p>0.05$）；不同地区幼儿园教师职后学习存在极其显著的差异（$p<0.001$），中部幼儿园教师不断学习的比例高于东部和西部教师。这表明，幼儿园女教师比男教师更重视专业学习，中部幼儿园教师比东部和西部幼儿园教师更重视专业学习（表5-12）。

表5-12　幼儿园教师职后学习的性别、城乡和地区比较

变量	分组	例数	不断学习	需要的时候学习	随大流完成学习任务	太忙，没有时间	觉得现在工作还应付得了，学习不是最要紧的	卡方值	p值
性别	男	56	18（32.14）	15（26.79）	23（41.07）	0（0.00）	0（0.00）	34.502	0.0001
	女	1721	1028（59.77）	515（29.94）	161（9.36）	14（0.81）	2（0.12）		
城乡	城市	1087	639（58.84）	324（29.83）	115（10.59）	7（0.64）	1（0.09）	1.0487	0.9023
	乡镇	686	405（59.04）	205（29.88）	68（9.91）	7（1.02）	1（0.15）		

续表

变量	分组	例数	不断学习	需要的时候学习	随大流完成学习任务	太忙，没有时间	觉得现在工作还应付得了，学习不是最要紧的	卡方值	p 值
地区	东部	236	150 (63. 56)	58 (24. 58)	22 (9. 32)	5 (2. 12)	1 (0. 42)	12. 875	0. 0001
	中部	350	266 (76. 22)	59 (16. 91)	14 (4. 01)	9 (2. 58)	1 (0. 29)		
	西部	1192	631 (52. 94)	413 (34. 65)	148 (12. 42)	0 (0. 00)	0 (0. 00)		

⑦超过 2/3 的幼儿园教师对幼儿发展知识和保育知识学习较少

幼儿园教师知识学习情况调查结果显示，选择“幼儿发展特点、发展水平、差异、特殊需要等幼儿发展知识”的比例为 14. 60%，选择“幼儿保育与教育知识”的比例为 14. 90%，选择“自然科学与人文社会科学、幼儿园教育和信息技术应用等通识性知识”的比例为 70. 50%。这说明超过 2/3 的幼儿园教师对幼儿发展知识和保育知识学习较少。

对不同性别、不同地区和城乡幼儿园教师知识学习情况进行卡方检验发现：不同性别幼儿园教师知识学习存在极其显著的差异（$p<0.001$），幼儿园男教师学习自然科学与人文社会科学、幼儿园教育和信息技术应用等通识性知识的比例高于幼儿园女教师；城乡幼儿园教师知识学习存在极其显著的差异（$p<0.001$），乡镇幼儿园教师学习自然科学与人文社会科学、幼儿园教育和信息技术应用等通识性知识的比例高于城市幼儿园教师；不同地区幼儿园教师的知识学习也具有统计学意义（$p<0.001$），西部幼儿园教师学习自然科学与人文社会科学、幼儿园教育和信息技术应用等通识性知识的比例高于东部和中部。这表明，相比幼儿园女教师，幼儿园男教师在幼儿发展知识和幼儿保育与教育知识方面的学习较少；乡镇幼儿园教师比城市幼儿园教师在此方面学习相对较少；西部幼儿园教师比东部和中部

幼儿园教师在此方面学习较少（表 5-13）。在幼儿教育中，幼儿发展知识和保育知识是教师干好本职工作的重要知识储备。如果此方面知识学得少，势必影响教师幼儿教育方面的职业成就。因此，幼儿园男教师、乡镇幼儿园教师和西部幼儿园教师应加强此方面知识的学习。

表 5-13　幼儿园教师知识学习的性别、城乡和地区比较

变量	分组	例数	幼儿发展特点、发展水平、差异、特殊需要等幼儿发展知识	幼儿保育与教育知识	自然科学与人文社会科学、幼儿园教育和信息技术应用等通识性知识	卡方值	p 值
性别	男	56	0 （0.00）	1 （1.79）	55 （98.21）	21.3773	0.0001
	女	1721	259 （15.07）	263 （15.30）	1197 （69.64）		
城乡	城市	1087	211 （19.45）	147 （13.55）	727 （67.00）	56.8795	0.0001
	乡镇	686	45 （6.56）	116 （16.91）	525 （76.53）		
地区	东部	236	89 （37.87）	60 （25.53）	86 （36.59）	913.6518	0.0001
	中部	350	116 （33.24）	170 （48.71）	90 （13.75）		
	西部	1192	54 （4.53）	34 （2.85）	1105 （92.62）		

综观幼儿园教师专业态度调查结果发现，当前我国幼儿园教师专业态度一般。虽然其职业认同度较高，但职业忠诚度低，说明工作岗位稳定性差；虽然其做过科研课题，但发表论文少，说明这支队伍还需加强专业化培训，以提高队伍整体素质。

（2）幼儿园教师专业知识调查结果

63.30%的幼儿园教师对专业知识把握较好，绝大多数幼儿园教师会了解益于幼儿身心发展的需求并尽力满足。

①六成幼儿园教师对专业知识把握较好

幼儿园教师专业知识调查结果显示，选择“非常差”的比例为0.20%，选择“差”的比例为5.20%，选择“比较差”的比例为31.20%，选择“比较好”的比例为51.60%，选择“好”的比例为8.40%，选择“非常好”的比例为3.30%。选择“差”的总比例为36.60%，选择“好”的总比例为63.30%（表5-14）。这说明六成幼儿园教师对专业知识的把握较好，但近四成幼儿园教师对专业知识把握得不好。

表5-14　幼儿园教师专业知识把握情况

变量	分组	例数	非常差	差	比较差	比较好	好	非常好
性别	男	56	0 (0.00)	3 (5.36)	31 (55.36)	19 (33.93)	3 (5.36)	0 (0.00)
	女	1721	4 (0.23)	89 (5.18)	524 (30.48)	896 (52.12)	147 (8.55)	59 (3.43)
城乡	城市	1087	2 (0.18)	54 (4.98)	281 (25.90)	566 (52.17)	139 (12.81)	43 (3.96)
	乡镇	686	2 (0.29)	38 (5.54)	274 (39.94)	345 (50.29)	11 (1.60)	16 (2.33)
地区	东部	236	0 (0.00)	5 (2.13)	28 (11.91)	143 (60.85)	47 (20.00)	12 (5.11)
	中部	350	0 (0.00)	4 (1.14)	16 (4.57)	208 (59.43)	81 (23.14)	41 (11.71)
	西部	1192	4 (0.34)	83 (6.96)	511 (42.87)	566 (47.48)	22 (1.85)	6 (0.50)

对不同性别和城乡幼儿园教师专业知识把握进行 t 检验发现：不同性别的幼儿园教师、城乡幼儿园教师专业知识把握均存在显著差异（$p<$

0.05)，幼儿园女教师专业知识把握好于幼儿园男教师，城市幼儿园教师专业知识把握好于乡镇幼儿园教师（表 5-15）。

表 5-15　幼儿园教师专业知识把握的性别、城乡比较

变量	分组	样本量	平均数±标准差	t 值或 t' 值	p 值
性别	男	56	3.393±0.679	-3.09	0.0020
	女	1719	3.739±0.829		
城乡	城市	1085	3.843±0.859	7.79	0.0001
	乡镇	686	3.544±0.741		

对不同地区幼儿园教师专业知识把握进行秩和检验，即 Kruskal-Wallis H 检验，发现：不同地区幼儿园教师专业知识把握存在极其显著的差异（$p<0.001$），东部和中部幼儿园教师专业知识把握水平高于西部幼儿园教师。这表明，我国东部和中部幼儿园教师对专业知识把握程度比西部幼儿园教师要好（表 5-16）。

表 5-16　不同地区幼儿园教师专业知识把握调查结果

变量	分组	样本量	平均数±标准差	平均秩	H 值	p 值	Nemenyi 多重比较
地区	东部	235	4.140±0.769	1139.043	427.7175	0.0001	1>3 2>3
	中部	350	4.397±0.797	1262.450			
	西部	1192	3.451±0.689	730.051			

②绝大多数幼儿园教师会了解有益幼儿身心发展的需求并尽力满足

幼儿园教师幼儿身心发展知识调查发现，选择“小孩子要求太多，可以不理他”的比例为 0.20%，选择“适当满足即可”的比例为 1.30%，选择“尽力通过多种方式了解幼儿的需求”的比例为 11.60%，选择“了解有益幼儿身心发展的需求并尽力满足”的比例为 86.90%。这说明绝大多数幼儿园教师会了解幼儿有益身心发展的需求并尽力满足。

对幼儿园教师的幼儿身心发展知识了解情况进行性别、城乡和地区差异检验发现：不同性别幼儿园教师对幼儿身心发展知识了解情况无显著差异（$p>0.05$）；城乡幼儿园教师对幼儿身心发展知识了解情况存在显著差异（$p<0.05$），城市幼儿园教师尽力通过多种方式了解幼儿的需求的比例高于乡镇幼儿园教师；不同地区幼儿园教师对幼儿身心发展知识了解情况存在极其显著的差异（$p<0.001$），中部幼儿园教师高于东部和西部幼儿园教师。这表明，城市幼儿园教师比乡镇幼儿园教师在以幼儿为本，遵循幼儿身心发展规律实施教育方面表现好；中部幼儿园教师比东部和西部幼儿园教师在此方面表现好（表5-17）。

表5-17　幼儿园教师关于幼儿身心发展知识的性别、城乡和地区比较

变量	分组	例数	小孩子要求太多，可以不理他	适当满足即可	尽力通过多种方式了解幼儿的需求	了解有益幼儿身心发展的需求并尽力满足	卡方值	p 值
性别	男	56	0（0.00）	2（3.57）	6（10.71）	48（85.71）	1.368	0.242
	女	1721	3（0.17）	22（1.28）	200（11.63）	1495（86.92）		
城乡	城市	1087	2（0.18）	14（1.29）	142（13.08）	928（85.45）	4.276	0.039
	乡镇	686	1（0.15）	10（1.46）	59（8.60）	616（89.79）		
地区	东部	236	1（0.42）	7（2.97）	55（23.31）	196（73.31）	260.870	0.0001
	中部	350	0（0.00）	3（0.86）	105（30.09）	241（69.05）		
	西部	1192	2（0.17）	14（1.17）	46（3.86）	1131（94.80）		

综观幼儿园教师专业知识调查结果发现：当前我国幼儿园教师整体上

对专业知识把握较好，但幼儿园男教师、乡镇幼儿园教师和西部幼儿园教师在幼儿专业知识方面还有待进一步学习，提高。

调查发现男教师在专业知识、专业规划方面不如女教师。究其原因：一是男教师进幼儿园自感格格不入，前途不光明。一般幼儿园里女性教师、保育员居多，男教师很少。这势必影响他们的专业学习和专业规划能力的提高。二是世俗观念影响幼儿园男教师专业知识、专业规划。中国传统思想认为男人干事业、女人带孩子，幼儿园教育是女人的事而非男人的事，在这种思想的影响下，男教师容易放松职后学习，从而影响自己专业知识、专业规划水平的提高。

调查发现，乡镇幼儿园教师和西部幼儿园教师在专业知识和专业规划方面不如城市幼儿园教师和中东部幼儿园教师。究其原因：一是准入条件、学历低。目前，我国幼儿园师资队伍学历以大专学历为主，高中和高中以下学历教师人数则出现了先降后升的趋势（刘占兰，2013），这说明我国幼儿园师资准入条件低，甚至有高中以下学历的教师进入学前教育师资队伍。二是乡镇幼儿园和西部幼儿园对教师职后培训不够重视。此次调研还进行了幼儿园教师培训机会问卷调查，结果发现：城市幼儿园比乡镇幼儿园更重视教师的培训工作；东部幼儿园比中部、西部幼儿园更重视教师培训工作，而中部幼儿园又比西部幼儿园更重视教师培训工作。这一结果说明乡镇幼儿园、西部幼儿园不如城市幼儿园和东部、中部幼儿园更重视教师职后的培训工作。三是政府保障、管理制度，特别是职称政策不完善。此次调研进行了幼儿园教师政府管理制度的问卷调查，结果发现：中部幼儿园教师比西部幼儿园教师更认为政府管理制度较合理，这说明西部幼儿园教师对政府管理制度的认可度不如中部幼儿园教师。另外，根据《中国学前教育发展报告 2012》数据显示：幼儿园教师未评职称人数迅速增长。2010 年，幼儿园教师未评级人数达到 838715 人（刘占兰，2013）。新进入幼儿园的教师难以获得评职称的机会。在职的老教师也很少获得职称晋升的机会（刘占兰，2013）。2010 年，有超过 3/4 的农村幼儿园教师未评职称（刘占兰，2013）。职称评定是促进教师专业发展的重要因素，而当前很多幼儿园教师（包括乡镇幼儿园教师、西部幼儿园教师）都没有机会评职称，这势必影响幼儿园教师在专业知识和专业规划方面发展的动力。

（3）幼儿园教师专业能力调查结果

幼儿园教师在环境创设、组织和保育工作、游戏活动的支持和引导、教育活动实施、幼儿评价和与家长交流合作方面做得较好，但在反思与发展方面有近六成的幼儿园教师做得不好。

①幼儿园教师大都比较好地为幼儿创设舒适、愉悦的发展环境

对幼儿园教师环境创设情况的调查发现：选择“非常差”的比例为0.10%，选择“差”的比例为0.70%，选择“比较差”的比例为1.90%，选择“比较好”的比例为43.20%，选择“好”的比例为34.20%，选择“非常好”的比例为19.90%。选择“差”的总比例为2.70%，选择“好”的总比例为97.30%，这说明幼儿园教师大都比较好地为幼儿创设了舒适、愉悦的发展环境（表5-18）。

表5-18　幼儿园教师环境创设情况

变量	分组	例数	非常差	差	比较差	比较好	好	非常好
性别	男	56	0 (0.00)	0 (0.00)	2 (3.57)	28 (50.00)	14 (25.00)	12 (21.43)
	女	1721	1 (0.00)	12 (0.70)	32 (1.86)	739 (43.02)	594 (34.58)	340 (19.79)
城乡	城市	1087	1 (0.09)	6 (0.55)	16 (1.48)	418 (38.56)	412 (38.01)	231 (21.31)
	乡镇	686	0 (0.00)	6 (0.87)	18 (2.62)	348 (50.73)	193 (28.13)	121 (17.64)
地区	东部	236	0 (0.00)	3 (1.28)	4 (1.71)	102 (43.59)	86 (36.75)	39 (16.67)
	中部	350	0 (0.00)	0 (0.00)	9 (2.57)	188 (53.71)	87 (24.86)	66 (18.86)
	西部	1192	1 (0.08)	9 (0.76)	21 (1.76)	478 (40.10)	435 (36.49)	248 (20.81)

对不同性别和城乡幼儿园教师环境创设情况进行 t 检验发现：幼儿园教师在环境创设方面无性别差异（$p>0.05$），幼儿园教师在环境创设方面存在极其显著的城乡差异（$p<0.001$），城市幼儿园教师环境创设情况好于乡镇幼儿园教师（表 5-19）。

表 5-19　幼儿园教师环境创设的性别、城乡比较

变量	分组	样本量	平均数±标准差	t 值	p 值
性别	男	56	4.643±0.862	-0.57	0.5687
	女	1718	4.707±0.830		
城乡	城市	1084	4.778±0.821	4.64	0.0001
	乡镇	686	4.590±0.837		

对不同地区幼儿园教师环境创设情况进行方差分析发现：不同地区幼儿园教师环境创设情况存在显著差异（$p<0.05$），西部幼儿园教师环境创设情况好于中部。这表明我国西部幼儿园教师比中部幼儿园教师在环境创设方面表现更好（表 5-20）。

表 5-20　幼儿园教师环境创设的地区比较

变量	分组	样本量	平均数±标准差	F 值	p 值	SNK 多重比较
地区	东部	234	4.658±0.820	4.62	0.0100	3>2
	中部	350	4.600±0.819			
	西部	1192	4.746±0.835			

②幼儿园教师组织和保育工作做得较好

对幼儿园教师组织和保育情况的调查发现：选择“非常差”的比例为0.20%，选择“差”的比例为 0.70%，选择“比较差”的比例为 3.30%，选择“比较好”的比例为 41.60%，选择“好”的比例为 33.10%，选择“非常好”的比例为 21.10%。选择“差”的总比例为 4.20%，选择“好”的总比例为 95.80%。这说明幼儿园教师大都在组织和保育工作方面做得较好（表 5-21）。

表 5-21　幼儿园教师组织和保育情况

变量	分组	例数	非常差	差	比较差	比较好	好	非常好
性别	男	56	1 (1.79)	0 (0.00)	4 (7.14)	24 (42.86)	13 (23.21)	14 (25.00)
	女	1721	2 (0.12)	13 (0.76)	54 (3.14)	714 (41.51)	576 (33.49)	361 (20.99)
城乡	城市	1087	1 (0.09)	6 (0.55)	33 (3.04)	402 (37.02)	399 (36.74)	245 (22.56)
	乡镇	686	2 (0.29)	7 (1.02)	25 (3.64)	335 (48.83)	187 (27.26)	130 (18.95)
地区	东部	236	0 (0.00)	0 (0.00)	5 (2.12)	93 (39.41)	92 (38.98)	46 (19.49)
	中部	350	0 (0.00)	0 (0.00)	6 (1.71)	183 (52.29)	72 (20.57)	89 (25.43)
	西部	1192	3 (0.25)	13 (1.09)	47 (3.94)	463 (38.84)	425 (35.65)	241 (20.22)

对不同性别和城乡幼儿园教师组织和保育工作情况调查结果进行 t 检验发现：幼儿园教师组织和保育工作无显著性别差异（$p>0.05$），幼儿园教师组织和保育工作存在极其显著的城乡差异（$p<0.001$），城市幼儿园教师组织和保育工作好于乡镇幼儿园教师（表 5-22）。

表 5-22　幼儿园教师组织和保育工作的性别和城乡比较

变量	分组	样本量	平均数±标准差	t 值或 t' 值	p 值
性别	男	56	4.607±1.056	−0.68	0.4971
	女	1720	4.705±0.866		
城乡	城市	1086	4.774±0.855	4.45	0.0001
	乡镇	686	4.586±0.890		

对不同地区幼儿园教师组织和保育情况进行方差分析发现，不同地区

幼儿园教师组织和保育工作没有显著差异（$p>0.05$）。这表明我国东部、中部和西部幼儿园都非常重视组织和保育工作（表 5-23）。

表 5-23　幼儿园教师组织和保育工作的地区比较

变量	分组	样本量	平均数±标准差	F 值	p 值
地区	东部	236	4. 758±0. 786	0. 58	0. 5625
	中部	350	4. 697±0. 870		
	西部	1192	4. 692±0. 890		

③幼儿园教师在游戏活动的支持和引导方面做得较好

幼儿园教师游戏活动的支持和引导情况调查结果显示：选择“非常差”的比例为 0. 10%，选择“差”的比例为 1. 10%，选择“比较差”的比例为 4. 20%，选择“比较好”的比例为 37. 00%，选择“好”的比例为 40. 20%，选择“非常好”的比例为 17. 60%。选择“差”的总比例为 5. 40%，选择“好”的总比例为 94. 80%。这说明幼儿园教师在游戏活动的支持和引导方面做得较好（表 5-24）。

表 5-24　幼儿园教师游戏活动的支持和引导情况

变量	分组	例数	非常差	差	比较差	比较好	好	非常好
性别	男	56	0 (0. 00)	1 (1. 79)	3 (5. 36)	25 (44. 64)	13 (23. 21)	14 (25. 00)
	女	1721	1 (0. 06)	18 (1. 05)	71 (4. 13)	632 (36. 74)	700 (40. 70)	298 (17. 33)
城乡	城市	1087	1 (0. 09)	6 (0. 55)	48 (4. 42)	374 (34. 44)	465 (42. 82)	192 (17. 68)
	乡镇	686	0 (0. 00)	13 (1. 90)	26 (3. 79)	280 (40. 82)	247 (36. 01)	120 (17. 49)

续表

变量	分组	例数	非常差	差	比较差	比较好	好	非常好
地区	东部	236	0 (0.00)	0 (0.00)	12 (5.11)	83 (35.32)	102 (43.40)	38 (16.17)
	中部	350	0 (0.00)	1 (0.29)	14 (4.00)	115 (32.86)	159 (45.43)	61 (17.43)
	西部	1192	1 (0.08)	18 (1.51)	48 (4.02)	459 (38.47)	453 (37.97)	214 (17.94)

对不同性别和城乡幼儿园教师游戏活动的支持和引导工作进行 t 检验发现：幼儿园教师游戏活动的支持和引导无显著性别差异（$p>0.05$），城乡幼儿园教师游戏活动的支持和引导存在显著差异（$p<0.05$），城市幼儿园教师游戏活动的支持和引导工作好于乡镇幼儿园教师（表 5–25）。

表 5–25　幼儿园教师游戏活动的支持和引导的性别和城乡比较

变量	分组	样本量	平均数±标准差	t 值	p 值
性别	男	56	4.643±0.980	−0.40	0.6856
	女	1720	4.690±0.845		
城乡	城市	1086	4.724±0.829	2.17	0.0304
	乡镇	686	4.634±0.879		

对不同地区幼儿园教师游戏活动的支持和引导情况进行 Kruskal–Wallis H 检验发现，不同地区幼儿园教师游戏活动的支持和引导没有显著差异（$p>0.05$）。表明我国东部、中部、西部幼儿园教师在游戏活动的支持和引导方面都做得较好（表 5–26）。

表 5–26　幼儿园教师游戏活动的支持和引导的地区比较

变量	分组	样本量	平均数±标准差	平均秩	H 值	p 值
地区	东部	235	4.706±0.797	895.753	3.0221	0.2207
	中部	350	4.757±0.795	927.584		
	西部	1193	4.666±0.874	877.095		

④幼儿园教师教育活动实施方面做得较好

幼儿园教师教育活动实施情况调查结果显示，选择“非常差”的比例为0.10%，选择“差”的比例为1.10%，选择“比较差”的比例为4.00%，选择“比较好”的比例为42.40%，选择“好”的比例为36.90%，选择“非常好”的比例为15.50%。选择“差”的总比例为5.20%，选择“好”的总比例为94.80%（表5-27）。

表5-27 幼儿园教师教育活动实施情况

变量	分组	例数	非常差	差	比较差	比较好	好	非常好
性别	男	56	0 (0.00)	1 (1.79)	2 (3.57)	31 (55.36)	10 (17.86)	12 (21.43)
	女	1721	2 (0.12)	18 (1.05)	69 (4.01)	724 (42.07)	646 (37.54)	262 (15.22)
城乡	城市	1087	1 (0.09)	10 (0.92)	40 (3.68)	441 (40.57)	412 (37.90)	183 (16.84)
	乡镇	686	1 (0.15)	9 (1.31)	31 (4.52)	311 (45.34)	243 (35.42)	91 (13.27)
地区	东部	236	0 (0.00)	0 (0.00)	13 (5.51)	101 (42.80)	94 (39.83)	28 (11.86)
	中部	350	0 (0.00)	2 (0.57)	14 (4.00)	133 (38.00)	142 (40.57)	59 (16.86)
	西部	1192	2 (0.17)	17 (1.42)	44 (3.69)	521 (43.67)	421 (35.29)	188 (15.76)

对不同性别和城乡幼儿园教师教育活动实施情况进行 t 检验发现：不同性别幼儿园教师教育活动实施没有显著差异（$p>0.05$），城乡幼儿园教师教育活动实施存在非常显著的差异（$p<0.01$），城市幼儿园教师教育活动实施情况好于乡镇幼儿园教师（表5-28）。

表 5-28　幼儿园教师教育活动实施的性别和城乡比较

变量	分组	样本量	平均数±标准差	t 值	p 值
性别	男	56	4. 536±0. 934	-0. 70	0. 4847
	女	1721	4. 615±0. 836		
城乡	城市	1087	4. 658±0. 838	2. 79	0. 0053
	乡镇	686	4. 544±0. 837		

对不同地区幼儿园教师教育活动实施情况进行方差分析发现，不同地区幼儿园教师教育活动实施情况没有显著差异（p>0. 05）。这表明我国东部、中部、西部幼儿园教师在教育活动实施方面做得普遍较好（表 5-29）。

表 5-29　幼儿园教师教育活动实施的地区比较

变量	分组	样本量	平均数±标准差	F 值	p 值
地区	东部	236	4. 581±0. 770	1. 91	0. 1489
	中部	350	4. 691±0. 817		
	西部	1193	4. 598±0. 858		

⑤幼儿园教师幼儿评价方面做得较好

幼儿园教师幼儿评价情况调查结果显示，选择“非常差”的比例为 0. 10%，选择“差”的比例为 0. 30%，选择“比较差”的比例为 2. 00%，选择“比较好”的比例为 41. 10%，选择“好”的比例为 37. 00%，选择“非常好”的比例为 19. 50%。选择“差”的总比例为 2. 40%，选择“好”的总比例为 97. 60%（表 5-30）。

表 5-30　幼儿园教师幼儿评价情况

变量	分组	例数	非常差	差	比较差	比较好	好	非常好
性别	男	56	0 （0. 00）	0 （0. 00）	2 （3. 57）	25 （44. 64）	15 （26. 79）	14 （25. 00）
	女	1721	2 （0. 12）	5 （0. 29）	34 （1. 98）	704 （40. 95）	642 （37. 35）	332 （19. 31）

续表

变量	分组	例数	非常差	差	比较差	比较好	好	非常好
城乡	城市	1087	0 (0.00)	1 (0.09)	22 (2.03)	386 (35.54)	449 (41.34)	228 (20.99)
	乡镇	686	2 (0.29)	4 (0.53)	13 (1.90)	341 (49.73)	207 (30.22)	118 (17.23)
地区	东部	236	0 (0.00)	0 (0.00)	10 (4.24)	95 (40.25)	96 (40.68)	35 (14.83)
	中部	350	0 (0.00)	0 (0.00)	12 (3.45)	184 (52.87)	92 (26.44)	60 (17.24)
	西部	1192	2 (0.17)	5 (0.42)	14 (1.17)	451 (37.80)	469 (39.31)	252 (21.12)

对不同性别和城乡幼儿园教师幼儿评价情况进行 t 检验发现：不同性别的幼儿园教师幼儿评价情况没有显著差异（$p>0.05$），城乡幼儿园教师幼儿评价情况存在极其显著的差异（$p<0.001$），城市幼儿园教师在幼儿评价方面做得好于乡镇幼儿园教师（表 5-31）。

表 5-31　幼儿园教师幼儿评价的性别和城乡比较

变量	分组	样本量	平均数±标准差	t 值	p 值
性别	男	56	4.732±0.884	0.01	0.9892
	女	1719	4.731±0.809		
城乡	城市	1086	4.811±0.787	5.19	<0.0001
	乡镇	685	4.607±0.832		

对不同地区幼儿园教师幼儿评价情况进行方差分析发现：不同地区幼儿园教师对幼儿的评价存在极其显著的差异（$p<0.001$），西部幼儿园教师对幼儿的评价好于东部和中部幼儿园教师（表 5-32）。

表 5-32　幼儿园教师幼儿评价的地区比较

变量	分组	样本量	平均数±标准差	F 值	p 值	SNK 多重比较
地区	东部	236	4. 661±0. 780	10. 65	0. 0001	3>1 3>2
	中部	348	4. 575±0. 812			
	西部	1193	4. 790±0. 811			

⑥六成幼儿园教师在反思与发展方面做得不好

幼儿园教师反思与发展情况调查结果显示，选择“非常差”的比例为 51. 40%，选择“差”的比例为 6. 20%，选择“比较差”的比例为 4. 80%，选择“比较好”的比例为 20. 00%，选择“好”的比例为 11. 30%，选择“非常好”的比例为 6. 20%。选择“差”的总比例为 62. 40%，选择“好”的总比例为 37. 50%。这说明六成幼儿园教师在反思与发展方面做得不好（表 5-33）。

表 5-33　幼儿园教师反思与发展情况

变量	分组	例数	非常差	差	比较差	比较好	好	非常好
性别	男	56	29 (51. 79)	9 (16. 07)	9 (16. 07)	4 (7. 14)	4 (7. 14)	1 (1. 79)
	女	1721	885 (51. 42)	101 (5. 87)	77 (4. 47)	351 (20. 40)	197 (11. 45)	110 (6. 39)
城乡	城市	1087	493 (45. 35)	49 (4. 51)	51 (4. 69)	214 (19. 69)	189 (17. 39)	91 (8. 37)
	乡镇	686	421 (61. 37)	61 (8. 89)	35 (5. 10)	138 (20. 12)	11 (1. 60)	20 (2. 92)
地区	东部	236	53 (22. 46)	4 (1. 69)	19 (8. 05)	59 (25. 00)	77 (32. 63)	24 (10. 17)
	中部	350	4 (1. 14)	11 (3. 14)	21 (6. 00)	174 (49. 71)	75 (21. 43)	65 (18. 57)
	西部	1192	858 (71. 92)	95 (7. 96)	46 (3. 86)	123 (10. 31)	49 (4. 11)	22 (1. 84)

对不同性别和城乡幼儿园教师反思与发展情况进行 t 检验发现：不同性别幼儿园教师反思与发展情况存在显著差异（$p<0.05$），幼儿园女教师反思与发展情况好于男教师；城乡幼儿园教师反思与发展情况存在极其显著的差异（$p<0.001$），城市幼儿园教师反思与发展情况好于乡镇幼儿园教师。这表明，幼儿园女教师比男教师在反思与发展方面做得更好；城市幼儿园教师比乡镇幼儿园教师在反思与发展方面做得更好（表 5-34）。

表 5-34　幼儿园教师反思与发展的性别和城乡比较

变量	分组	样本量	平均数±标准差	t'值	p 值
性别	男	56	2.071±1.386	−2.45	0.0171
	女	1721	2.537±1.772		
城乡	城市	1087	2.844±1.866	10.62	<0.0001
	乡镇	686	2.004±1.443		

对不同地区幼儿园教师反思与发展情况进行 Kruskal-Wallis H 检验发现：不同地区幼儿园教师反思与发展情况存在极其显著的差异（$p<0.001$），中部幼儿园教师在反思与发展方面好于东部幼儿园教师，东部幼儿园教师好于西部幼儿园教师。这表明，我国中部幼儿园教师比东部、西部幼儿园教师在反思与发展方面做得更好，东部幼儿园教师比西部幼儿园教师在此方面做得好（表 5-35）。

表 5-35　幼儿园教师反思与发展的地区比较

变量	分组	样本量	平均数±标准差	平均秩	H 值	p 值	Nemenyi 多重比较
地区	东部	236	3.742±1.688	1214.619	749.9361	0.0001	2>1>3
	中部	350	4.429±1.032	1397.083			
	西部	1193	1.723±1.326	677.017			

造成上述结果的原因可能有三个方面。一是幼儿园教师职业忠诚度低，工作不稳定。由于现阶段我国幼儿园办园格局以民办园为主，幼儿园

教师职业忠诚度低，岗位责任意识较差。幼儿园教师不安心、不踏实地从事幼儿园教学工作，不会深入地根据教学中出现的问题进行研究、探索，势必影响其教学反思与发展能力的提高。

二是幼儿园办园条件较差，教师没有足够的反思时间、空间。此次调研发现乡镇幼儿园教师、西部幼儿园教师反思与发展能力差的问题，这与乡镇幼儿园和西部幼儿园办园条件较差有关。《中国学前教育发展报告2012》中幼儿园生均用地面积数据显示，各省份生均用地面积和建筑面积低于国家标准，办园条件由东向西递减。中部和西部幼儿园生均占地面积分别为 6.81 平方米和 3.47 平方米，比东部地区低了近 40%（刘占兰，2013）[92]。这些数据从生均用地面积角度说明我国幼儿园办园条件较差，这势必从时间和空间上影响幼儿园教师对教学中出现的问题进行反思。

三是高等师范院校、教育行政机构和教育科研部门对基层幼儿园教师的教育、培养不够。我国高等师范院校虽然都设置了学前教育专业，培养了一大批从事学前教育的优秀教师，但基本上没有设置对基层幼儿园教师职后进修、培训的专业课程，对指导、提高基层幼儿园教师专业发展工作抓得很不够。另外，教育行政及科研部门对基层幼儿园教师培训、科研课题研究指导工作不重视，抓得不到位，影响幼儿园教师反思与发展能力的提高。

⑦幼儿园教师在与家长交流合作方面做得较好

幼儿园教师与家长交流合作方面的调查结果显示，选择“非常差”的比例为 0.20%，选择“差”的比例为 1.20%，选择“比较差”的比例为 4.10%，选择“比较好”的比例为 39.90%，选择“好”的比例为 34.80%，选择“非常好”的比例为 19.80%。选择“差”的总比例为 5.50%，选择“好”的总比例为 94.50%，这说明幼儿园教师在与家长交流合作方面做得较好（表 5-36）。

表 5-36　幼儿园教师与家长的交流合作情况

变量	分组	例数	非常差	差	比较差	比较好	好	非常好
性别	男	56	0 (0.00)	2 (3.57)	1 (1.79)	29 (51.79)	11 (19.64)	13 (23.21)
	女	1721	4 (0.23)	19 (1.10)	72 (4.18)	680 (39.51)	608 (35.33)	338 (19.64)
城乡	城市	1087	2 (0.18)	7 (0.64)	45 (4.14)	374 (34.41)	418 (38.45)	241 (22.17)
	乡镇	686	2 (0.29)	14 (2.04)	28 (4.08)	334 (48.69)	198 (28.86)	110 (16.03)
地区	东部	236	0 (0.00)	0 (0.00)	12 (0.67)	83 (35.17)	84 (35.59)	57 (24.15)
	中部	350	0 (0.00)	3 (0.86)	8 (2.29)	131 (37.43)	105 (30.00)	103 (29.43)
	西部	1192	4 (0.34)	18 (1.51)	53 (4.44)	496 (41.58)	430 (36.04)	192 (54.55)

对幼儿园教师与家长交流合作的情况进行性别和城乡差异检验发现：幼儿园教师与家长交流合作情况无性别差异（$p>0.05$），城乡幼儿园教师与家长交流合作的情况存在极其显著的差异（$p<0.001$），城市幼儿园教师与家长交流合作的情况好于乡镇幼儿园教师（表 5-37）。

表 5-37　幼儿园教师与家长交流合作情况的性别和城乡比较

变量	分组	样本量	平均数±标准差	t 值	p 值
性别	男	56	4.571±0.988	-0.86	0.3919
	女	1721	4.675±0.889		
城乡	城市	1087	4.768±0.875	5.78	<0.0001
	乡镇	686	4.519±0.900		

对不同地区幼儿园教师与家长交流合作的情况进行方差分析发现：幼儿园教师与家长交流合作的情况存在极其显著的地区差异（$p<0.001$），东部和中部幼儿园教师与家长交流合作的情况好于西部。这表明我国东部和中部幼儿园教师比西部幼儿园教师在与家长交流合作方面做得好（表5-38）。

表5-38　幼儿园教师与家长交流合作情况的地区比较

变量	分组	样本量	平均数±标准差	*F* 值	*p* 值	SNK 多重比较
地区	东部	236	4.788±0.869	13.17	0.0001	1>3 2>3
	中部	350	4.849±0.904			
	西部	1193	4.598±0.885			

总体上，幼儿园教师在环境创设、组织和保育工作、游戏活动的支持和引导、教育活动实施、幼儿评价和与家长交流合作方面做得较好，但在反思与发展方面有六成教师做得不好。我国幼儿园教师专业能力整体上还需进一步提高，特别是幼儿园男教师、乡镇幼儿园教师和西部幼儿园教师。

2. 幼儿园教师管理调查结果

绝大多数幼儿园重视教师培训工作，能为教师提供较宽松的成长环境和发展空间，在经费和时间上支持较充分，但教师普遍感到工作压力较大。

（1）幼儿园教师认为培训支持较好

绝大多数幼儿园组织教师参与培训，教师参与培训的目的是“提升专业素质”。近2/3的幼儿园重视教师培训工作，一年至少对教师培训一次以上，而且一年组织一周以上时间的培训。培训大都在本园进行，或由市级学前教育管理机构组织。培训内容是“幼儿教育策略和技能”“幼儿发展的有关知识”；培训方式大都是参观学习。

① 近九成幼儿园教师参加培训是为提升专业素质

对幼儿园教师为什么要参与培训的调查发现：选择“提升专业素质”的比例为87.30%，选择“晋升职称的要求”的比例为1.80%，选择“行政要求必须参加”的比例为3.20%，选择“成为业务骨干”的比例为6.30%，选择“拓展人际关系”的比例为1.10%，选择“其他”的比例为0.40%。这表明当前绝大多数幼儿园教师参加培训是为了提升个人专业素质。

对幼儿园教师参与培训的动力进行性别、城乡和地区差异检验，发现幼儿园教师参与培训的动力无显著性别、城乡和地区差异（$p>0.05$）。这表明，我国幼儿园教师，无论是男教师还是女教师，城市教师还是乡镇教师，东部、中部教师还是西部教师对此问题的看法是基本一致的（表5-39）。

表5-39 幼儿园教师参与培训动力的性别、城乡和地区比较

变量	分组	例数	提升专业素质	晋升职称的要求	行政要求必须参加	成为业务骨干	拓展人际关系	其他	卡方值	p值
性别	男	56	2 (66.67)	1 (33.33)	0 (0.00)	0 (0.00)	0 (0.00)	0 (0.00)	0.0001	0.997
	女	1721	485 (87.39)	9 (1.62)	18 (3.24)	35 (6.31)	6 (1.08)	2 (0.36)		
城乡	城市	1087	357 (86.86)	8 (1.95)	18 (4.38)	20 (4.87)	6 (1.46)	2 (0.49)	0.219	0.640
	乡镇	686	129 (90.21)	0 (0.00)	0 (0.00)	14 (9.79)	0 (0.00)	0 (0.00)		
地区	东部	236	146 (86.39)	6 (3.55)	11 (6.51)	3 (1.78)	2 (1.18)	1 (0.59)	0.041	0.839
	中部	350	284 (87.12)	4 (1.23)	5 (1.53)	29 (8.90)	4 (1.23)	0 (0.00)		
	西部	1192	58 (90.63)	0 (0.00)	2 (3.13)	3 (4.69)	0 (0.00)	1 (1.56)		

② 六成幼儿园教师培训机会较多

幼儿园教师培训机会调查结果显示，选择“非常少”的比例为4.20%，选择“少”的比例为12.90%，选择“比较少”的比例为21.70%，选择“比较多”的比例为31.40%，选择“多”的比例为

22.40%，选择“非常多”的比例为7.40%。选择“少”的总比例为38.80%，选择“多”的总比例为61.20%，这说明六成幼儿园教师培训机会较多（表5-40）。

表5-40 幼儿园教师培训机会情况

变量	分组	例数	非常少	少	比较少	比较多	多	非常多
性别	男	56	6 (10.71)	8 (14.29)	13 (23.21)	15 (26.79)	5 (8.93)	9 (16.07)
	女	1721	68 (3.95)	221 (12.85)	372 (21.63)	543 (31.57)	393 (22.85)	123 (7.15)
城乡	城市	1087	38 (3.50)	98 (9.02)	222 (20.44)	379 (34.90)	260 (23.94)	89 (8.20)
	乡镇	686	36 (5.25)	131 (19.10)	162 (23.62)	176 (25.66)	138 (20.12)	43 (6.27)
地区	东部	236	1 (0.43)	4 (1.70)	33 (14.04)	101 (42.98)	75 (31.91)	21 (8.94)
	中部	350	12 (3.43)	20 (5.71)	77 (22.00)	109 (31.14)	99 (28.29)	33 (9.43)
	西部	1192	61 (5.11)	206 (17.27)	275 (23.05)	348 (29.17)	225 (18.86)	78 (6.54)

对幼儿园教师培训机会进行性别和城乡差异检验发现：不同性别幼儿园教师培训机会没有显著差异（$p>0.05$），城乡幼儿园教师培训机会存在极其显著的差异（$p<0.001$），城市幼儿园教师培训机会多于乡镇幼儿园教师（表5-41）。

表5-41 幼儿园教师培训机会的性别和城乡比较

变量	分组	样本量	平均数±标准差	t值或t'值	p值
性别	男	56	3.571±1.536	-1.00	0.3196
	女	1720	3.780±1.246		

续表

变量	分组	样本量	平均数±标准差	t 值或 t' 值	p 值
城乡	城市	1086	3.913±1.201	5.97	0.0001
	乡镇	686	3.551±1.313		

对不同地区幼儿园教师培训机会进行 Kruskal-Wallis H 检验发现：不同地区幼儿园教师培训机会存在极其显著的差异（$p<0.001$），东部幼儿园教师培训机会多于中部幼儿园教师，中部多于西部。这表明，我国东部幼儿园比中部、西部幼儿园能够给教师提供更多的培训机会，中部幼儿园又比西部幼儿园提供更多的教师培训机会，西部幼儿园教师得到的培训机会相对较少（表 5-42）。

表 5-42　幼儿园教师培训机会的地区比较

变量	分组	样本量	平均数±标准差	平均秩	H 值	p 值	Nemenyi 多重比较
地区	东部	235	4.311±0.911	1104.266	84.2732	0.0001	1>2>3
	中部	350	4.034±1.192	993.831			
	西部	1193	3.590±1.290	816.586			

③绝大多数幼儿园教师每年至少参加一次培训

幼儿园教师培训频次调查结果显示，选择“无”的比例为 14.40%，选择“1—3 次”的比例为 54.60%，选择“4—6 次”的比例为 19.60%，选择“7 次及以上”的比例为 11.40%。“1—3 次”“4—6 次”和“7 次及以上”的总比例为 85.60%，这说明当前绝大多数幼儿园教师一年至少参加一次培训。

对不同性别、不同地区和城乡幼儿园教师参与培训的频次进行卡方检验发现：不同性别幼儿园教师参与培训频次无显著差异（$p>0.05$）；城乡幼儿园教师参与培训频次存在极其显著的差异（$p<0.001$），乡镇幼儿园教师培训 1—3 次的比例高于城市幼儿园教师；不同地区幼儿园教师的培训频次存在极其显著的差异（$p<0.001$），东部幼儿园教师培训 4 次及以上的比

例高于中部和西部幼儿园教师（表5-43）。

表5-43　幼儿园教师培训频次的性别、城乡和地区比较

变量	分组	例数	无	1—3次	4—6次	7次及以上	卡方值	p 值
性别	男	56	10 （17.85）	36 （64.29）	9 （16.07）	1 （1.79）	6.4915	0.0900
	女	1721	247 （14.35）	934 （54.27）	339 （19.70）	201 （11.68）		
城乡	城市	1087	140 （12.88）	521 （47.93）	240 （22.08）	186 （17.11）	122.9597	0.0001
	乡镇	686	115 （16.76）	449 （65.45）	109 （15.89）	13 （1.90）		
地区	东部	236	4 （1.69）	72 （30.51）	67 （28.39）	93 （39.41）	266.3408	0.0001
	中部	350	58 （16.57）	198 （56.57）	79 （22.57）	15 （4.29）		
	西部	1192	195 （16.35）	701 （58.76）	203 （17.02）	94 （7.88）		

④半数幼儿园教师参加培训的时间为一周到两周

幼儿园教师培训时间调查结果显示，选择“无”的比例为14.40%，选择“一周到两周”的比例为50.60%，选择“三周到一个月”的比例为19.70%，选择“两个月到三个月”的比例为11.20%，选择“四个月到半年”的比例为1.90%，选择“半年到一年”的比例为2.30%。这说明半数幼儿园教师一年来参加培训的时间为一周到两周。

对幼儿园教师参加培训时间进行性别、城乡和地区差异检验发现：幼儿园教师参与培训的时间没有显著的性别和城乡差异（$p>0.05$），不同地区幼儿园教师的培训时间存在极其显著的差异（$p<0.001$），东部幼儿园教师培训时间在三周以上的比例高于中部和西部幼儿园教师（表5-44）。

表 5-44 幼儿园教师培训时间的性别、城乡和地区比较

变量	分组	例数	无	一周到两周	三周到一个月	两个月到三个月	四个月到半年	半年到一年	卡方值	p 值
性别	男	56	8 (14.29)	29 (51.79)	16 (28.57)	3 (5.36)	0 (0.00)	0 (0.00)	6.4585	0.2641
	女	1721	247 (14.41)	866 (50.53)	333 (19.43)	195 (11.38)	33 (1.93)	40 (2.33)		
城乡	城市	1087	148 (13.69)	554 (51.25)	208 (19.24)	127 (11.75)	24 (2.22)	20 (1.85)	6.4385	0.2659
	乡镇	686	107 (15.60)	338 (49.27)	141 (20.55)	71 (10.35)	9 (1.31)	20 (2.92)		
地区	东部	236	6 (2.61)	119 (51.74)	60 (26.09)	29 (12.61)	6 (2.61)	10 (4.35)	112.9949	0.0001
	中部	350	62 (17.77)	236 (67.62)	25 (7.16)	22 (6.30)	0 (0.00)	4 (1.15)		
	西部	1192	188 (15.76)	541 (45.35)	264 (22.13)	147 (12.32)	27 (2.26)	26 (2.18)		

⑤幼儿园教师参加地市级培训比较多

幼儿园教师培训级别调查结果显示，选择“国家级”的比例为11.00%，选择“省级”的比例为23.30%，选择“地市级”的比例为39.80%，选择“县级”的比例为11.20%，选择“校级”的比例为14.70%。这说明幼儿园教师参加地市级别的培训比较多，这也体现了当前市级学前教育管理机构对教师培训工作的重视。

对幼儿园教师培训级别进行性别、城乡和地区差异检验发现：不同性别幼儿园教师培训级别没有显著差异（$p>0.05$）；城乡幼儿园教师参与培训级别存在极其显著的差异（$p<0.001$），城市幼儿园教师参加地市级以上培训的比例高于乡镇幼儿园教师；不同地区幼儿园教师的培训级别存在非常显著的差异（$p<0.01$），东部幼儿园教师参加地市级培训的比例高于中

部和西部幼儿园教师。这表明，城市幼儿园教师比乡镇幼儿园教师参加市级以上培训更多，东部幼儿园教师比中部、西部幼儿园教师参加市级以上培训更多（表 5-45）。

表 5-45　幼儿园教师培训级别的性别、城乡和地区比较

变量	分组	例数	国家级	省级	地市级	县级	校级	卡方值	p 值
性别	男	56	4 (7.14)	13 (23.21)	26 (46.43)	8 (14.29)	5 (8.93)	3.2170	0.5222
	女	1721	192 (11.18)	400 (23.28)	680 (39.58)	191 (11.12)	255 (14.84)		
城乡	城市	1087	131 (12.08)	247 (22.79)	440 (40.59)	57 (5.26)	209 (19.28)	132.2903	0.0001
	乡镇	686	65 (9.48)	162 (23.62)	266 (38.78)	142 (20.70)	51 (7.43)		
地区	东部	236	20 (8.55)	56 (23.93)	116 (49.57)	24 (10.26)	18 (7.69)	21.2908	0.0064
	中部	350	37 (10.60)	72 (20.63)	134 (38.40)	48 (13.75)	58 (16.62)		
	西部	1192	139 (11.65)	285 (23.89)	457 (38.31)	127 (10.65)	185 (15.51)		

⑥近半数幼儿园教师在本园参加培训

对于幼儿园教师参加哪个级别培训的频次最多这一问题，选择“国家级”的比例为 1.40%，选择“省级”的比例为 6.30%，选择“地市级”的比例为 30.20%，选择“县级”的比例为 15.40%，选择“校级”的比例为 46.70%。这说明当前幼儿园教师培训最多的是在本园进行，其次是由地市级学前教育管理机构组织的培训。进一步的差异检验发现：不同性别幼儿园教师参加频次最多培训的级别没有显著差异（$p>0.05$）；城乡幼儿园教师参加频次最多培训的级别存在极其显著的差异（$p<0.001$），乡镇幼儿园教师参加县级培训频次高于城市幼儿园教师；不同地区幼儿园教师参

加频次最多培训的级别存在极其显著的差异（$p<0.001$），东部幼儿园教师参加地市级培训频次高于中部和西部幼儿园教师。这表明，乡镇幼儿园教师比城市幼儿园教师参加县级培训次数更多，东部幼儿园教师比中部、西部幼儿园教师参加市级培训频次更多（表5-46）。

表5-46　幼儿园教师参加频次最多培训的级别的性别、城乡和地区比较

变量	分组	例数	国家级	省级	地市级	县级	校级	卡方值	p值
性别	男	56	1 (1.79)	5 (8.93)	23 (41.07)	9 (16.07)	18 (32.14)	5.6452	0.2273
	女	1721	24 (1.41)	108 (6.18)	506 (29.80)	261 (15.37)	802 (47.23)		
城乡	城市	1087	16 (1.50)	64 (6.02)	360 (33.83)	60 (5.64)	564 (53.01)	206.0754	0.0001
	乡镇	686	9 (1.31)	46 (6.71)	167 (24.34)	211 (30.76)	253 (36.88)		
地区	东部	236	1 (0.47)	12 (5.61)	79 (36.92)	24 (11.21)	98 (5.58)	47.7137	0.0001
	中部	350	4 (1.14)	22 (6.29)	60 (17.14)	54 (15.43)	210 (60.00)		
	西部	1192	20 (1.68)	76 (6.38)	391 (32.80)	193 (16.19)	512 (42.95)		

⑦幼儿教育策略和技能对幼儿园教师最有用

幼儿园教师有效培训内容调查结果显示，选择“教育理论前沿”的比例为11.10%，选择“教育科研方法”的比例为12.70%，选择“信息技术应用”的比例为3.80%，选择“幼儿教育策略和技能”的比例为41.70%，选择“师德修养”的比例为4.90%，选择“幼儿发展的有关知识”的比例为24.40%，选择“其他”的比例为1.40%。这说明幼儿教育策略和技能和幼儿发展的有关知识是幼儿园教师有效培训的主要内容。

对不同性别、不同地区和城乡幼儿园教师认为最有用的培训内容进行差异检验发现：不同性别幼儿园教师认为的最有用的培训内容没有显著差异（$p>0.05$）；城乡幼儿园教师认为的最有用的培训内容存在极其显著的差异（$p<0.001$），乡镇幼儿园教师选择幼儿发展的有关知识的比例高于城市幼儿园教师；不同地区幼儿园教师认为的最有用的培训内容存在极其显著的差异（$p<0.001$），中部幼儿园教师选择幼儿教育策略和技能培训内容的比例高于东部和西部幼儿园教师（表 5-47）。

表 5-47　幼儿园教师有效培训内容的性别、城乡和地区比较

变量	分组	例数	教育理论前沿	教育科研方法	信息技术应用	幼儿教育策略和技能	师德修养	幼儿发展的有关知识	其他	卡方值	p 值
性别	男	56	6 (10.71)	9 (16.07)	7 (12.50)	11 (19.64)	3 (5.36)	18 (32.14)	2 (3.57)	0.136	0.712
	女	1721	189 (11.12)	213 (12.53)	59 (3.47)	722 (42.47)	84 (4.94)	410 (24.12)	23 (1.35)		
城乡	城市	1087	140 (13.12)	151 (14.15)	38 (3.56)	435 (40.77)	64 (6.00)	227 (21.27)	12 (1.12)	32.8019	0.0001
	乡镇	686	55 (8.03)	72 (10.51)	27 (3.94)	296 (43.21)	23 (3.36)	199 (29.05)	13 (1.90)		
地区	东部	236	30 (13.89)	29 (13.43)	7 (3.24)	114 (52.78)	15 (6.94)	18 (8.33)	3 (1.39)	111.4664	0.0001
	中部	350	32 (9.17)	45 (12.89)	7 (2.01)	201 (57.59)	1 (0.29)	62 (17.77)	1 (0.29)		
	西部	1192	133 (11.15)	149 (12.49)	52 (4.36)	418 (35.04)	71 (5.95)	349 (29.25)	21 (1.76)		

⑧三成幼儿园教师最喜欢参观学习

幼儿园教师最喜欢的培训方式调查结果显示，选择“专题讲座”的比例为 15.40%，选择“公开课”的比例为 18.40%，选择“参与课题研究”

的比例为8.40%，选择“专家个别指导”的比例为8.40%，选择“互动式工作坊”的比例为17.10%，选择“参观学习”的比例为32.40%，这说明三成幼儿园教师最喜欢的培训方式是参观学习。

对幼儿园教师最喜欢的培训方式进行性别、城乡和地区差异检验发现：不同性别幼儿园教师对培训方式的选择没有显著差异（$p>0.05$）；城乡幼儿园教师喜欢的培训方式存在显著差异（$p<0.05$），乡镇幼儿园教师选择参观学习的比例高于城市幼儿园教师；不同地区幼儿园教师喜欢的培训方式存在极其显著的差异（$p<0.001$），中部和西部幼儿园教师选择参观学习的比例高于东部幼儿园教师。这表明，乡镇幼儿园教师比城市幼儿园教师更喜欢参观学习的培训方式，中部和西部幼儿园教师比东部幼儿园教师更喜欢参观学习的培训方式（表5-48）。

表5-48　幼儿园教师最喜欢的培训方式的性别、城乡和地区比较

变量	分组	例数	专题讲座	公开课	参与课题研究	专家个别指导	互动式工作坊	参观学习	卡方值	p值
性别	男	56	12 (21.43)	5 (8.93)	8 (14.29)	10 (17.86)	11 (19.64)	10 (17.86)	1.567	0.211
	女	1721	258 (15.18)	318 (18.71)	140 (8.24)	138 (8.12)	287 (16.88)	559 (32.88)		
城乡	城市	1087	151 (14.15)	212 (19.87)	81 (7.59)	89 (8.34)	212 (19.87)	322 (30.18)	24.4104	0.0002
	乡镇	686	119 (17.37)	111 (16.20)	67 (9.78)	58 (8.47)	87 (12.70)	243 (35.47)		
地区	东部	236	46 (21.30)	58 (26.85)	11 (5.09)	16 (7.41)	42 (19.44)	43 (19.91)	90.6945	0.0001
	中部	350	49 (14.04)	72 (20.63)	13 (3.72)	29 (8.31)	26 (7.45)	160 (45.85)		
	西部	1192	175 (14.67)	193 (16.18)	124 (10.39)	103 (8.63)	232 (19.45)	366 (30.68)		

对幼儿园教师培训支持的调查发现：幼儿园教师总体上培训机会较多，参加培训的级别以地市级为主，培训时间多为1—2周，多在本园培训。但是乡镇幼儿园、西部幼儿园在教师培训工作方面不如城市幼儿园和东部、中部幼儿园，还需进一步加强。

（2）近八成幼儿园教师认为他们在幼儿园里发展空间比较大

幼儿园教师发展空间调查结果显示，教师选择“非常小”的比例为2.60%，选择“小”的比例为5.40%，选择“比较小”的比例为13.90%，选择“比较大”的比例为33.60%，选择“大”的比例为29.50%，选择“非常大”的比例为15.00%。选择“小”的总比例为21.90%，选择“大”的总比例为78.10%，这说明大多数幼儿园教师认为他们在幼儿园里发展空间比较大（表5-49）。

表5-49 幼儿园教师对发展空间的看法

变量	分组	例数	非常小	小	比较小	比较大	大	非常大
性别	男	56	4 (7.14)	6 (10.71)	7 (12.50)	14 (25.00)	11 (19.64)	14 (25.00)
	女	1721	42 (2.49)	88 (5.21)	236 (13.96)	572 (33.85)	504 (29.82)	248 (14.67)
城乡	城市	1087	31 (2.92)	45 (4.25)	159 (15.00)	361 (34.06)	299 (28.21)	165 (15.57)
	乡镇	686	15 (2.20)	49 (7.18)	82 (12.02)	223 (32.70)	216 (31.67)	97 (14.22)
地区	东部	236	9 (4.23)	13 (6.10)	42 (19.72)	84 (39.44)	47 (22.07)	18 (8.45)
	中部	350	3 (0.87)	4 (1.17)	30 (8.75)	107 (31.20)	137 (39.94)	62 (18.08)
	西部	1192	34 (2.85)	77 (6.46)	171 (14.35)	396 (33.22)	332 (27.85)	182 (15.27)

对幼儿园教师对发展空间的看法进行性别、城乡差异检验发现，幼儿园教师对发展空间的看法无性别和城乡差异（$p>0.05$）（表5-50）。

表 5-50　幼儿园教师对发展空间看法的性别和城乡比较

变量	分组	样本量	平均数+标准差	t 值或 t' 值	p 值
性别	男	56	4.143±1.554	-0.62	0.5361
	女	1690	4.273±1.176		
城乡	城市	1060	4.271±1.190	-0.01	0.9931
	乡镇	682	4.271±1.192		

对不同地区幼儿园教师对发展空间的看法进行 Kruskal-Wallis H 检验发现：不同地区幼儿园教师对发展空间的看法存在极其显著的差异（$p<0.001$），中部幼儿园教师比西部幼儿园教师认为发展空间大的更多，西部幼儿园教师比东部幼儿园教师认为发展空间大的更多。这表明，我国中部幼儿园教师比西部、东部幼儿园教师在幼儿园发展空间方面更乐观，西部幼儿园教师比东部幼儿园教师在幼儿园发展空间方面更乐观（表 5-51）。

表 5-51　幼儿园教师对发展空间看法的地区比较

变量	分组	样本量	平均数±标准差	平均秩	H 值	p 值	Nemenyi 多重比较
地区	东部	213	3.944±1.176	733.115	49.2778	0.0001	2>3>1
	中部	343	4.624±0.974	1018.464			
	西部	1192	4.226±1.224	858.339			

对于幼儿园教师对发展空间看法的调查发现：我国中部幼儿园办园环境更宽松，有更和谐的人际关系及良好氛围；西部幼儿园由于受经济发展制约，物质条件差些，但办园环境也相对宽松；而东部幼儿园虽然经济条件好，但社会、经济、安全压力大，办园环境不宽松，园与园、师与师之间竞争较激烈，无形中给教师带来了压力。

（3）幼儿园教师得到的业务支持较多

①2/3 的幼儿园对教师专业发展经费支持较充分

对幼儿园教师经费支持情况的调查发现：选择“非常不充分”的比例为 5.40%，选择“不充分”的比例为 15.20%，选择“比较不充分”的比例为13.40%，选择“比较充分”的比例为36.60%，选择“充分”的比例为23.20%，选择“非常充分”的比例为6.10%。选择“不充分”的总比例为34.00%，选择“充分”的总比例为65.90%。这说明2/3的幼儿园对教师专业发展经费支持较充分（表5-52）。

表5-52　幼儿园教师对经费支持的看法

变量	分组	例数	非常不充分	不充分	比较不充分	比较充分	充分	非常充分
性别	男	56	5（9.09）	10（18.18）	11（20.00）	13（23.64）	7（12.73）	9（16.36）
	女	1721	9（5.31）	256（15.11）	223（13.16）	628（37.07）	399（23.55）	98（5.79）
城乡	城市	1087	51（4.81）	177（16.70）	171（16.13）	362（34.15）	237（22.36）	62（5.85）
	乡镇	686	43（6.28）	89（12.99）	60（8.76）	279（40.73）	169（24.67）	45（6.57）
地区	东部	236	6（2.79）	18（8.37）	33（15.35）	97（45.12）	52（24.19）	9（4.19）
	中部	350	10（2.89）	33（9.54）	52（15.03）	119（34.39）	104（30.06）	28（8.09）
	西部	1192	79（6.64）	215（18.07）	150（12.61）	425（35.71）	251（21.09）	70（5.88）

对幼儿园教师对经费支持的看法进行性别和城乡差异检验发现：幼儿园教师对经费支持的看法没有显著性别差异（$p>0.05$），城乡幼儿园教师对经费支持的看法存在显著差异（$p<0.05$），乡镇幼儿园教师认为得到的经费支持充分的比例高于城市幼儿园教师。这表明，乡镇幼儿园比城市幼儿园在教师专业发展经费支持方面做得更好（表5-53）。

表 5-53　幼儿园教师对经费支持看法的性别和城乡比较

变量	分组	样本量	平均数±标准差	t 值或 t' 值	p 值
性别	男	56	3. 618±1. 557	-0. 66	0. 5129
	女	1694	3. 758±1. 274		
城乡	城市	1060	3. 701±1. 277	-2. 25	0. 0246
	乡镇	685	3. 842±1. 288		

对不同地区幼儿园教师对经费支持的看法进行 Kruskal-Wallis H 检验发现：不同地区幼儿园教师对经费支持的看法存在极其显著的差异（$p<0.001$），东部和中部幼儿园教师认为经费支持充分的高于西部地区幼儿园教师。这表明我国东部、中部幼儿园比西部幼儿园在教师专业发展经费支持方面做得更好（表 5-54）。

表 5-54　幼儿园教师对经费支持看法的地区比较

变量	分组	样本量	平均数±标准差	平均秩	H 值	p 值	Nemenyi 多重比较
地区	东部	215	3. 921±1. 071	927. 307	26. 3356	0. 0001	1>3 2>3
	中部	346	4. 035±1. 191	981. 097			
	西部	1190	3. 642±1. 329	836. 173			

②73. 70%的幼儿园教师认为专业发展的时间支持较充分

对幼儿园教师专业发展时间支持情况的调查结果显示，教师选择“非常不充分”的比例为 3. 20%，选择“不充分”的比例为 10. 40%，选择“比较不充分”的比例为 12. 60%，选择“比较充分”的比例为 44. 00%，选择“充分”的比例为 23. 20%，选择“非常充分”的比例为 6. 50%。总体上，选择“不充分”的比例为 26. 20%，选择“充分”的比例为 73. 70%。这说明 73. 70%的幼儿园教师认为自己的专业发展时间支持较充分（表 5-55）。对幼儿园教师对专业发展时间支持的看法进行性别和城乡差异检验发现，两者均无显著差异（$p>0.05$）（表 5-56）。

表 5-55　幼儿园教师对专业发展时间支持的看法

变量	分组	例数	非常不充分	不充分	比较不充分	比较充分	充分	非常充分
性别	男	56	4 (7.14)	6 (10.71)	12 (21.43)	16 (28.57)	8 (14.29)	10 (17.86)
	女	1721	52 (3.06)	177 (10.42)	209 (12.31)	755 (44.46)	400 (23.56)	106 (6.18)
城乡	城市	1087	36 (3.38)	108 (10.14)	156 (14.65)	413 (38.73)	279 (26.20)	73 (6.85)
	乡镇	686	20 (2.92)	74 (10.80)	64 (9.34)	357 (52.12)	128 (18.69)	42 (6.13)
地区	东部	236	5 (2.34)	17 (7.94)	34 (15.89)	78 (36.45)	69 (32.24)	11 (5.14)
	中部	350	7 (2.01)	13 (3.72)	54 (15.47)	192 (55.01)	53 (15.19)	30 (8.60)
	西部	1192	44 (3.69)	153 (12.82)	134 (11.23)	502 (42.08)	286 (23.97)	74 (6.20)

表 5-56　幼儿园教师对专业发展时间支持看法的性别、城乡比较

变量	分组	样本量	平均数±标准差	t 值或 t' 值	p 值
性别	男	56	3.857±1.470	−0.40	0.6932
	女	1698	3.936±1.138		
城乡	城市	1065	3.948±1.179	0.64	0.5233
	乡镇	685	3.912±1.102		

对不同地区幼儿园教师对专业发展时间支持的看法进行 Kruskal-Wallis *H* 检验发现：不同地区幼儿园教师对专业发展时间支持的看法没有显著差异（$p>0.05$）。这表明我国东部、中部、西部幼儿园对教师专业发展时间的支持均比较充分（表 5-57）。

表 5-57　幼儿园教师对专业发展时间支持看法的地区比较

变量	分组	样本量	平均数±标准差	平均秩	H 值	p 值
地区	东部	214	4.037±1.104	927.836	3.2901	0.1930
	中部	349	4.034±0.991	890.911		
	西部	1193	3.884±1.197	866.019		

（4）幼儿园为教师创设的心理环境较好

当问及“教师在工作中的情绪和状态”时，选择“非常差”的比例为0.40%，选择“差”的比例为1.40%，选择“比较差”的比例为6.40%，选择“比较好”的比例为53.60%，选择“好”的比例为27.00%，选择“非常好”的比例为11.30%。选择“差”的总比例为8.20%，选择“好”的总比例为91.90%。这说明绝大多数幼儿园为教师创设的心理环境较好（表5-58）。

表 5-58　幼儿园教师工作中的情绪和状态

变量	分组	例数	非常差	差	比较差	比较好	好	非常好
性别	男	56	0 (0.00)	0 (0.00)	5 (8.93)	31 (55.36)	13 (23.21)	7 (12.50)
	女	1721	7 (0.41)	24 (1.40)	108 (6.28)	921 (53.58)	467 (27.17)	192 (11.17)
城乡	城市	1087	6 (0.55)	11 (1.01)	79 (7.28)	557 (51.34)	309 (28.48)	123 (11.34)
	乡镇	686	1 (0.15)	13 (1.90)	34 (4.96)	391 (57.00)	171 (24.93)	76 (11.08)
地区	东部	236	0 (0.00)	0 (0.00)	20 (8.51)	138 (58.72)	62 (26.38)	15 (6.38)
	中部	350	0 (0.00)	1 (0.29)	24 (6.86)	193 (55.14)	74 (21.14)	58 (16.57)
	西部	1192	7 (0.59)	23 (1.93)	69 (5.79)	622 (52.18)	344 (28.86)	127 (10.65)

对幼儿园教师工作中的情绪和状态进行性别和城乡差异检验发现，两者均无显著差异（p>0.05）。这表明城市幼儿园和乡镇幼儿园都为教师创设了较好的心理环境（表5-59）。

表5-59　幼儿园教师工作中的情绪和状态的性别和城乡比较

变量	分组	样本量	平均数±标准差	t值	p值
性别	男	56	4.393±0.824	0.01	0.9947
	女	1719	4.392±0.849		
城乡	城市	1085	4.402±0.861	0.55	0.5813
	乡镇	686	4.379±0.830		

对不同地区幼儿园教师工作中的情绪和状态进行Kruskal-Wallis H检验发现，差异不显著（p>0.05）。这表明我国东部、中部、西部幼儿园都为教师创设了较好的心理环境（表5-60）。

表5-60　幼儿园教师工作中的情绪和状态的地区比较

变量	分组	样本量	平均数±标准差	平均秩	H值	p值
地区	东部	235	4.306±0.716	832.109	4.3205	0.1153
	中部	350	4.469±0.858	909.299		
	西部	1192	4.388±0.868	894.256		

（5）大多数幼儿园对教师的管理制度较合理

对幼儿园教师对管理制度的看法的调查显示，选择“非常不合理”的比例为3.03%，选择“不合理”的比例为7.19%，选择“比较不合理”的比例为11.69%，选择“比较合理”的比例为41.48%，选择“合理”的比例为29.56%，选择“非常合理”的比例为5.73%。选择“不合理”的总比例为21.91%，选择合理的总比例为76.77%，这说明大多数幼儿园的教师管理制度比较合理（表5-61）。

表 5-61　幼儿园教师对学校管理制度的看法

变量	分组	例数	非常不合理	不合理	比较不合理	比较合理	合理	非常合理
性别	男	56	3 (5.36)	4 (7.14)	10 (17.86)	20 (35.71)	12 (21.43)	7 (12.50)
	女	1721	51 (3.00)	124 (7.30)	198 (11.66)	718 (42.29)	512 (30.15)	95 (5.59)
城乡	城市	1087	23 (2.16)	83 (7.80)	142 (13.35)	451 (42.39)	308 (28.95)	57 (5.36)
	乡镇	686	30 (4.37)	45 (6.56)	65 (9.48)	285 (41.55)	216 (31.49)	45 (6.56)
地区	东部	236	2 (0.93)	12 (5.58)	24 (11.16)	117 (54.42)	50 (23.26)	10 (4.65)
	中部	350	3 (0.86)	17 (4.89)	32 (9.20)	128 (36.78)	140 (40.23)	28 (8.05)
	西部	1192	49 (4.11)	99 (8.30)	152 (12.74)	493 (41.32)	336 (28.16)	64 (5.36)

对幼儿园教师对管理制度的看法进行性别和城乡差异检验发现，两者均无显著差异（$p>0.05$）（表 5-62）。

表 5-62　幼儿园教师对学校管理制度看法的性别和城乡比较

变量	分组	样本量	平均数±标准差	t 值或 t' 值	p 值
性别	男	56	3.982±1.300	-0.52	0.6003
	女	1698	4.061±1.096		
城乡	城市	1064	4.042±1.069	-0.85	0.3949
	乡镇	686	4.089±1.150		

对幼儿园教师对学校管理制度看法的地区差异进行检验发现：幼儿园教师对管理制度的看法存在极其显著的地区差异（$p<0.001$），与东部和西

部地区相比，更多的中部幼儿园教师认为管理制度合理。这表明，我国中部幼儿园比东部、西部幼儿园在教师管理方面做得更好（表5-63）。

表5-63　幼儿园教师对学校管理制度看法的地区比较

变量	分组	样本量	平均数±标准差	平均秩	H值	p值	Nemenyi多重比较
地区	东部	215	4. 074±0. 914	855. 091	32. 0249	0. 0001	2>1 2>3
	中部	348	4. 348±0. 985	1008. 750			
	西部	1193	3. 972±1. 151	844. 725			

（6）九成幼儿园教师感觉工作压力大

对幼儿园教师工作压力的调查显示，选择“非常小”的比例为0. 80%，选择“小”的比例为2. 00%，选择“比较小”的比例为6. 60%，选择“比较大”的比例为39. 20%，选择“大”的比例为34. 90%，选择“非常大”的比例为16. 60%。选择“小”的总比例为9. 40%，选择“大”的总比例为90. 70%，这说明绝大多数幼儿园教师感到工作压力大（表5-64）。

表5-64　幼儿园教师的工作压力情况

变量	分组	例数	非常小	小	比较小	比较大	大	非常大
性别	男	56	2 （3. 57）	2 （3. 57）	7 （12. 50）	20 （35. 71）	8 （14029）	17 （30. 36）
	女	1721	12 （0. 71）	33 （1. 94）	109 （6. 42）	667 （39. 28）	603 （35. 51）	274 （16. 14）
城乡	城市	1087	6 （0. 56）	25 （2. 35）	62 （5. 82）	411 （38. 56）	358 （33. 62）	203 （19. 06）
	乡镇	686	8 （1. 17）	10 （1. 46）	53 （7. 74）	274 （40. 00）	252 （36. 79）	88 （12. 85）

续表

变量	分组	例数	非常小	小	比较小	比较大	大	非常大
地区	东部	236	2 (0.93)	6 (2.79)	15 (6.98)	98 (45.58)	56 (26.05)	38 (17.67)
	中部	350	0 (0.00)	4 (1.15)	12 (3.45)	174 (50.00)	117 (33.62)	41 (11.78)
	西部	1192	12 (1.01)	25 (2.10)	89 (7.46)	416 (34.87)	439 (36.80)	212 (17.77)

对幼儿园教师工作压力情况进行性别和城乡差异检验发现：不同性别幼儿园教师对工作压力的看法没有显著差异（$p>0.05$），城乡幼儿园教师对工作压力的看法存在显著差异（$p<0.05$），比起乡镇幼儿园教师，城市幼儿园教师认为工作压力更大（表 5-65）。

表 5-65 幼儿园教师工作压力的性别和城乡比较

变量	分组	样本量	平均数±标准差	t 值或 t' 值	p 值
性别	男	56	4.446±1.334	−0.60	0.5533
	女	1698	4.554±0.949		
城乡	城市	1065	4.595±0.974	2.38	0.0175
	乡镇	685	4.483±0.944		

对不同地区幼儿园教师工作压力进行 Kruskal-Wallis H 检验发现：不同地区幼儿园教师对工作压力的看法存在显著差异（$p<0.05$），更多的西部幼儿园教师比东部、中部幼儿园教师感觉工作压力更大（表 5-66）。

表 5-66 幼儿园教师工作压力的地区比较

变量	分组	样本量	平均数±标准差	平均秩	H 值	p 值	Nemenyi 多重比较
地区	东部	215	4.460±1.013	827.444	7.1394	0.0282	3>1 3>2
	中部	348	4.514±0.791	838.458			
	西部	1193	4.577±0.998	899.381			

绝大多数幼儿园教师认为自己的工作压力大。造成这个结果的原因主要是：我国大多数家庭是独生子女家庭。由于多数家庭只有一个孩子，这个孩子成为家庭全部的精神支柱。一旦孩子在幼儿园出现安全问题，会给家庭带来无法估量的损失，家长对孩子的关注度非常高。所以，保证入园孩子身体健康和绝对的生命安全已是当代幼儿园工作的重中之重。这必然给从事这项工作的幼儿园教师带来巨大的压力。

总体而言，在教师培训方面，城市幼儿园比乡镇幼儿园做得更好，东部幼儿园比中部、西部幼儿园做得更好，中部幼儿园又比西部幼儿园做得更好；在发展空间方面，中部幼儿园教师比东部、西部幼儿园教师发展空间更大；在业务支持方面，乡镇幼儿园比城市幼儿园对教师发展的经费支持更多，而城市幼儿园比乡镇幼儿园对教师发展的时间支持更好，东部、中部幼儿园比西部幼儿园对教师发展的经费投入更多；在管理制度方面，更多中部幼儿园教师比东部、西部幼儿园教师认为管理制度较合理，更多城市幼儿园教师比乡镇幼儿园教师认为管理制度较合理。

3. 幼儿园教师政府保障情况调查结果

2/3 的幼儿园教师认为政府管理制度合理，工作待遇令人满意。

（1）近七成幼儿园教师认为自己的社会地位低

幼儿园教师社会地位调查结果显示，选择“非常低”的比例为 12.10%，选择“低”的比例为 14.80%，选择“比较低”的比例为 42.30%，选择“比较高”的比例为 18.50%，选择“高”的比例为 8.50%，选择“非常高”的比例为 3.80%。选择“低”的总比例为 69.20%，选择“高”的总比例为 30.80%，这说明近七成幼儿园教师认为自己的社会地位较低（表 5-67）。

表 5-67　幼儿园教师对自己社会地位的看法

变量	分组	例数	非常低	低	比较低	比较高	高	非常高
性别	男	56	13 (23.21)	10 (17.86)	13 (23.21)	12 (21.43)	2 (3.57)	6 (10.71)
	女	1721	199 (11.73)	249 (14.67)	729 (42.96)	312 (18.39)	147 (8.66)	61 (3.59)

续表

变量	分组	例数	非常低	低	比较低	比较高	高	非常高
城乡	城市	1087	144 (13.52)	163 (15.31)	444 (41.69)	186 (17.46)	86 (8.08)	42 (3.94)
	乡镇	686	67 (9.80)	96 (14.04)	298 (43.57)	135 (19.74)	63 (9.21)	25 (3.65)
地区	东部	236	25 (11.68)	14 (6.54)	123 (57.48)	33 (15.42)	16 (7.48)	3 (1.40)
	中部	350	16 (4.60)	41 (11.78)	169 (48.56)	80 (22.99)	30 (8.62)	12 (3.45)
	西部	1192	171 (14.33)	205 (17.18)	451 (37.80)	211 (17.69)	103 (8.63)	52 (4.36)

对幼儿园教师对社会地位的看法进行性别和城乡差异检验发现：不同性别幼儿园教师对社会地位的看法没有显著差异（$p>0.05$），城市和乡镇幼儿园教师对社会地位的看法存在显著差异（$p<0.05$），比起城市教师，更多乡镇幼儿园教师认为幼儿园教师的社会地位较高（表 5-68）。

表 5-68　幼儿园教师对自己社会地位看法的性别和城乡比较

变量	分组	样本量	平均数±标准差	t 值或 t' 值	p 值
性别	男	56	2.964±1.572	-0.56	0.5757
	女	1698	3.084±1.210		
城乡	城市	1065	3.031±1.244	-2.07	0.0384
	乡镇	684	3.155±1.185		

对不同地区幼儿园教师对社会地位的看法进行 Kruskal-Wallis H 检验发现：不同地区幼儿园教师对社会地位的看法存在极其显著的差异（$p<0.001$），中部幼儿园教师认为社会地位高的比例高于西部幼儿园教师（表 5-69）。

表 5-69 幼儿园教师对自己社会地位看法的地区比较

变量	分组	样本量	平均数±标准差	平均秩	H 值	p 值	Nemenyi 多重比较
地区	东部	214	3.047±1.056	877.182	16.3105	0.0003	2>3
	中部	348	3.296±1.050	970.306			
	西部	1193	3.022±1.289	851.221			

幼儿园教师认为自己的社会地位低，主要有以下几个原因。

一是传统思想作怪，认为自己是“孩子王”“看孩子的阿姨”。过去，人们总瞧不起幼儿教育工作，认为幼儿园教师的工作就是“看孩子”，很多幼儿园教师也受此思想影响。

二是工资待遇低。《中国教师发展报告 2012》数据显示：2010 年，幼儿园教师年平均工资是 19532 元，这与小学教师年平均工资 39413 元、中学教师年平均工资 42150 元差距较大（单志艳，2013）[132]。

三是政府“欠债”过多，不可能短时间内改变社会群体对幼儿园教师不重视的格局。2010 年以来，虽然我国政府制定了一系列促进学前教育事业发展及教师专业发展的政策，加强师资队伍建设，加大投入，加快发展。但是由于过去“欠债”过多，不可能在短时间内改变民办园为主的格局，不可能在短时间内满足人们对高质量的学前教育的需求，也不可能在短时间内改变社会群体对幼儿园教师不重视的局面，导致幼儿园教师普遍认为自己社会地位低。

（2）2/3 的幼儿园教师认为政府对其管理制度较合理

对幼儿园教师对政府管理制度的看法的调查显示，教师选择“非常不合理”的比例为 4.90%，选择“不合理”的比例为 13.10%，选择“比较不合理”的比例为 14.70%，选择“比较合理”的比例为 39.50%，选择“合理”的比例为 23.60%，选择“非常合理”的比例为 4.20%。总体上，选择“不合理”的比例为 32.70%，选择“合理”的比例为 67.30%，这说明多数幼儿园教师认为政府管理制度合理（表 5-70）。

表 5-70　幼儿园教师对政府管理制度的看法

变量	分组	例数	非常不合理	不合理	比较不合理	比较合理	合理	非常合理
性别	男	56	5 (8.93)	6 (10.71)	10 (17.86)	17 (30.36)	9 (16.07)	9 (16.07)
	女	1721	81 (4.78)	224 (13.22)	248 (14.63)	673 (39.71)	404 (23.83)	65 (3.83)
城乡	城市	1087	43 (4.05)	142 (13.36)	155 (14.58)	412 (38.76)	260 (24.46)	51 (4.80)
	乡镇	686	42 (6.14)	88 (12.87)	102 (14.91)	277 (40.50)	152 (22.22)	23 (3.36)
地区	东部	236	12 (5.61)	23 (10.75)	27 (12.62)	94 (43.93)	52 (24.30)	6 (2.80)
	中部	350	4 (1.15)	42 (12.07)	50 (14.37)	148 (42.53)	89 (25.57)	15 (4.31)
	西部	1192	70 (5.88)	165 (13.85)	181 (15.20)	450 (37.78)	272 (22.84)	53 (4.45)

对幼儿园教师对政府管理制度的看法进行性别和城乡差异检验发现，两者均无显著差异（$p>0.05$）（表 5-71）。

表 5-71　幼儿园教师对政府管理制度看法的性别和城乡比较

变量	分组	样本量	平均数±标准差	t 值或 t' 值	p 值
性别	男	56	3.821±1.491	0.30	0.7654
	女	1695	3.761±1.200		
城乡	城市	1063	3.806±1.202	1.81	0.0700
	乡镇	684	3.699±1.218		

对幼儿园教师对政府管理制度的看法进行地区差异检验发现：不同地区幼儿园教师对政府管理制度的看法存在显著差异（$p<0.05$），比起西部

地区，更多中部地区幼儿园教师认为政府管理制度合理（表5-72）。

表5-72 幼儿园教师对政府管理制度看法的地区比较

变量	分组	样本量	平均数±标准差	平均秩	H值	p值	Nemenyi多重比较
地区	东部	214	3.790±1.174	890.687	6.1584	0.0460	2>3
	中部	348	3.922±1.075	931.007			
	西部	1191	3.712±1.249	858.760			

（3）五成幼儿园教师对工资待遇较满意

幼儿园教师工资待遇调查结果显示，选择“非常不满意”的比例为12.50%，选择“不满意”的比例为21.20%，选择“比较不满意”的比例为16.70%，选择“比较满意”的比例为34.40%，选择“满意”的比例为11.50%，选择“非常满意”的比例为3.60%。选择“不满意”的总比例为50.40%，选择“满意”的总比例为49.50%。这说明五成幼儿园教师对目前的工作待遇较满意（表5-73）。

表5-73 幼儿园教师对工资待遇的看法

变量	分组	例数	非常不满意	不满意	比较不满意	比较满意	满意	非常满意
性别	男	56	8（14.29）	12（21.43）	11（19.64）	15（26.79）	3（5.36）	7（12.50）
	女	1721	212（12.48）	361（21.25）	282（16.60）	589（34.67）	199（11.71）	56（3.30）
城乡	城市	1087	159（14.92）	243（22.80）	197（18.48）	314（29.46）	113（10.60）	40（3.75）
	乡镇	686	61（8.91）	127（18.54）	94（13.72）	291（42.48）	89（12.99）	23（3.36）

续表

变量	分组	例数	非常不满意	不满意	比较不满意	比较满意	满意	非常满意
地区	东部	236	25 (11.63)	33 (15.35)	51 (23.72)	79 (36.74)	23 (10.70)	4 (1.86)
	中部	350	33 (9.46)	58 (16.62)	61 (17.48)	162 (46.42)	24 (6.88)	11 (3.15)
	西部	1192	162 (13.58)	282 (23.64)	181 (15.17)	364 (30.51)	155 (12.99)	49 (4.11)

对幼儿园教师对工资待遇的看法进行性别和城乡差异检验发现：不同性别幼儿园教师对工资待遇的看法没有显著差异（$p>0.05$），城乡幼儿园教师对工资待遇的看法存在极其显著的差异（$p<0.001$），乡镇幼儿园教师对工资待遇的满意度高于城市教师（表 5-74）。

表 5-74　幼儿园教师对工资待遇看法的性别和城乡比较

变量	分组	样本量	平均数±标准差	t 值或 t' 值	p 值
性别	男	56	3.250±1.540	0.18	0.8595
	女	1699	3.218±1.333		
城乡	城市	1066	3.093±1.369	-5.13	0.0001
	乡镇	685	3.422±1.270		

对不同地区幼儿园教师工资待遇进行 Kruskal-Wallis H 检验发现，不同地区幼儿园教师对工资待遇的看法没有显著差异（$p>0.05$）（表 5-75）。

表 5-75　幼儿园教师工资待遇的地区差异比较

变量	分组	样本量	平均数±标准差	平均秩	H 值	p 值
地区	东部	215	3.251±1.235	890.205	4.0322	0.1332
	中部	349	3.341±1.206	923.241		
	西部	1193	3.180±1.394	864.039		

幼儿园教师工资待遇满意度较高，与自 2010 年实施的“学前教育三年行动计划”有关。仅 2010 年，全国学前教育经费总投入剧增至 7280133 万元，比 2009 年的 2447892 万元增长了 4832241 万元，增幅达 197.40%（刘占兰，2013）[38]。

幼儿园教师政府保障情况调查结果发现：七成幼儿园教师认为自己的社会地位低，但多数幼儿园教师对政府管理制度和工资待遇比较满意。

4. 幼儿园教师总体满意度调查结果

绝大多数幼儿园教师在工作中感到愉快，工作归属感和幸福感较强。

（1）绝大多数幼儿园教师在工作中感到愉快

幼儿园教师工作情绪调查结果显示，选择“非常不愉快”的比例为 1.40%，选择“不愉快”的比例为 5.50%，选择“比较不愉快”的比例为 7.20%，选择“比较愉快”的比例为 44.10%，选择“愉快”的比例为 33.40%，选择“非常愉快”的比例为 8.20%。选择“不愉快”的总比例为 14.10%，选择“愉快”的总比例为 85.70%，这说明绝大多数幼儿园教师在工作中感到愉快（表 5-76）。

表 5-76　幼儿园教师工作情绪

变量	分组	例数	非常不愉快	不愉快	比较不愉快	比较愉快	愉快	非常愉快
性别	男	56	1 (1.79)	7 (12.50)	6 (10.71)	23 (41.07)	10 (17.86)	9 (16.07)
	女	1721	24 (1.41)	90 (5.29)	121 (7.12)	753 (44.29)	577 (33.94)	135 (7.94)
城乡	城市	1087	13 (1.22)	49 (4.60)	88 (8.26)	485 (45.50)	338 (31.71)	93 (8.72)
	乡镇	686	12 (1.75)	48 (7.00)	39 (5.69)	286 (41.69)	250 (36.44)	51 (7.43)

续表

变量	分组	例数	非常不愉快	不愉快	比较不愉快	比较愉快	愉快	非常愉快
地区	东部	236	3 (1.39)	12 (5.56)	16 (7.41)	111 (51.39)	63 (29.17)	11 (5.09)
	中部	350	1 (0.29)	11 (3.15)	14 (4.01)	129 (36.96)	151 (43.27)	43 (12.32)
	西部	1192	21 (1.76)	74 (6.20)	97 (8.13)	536 (44.93)	374 (31.35)	91 (7.63)

对幼儿园教师工作情绪进行性别和城乡差异检验发现，不同性别幼儿园教师、城乡幼儿园教师工作情绪没有显著差异（$p>0.05$）（表 5-77）。

表 5-77　幼儿园教师工作情绪的性别和城乡比较

变量	分组	样本量	平均数±标准差	t 值或 t' 值	p 值
性别	男	56	4.089±1.269	-1.11	0.2731
	女	1700	4.279±0.995		
城乡	城市	1066	4.280±0.982	0.34	0.7356
	乡镇	686	4.264±1.043		

对不同地区幼儿园教师工作情绪进行 Kruskal-Wallis H 检验发现：不同地区幼儿园教师工作情绪存在极其显著的差异（$p<0.001$），中部幼儿园教师工作情绪好于东部和西部幼儿园教师。这表明，我国中部幼儿园教师比东部、西部幼儿园教师在工作中更愉快（表 5-78）。

表 5-78　幼儿园教师工作情绪的地区比较

变量	分组	样本量	平均数±标准差	平均秩	H 值	p 值	Nemenyi 多重比较
地区	东部	216	4.167±0.945	816.389	41.2003	0.0001	2>1 2>3
	中部	349	4.567±0.893	1024.100			
	西部	1193	4.208±1.032	848.625			

（2）3/4 的幼儿园教师工作归属感强

幼儿园教师工作归属感调查结果显示，选择“非常不愿意”的比例为 3.70%，选择“不愿意”的比例为 12.00%，选择“比较不愿意”的比例为 9.80%，选择“比较愿意”的比例为 28.60%，选择“愿意”的比例为 36.30%，选择“非常愿意”的比例为 9.70%。选择“不愿意”的总比例为 25.50%，选择“愿意”的总比例为 74.60%。这说明 3/4 的幼儿园教师工作归属感强（表 5-79）。

表 5-79　幼儿园教师工作归属感

变量	分组	例数	非常不愿意	不愿意	比较不愿意	比较愿意	愿意	非常愿意
性别	男	56	2 (3.57)	7 (12.50)	8 (14.29)	16 (28.57)	10 (17.86)	13 (23.21)
	女	1721	63 (3.71)	203 (11.95)	165 (9.71)	486 (28.61)	626 (36.85)	156 (9.18)
城乡	城市	1087	38 (3.57)	135 (12.68)	118 (11.08)	295 (27.70)	374 (35.12)	105 (9.86)
	乡镇	686	27 (3.94)	75 (10.93)	55 (8.02)	206 (30.03)	259 (37.76)	64 (9.33)
地区	东部	236	14 (6.51)	30 (13.95)	25 (11.63)	62 (28.84)	69 (32.09)	15 (6.98)
	中部	350	6 (1.72)	15 (4.30)	39 (11.17)	67 (19.20)	172 (49.28)	50 (14.33)
	西部	1192	45 (3.77)	165 (13.83)	109 (9.14)	373 (31.27)	396 (33.19)	105 (8.80)

对不同性别和城乡幼儿园教师工作归属感进行 t 检验发现，不同性别幼儿园教师、城乡幼儿园教师工作归属感没有显著差异（$p>0.05$）（表 5-80）。

表 5-80　幼儿园教师工作归属感的性别和城乡比较

变量	分组	样本量	平均数±标准差	t 值	p 值
性别	男	56	4. 143±1. 445	0. 22	0. 8271
	女	1699	4. 105±1. 278		
城乡	城市	1065	4. 077±1. 296	−1. 12	0. 2642
	乡镇	686	4. 147±1. 266		

对不同地区幼儿园教师工作归属感进行 Kruskal-Wallis H 检验发现：不同地区幼儿园教师工作归属感存在极其显著的差异（$p<0.001$），中部幼儿园教师工作归属感高于东部和西部幼儿园教师（表 5-81）。

表 5-81　幼儿园教师工作归属感的地区比较

变量	分组	样本量	平均数±标准差	平均秩	H 值	p 值	Nemenyi 多重比较
地区	东部	215	3. 870±1. 361	793. 695	54. 0240	0. 0001	2>1 2>3
	中部	349	4. 530±1. 108	1047. 659			
	西部	1193	4. 027±1. 292	845. 034			

（3）幼儿园教师幸福感强

幼儿园教师幸福感调查结果显示，选择“非常不幸福”的比例为 1. 00%，选择“不幸福”的比例为 3. 80%，选择“比较不幸福”的比例为 5. 20%，选择“比较幸福”的比例为 41. 00%，选择“幸福”的比例为 37. 80%，选择“非常幸福”的比例为 11. 30%。选择“不幸福”的总比例为 10. 00%，选择幸福的总比例为 90. 10%。这说明绝大多数幼儿园教师幸福感强（表 5-82）。

表 5-82　幼儿园教师幸福感

变量	分组	例数	非常不幸福	不幸福	比较不幸福	比较幸福	幸福	非常幸福
性别	男	56	2 (3.57)	7 (12.50)	8 (14.29)	16 (28.57)	10 (17.86)	13 (23.21)
	女	1721	63 (3.71)	203 (11.95)	165 (9.71)	486 (28.61)	626 (36.85)	156 (9.18)
城乡	城市	1087	8 (0.75)	40 (3.75)	61 (5.72)	452 (42.40)	389 (35.49)	116 (10.88)
	乡镇	686	9 (1.31)	26 (3.79)	30 (4.37)	264 (38.48)	275 (40.09)	82 (11.95)
地区	东部	236	2 (0.93)	7 (3.24)	6 (2.78)	97 (44.91)	94 (43.52)	10 (4.63)
	中部	350	0 (0.00)	14 (4.00)	12 (3.43)	126 (36.00)	139 (39.71)	59 (16.86)
	西部	1192	15 (1.26)	45 (3.78)	73 (6.12)	497 (41.69)	432 (36.24)	130 (10.91)

对不同性别和城乡幼儿园教师幸福感进行 t 检验发现：不同性别幼儿园教师幸福感存在显著差异（$p<0.05$），幼儿园女教师幸福感高于男教师，城乡幼儿园教师幸福感没有显著差异（$p>0.05$）（表 5-83）。

表 5-83　幼儿园教师幸福感的性别和城乡比较

变量	分组	样本量	平均数±标准差	t 值或 t' 值	p 值
性别	男	56	4.125±1.222	−2.02	0.0480
	女	1700	4.458±0.947		
城乡	城市	1066	4.428±0.945	−1.13	0.2566
	乡镇	686	4.481±0.981		

对不同地区幼儿园教师幸福感进行方差分析发现：不同地区幼儿园教师幸福感存在极其显著的差异（$p<0.001$），中部幼儿园教师幸福感高于东部和西部幼儿园教师（表 5-84）。

表 5-84　幼儿园教师幸福感的地区比较

变量	分组	样本量	平均数±标准差	F 值	p 值	SNK 多重比较
地区	东部	216	4.407±0.836	7.02	0.0009	2>1 2>3
	中部	350	4.620±0.940			
	西部	1192	4.406±0.980			

总体而言，幼儿园教师总体满意度调查结果发现：绝大多数幼儿园教师在工作中感到愉快，工作归属感和幸福感较强；从性别来看，幼儿园女教师比男教师更有幸福感；从地区来看，我国中部幼儿园教师比东部、西部幼儿园教师工作更愉快，工作归属感和幸福感更强，总体满意度更高。

二、中小学教师专业发展状况调研

近年来，中小学教师队伍建设的步伐推进较快。各地不断创新补充机制，加大培训力度，提高教师待遇，中小学教师，尤其是农村中小学教师队伍建设取得了显著成效。教师专业发展一直是教师队伍建设的重点，只有专业学习成为常态，专业发展走向自觉，教师队伍素质整体提升才有可能。因此，开展教师专业发展状况调查，深入了解中小学教师专业发展状况，可以为教师发展政策提出有针对性的建议。

（一）研究方法

1. 研究对象

本研究以中小学教师为对象。

2. 研究工具

本研究采用自编的《中小学教师专业发展状况调查问卷》实施调研。问卷的一级维度为专业发展、学校管理、政府保障和总体满意度，其中专业发展的二级维度为专业态度（职业认同、科研与发展规划、专业学习），专业知识（学科知识、学生身心发展知识）和专业能力，学校管理的二级维度为培训支持、发展空间、业务支持、环境创设、学校管理制度和工作压力，政府保障的二级维度为社会地位、政府管理制度和工资待遇（表5-85）。采用SPSS15.0统计分析软件进行数据整理和分析。

表5-85 调查问卷结构

一级维度	二级维度
专业发展	专业态度
	专业知识
	专业能力
学校管理	培训支持
	发展空间
	业务支持
	环境创设
	学校管理制度
	工作压力
政府保障	社会地位
	政府管理制度
	工资待遇
总体满意度	—

3. 调查问卷发放情况

本次调查发放中小学教师问卷共计6945份，回收有效问卷6944份，有效回收率为99.99%。其中，男性和女性教师分别占29.87%、70.13%，城市和乡镇教师分别占64.24%、35.76%，东部、中部、西部教师分别占15.79%、16.02%、68.19%，小学、初中、高中教师分别占62.31%、31.97%、5.72%（表5-86）。

表5-86 中小学教师被试性别、城乡、地区、学段分布

变量		人数	比例（%）
性别	男	2073	29.87
	女	4866	70.13

续表

变量		人数	比例（%）
城乡	城市	4447	64.24
	乡镇	2475	35.76
地区	东部	1095	15.79
	中部	1111	16.02
	西部	4728	68.19
任教学段	小学	4278	62.31
	初中	2195	31.97
	高中	393	5.72

（二）调查结果

1. 中小学教师专业发展状况

（1）中小学教师的专业态度调查结果

①约六成中小学教师认同教师职业

中小学教师职业认同感调查结果显示，选择“非常不认同”的比例为9.30%，选择“不认同”的比例为14.60%，选择“比较不认同”的比例为12.50%，选择“比较认同”的比例为30.10%，选择“认同”的比例为21.80%，选择“非常认同”的比例为11.80%。选择“不认同”的总比例为36.40%，选择“认同”的总比例为63.70%，即约六成教师认同教师职业（表5-87）。

表5-87　中小学教师职业认同感

变量	分组	例数	非常不认同	不认同	比较不认同	比较认同	认同	非常认同
性别	男	2072	249（12.02）	306（14.77）	236（11.39）	574（27.70）	468（22.09）	239（11.53）
	女	4860	392（8.07）	709（14.59）	630（12.96）	1510（31.07）	1043（21.46）	576（11.85）

续表

变量	分组	例数	非常不认同	不认同	比较不认同	比较认同	认同	非常认同
城乡	城市	4440	408 (9.19)	609 (13.72)	574 (12.93)	1408 (31.71)	975 (21.96)	466 (10.50)
	乡镇	2475	234 (9.45)	404 (16.32)	290 (11.72)	673 (27.19)	525 (21.21)	349 (14.10)
地区	东部	1091	93 (8.25)	186 (17.5)	180 (16.50)	350 (32.08)	197 (18.06)	85 (7.79)
	中部	1111	34 (3.06)	63 (5.67)	102 (9.18)	378 (34.02)	314 (28.26)	220 (19.80)
	西部	4723	514 (10.88)	764 (16.18)	584 (12.37)	1353 (28.65)	998 (21.13)	510 (10.80)
任教学段	小学	4276	358 (8.37)	631 (14.76)	521 (12.18)	1304 (30.50)	960 (22.45)	502 (11.74)
	初中	2191	264 (12.05)	353 (16.11)	303 (13.83)	606 (27.66)	433 (19.76)	232 (10.59)
	高中	393	12 (3.05)	21 (5.34)	33 (8.40)	149 (37.91)	106 (26.97)	72 (18.32)

对不同性别和城乡中小学教师职业认同感进行差异检验发现：中小学教师的职业认同感存在显著的性别差异（$p<0.05$），女教师的职业认同感高于男教师，中小学教师的职业认同感无显著城乡差异（$p>0.05$）（表5-88）。

表 5-88　中小学教师职业认同感的性别和城乡比较

变量	分组	样本量	平均数±标准差	t 值或 t' 值	p 值
性别	男	2072	3.687±1.542	−2.56	0.0106
	女	4860	3.788±1.443		

续表

变量	分组	样本量	平均数±标准差	t 值或 t' 值	p 值
城乡	城市	4440	3.750±1.443	−0.44	0.6583
	乡镇	2475	3.767±1.531		

对不同地区的中小学教师职业认同感情况进行 Kruskal-Wallis H 检验发现，中小学教师的职业认同感存在极其显著的地区差异（$p<0.001$）。通过进一步分析（多重比较）发现，中部地区中小学教师的职业认同感明显高于东部和西部地区中小学教师（表 5-89）。

表 5-89　中小学教师职业认同感的地区比较

变量	分组	样本量	平均数±标准差	平均秩	H 值	p 值	Nemenyi 多重比较
地区	东部	1091	3.575±1.388	3184.824	238.0787	0.0001	2>1 2>3
	中部	1111	4.382±1.235	4282.597			
	西部	4723	3.654±1.508	3334.463			

注：多重比较中，数字“1”代表东部，数字“2”代表中部，数字“3”代表西部，下同。

对不同任教学段中小学教师的职业认同感进行统计分析发现，不同任教学段中小学教师职业认同感存在极其显著的差异（$p<0.001$）。进一步分析发现，高中教师的职业认同感明显高于小学教师，小学教师的职业认同感明显高于初中教师（表 5-90）。

表 5-90　不同任教学段中小学教师职业认同感的比较

变量	分组	样本量	平均数±标准差	平均秩	H 值	p 值	Nemenyi 多重比较
任教学段	小学	4276	3.791±1.455	3470.746	90.3455	0.0001	C>A>B
	初中	2191	3.587±1.523	3214.854			
	高中	393	4.354±1.206	4194.847			

注：多重比较中，字母“A”代表小学，字母“B”代表初中，字母“C”代表高中，下同。

综上，近 2/3 的教师认同自己的职业。女教师的职业认同感明显高于男教师，中部地区中小学教师的职业认同感明显高于东部和西部地区中小学教师，高中教师的职业认同感明显高于小学教师，小学教师的职业认同感明显高于初中教师。初中学生处于青春期，学生出现的问题较多，初中教师面对的挑战比小学和高中教师多，这可能造成初中教师的职业认同感不高。

②超过一半的中小学教师喜欢自己的工作

中小学教师职业忠诚度调查结果显示，选择“非常不认同”的比例为6.50%，选择“不认同”的比例为19.20%，选择“比较不认同”的比例为18.20%，选择“比较认同”的比例为33.20%，选择“认同”的比例为18.20%，选择“非常认同”的比例为4.70%。选择“不认同”的总比例为43.90%，选择“认同”的总比例为56.10%，表明超过一半的教师喜欢自己的工作（表5-91）。

表5-91　中小学教师的职业忠诚度

变量	分组	例数	非常不认同	不认同	比较不认同	比较认同	认同	非常认同
性别	男	2072	176 (8.49)	393 (18.97)	338 (16.31)	683 (32.96)	393 (18.97)	89 (4.30)
	女	4854	273 (5.62)	936 (19.28)	924 (19.04)	1617 (33.31)	868 (17.88)	236 (4.86)
城乡	城市	4434	280 (6.31)	766 (17.28)	848 (19.12)	1555 (35.07)	776 (17.50)	209 (4.71)
	乡镇	2475	170 (6.87)	561 (22.67)	412 (16.65)	737 (29.78)	479 (19.35)	116 (4.69)
地区	东部	1084	66 (6.09)	175 (16.14)	258 (23.80)	388 (35.79)	161 (14.85)	36 (3.32)
	中部	1110	35 (3.15)	91 (8.20)	150 (13.51)	517 (46.58)	256 (23.06)	61 (5.50)
	西部	4725	349 (7.39)	1061 (22.46)	853 (18.05)	1392 (29.46)	842 (17.82)	228 (4.83)

续表

变量	分组	例数	非常不认同	不认同	比较不认同	比较认同	认同	非常认同
任教学段	小学	4274	251 (5.87)	848 (19.84)	754 (17.64)	1403 (32.83)	804 (18.81)	214 (5.01)
	初中	2188	182 (8.32)	448 (20.48)	434 (19.84)	682 (31.17)	353 (16.13)	89 (4.07)
	高中	393	10 (2.54)	24 (6.11)	59 (15.01)	186 (47.33)	97 (24.68)	17 (4.33)

对不同性别和城乡中小学教师的职业忠诚度进行差异检验发现：不同性别中小学教师的职业忠诚度没有显著差异（$p>0.05$），城乡中小学教师职业忠诚度存在显著差异（$p<0.05$），城市中小学教师比乡镇教师更喜欢自己的工作（表 5-92）。

表 5-92　中小学教师职业忠诚度的性别和城乡比较

变量	分组	样本量	平均数±标准差	t 值或 t' 值	p 值
性别	男	2072	3.478±1.333	-1.54	0.1245
	女	4854	3.531±1.274		
城乡	城市	4434	3.543±1.267	2.48	0.0131
	乡镇	2475	3.461±1.335		

对不同地区的中小学教师职业忠诚度情况进行 Kruskal-Wallis H 统计检验发现，不同地区中小学教师的职业忠诚度情况存在极其显著的差异（$p<0.001$）。进一步分析表明，中部地区中小学教师的职业忠诚度明显高于东部和西部地区中小学教师，即中部地区中小学教师比东部、西部地区中小学教师更加喜欢自己的工作（表 5-93）。

表 5-93　中小学教师职业忠诚度的地区比较

变量	分组	样本量	平均数±标准差	平均秩	*H* 值	*p* 值	Nemenyi 多重比较
地区	东部	1084	3. 471±1. 198	3375. 710	154. 0289	0. 0001	2>1 2>3
	中部	1110	3. 947±1. 093	4121. 047			
	西部	4725	3. 423±1. 335	3324. 044			

对不同任教学段的中小学教师职业忠诚度进行统计检验发现，不同任教学段中小学教师的职业忠诚度存在显著差异（$p<0.05$）。进一步分析表明，高中教师的职业忠诚度明显高于小学教师，小学教师的职业忠诚度明显高于初中教师，即高中教师比小学教师更喜欢自己的工作，小学教师比初中教师更喜欢自己的工作（表 5-94）。

表 5-94　不同任教学段中小学教师职业忠诚度比较

变量	分组	样本量	平均数±标准差	平均秩	*H* 值	*p* 值	Nemenyi 多重比较
任教学段	小学	4274	3. 539±1. 294	3460. 785	77. 2348	0. 0001	C>A>B
	初中	2188	3. 385±1. 309	3235. 787			
	高中	393	3. 985±1. 023	4141. 580			

综上，超过一半的教师喜欢自己的工作。城市中小学教师比乡镇中小学教师更喜欢自己的工作，中部地区中小学教师比东西部地区中小学教师更喜欢自己的工作，高中教师比小学教师更喜欢自己的工作，小学教师比初中教师更喜欢自己的工作。

③九成多中小学教师对自己的专业发展有所规划

对于专业发展规划，中小学教师选择“规划明确且付诸实践”的比例为 36. 60%，选择“曾经有明确规划但没有坚持”的比例为 30. 10%，选择“有想法但行动跟不上”的比例为 27. 90%，选择“从未思考过”的比例为 2. 80%，选择“对专业规划话题比较反感”的比例为 2. 60%。选择“规划明确且付诸实践”“曾经有明确规划但没有坚持”“有想法但行动跟不上”的总比例为94.60%，说明九成多的中小学教师对自己的专业发展有所规划。

对不同性别、城乡、地区以及任教学段的中小学教师专业发展规划情况进行差异检验发现：不同性别中小学教师的专业发展规划没有显著差异（$p>0.05$）；城乡中小学教师的专业发展规划存在非常显著的差异（$p<0.01$），乡镇中小学教师有明确专业发展规划的比例高于城市中小学教师；不同地区中小学教师的专业发展规划情况存在极其显著的差异（$p<0.001$），中部和西部中小学教师有明确专业发展规划的比例明显高于东部地区中小学教师；不同任教学段中小学教师专业发展规划存在显著差异（$p<0.01$），初中教师有明确专业发展规划的比例略高于小学和高中教师（表5-95）。

表5-95　不同性别、城乡、地区、任教学段中小学教师专业发展规划比较

变量	分组	例数	规划明确且付诸实践	曾经有明确规划但没有坚持	有想法但行动跟不上	从未思考过	对专业规划话题比较反感	卡方值	p值
性别	男	2066	752（36.40）	642（31.07）	543（26.28）	61（2.95）	68（3.29）	9.4115	0.0516
	女	4848	1781（36.74）	1440（29.70）	1383（28.53）	133（2.74）	111（2.29）		
城乡	城市	4423	1600（36.17）	1290（29.17）	1280（28.94）	140（3.17）	113（2.55）	14.3723	0.0062
	乡镇	2475	924（37.33）	786（31.76）	645（26.06）	54（2.18）	66（2.67）		
地区	东部	1077	307（28.51）	341（31.66）	315（32.59）	36（3.34）	42（3.90）	89.4393	0.0001
	中部	1109	411（37.06）	304（27.41）	322（29.04）	59（5.32）	13（1.17）		
	西部	4721	1810（38.34）	1436（30.42）	1252（26.52）	99（2.10）	124（2.63）		

续表

变量	分组	例数	规划明确且付诸实践	曾经有明确规划但没有坚持	有想法但行动跟不上	从未思考过	对专业规划话题比较反感	卡方值	p 值
任教学段	小学	4275	1604 (37.52)	1278 (29.89)	1192 (27.88)	97 (2.27)	104 (2.43)	20.9918	0.0072
	初中	2178	768 (35.26)	679 (31.18)	589 (27.04)	75 (3.44)	67 (3.08)		
	高中	392	142 (36.22)	106 (27.04)	119 (30.36)	18 (4.59)	7 (1.79)		

综上，九成多的中小学教师对自己的专业发展有所规划。乡镇中小学教师有明确专业发展规划的比例高于城市中小学教师，中部和西部中小学教师有明确专业发展规划的比例明显高于东部地区中小学教师，初中教师有明确专业发展规划的比例略高于小学和高中教师。

④近七成中小学教师近五年主持或参与过科研课题

中小学教师近五年主持和参与科研课题的情况调查结果显示，选择“主持过 2 个及以上”的比例为 4.90%，选择“主持过 1 个”的比例为 8.70%，选择“参与过 2 个及以上”的比例为 24.50%，选择“参与过 1 个”的比例为 29.90%，选择“没有主持或参与过”的比例为 32.00%。选择主持或参与过科研课题的总比例为 68.00%，即近七成中小学教师近五年主持或参与过科研课题。

对不同性别、城乡、地区以及任教学段中小学教师近五年主持和参与科研课题的情况进行差异检验发现：不同性别中小学教师近五年主持和参与科研课题的情况存在极其显著的差异（$p<0.001$），中小学男教师主持或参与科研课题状况明显好于中小学女教师；城乡中小学教师近五年主持和参与科研课题的状况存在极其显著的差异（$p<0.001$），城市中小学教师主持或参与科研课题状况明显好于乡镇中小学教师；不同地区中小学教师近五年主持和参与科研课题的状况存在极其显著的差异（$p<0.001$），中部地

区中小学教师主持或参与科研课题的状况明显好于东部和西部地区中小学教师；不同任教学段中小学教师近五年主持和参与科研课题的情况存在极其显著的差异（$p<0.001$），高中教师主持或参与科研课题的状况好于小学和初中教师（表 5-96）。

表 5-96　不同性别、城乡、地区、任教学段中小学教师近五年主持和参与的科研课题比较

变量	分组	例数	主持过2个及以上	主持过1个	参与过2个及以上	参与过1个	没有主持或参与过	卡方值	p 值
性别	男	2071	128（6.18）	223（10.77）	443（21.39）	646（31.19）	631（30.47）	39.3189	0.0001
	女	4857	213（4.39）	381（7.84）	1256（25.86）	1424（29.32）	1583（32.59）		
城乡	城市	4436	236（5.32）	362（8.16）	1221（27.52）	1338（30.16）	1279（28.83）	93.4056	0.0001
	乡镇	2475	103（4.16）	238（9.62）	473（19.11）	728（29.41）	933（37.70）		
地区	东部	1088	55（5.06）	78（7.17）	249（22.89）	315（28.95）	391（35.94）	66.1467	0.0001
	中部	1110	40（3.60）	134（12.07）	317（28.56）	357（32.16）	262（23.60）		
	西部	4723	246（5.21）	390（8.26）	1132（23.97）	1395（29.54）	1560（33.03）		
任教学段	小学	4276	210（4.91）	362（8.47）	1124（26.29）	1259（29.44）	1321（30.89）	48.7984	0.0001
	初中	2189	108（4.93）	194（8.86）	458（20.92）	648（29.60）	781（35.69）		
	高中	392	17（4.34）	46（11.73）	105（26.79）	137（34.95）	87（22.19）		

综上，近七成中小学教师近五年主持或参与过科研课题。中小学男教师主持或参与科研课题状况明显好于中小学女教师，城市中小学教师主持或参与科研课题状况明显好于乡镇中小学教师，中部地区中小学教师主持或参与科研课题状况明显好于东部和西部地区中小学教师，高中教师主持或参与科研课题的状况好于小学和初中教师。

⑤近六成中小学教师入职以来在正式报刊上发表过文章

中小学教师入职以来在正式报刊上发表的文章数量调查结果显示，选择“无”的比例为43.00%，选择“1—3篇”的比例为42.60%，选择“4—6篇”的比例为10.00%，选择“7篇及以上”的比例为4.50%。选择发表过论文的总比例为57.10%，即近六成中小学教师入职以来在正式报刊上发表过论文。

对不同性别、城乡、地区、任教学段中小学教师在正式报刊上发表论文的情况进行统计检验发现：不同性别中小学教师发表文章情况存在极其显著的差异（$p<0.001$），中小学男教师发表文章数量明显多于中小学女教师；城乡中小学教师发表文章情况存在极其显著的差异（$p<0.001$），城市中小学教师发表文章数量明显多于乡镇中小学教师；不同地区以及不同任教学段中小学教师在正式报刊上发表文章的情况没有显著差异（$p>0.05$）（表5-97）。

表5-97　不同性别、城乡、地区、任教学段中小学教师入职以来在正式报刊上发表论文数量比较

变量	分组	例数	无	1—3篇	4—6篇	7篇及以上	卡方值	p值
性别	男	2070	779（38.60）	942（45.51）	218（10.53）	111（5.36）	25.4235	0.0001
	女	4856	2179（44.87）	2007（41.33）	471（9.70）	199（4.10）		

续表

变量	分组	例数	无	1—3 篇	4—6 篇	7 篇及以上	卡方值	p 值
城乡	城市	4433	1884 (42.50)	1850 (41.73)	449 (10.13)	250 (5.64)	39.6705	0.0001
	乡镇	2475	1090 (44.04)	1087 (43.92)	238 (9.62)	60 (2.42)		
地区	东部	1091	471 (43.17)	452 (41.43)	112 (10.27)	56 (5.13)	7.5467	0.2732
	中部	1104	506 (45.83)	455 (41.21)	104 (9.42)	39 (3.53)		
	西部	4723	1997 (42.28)	2037 (43.13)	474 (10.04)	215 (4.55)		
任教学段	小学	4275	1859 (43.49)	1823 (42.64)	419 (9.80)	174 (4.07)	8.3692	0.2123
	初中	2190	915 (41.78)	943 (43.06)	219 (10.00)	113 (5.16)		
	高中	389	176 (45.24)	149 (38.30)	45 (11.57)	19 (4.88)		

综上，近六成的中小学教师入职以来在正式报刊上发表过论文。中小学男教师发表文章数量明显多于女教师，城市中小学教师发表文章数量明显多于乡镇中小学教师，这与城市中小学教师参加培训和课题研究的机会更多有关。

⑥超过九成中小学教师在入职后仍不断学习

中小学教师入职后学习情况调查结果显示，选择“不断学习”的比例为 57.60%，选择“需要的时候学习”的比例为 26.30%，选择“随大流完成学习任务”的比例为 8.00%，选择“太忙，没有时间”的比例为 7.20%，选择“觉得现在工作还应付得了，学习不是最要紧的”的比例为

0.90%。选择“不断学习”“需要的时候学习”“随大流完成学习任务”的总比例为91.90%，即超过九成的中小学教师入职后仍进行学习。

对不同性别、城乡、地区、任教学段中小学教师入职后的学习情况进行差异检验发现：不同性别中小学教师入职后的学习情况没有显著差异（$p>0.05$）；城乡中小学教师入职后学习情况存在极其显著的差异（$p<0.001$），乡镇中小学教师学习情况好于城市中小学教师；不同地区中小学教师的入职后学习情况存在极其显著的差异（$p<0.001$），西部中小学教师学习情况好于东部和中部中小学教师；不同任教学段中小学教师入职后学习情况存在极其显著的差异（$p<0.001$），小学、高中教师的学习情况好于初中教师（表5-98）。

表5-98 不同性别、城乡、地区、任教学段中小学教师入职后学习情况比较

变量	分组	例数	不断学习	需要的时候学习	随大流完成学习任务	太忙，没有时间	觉得现在工作还应付得了，学习不是最要紧的	卡方值	p值
性别	男	2071	1209（58.38）	519（25.06）	167（8.06）	150（7.24）	26（1.26）	5.7622	0.2176
	女	4851	2782（57.35）	1298（26.76）	388（8.00）	346（7.13）	37（0.76）		
城乡	城市	4435	2473（55.76）	1232（27.78）	383（8.64）	303（6.83）	44（0.99）	28.3549	0.0001
	乡镇	2470	1508（61.05）	578（23.40）	172（6.96）	194（7.85）	18（0.73）		
地区	东部	1086	532（48.99）	343（31.58）	122（11.23）	78（7.18）	11（1.01）	124.1993	0.0001
	中部	1111	569（51.22）	381（34.29）	89（8.01）	54（10.87）	18（1.62）		
	西部	4717	2883（61.12）	1091（23.13）	344（7.29）	365（7.74）	34（0.72）		

续表

变量	分组	例数	不断学习	需要的时候学习	随大流完成学习任务	太忙，没有时间	觉得现在工作还应付得了，学习不是最要紧的	卡方值	p 值
任教学段	小学	4275	2555（59.77）	1058（24.75）	339（7.93）	291（6.81）	32（0.75）	49.8193	0.0001
	初中	2185	1214（55.56）	585（26.77）	186（8.51）	176（8.05）	24（1.10）		
	高中	391	189（48.34）	149（38.11）	19（4.86）	27（6.91）	7（1.79）		

同时，对中小学教师学习情况调查发现：中小学教师选择“非常少”的比例为2.40%，选择“少”的比例为6.10%，选择“比较少”的比例为22.20%，选择“比较多”的比例为43.70%，选择“多”的比例为19.00%，选择“非常多”的比例为6.70%。选择“比较多”“多”“非常多”的比例之和为69.40%，即近七成中小学教师认为教师们经常学习（表5-99）。

表5-99　中小学教师学习情况

变量	分组	例数	非常少	少	比较少	比较多	多	非常多
性别	男	2070	67（3.24）	169（8.16）	477（23.04）	851（41.11）	394（19.03）	112（5.41）
	女	4857	96（1.98）	253（5.21）	1059（21.80）	2177（44.82）	923（19.00）	349（7.19）
城乡	城市	4435	90（2.03）	216（4.87）	976（22.01）	2082（46.94）	763（17.20）	308（6.94）
	乡镇	2475	73（2.95）	206（8.32）	556（22.46）	935（37.78）	552（22.30）	153（6.18）

续表

变量	分组	例数	非常少	少	比较少	比较多	多	非常多
地区	东部	1091	90 (2.03)	216 (4.87)	976 (22.01)	2082 (46.94)	763 (17.20)	308 (6.94)
	中部	1111	73 (2.95)	206 (8.32)	556 (22.46)	935 (37.78)	552 (22.30)	153 (6.18)
	西部	4718	128 (2.71)	330 (6.99)	1037 (21.98)	1932 (40.95)	934 (19.80)	357 (7.57)
任教学段	小学	4277	96 (2.24)	265 (6.20)	920 (21.51)	1845 (43.14)	848 (19.83)	303 (7.08)
	初中	2186	63 (2.88)	143 (6.54)	523 (23.92)	955 (43.69)	368 (16.83)	134 (6.13)
	高中	393	4 (1.02)	10 (2.54)	75 (19.08)	199 (50.64)	87 (22.14)	18 (4.58)

对不同性别和城乡中小学教师学习情况进行差异检验发现：中小学男教师和中小学女教师的看法存在极其显著的差异（$p<0.001$）。相比男教师，女教师更倾向于认为身边的教师经常学习；城乡中小学教师的看法也存在极其显著的差异（$p<0.001$），城市中小学教师比乡镇中小学教师认为身边的教师经常学习的比例更大（表 5-100）。

表 5-100　中小学教师学习情况的性别和城乡比较

变量	分组	样本量	平均数±标准差	t 值或 t' 值	p 值
性别	男	2070	3.808±1.104	-5.07	0.0001
	女	4857	3.952±1.039		
城乡	城市	4435	3.933±1.021	2.39	0.0168
	乡镇	2475	3.867±1.130		

对中小学教师学习情况进行地区比较发现没有显著差异（$p>0.05$）（表 5-101）。

表 5-101　中小学教师学习情况的地区比较

变量	分组	样本量	平均数±标准差	平均秩	H 值	p 值
地区	东部	1091	3.901±0.928	3395.042	1.6330	0.4420
	中部	1111	3.917±0.959	3490.493		
	西部	4718	3.908±1.112	3468.389		

对不同任教学段的中小学教师学习情况进行差异检验发现，不同任教学段中小学教师的学习情况存在极其显著的差异（$p<0.001$）。进一步分析表明，小学和高中教师更倾向于认为身边教师经常学习（表 5-102）。

表 5-102　不同任教学段的中小学教师学习情况比较

变量	分组	样本量	平均数±标准差	平均秩	H 值	p 值	Nemenyi 多重比较
任教学段	小学	4277	3.934±1.069	3475.470	20.1601	<0.0001	C>B A>B
	初中	2186	3.834±1.071	3294.074			
	高中	393	4.041±0.888	3665.047			

可见，超过九成中小学教师在入职后仍不断进行学习，且乡镇中小学教师学习情况好于城市中小学教师，西部中小学教师学习情况好于东部和中部中小学教师，小学、高中教师的学习情况好于初中教师。

近七成的中小学教师认为身边比较多的教师经常学习。从性别来看，中学女教师更倾向于认为身边的教师经常学习；从城乡来看，城市中小学教师更倾向于认为身边的教师经常学习；从学段来看，小学和高中教师更倾向于认为身边教师经常学习。

⑦四成教师更加注重所教学科的知识体系、方法和技能等学科知识的学习

中小学教师知识学习情况调查结果显示，教师选择“教育原理与策略、学生身心发展和价值观教育等教育知识”的比例为 24.10%，选择“所教学科的知识体系、方法和技能等学科知识”的比例为 40.90%，选择“所教学科的课程标准、课程资源开发与教学策略等教学知识”的比例为 25.80%，

选择“自然科学与人文社会科学知识、中国教育概况和信息技术知识等通识性知识”的比例为9.20%。即中小学教师更加注重学科知识的学习，有四成教师更加注重所教学科的知识体系、方法和技能等学科知识的学习；其次是教学知识以及教育知识的学习；最后是通识性知识的学习。

对不同性别、城乡、地区以及任教学段中小学教师知识学习情况进行差异检验发现：不同性别中小学教师知识学习情况存在极其显著的差异（$p<0.001$），中小学男教师学习自然科学与人文社会科学知识、中国教育概况和信息技术知识等通识性知识的比例高于中小学女教师；城乡中小学教师知识学习情况存在极其显著的差异（$p<0.001$），乡镇中小学教师学习所教学科的课程标准、课程资源开发与教学策略等教学知识的比例高于城市中小学教师；不同地区中小学教师的知识学习情况也存在极其显著的差异（$p<0.001$），中部、西部中小学教师学习所教学科的课程标准、课程资源开发与教学策略等教学知识的比例高于东部地区教师；不同任教学段中小学教师的知识学习情况也存在极其显著的差异（$p<0.001$），小学和初中教师学习教育原理与策略、学生身心发展和价值观教育等教育知识的比例高于高中教师（表5-103）。

表5-103　不同性别、城乡、地区和任教学段中小学教师知识学习比较

变量	分组	例数	教育原理与策略、学生身心发展和价值观教育等教育知识	所教学科的知识体系、方法和技能等学科知识	所教学科的课程标准、课程资源开发与教学策略等教学知识	自然科学与人文社会科学知识、中国教育概况和信息技术知识等通识性知识	卡方值	p值
性别	男	2067	494（23.90）	796（38.51）	492（23.80）	285（13.79）	74.7469	0.0001
	女	4854	1176（24.23）	2032（41.86）	1292（26.62）	354（7.29）		

续表

变量	分组	例数	教育原理与策略、学生身心发展和价值观教育等教育知识	所教学科的知识体系、方法和技能等学科知识	所教学科的课程标准、课程资源开发与教学策略等教学知识	自然科学与人文社会科学知识、中国教育概况和信息技术知识等通识性知识	卡方值	p 值
城乡	城市	4432	1127（25.43）	1811（40.86）	1058（23.87）	436（9.84）	31.9950	0.0001
	乡镇	2474	535（21.62）	1014（40.99）	723（29.22）	202（8.16）		
地区	东部	1081	1127（25.43）	1811（40.86）	1058（23.87）	436（9.84）	72.6449	0.0001
	中部	1111	535（21.62）	1014（40.99）	723（29.22）	202（8.16）		
	西部	4722	1120（23.72）	1939（41.06）	1276（27.02）	387（8.20）		
任教学段	小学	4273	1019（23.85）	1719（42.47）	1169（27.36）	366（8.57）	28.0402	0.0001
	初中	2185	548（25.08）	928（42.47）	485（22.20）	224（10.25）		
	高中	393	78（19.85）	158（40.20）	117（29.77）	40（10.18）		

综上，中小学教师更加注重学科知识的学习，其次是教学知识以及教育知识的学习，最后是通识性知识的学习。中小学男教师比女教师更加注重通识性知识的学习；乡镇中小学教师比城市中小学教师更加注重教学知识的学习；中部、西部中小学教师比东部中小学教师更加注重教学知识的

学习；小学和初中教师比高中教师更加注重教育知识的学习。

（2）中小学教师专业知识调查结果

①97.00%的教师认为身边多数教师对于所教学科的知识把握得比较好

本次调查要求中小学教师对身边多数教师对于所教学科的知识把握情况进行评价，结果显示，教师选择“非常差”的比例为0.30%，选择“差”的比例为0.50%，选择“比较差”的比例为2.10%，选择“比较好”的比例为51.30%，选择“好”的比例为32.80%，选择“非常好”的比例为12.90%。选择“非常好”“好”“比较好”的比例为97.00%，即绝大多数教师认为身边多数教师对于所教学科的知识把握得比较好（表5-104）。

表5-104　不同性别、城乡、地区和任教学段中小学教师专业知识把握评价情况

变量	分组	例数	非常差	差	比较差	比较好	好	非常好
性别	男	2071	16 (0.77)	18 (0.87)	65 (3.14)	1087 (52.49)	639 (30.85)	246 (11.88)
	女	4861	6 (0.12)	17 (0.35)	84 (1.73)	2473 (50.87)	1636 (33.66)	645 (13.27)
城乡	城市	4440	13 (0.29)	10 (0.23)	69 (1.55)	2266 (51.04)	1491 (33.58)	591 (13.31)
	乡镇	2475	9 (0.36)	25 (1.01)	80 (3.23)	1284 (51.88)	778 (31.43)	299 (12.08)
地区	东部	1089	2 (0.18)	0 (0.00)	18 (1.65)	656 (60.24)	319 (29.29)	94 (8.63)
	中部	1111	6 (0.54)	2 (0.18)	23 (2.07)	611 (55.00)	384 (34.56)	85 (7.65)
	西部	4725	14 (0.30)	33 (0.70)	108 (2.29)	2287 (48.40)	1571 (33.25)	712 (15.07)

续表

变量	分组	例数	非常差	差	比较差	比较好	好	非常好
任教学段	小学	4278	10 (0.23)	25 (0.58)	102 (2.38)	2232 (52.17)	1411 (32.98)	498 (11.64)
	初中	2190	11 (0.50)	10 (0.46)	39 (1.78)	1107 (50.55)	674 (30.78)	349 (15.94)
	高中	393	1 (0.25)	0 (0.00)	4 (1.02)	185 (47.07)	171 (43.51)	32 (8.14)

对不同性别和城乡中小学教师对身边多数教师对所教学科知识的把握情况的评价进行统计（t 检验）分析发现：不同性别中小学教师对身边多数教师对于所教学科知识的把握情况的评价存在极其显著的差异（$p<0.001$），女教师对身边多数教师对于所教学科知识的把握情况的评价高于男教师；城乡中小学教师对身边多数教师对于所教学科知识的把握情况的评价存在极其显著的差异（$p<0.001$），城市中小学教师对身边多数教师对于所教学科知识的把握情况的评价高于乡镇中小学教师（表 5-105）。

表 5-105　中小学教师专业知识把握评价的性别和城乡比较

变量	分组	样本量	平均数±标准差	t 值或 t' 值	p 值
性别	男	2071	4.474±0.834	-4.68	0.0001
	女	4861	4.574±0.762		
城乡	城市	4440	4.573±0.769	4.03	0.0001
	乡镇	2475	4.493±0.813		

对不同地区中小学教师对身边多数教师对于所教学科知识的把握情况的评价进行差异检验发现，不同地区中小学教师对身边多数教师对于所教学科知识的把握情况的评价存在极其显著的差异（$p<0.001$）。进一步分析表明，西部地区中小学教师对身边多数教师对于所教学科知识的把握情况的评价高于东部地区和中部地区中小学教师（表 5-106）。

表 5-106　中小学教师专业知识把握评价的地区比较

变量	分组	样本量	平均数±标准差	平均秩	H 值	p 值	Nemenyi 多重比较
地区	东部	1089	4. 444±0. 689	3190. 999	51. 1621	0. 0001	3>1 3>2
	中部	1111	4. 458±0. 720	3282. 217			
	西部	4725	4. 588±0. 817	3568. 198			

对不同任教学段中小学教师对身边多数教师对于所教学科知识的把握情况的评价进行差异检验发现，不同任教学段中小学教师对身边多数教师对于所教学科知识的把握情况的评价存在非常显著的差异（$p<0.01$）。进一步分析表明，初中和高中教师对身边多数教师对于所教学科知识的把握情况的评价高于小学教师（表 5-107）。

表 5-107　不同任教学段中小学教师专业知识把握评价

变量	分组	样本量	平均数±标准差	平均秩	H 值	p 值	Nemenyi 多重比较
任教学段	小学	4278	4. 520±0. 770	3377. 044	10. 4372	0. 0054	B>A C>A
	初中	2190	4. 584±0. 828	3513. 018			
	高中	393	4. 580±0. 677	3561. 291			

综上，绝大多数教师认为身边多数教师对于所教学科知识把握得比较好。从性别来看，女教师对身边多数教师对于所教学科知识的把握情况的评价高于男教师；从城乡来看，城市中小学教师的评价高于乡镇中小学教师；从地区来看，西部地区中小学教师的评价高于东部地区和中部地区中小学教师；从学段来看，初中和高中教师的评价高于小学教师。

②86. 50%的中小学教师认为身边多数教师能对学生的身心发展特点有所了解并用于课堂教学

本次调查让中小学教师对身边多数教师对于学生的身心发展特点有所了解并用于课堂教学的情况进行评价，结果显示，选择“完全不能”的比例为0. 50%，选择“大多不能”的比例为8. 60%，选择“不能”的比例为

4.50%，选择“大多能”的比例为 47.90%，选择“能”的比例为 32.90%，选择“完全能”的比例为 5.70%。选择“大多能”“能”和“完全能”的比例为 86.50%，即近九成中小学教师认为身边多数教师对学生的身心发展特点有所了解并用于课堂教学（表 5-108）。

表 5-108 不同性别、城乡、地区和任教学段中小学教师对学生身心发展知识掌握和应用情况

变量	分组	例数	完全不能	大多不能	不能	大多能	能	完全能
性别	男	2063	23 (1.11)	212 (10.28)	102 (4.94)	962 (46.63)	657 (31.85)	107 (5.19)
	女	4844	12 (0.025)	380 (7.84)	210 (4.34)	2344 (48.39)	1613 (33.30)	285 (5.88)
城乡	城市	4415	19 (0.43)	315 (7.13)	166 (3.76)	2248 (50.92)	1408 (31.89)	259 (5.87)
	乡镇	2475	16 (0.65)	278 (11.23)	146 (5.90)	1044 (42.18)	858 (34.67)	133 (5.37)
地区	东部	1075	4 (0.37)	51 (4.74)	39 (3.63)	629 (58.51)	308 (28.65)	44 (4.09)
	中部	1109	7 (0.63)	41 (3.70)	50 (4.51)	515 (46.44)	420 (37.87)	76 (6.85)
	西部	4716	24 (0.51)	501 (10.62)	223 (4.73)	2155 (31.23)	1542 (32.70)	271 (5.75)
任教学段	小学	4273	16 (0.37)	364 (8.52)	180 (4.21)	2011 (47.06)	1455 (34.05)	247 (5.78)
	初中	2173	18 (0.83)	222 (10.22)	114 (5.25)	1059 (48.73)	644 (29.64)	116 (5.34)
	高中	393	1 (0.25)	5 (1.27)	13 (3.31)	198 (50.38)	152 (38.68)	24 (6.11)

对此进行性别和城乡差异检验发现：不同性别中小学教师的评价存在极其显著的差异（$p<0.001$），中小学女教师的评价要高于男教师；城乡中小学教师的评价存在极其显著的差异（$p<0.001$），城市中小学教师的评价要高于乡镇中小学教师（表 5-109）。

表 5-109　中小学教师对学生身心发展知识掌握和应用情况的性别和城乡比较

变量	分组	样本量	平均数±标准差	t 值或 t' 值	p 值
性别	男	2063	4.134±1.034	-4.12	0.0001
	女	4844	4.243±0.943		
城乡	城市	4415	4.243±0.925	3.63	0.0003
	乡镇	2475	4.151±1.052		

对不同地区中小学教师对身边多数教师对于学生身心发展知识掌握及应用情况的评价进行差异检验发现，不同地区中小学教师的评价存在极其显著的差异（$p<0.001$）。进一步统计分析表明，中部地区中小学教师的评价要高于东部和西部地区中小学教师（表 5-110）。

表 5-110　中小学教师对学生身心发展知识掌握和应用情况的地区比较

变量	分组	样本量	平均数±标准差	平均秩	H 值	p 值	Nemenyi 多重比较
地区	东部	1075	4.226±0.812	3374.024	34.0662	0.0001	2>1 2>3
	中部	1109	4.378±0.872	3745.431			
	西部	4716	4.167±1.023	3398.578			

对不同任教学段中小学教师对身边多数教师对于学生身心发展知识掌握和应用情况的评价进行 Kruskal-Wallis H 统计检验分析，结果发现，不同任教学段中小学教师的评价存在极其显著的差异（$p<0.001$）。进一步统计分析表明，高中教师的评价高于小学教师，小学教师的评价高于初中教师（表 5-111）。

表 5-111　不同任教学段中小学教师对学生身心发展知识掌握和应用情况比较

变量	分组	样本量	平均数±标准差	平均秩	H 值	p 值	Nemenyi 多重比较
任教学段	小学	4273	4. 232±0. 967	3467. 531	35. 8109	0. 0001	C>A>B
	初中	2173	4. 121±1. 016	3259. 656			
	高中	393	4. 443±0. 737	3789. 786			

综上，近九成中小学教师认为身边多数教师能对学生的身心发展特点有所了解并用于课堂教学。中小学女教师对身边多数教师对学生身心发展知识掌握和应用情况的评价要高于男教师；城市中小学教师的评价要高于乡镇中小学教师；中部地区中小学教师的评价要高于东部和西部地区中小学教师，高中教师的评价高于小学教师，小学教师的评价高于初中教师。

（3）中小学教师专业能力调查结果

①96. 40%的教师会鼓励学生在课堂上提出和大家不同的想法

中小学教师自主学习气氛营造情况调查结果显示，教师选择“忽略”的比例为 0. 80%，选择“鼓励这种想法”的比例为 37. 00%，选择“鼓励并将其当成课堂学习资源”的比例为 59. 40%，选择“其他”的比例为 2. 80%。选择“鼓励这种想法”和“鼓励并将其当成课堂学习资源”的总比例为 96. 40%，即九成多的教师会鼓励学生在课堂上提出和大家不同的想法。

对不同性别、城乡、地区和任教学段中小学教师自主学习气氛营造情况进行差异检验发现：不同性别中小学教师自主学习气氛营造情况存在极其显著的差异（$p<0.001$），中小学女教师比男教师更注重营造自主学习气氛；城乡中小学教师自主学习气氛营造情况存在极其显著的差异（$p<0.001$），城市中小学教师比乡镇中小学教师更注重营造自主学习气氛；不同地区中小学教师自主学习气氛营造情况存在极其显著的差异（$p<0.001$），中部地区中小学教师比东部和西部地区教师更注重营造自主学习气氛；不同任教学段中小学教师自主学习气氛营造情况存在极其显著的差

异（$p<0.001$），高中教师比小学和初中教师更注重营造自主学习气氛（表5-112）。

表 5-112　不同性别、城乡、地区、任教学段中小学教师自主学习气氛营造情况调查结果

变量	分组	例数	忽略	鼓励这种想法	鼓励并将其当成课堂学习资源	其他	卡方值	p 值
性别	男	2056	21（1.02）	830（40.37）	1151（55.98）	54（2.63）	17.6061	0.0005
	女	4849	31（0.64）	1728（35.64）	2952（60.88）	138（2.85）		
城乡	城市	4414	28（0.63）	1449（32.83）	2800（63.43）	137（3.10）	99.6538	0.0001
	乡镇	2474	24（0.97）	1103（44.58）	1293（52.26）	54（2.18）		
地区	东部	1085	2（0.18）	383（35.30）	663（61.11）	37（3.41）	89.2967	0.0001
	中部	1104	10（0.91）	283（25.63）	774（70.11）	37（3.35）		
	西部	4711	40（0.85）	1888（40.08）	2665（56.57）	118（2.50）		
任教学段	小学	4270	19（0.44）	1626（38.08）	2513（58.85）	112（2.62）	42.4797	0.0001
	初中	2177	30（1.38）	810（37.21）	1278（58.70）	59（2.71）		
	高中	389	3（0.77）	98（25.19）	273（70.18）	15（3.86）		

综上，九成多教师会鼓励学生在课堂上提出和大家不同的想法。从性

别来看，中小学女教师比男教师更注重营造自主学习气氛；从城乡来看，城市中小学教师比乡镇中小学教师更注重营造自主学习气氛；从地区来看，中部地区中小学教师比东部和西部地区中小学教师更注重营造自主学习气氛；从学段来看，高中教师比小学和初中教师更注重营造自主学习气氛。中小学教师有鼓励学生大胆思考的意识，但实际课堂教学的情况却未必如此。新课程改革的课堂教学改革推进较慢就是证明。

②半数教师的课堂上学生发言时间占 1/3

中小学教师课堂学生参与度调查结果显示，选择“学生几乎不说”的比例为 3. 60%，选择“学生发言时间占 1/3”的比例为 52. 40%，选择“学生发言时间占 2/3”的比例为 40. 50%，选择“几乎全是学生说”的比例为 3. 50%。选择“学生发言时间占 1/3”和“学生发言时间占 2/3”的总比例为 92. 90%。

对不同性别、城乡、地区、任教学段中小学教师课堂上学生参与度进行差异检验发现：不同性别中小学教师课堂上学生参与度存在极其显著的差异（$p<0.001$），中小学女教师课堂上学生参与度明显高于中小学男教师；城乡中小学教师课堂上学生参与度存在极其显著的差异（$p<0.001$），城市中小学教师课堂上学生发言时间占 1/3 的比例高于乡镇中小学教师；不同地区中小学教师课堂上学生参与度存在极其显著的差异（$p<0.001$），西部地区中小学教师课堂上学生参与度高于东部和中部地区教师；不同任教学段中小学教师课堂上学生参与度存在极其显著的差异（$p<0.001$），小学教师课堂上学生参与度高于初中和高中教师（表 5-113）。

表 5-113　不同性别、城乡、地区和任教学段中小学教师课堂学生参与度比较

变量	分组	例数	学生几乎不说	学生发言时间占 1/3	学生发言时间占 2/3	几乎全是学生说	卡方值	p 值
性别	男	2070	120 (5. 80)	1232 (59. 52)	650 (31. 40)	68 (3. 29)	130. 8923	0. 0001
	女	4858	127 (2. 61)	2399 (49. 38)	2159 (44. 44)	173 (3. 56)		

续表

变量	分组	例数	学生几乎不说	学生发言时间占1/3	学生发言时间占2/3	几乎全是学生说	卡方值	p 值
城乡	城市	4437	130（2.93）	2390（53.87）	1803（40.64）	114（2.57）	48.0509	0.0001
	乡镇	2475	116（4.69）	1231（49.74）	1002（40.48）	126（5.09）		
地区	东部	1086	38（3.50）	654（60.22）	374（34.44）	20（1.84）	93.5563	0.0001
	中部	1111	17（1.53）	599（53.92）	487（43.83）	8（0.72）		
	西部	4724	191（4.04）	2376（50.30）	1944（41.15）	213（4.51）		
任教学段	小学	4276	90（2.10）	1941（45.39）	2055（48.06）	190（4.44）	389.3716	0.0001
	初中	2189	148（6.76）	1406（64.23）	588（26.86）	47（2.15）		
	高中	393	7（1.78）	235（59.80）	150（38.17）	1（0.25）		

综上，半数教师的课堂上学生发言时间占1/3。从性别来看，中小学女教师课堂上学生参与度明显高于中小学男教师；从城乡来看，城市中小学教师课堂上学生参与度高于乡镇中小学教师；从地区来看，西部地区中小学教师课堂上学生参与度高于东部和中部地区中小学教师；从学段来看，小学教师课堂上学生参与度高于初中和高中教师。

③超过九成的中小学教师认为身边多数教师能够较好地尊重、了解和满足学生学习需求

本次调查让中小学教师对身边多数教师在尊重、了解和满足学生学习需求上的表现进行评价，结果显示，教师选择“非常差”的比例为

0.60%，选择“差”的比例为1.30%，选择“比较差”的比例为4.90%，选择“比较好”的比例为54.30%，选择“好”的比例为27.40%，选择“非常好”的比例为11.50%。选择“比较好”“好”和“非常好”的总比例为93.20%，即超过九成的中小学教师认为身边多数教师能够比较好地尊重、了解和满足学生学习需求（表5-114）。

表5-114　不同性别、城乡、地区、任教学段中小学教师满足学生学习需求情况

变量	分组	例数	非常差	差	比较差	比较好	好	非常好
性别	男	2071	19（0.92）	47（2.27）	137（6.62）	1113（53.74）	512（24.72）	243（11.73）
	女	4857	21（0.43）	40（0.82）	202（4.16）	2649（54.54）	1389（28.60）	556（11.45）
城乡	城市	4435	23（0.52）	38（0.86）	194（4.37）	2406（54.25）	1253（28.25）	521（11.75）
	乡镇	2475	17（0.69）	49（1.98）	142（5.74）	1343（54.26）	645（26.06）	279（11.27）
地区	东部	1091	2（0.18）	5（0.46）	48（4.40）	670（61.41）	272（24.93）	94（8.62）
	中部	1111	7（0.63）	10（0.90）	49（4.41）	683（61.48）	248（22.32）	114（10.26）
	西部	4718	31（0.66）	72（1.53）	242（5.13）	2403（50.93）	1381（29.27）	589（12.48）
任教学段	小学	4278	17（0.40）	46（1.08）	212（4.96）	2312（54.04）	1200（28.05）	491（11.48）
	初中	2187	22（1.01）	40（1.83）	116（5.30）	1174（53.68）	577（26.38）	258（11.80）
	高中	393	1（0.25）	1（0.25）	9（2.29）	232（59.03）	108（27.48）	10（10.69）

对不同性别和城乡中小学教师对身边多数教师在尊重、了解和满足学

生学习需求上的表现的评价进行差异检验发现：不同性别中小学教师对身边多数教师在尊重、了解和满足学生学习需求上表现的评价存在极其显著的差异（$p<0.001$），中小学女教师评价高于中小学男教师；城乡中小学教师对身边多数教师在尊重、了解和满足学生学习需求上表现的评价存在极其显著的差异（$p<0.001$），城市中小学教师评价高于乡镇中小学教师（表5-115）。

表 5-115　中小学教师满足学生学习需求的性别和城乡比较

变量	分组	样本量	平均数±标准差	t 值或 t' 值	p 值
性别	男	2071	4. 343±0. 916	-4. 34	0. 0001
	女	4857	4. 444±0. 813		
城乡	城市	4435	4. 441±0. 826	3. 36	0. 0008
	乡镇	2475	4. 368±0. 880		

对不同地区中小学教师对身边多数教师在尊重、了解和满足学生学习需求上表现的评价进行 Kruskal-Wallis H 统计检验分析发现，不同地区中小学教师对身边多数教师在尊重、了解和满足学生学习需求上表现的评价存在极其显著的差异（$p<0.001$）。进一步统计分析表明西部中小学教师在此方面的评价高于东部和中部中小学教师（表5-116）。

表 5-116　中小学教师满足学生学习需求的地区比较

变量	分组	样本量	平均数±标准差	平均秩	H 值	p 值	Nemenyi 多重比较
地区	东部	1091	4. 363±0. 736	3304. 909	28. 2217	0. 0001	3>1 3>2
	中部	1111	4. 347±0. 806	3279. 246			
	西部	4718	4. 441±0. 877	3539. 161			

对不同任教学段中小学教师对身边多数教师在尊重、了解和满足学生学习需求上表现的评价进行 Kruskal-Wallis H 统计检验分析发现，不同任教学段中小学教师在此方面的评价没有显著差异（$p>0.05$）（表5-117）。

表 5-117　不同任教学段中小学教师满足学生学习需求的比较

变量	分组	样本量	平均数±标准差	平均秩	H 值	p 值
任教学段	小学	4278	4. 427±0. 828	3450. 732	2. 6056	0. 2718
	初中	2187	4. 380±0. 899	3379. 294		
	高中	393	4. 453±0. 745	3477. 777		

综上，超过九成的中小学教师认为身边多数教师能够比较好地尊重、了解和满足学生学习需求。中小学女教师对身边多数教师在尊重、了解和满足学生学习需求上表现的评价高于中小学男教师，城市中小学教师的评价高于乡镇中小学教师，西部中小学教师的评价高于东部和中部地区中小学教师。

④96. 10%的中小学教师认为身边多数教师的教学设计能力比较好

中小学教师对身边多数教师的教学设计能力进行评价的结果显示，选择“非常差”的比例为 0. 20%，选择“差”的比例为 0. 60%，选择“比较差”的比例为 3. 00%，选择“比较好”的比例为 52. 80%，选择“好”的比例为 33. 10%，选择“非常好”的比例为 10. 20%。选择“比较好”“好”和“非常好”的总比例为 96. 10%，即绝大多数中小学教师认为身边多数教师的教学设计能力比较好（表 5-118）。

表 5-118　不同性别、城乡、地区、任教学段中小学教师教学设计能力评价情况

变量	分组	例数	非常差	差	比较差	比较好	好	非常好
性别	男	2071	11 （0. 53）	18 （0. 87）	102 （4. 93）	1095 （52. 87）	650 （31. 39）	195 （9. 42）
	女	4857	5 （0. 10）	22 （0. 45）	109 （2. 24）	2567 （52. 85）	1641 （33. 79）	513 （10. 56）
城乡	城市	4436	11 （0. 25）	11 （0. 25）	93 （2. 10）	2305 （51. 96）	1564 （35. 26）	452 （10. 19）
	乡镇	2475	5 （0. 20）	29 （1. 17）	118 （4. 77）	1346 （54. 38）	723 （29. 21）	254 （10. 26）

续表

变量	分组	例数	非常差	差	比较差	比较好	好	非常好
地区	东部	1087	1 (0.09)	1 (0.09)	27 (2.48)	659 (60.63)	316 (29.07)	83 (7.64)
	中部	1111	6 (0.54)	2 (0.18)	24 (2.16)	623 (56.08)	375 (33.75)	81 (7.29)
	西部	4723	9 (0.19)	37 (0.78)	160 (3.39)	2376 (50.31)	1598 (33.83)	543 (11.50)
任教学段	小学	4277	8 (1.19)	26 (0.61)	141 (3.30)	2276 (53.21)	1388 (32.45)	438 (10.24)
	初中	2189	7 (0.32)	14 (0.64)	64 (2.92)	1137 (51.94)	734 (33.53)	233 (10.64)
	高中	391	1 (0.26)	0 (0.00)	2 (0.51)	211 (53.96)	150 (38.36)	27 (6.91)

对不同性别和城乡中小学教师对身边多数教师教学设计能力的评价进行统计（t 检验）分析发现：不同性别中小学教师对身边多数教师教学设计能力的评价存在极其显著的差异（$p<0.001$），中小学女教师对身边多数教师教学设计能力的评价高于中小学男教师；城乡中小学教师对身边多数教师教学设计能力的评价存在极其显著的差异（$p<0.001$），城市中小学教师对身边多数教师教学设计能力的评价高于乡镇中小学教师（表 5-119）。

表 5-119　中小学教师教学设计能力评价的性别和城乡比较

变量	分组	样本量	平均数±标准差	t 值或 t' 值	p 值
性别	男	2071	4.420±0.804	-4.61	0.0001
	女	4857	4.515±0.739		
城乡	城市	4436	4.523±0.735	5.27	0.0001
	乡镇	2475	4.420±0.799		

对不同地区中小学教师对身边多数教师教学设计能力的评价进行

Kruskal-Wallis H 统计检验分析发现：不同地区中小学教师对身边多数教师教学设计能力的评价存在显著的差异（$p<0.001$），西部中小学教师对身边多数教师教学设计能力的评价高于东部和中部地区中小学教师（表5-120）。

表 5-120 中小学教师教学设计能力评价的地区比较

变量	分组	样本量	平均数±标准差	平均秩	H 值	p 值	Nemenyi 多重比较
地区	东部	1087	4.414±0.680	3250.484	24.7816	0.0001	3>1 3>2
	中部	1111	4.442±0.715	3369.387			
	西部	4723	4.513±0.786	3531.000			

对不同任教学段中小学教师对身边多数教师教学设计能力的评价进行 Kruskal-Wallis H 统计检验分析发现：不同任教学段中小学教师对身边多数教师教学设计能力的评价没有显著差异（$p>0.05$）（表 5-121）。

表 5-121 不同任教学段中小学教师教学设计能力评价比较

变量	分组	样本量	平均数±标准差	平均秩	H 值	p 值
任教学段	小学	4277	4.479±0.761	3406.770	1.9033	0.3861
	初中	2189	4.497±0.774	3460.203		
	高中	391	4.509±0.656	3497.477		

综上，绝大多数中小学教师认为身边多数教师的教学设计能力比较好。中小学女教师对身边多数教师教学设计能力的评价高于中小学男教师，城市中小学教师的评价高于乡镇中小学教师，西部中小学教师的评价高于东部和中部地区中小学教师。

⑤95.50%的中小学教师认为身边多数教师与学生的沟通和交流情况比较好

中小学教师对身边多数教师与学生的沟通和交流情况进行评价的结果显示，选择“非常差”的比例为0.30%，选择“差”的比例为0.50%，选择“比较差”的比例为3.70%，选择“比较好”的比例为50.10%，选择“好”的比例为34.00%，选择“非常好”的比例为11.40%。选择“比较好”“好”和“非常好”的总比例为95.50%，即绝大多数中小学教师认为身边多数教师与学生的沟通和交流情况比较好（表5-122）。

表5-122　不同性别、城乡、地区、任教学段中小学教师与学生的沟通交流情况

变量	分组	例数	非常差	差	比较差	比较好	好	非常好
性别	男	2071	15 (0.72)	15 (0.72)	126 (6.08)	1013 (48.91)	684 (33.03)	218 (10.53)
	女	4858	4 (0.08)	19 (0.39)	133 (2.74)	2460 (50.64)	1673 (34.44)	569 (11.71)
城乡	城市	4437	12 (0.27)	10 (0.23)	118 (2.66)	2181 (49.15)	1593 (35.90)	523 (11.79)
	乡镇	2475	7 (0.28)	24 (0.97)	141 (5.70)	1282 (51.80)	758 (30.63)	263 (10.63)
地区	东部	1087	2 (0.18)	0 (0.00)	21 (1.93)	620 (57.04)	353 (32.47)	91 (8.37)
	中部	1111	6 (0.54)	1 (0.09)	39 (3.51)	535 (48.15)	396 (35.64)	134 (12.06)
	西部	4724	11 (0.23)	33 (0.70)	199 (4.21)	2314 (48.98)	1606 (34.00)	561 (11.88)
任教学段	小学	4276	8 (0.19)	25 (0.58)	164 (3.84)	2177 (50.91)	1420 (33.21)	482 (11.27)
	初中	2191	10 (0.46)	9 (0.41)	87 (3.97)	1081 (49.34)	756 (34.50)	248 (11.32)
	高中	393	1 (0.25)	0 (0.00)	5 (1.27)	178 (45.29)	162 (41.22)	47 (11.96)

对不同性别和城乡中小学教师对身边多数教师与学生的沟通和交流情况的评价进行统计（t检验）分析发现：不同性别中小学教师对身边多数

教师与学生的沟通和交流情况的评价存在极其显著的差异（$p<0.001$），中小学女教师对身边多数教师与学生的沟通和交流情况的评价高于中小学男教师；城乡中小学教师对身边多数教师与学生的沟通和交流情况的评价存在极其显著的差异（$p<0.001$），城市中小学教师对身边多数教师与学生的沟通和交流情况的评价高于乡镇中小学教师（表 5-123）。

表 5-123　中小学教师与学生沟通交流情况的性别和城乡比较

变量	分组	样本量	平均数±标准差	t 值或 t' 值	p 值
性别	男	2071	4.444±0.842	-4.53	0.0001
	女	4858	4.541±0.756		
城乡	城市	4437	4.556±0.763	6.08	0.0001
	乡镇	2475	4.434±0.815		

对不同地区中小学教师对身边多数教师与学生的沟通和交流情况的评价进行 Kruskal-Wallis H 统计检验分析发现，不同地区中小学教师对身边多数教师与学生的沟通和交流情况的评价存在显著差异（$p<0.05$）。进一步分析表明中部中小学教师对身边多数教师与学生的沟通和交流情况的评价高于东部地区教师（表 5-124）。

表 5-124　中小学教师与学生沟通交流情况的地区比较

变量	分组	样本量	平均数±标准差	平均秩	H 值	p 值	Nemenyi 多重比较
地区	东部	1087	4.467±0.691	3328.164	8.4244	0.0148	2>1
	中部	1111	4.545±0.794	3547.341			
	西部	4724	4.514±0.801	3471.993			

对不同任教学段中小学教师对身边多数教师与学生的沟通和交流情况的评价进行 Kruskal-Wallis H 统计检验分析发现：不同任教学段中小学教师对身边多数教师与学生的沟通和交流情况的评价存在非常显著的差异（$p<0.01$），高中教师对身边多数教师与学生的沟通和交流情况的评价高于

小学和初中教师（表 5-125）。

表 5-125　不同任教学段中小学教师与学生沟通交流情况比较

变量	分组	样本量	平均数±标准差	F 值	p 值	SNK 多重比较
任教学段	小学	4276	4.502±0.781	4.91	0.0074	C>B C>A
	初中	2191	4.510±0.797			
	高中	393	4.631±0.728			

综上，绝大多数中小学教师认为身边多数教师与学生的沟通和交流情况比较好。从性别来看，中小学女教师对身边多数教师与学生的沟通和交流情况的评价高于中小学男教师；从城乡来看，城市中小学教师的评价高于乡镇中小学教师；从地区来看，中部中小学教师的评价高于东部地区中小学教师；从学段来看，高中教师的评价高于小学和初中教师。

⑥九成中小学教师认为身边多数教师在利用评价工具多视角全过程评价学生发展方面做得比较好

中小学教师对身边多数教师在利用评价工具多视角全过程评价学生发展方面的做法进行评价的结果显示，教师选择“非常差”的比例为0.50%，选择“差”的比例为0.90%，选择“比较差”的比例为8.00%，选择“比较好”的比例为52.00%，选择“好”的比例为29.40%，选择“非常好”的比例为9.20%。选择“比较好”“好”和“非常好”的总比例为90.60%，即九成中小学教师认为身边多数教师在利用评价工具多视角全过程评价学生发展方面做得比较好（表 5-126）。

表 5-126　中小学教师学生评价能力情况

变量	分组	例数	非常差	差	比较差	比较好	好	非常好
性别	男	2070	22 (1.06)	27 (1.30)	214 (10.34)	1094 (52.85)	535 (25.85)	178 (8.60)
	女	4860	10 (0.21)	38 (0.78)	340 (7.00)	2511 (51.67)	1502 (30.91)	459 (9.44)

续表

变量	分组	例数	非常差	差	比较差	比较好	好	非常好
城乡	城市	4438	22 (0.50)	30 (0.68)	318 (7.17)	2322 (52.32)	1317 (29.68)	429 (9.67)
	乡镇	2475	10 (0.40)	35 (1.41)	235 (9.49)	1270 (51.31)	717 (28.97)	208 (2.40)
地区	东部	1089	4 (0.37)	4 (0.37)	75 (6.89)	620 (56.93)	312 (28.65)	74 (6.80)
	中部	1111	6 (0.54)	1 (0.09)	67 (6.03)	733 (65.98)	226 (20.34)	78 (6.80)
	西部	4723	22 (0.47)	60 (1.27)	412 (8.72)	2247 (47.58)	1500 (31.76)	482 (10.21)
任教学段	小学	4277	16 (0.37)	43 (1.01)	317 (7.41)	2178 (50.92)	1306 (30.54)	417 (9.75)
	初中	2189	15 (0.69)	22 (1.01)	216 (9.87)	1132 (51.71)	618 (28.23)	186 (8.50)
	高中	393	1 (0.25)	0 (0.00)	14 (3.56)	259 (65.90)	94 (23.92)	25 (6.36)

对不同性别和城乡中小学教师对身边多数教师在利用评价工具多视角全过程评价学生发展方面的评价进行统计（t 检验）分析发现：不同性别中小学教师对身边多数教师在利用评价工具多视角全过程评价学生发展方面的评价存在极其显著的差异（$p<0.001$），中小学女教师对身边多数教师在利用评价工具多视角全过程评价学生发展方面的评价高于中小学男教师；城乡中小学教师对身边多数教师在利用评价工具多视角全过程评价学生发展方面的评价存在显著的差异（$p<0.01$），城市中小学教师对身边多数教师在利用评价工具多视角全过程评价学生发展方面的评价高于乡镇中小学教师（表 5-127）。

表 5-127　中小学教师学生评价能力的性别和城乡比较

变量	分组	样本量	平均数±标准差	t 值或 t' 值	p 值
性别	男	2070	4. 269±0. 884	-6. 07	<0. 0001
	女	4860	4. 406±0. 801		
城乡	城市	4438	4. 390±0. 821	3. 25	0. 0012
	乡镇	2475	4. 322±0. 843		

对不同地区中小学教师对身边多数教师在利用评价工具多视角全过程评价学生发展方面的评价进行 Kruskal-Wallis H 统计检验分析发现：不同地区中小学教师对身边多数教师在利用评价工具多视角全过程评价学生发展方面的评价存在极其显著的差异（$p<0.001$），西部中小学教师对身边多数教师在利用评价工具多视角全过程评价学生发展方面的评价高于东部地区，东部地区中小学教师的评价高于中部地区（表 5-128）。

表 5-128　中小学教师学生评价能力的地区比较

变量	分组	样本量	平均数±标准差	平均秩	H 值	p 值	Nemenyi 多重比较
地区	东部	1089	4. 335±0. 750	3380. 735	39. 9682	0. 0001	3>1>2
	中部	1111	4. 266±0. 726	3176. 098			
	西部	4723	4. 395±0. 866	3547. 991			

对不同任教学段中小学教师对身边多数教师在利用评价工具多视角全过程评价学生发展方面的评价进行 Kruskal-Wallis H 统计检验分析发现：不同任教学段中小学教师对身边多数教师在利用评价工具多视角全过程评价学生发展方面的评价存在极其显著的差异（$p<0.001$），小学教师对身边多数教师在利用评价工具多视角全过程评价学生发展方面的评价高于高中教师（表 5-129）。

表 5-129　不同任教学段中小学教师学生评价能力的比较

变量	分组	样本量	平均数±标准差	平均秩	H 值	p 值	Nemenyi 多重比较
任教学段	小学	4277	4.395±0.829	3498.033	16.3145	0.0003	A>C
	初中	2189	4.313±0.852	3324.079			
	高中	393	4.323±0.670	3279.578			

综上，九成中小学教师认为身边多数教师在利用评价工具多视角全过程评价学生发展方面做得比较好。从性别来看，中小学女教师对身边多数教师在利用评价工具多视角全过程评价学生发展方面的评价高于中小学男教师；从城乡来看，城市中小学教师的评价高于乡镇中小学教师；从地区来看，西部中小学教师的评价高于东部地区中小学教师，东部地区中小学教师的评价高于中部地区中小学教师；从学段来看，小学教师的评价高于高中教师。

⑦97.00%的中小学教师认为身边多数教师的课堂管理和组织能力比较好

中小学教师对身边多数教师的课堂管理和组织能力进行评价，调查结果显示，教师选择“非常差”的比例为 0.20%，选择“差”的比例为 0.40%，选择“比较差”的比例为 2.50%，选择“比较好”的比例为 50.10%，选择“好”的比例为 35.60%，选择“非常好”的比例为 11.30%。选择差的总比例为 3.10%，选择“比较好”“好”和“非常好”的总比例为 97.00%，即 97.00%的中小学教师认为身边多数教师的课堂管理和组织能力比较好（表 5-130）。

表 5-130　不同性别、城乡、地区、任教学段中小学教师课堂管理和组织能力情况

变量	分组	例数	非常差	差	比较差	比较好	好	非常好
性别	男	2072	10 (0.48)	15 (0.72)	81 (3.91)	1079 (52.08)	679 (32.77)	208 (10.04)
	女	4861	4 (0.08)	11 (0.23)	92 (1.89)	2393 (49.23)	1787 (36.76)	574 (11.81)

续表

变量	分组	例数	非常差	差	比较差	比较好	好	非常好
城乡	城市	4441	10 (0.23)	12 (0.27)	73 (1.64)	2189 (49.29)	1651 (37.18)	506 (11.39)
	乡镇	2475	4 (0.16)	14 (0.57)	100 (4.04)	1274 (51.47)	809 (32.69)	274 (11.07)
地区	东部	1090	1 (0.09)	3 (0.28)	17 (1.56)	607 (55.69)	367 (33.67)	95 (8.72)
	中部	1111	6 (0.54)	1 (0.09)	25 (2.25)	570 (51.31)	401 (36.09)	108 (9.72)
	西部	4725	7 (0.15)	22 (0.47)	131 (2.77)	2291 (48.49)	1696 (35.89)	578 (12.23)
任教学段	小学	4278	8 (0.19)	15 (0.35)	98 (2.29)	2176 (50.86)	1477 (34.53)	504 (11.78)
	初中	2191	5 (0.23)	11 (0.50)	69 (3.15)	1073 (48.97)	803 (36.65)	230 (10.50)
	高中	393	1 (0.25)	0 (0.00)	3 (0.76)	187 (47.58)	164 (41.73)	38 (9.67)

对不同性别和城乡中小学教师对身边多数教师的课堂管理和组织能力的评价进行统计（t 检验）分析发现：不同性别中小学教师对身边多数教师的课堂管理和组织能力的评价存在极其显著的差异（$p<0.001$），中小学女教师对身边多数教师的课堂管理和组织能力的评价高于中小学男教师；城乡中小学教师对身边多数教师的课堂管理和组织能力的评价存在极其显著的差异（$p<0.001$），城市中小学教师对身边多数教师的课堂管理和组织能力的评价高于乡镇中小学教师（表 5-131）。

表 5-131 中小学教师课堂管理和组织能力的性别和城乡比较

变量	分组	样本量	平均数±标准差	t 值或 t' 值	p 值
性别	男	2072	4.460±0.793	-5.76	0.0001
	女	4861	4.578±0.736		

续表

变量	分组	样本量	平均数±标准差	t 值或 t' 值	p 值
城乡	城市	4441	4. 571±0. 741	4. 13	0. 0001
	乡镇	2475	4. 492±0. 778		

对不同地区中小学教师对身边多数教师的课堂管理和组织能力的评价进行 Kruskal-Wallis H 统计检验分析发现，不同地区中小学教师对身边多数教师的课堂管理和组织能力的评价存在非常显著的差异（p<0. 01）。进一步分析表明，西部中小学教师对身边多数教师的课堂管理和组织能力的评价高于东部地区教师（表 5-132）。

表 5-132　中小学教师课堂组织和管理能力的地区比较

变量	分组	样本量	平均数±标准差	平均秩	H 值	p 值	Nemenyi 多重比较
地区	东部	1090	4. 487±0. 695	3310. 602	11. 8649	0. 0027	3>1
	中部	1111	4. 515±0. 748	3410. 913			
	西部	4725	4. 562±0. 769	3511. 137			

对不同任教学段中小学教师对身边多数教师的课堂管理和组织能力的评价进行 Kruskal-Wallis H 统计检验分析发现，不同任教学段中小学教师对身边多数教师的课堂管理和组织能力的评价没有显著差异（p>0. 05）（表 5-133）。

表 5-133　不同任教学段中小学教师课堂组织和管理能力比较

变量	分组	样本量	平均数±标准差	F 值	p 值
任教学段	小学	4278	4. 545±0. 757	1. 40	0. 2477
	初中	2191	4. 528±0. 762		
	高中	393	4. 595±0. 694		

综上，97. 00%的中小学教师认为身边多数教师的课堂管理和组织能力比较好。从性别来看，中小学女教师对身边多数教师的课堂管理和组织能

力的评价高于中小学男教师；从城乡来看，城市中小学教师的评价高于乡镇中小学教师；从地区来看，西部中小学教师的评价高于东部地区中小学教师。

⑧95.80%的中小学教师认为身边多数教师与同事的交流合作比较好

中小学教师对身边多数教师与同事的交流合作情况进行评价的结果显示，教师选择“非常差”的比例为0.40%，选择“差”的比例为0.40%，选择“比较差”的比例为3.40%，选择“比较好”的比例为44.00%，选择“好”的比例为36.70%，选择“非常好”的比例为15.10%。选择“比较好”“好”和“非常好”的总比例为95.80%，即95.80%的中小学教师认为身边多数教师与同事的交流合作比较好（表5-134）。

表5-134　不同性别、城乡、地区、任教学段中小学教师交流合作能力情况

变量	分组	例数	非常差	差	比较差	比较好	好	非常好
性别	男	2067	16 (0.77)	14 (0.68)	109 (5.27)	923 (44.65)	732 (35.41)	273 (13.21)
	女	4858	10 (0.21)	13 (0.27)	125 (2.57)	2121 (43.66)	1813 (37.32)	776 (15.97)
城乡	城市	4438	17 (0.38)	10 (0.23)	123 (2.77)	1908 (42.99)	1692 (38.13)	688 (15.50)
	乡镇	2470	9 (0.36)	17 (0.69)	111 (4.49)	1128 (45.67)	846 (34.25)	359 (14.53)
地区	东部	1090	3 (0.28)	2 (0.18)	28 (2.57)	549 (50.37)	369 (33.85)	139 (12.75)
	中部	1105	8 (0.72)	0 (0.00)	23 (2.08)	413 (37.38)	494 (44.71)	167 (15.11)
	西部	4723	15 (0.32)	25 (0.53)	183 (3.87)	2078 (44.00)	1682 (25.61)	740 (15.67)

续表

变量	分组	例数	非常差	差	比较差	比较好	好	非常好
任教学段	小学	4274	12 (0.28)	12 (0.28)	153 (3.58)	1935 (45.27)	1505 (35.21)	657 (15.37)
	初中	2188	12 (0.55)	15 (0.69)	75 (3.43)	945 (43.19)	820 (37.48)	321 (14.67)
	高中	392	1 (0.26)	0 (0.00)	1 (0.26)	129 (32.91)	199 (50.77)	62 (15.82)

对不同性别和城乡中小学教师对身边多数教师与同事的交流合作情况的评价进行统计（t 检验）分析发现：不同性别中小学教师对身边多数教师与同事的交流合作情况的评价存在极其显著的差异（$p<0.001$），中小学女教师对身边多数教师与同事的交流合作情况的评价高于中小学男教师；城乡中小学教师对身边多数教师与同事的交流合作情况的评价存在极其显著的差异（$p<0.001$），城市中小学教师对身边多数教师与同事的交流合作情况的评价高于乡镇中小学教师（表 5-135）。

表 5-135　中小学教师交流合作能力的性别和城乡比较

变量	分组	样本量	平均数±标准差	t 值或 t' 值	p 值
性别	男	2067	4.529±0.868	-5.69	0.0001
	女	4858	4.655±0.799		
城乡	城市	4438	4.648±0.808	4.03	0.0001
	乡镇	2470	4.564±0.844		

对不同地区中小学教师对身边多数教师与同事的交流合作情况的评价进行 Kruskal-Wallis H 统计检验分析发现，不同地区中小学教师对身边多数教师与同事的交流合作情况的评价存在极其显著的差异（$p<0.001$）。进一步统计分析表明，中部中小学教师对身边多数教师与同事的交流合作情况的评价高于西部，西部地区中小学教师的评价高于东部地区（表 5-136）。

表 5-136　中小学教师交流合作能力的地区比较

变量	分组	样本量	平均数±标准差	平均秩	*H* 值	*p* 值	Nemenyi 多重比较
地区	东部	1090	4. 556±0. 773	3287. 694	28. 7019	0. 0001	2>3>1
	中部	1105	4. 707±0. 799	3702. 240			
	西部	4723	4. 611±0. 836	3442. 358			

对不同任教学段中小学教师对身边多数教师与同事的交流合作情况的评价进行 Kruskal-Wallis *H* 统计检验分析发现：不同任教学段中小学教师对身边多数教师与同事的交流合作情况的评价存在极其显著的差异（$p<0.001$），高中教师对身边多数教师与同事的交流合作情况的评价高于小学和初中教师（表 5-137）。

表 5-137　不同任教学段中小学教师交流合作能力比较

变量	分组	样本量	平均数±标准差	平均秩	*H* 值	*p* 值	Nemenyi 多重比较
任教学段	小学	4274	4. 610±0. 817	3391. 522	27. 8394	0. 0001	C>A C>B
	初中	2188	4. 604±0. 842	3412. 916			
	高中	392	4. 814±0. 711	3901. 175			

综上，95. 80%的中小学教师认为身边多数教师与同事的交流合作比较好。从性别来看，中小学女教师对身边多数教师与同事的交流合作情况的评价高于中小学男教师；从城乡来看，城市中小学教师的评价高于乡镇中小学教师；从地区来看，中部中小学教师的评价高于西部中小学教师，西部地区中小学教师的评价高于东部地区中小学教师；从学段来看，高中教师的评价高于小学和初中教师。

2. 中小学教师学校管理状况调查结果

（1）中小学教师培训支持调查结果

① 2/3 的中小学教师参加培训的主要动力是提升专业素质

中小学教师参加培训的主要动力情况调查结果显示，教师选择“提升专业素质”的比例为66.60%，选择“晋升职称的要求”的比例为17.70%，选择“行政要求必须参加”的比例为8.70%，选择“成为业务骨干”的比例为5.30%，选择“拓展人际关系”的比例为0.50%，选择“其他”的比例为1.10%。可见，2/3的中小学教师参加培训的主要动力是提升专业素质。

对不同性别、城乡、地区、任教学段中小学教师参与培训的动力进行统计（卡方检验）分析发现：不同性别中小学教师参与培训的动力存在极其显著的差异（$p<0.001$），中小学女教师选择提升专业素质的比例高于中小学男教师；城乡中小学教师参与培训的动力存在极其显著的差异（$p<0.001$），城市中小学和乡镇中小学教师都以提升专业素质作为培训的主要动力，但城市中小学教师选择提升专业素质的比例高于乡镇中小学教师；不同地区中小学教师参与培训的动力存在极其显著的差异（$p<0.001$），东部、中部、西部中小学教师都以提升专业素质为主，但西部和东部中小学教师选择晋升职称要求的比例略高于中部中小学教师；不同任教学段中小学教师参与培训的动力存在极其显著的差异（$p<0.001$），小学、初中和高中教师都以提升专业素质的培训动力为主，但初中教师选择晋升职称要求的比例略高于小学和高中教师（表5-138）。

表5-138　不同性别、城乡、地区、任教学段中小学教师参与培训的动力情况

变量	分组	例数	提升专业素质	晋升职称的要求	行政要求必须参加	成为业务骨干	拓展人际关系	其他	卡方值	p值
性别	男	2066	1246 (60.31)	417 (20.18)	196 (9.49)	147 (7.12)	19 (0.92)	41 (1.98)	78.1322	0.0001
	女	4850	3364 (69.36)	807 (16.64)	408 (8.41)	218 (4.49)	15 (0.31)	38 (0.78)		
城乡	城市	4431	3027 (68.31)	721 (16.27)	392 (8.85)	217 (4.90)	21 (0.47)	53 (1.20)	23.7262	0.0002
	乡镇	2469	1569 (63.55)	502 (20.33)	213 (8.63)	146 (5.91)	13 (0.53)	26 (1.05)		

续表

变量	分组	例数	提升专业素质	晋升职称的要求	行政要求必须参加	成为业务骨干	拓展人际关系	其他	卡方值	p 值
地区	东部	1086	743 (68.42)	187 (17.22)	118 (10.87)	17 (1.57)	6 (0.55)	15 (1.38)	80.7481	0.0001
	中部	1111	739 (66.52)	154 (13.86)	101 (9.09)	98 (8.82)	2 (0.18)	17 (1.53)		
	西部	4712	3120 (66.21)	884 (18.76)	386 (8.19)	249 (5.28)	26 (0.55)	47 (1.00)		
任教学段	小学	4276	2952 (69.04)	689 (16.11)	368 (8.61)	206 (4.82)	22 (0.51)	39 (0.91)	98.4276	0.0001
	初中	2176	1356 (63.32)	477 (21.92)	195 (8.96)	105 (4.83)	11 (0.51)	32 (1.47)		
	高中	393	256 (65.14)	49 (12.47)	31 (7.89)	52 (13.23)	1 (0.25)	4 (1.02)		

综上，2/3 的中小学教师参加培训的主要动力是提升专业素质。中小学女教师选择提升专业素质的比例高于中小学男教师；城市中小学和乡镇中小学教师都以提升专业素质作为培训的主要动力，但城市中小学教师选择提升专业素质的比例高于乡镇中小学教师；东部、中部、西部中小学教师都以提升专业素质的培训动力为主，但西部和东部中小学教师选择晋升职称要求的比例略高于中部中小学教师；小学、初中和高中教师都以提升专业素质的培训动力为主，但初中教师选择晋升职称要求的比例略高于小学和高中教师。

②近四成中小学教师认为学校提供的培训机会比较多

中小学教师培训机会调查结果显示，教师选择“非常少”的比例为 12.90%，选择“少”的比例为 17.60%，选择“比较少”的比例为 30.00%，选择“比较多”的比例为 27.70%，选择“多”的比例为 9.10%，选择“非常多”的比例为 2.70%。选择“比较多”“多”和“非常多”的总比例为

39.50%，即近四成中小学教师认为学校提供的培训机会比较多（表 5-139）。

表 5-139　不同性别、城乡、地区、任教学段中小学教师培训机会情况

变量	分组	例数	非常少	少	比较少	比较多	多	非常多
性别	男	2071	289（13.95）	395（19.07）	628（30.32）	548（26.46）	162（7.82）	49（2.37）
	女	4859	605（12.45）	825（16.98）	1454（29.92）	1373（28.26）	466（9.59）	136（2.80）
城乡	城市	4438	500（11.27）	601（13.54）	1372（30.91）	1409（31.75）	417（9.40）	139（3.13）
	乡镇	2475	394（15.92）	614（24.81）	707（28.57）	502（20.28）	211（8.53）	47（1.90）
地区	东部	1088	59（5.42）	97（8.92）	363（33.36）	439（40.35）	98（9.01）	32（2.94）
	中部	1111	84（7.56）	277（24.93）	371（33.39）	303（27.27）	62（5.58）	14（1.26）
	西部	4724	750（15.88）	846（17.97）	1345（28.47）	1175（24.87）	468（9.91）	140（2.96）
任教学段	小学	4277	498（11.64）	697（16.30）	1269（29.67）	1254（29.32）	434（10.15）	125（2.92）
	初中	2191	367（16.75）	415（18.94）	659（30.08）	532（24.28）	168（7.67）	50（2.28）
	高中	393	27（6.87）	100（25.45）	128（32.57）	106（26.97）	25（6.36）	7（1.78）

对不同性别和城乡中小学教师对接受培训的机会的看法进行统计（t 检验）分析发现：不同性别中小学教师对接受培训的机会的看法存在极其显著的差异（$p<0.001$），更多中小学女教师认为接受培训的机会多；城乡中小学教师对接受培训的机会的看法存在极其显著的差异（$p<0.001$），更多城市中小学教师认为接受培训的机会多（表 5-140）。

表 5-140 中小学教师培训机会的性别和城乡比较

变量	分组	样本量	平均数±标准差	t 值或 t' 值	p 值
性别	男	2071	3.022±1.241	-3.58	0.0003
	女	4859	3.140±1.252		
城乡	城市	4438	3.239±1.227	11.98	<0.0001
	乡镇	2475	2.864±1.258		

对不同地区中小学教师对接受培训的机会的看法进行 Kruskal-Wallis H 统计检验分析发现，不同地区中小学教师对接受培训的机会的看法存在极其显著的差异（$p<0.001$）。进一步分析表明，东部中小学教师认为接受培训的机会多的多于中部和西部地区教师（表 5-141）。

表 5-141 中小学教师培训机会的地区比较

变量	分组	样本量	平均数±标准差	平均秩	H 值	p 值	Nemenyi 多重比较
地区	东部	1088	3.474±1.054	4068.125	126.3873	0.0001	1>2 1>3
	中部	1111	3.022±1.078	3310.907			
	西部	4724	3.039±1.313	3357.936			

对不同任教学段中小学教师对接受培训的机会的看法进行 Kruskal-Wallis H 统计检验分析发现，不同任教学段中小学教师对接受培训的机会的看法存在极其显著的差异（$p<0.001$）。进一步分析表明，小学教师接受培训的机会多于初中教师（表 5-142）。

表 5-142 不同任教学段中小学教师培训机会比较

变量	分组	样本量	平均数±标准差	平均秩	H 值	p 值	Nemenyi 多重比较
任教学段	小学	4277	3.188±1.247	3566.673	58.5359	<0.0001	A>B
	初中	2191	2.940±1.269	3183.355			
	高中	393	3.059±1.102	3335.109			

综上，近四成中小学教师认为学校提供的培训机会比较多。中小学女教师认为接受培训的机会多的多于中小学男教师；城市中小学教师认为接受培训的机会多的多于乡镇中小学教师；东部中小学教师认为接受培训的机会多的多于中部和西部地区中小学教师；小学教师认为接受培训的机会多的多于初中教师。

③六成中小学教师近一年来参加了1—3次培训

中小学教师培训频次调查结果显示，选择“无”的比例为16.70%，选择“1—3次”的比例为60.90%，选择“4—6次”的比例为12.80%，选择“7次及以上”的比例为9.60%。即83.30%的中小学教师近一年来参加了1次及以上的培训，60.90%的中小学教师近一年来参加了1—3次培训。

对不同性别、城乡、地区、任教学段中小学教师参与培训的频次进行统计（卡方检验）分析发现：不同性别中小学教师参与培训的频次存在显著的差异（$p<0.01$），中小学女教师参加培训的频次高于男教师；城乡中小学教师参与培训的频次存在极其显著的差异（$p<0.001$），城市中小学教师参加培训的频次高于乡镇中小学教师；不同地区中小学教师的培训频次存在极其显著的差异（$p<0.001$），东部中小学教师参加培训的频次明显高于中部和西部地区中小学教师；不同任教学段中小学教师参与培训的频次存在极其显著的差异（$p<0.001$），小学、高中教师参加培训的频次略高于初中教师（表5-143）。

表5-143　不同性别、城乡、地区、任教学段中小学教师培训频次比较

变量	分组	例数	无	1—3次	4—6次	7次及以上	卡方值	p值
性别	男	2065	346 (16.76)	1307 (63.29)	256 (12.40)	156 (7.55)	15.0826	0.0017
	女	4855	813 (16.75)	2911 (59.96)	627 (12.91)	504 (10.38)		

续表

变量	分组	例数	无	1—3 次	4—6 次	7 次及以上	卡方值	p 值
城乡	城市	4428	541 (12.22)	2593 (58.56)	701 (15.83)	593 (13.39)	443.3981	0.0001
	乡镇	2475	614 (24.81)	1614 (65.21)	151 (7.31)	66 (2.67)		
地区	东部	1086	54 (4.97)	481 (44.29)	254 (23.39)	297 (27.35)	720.4470	0.0001
	中部	1111	210 (18.90)	754 (67.87)	109 (9.81)	38 (3.42)		
	西部	4718	894 (18.95)	2978 (63.12)	519 (11.00)	327 (6.93)		
任教学段	小学	4275	671 (15.70)	2668 (62.41)	566 (13.24)	370 (8.65)	31.4434	0.0001
	初中	2183	432 (19.79)	1269 (58.13)	252 (11.54)	230 (10.54)		
	高中	391	52 (13.30)	253 (64.71)	50 (12.79)	36 (9.21)		

综上，83.30%的教师近一年来参加了1次及以上的培训，60.90%的中小学教师近一年来参加了1—3次培训。中小学女教师参加培训的频次高于男教师，城市中小学教师参加培训的频次高于乡镇中小学教师，东部中小学教师参加培训的频次明显高于中部和西部地区中小学教师，小学、高中教师参加培训的频次略高于初中教师。

④近一半教师近一年来参加培训的时间为一周到两周

中小学教师近一年来参加培训时间调查结果显示，教师选择“无”的比例为17.20%，选择“一周到两周”的比例为49.20%，选择“三周到一个月”的比例为20.40%，选择“两个月到三个月”的比例为8.30%，选择“四个月到半年”的比例为 1.90%，选择“半年到一年”的比例为 3.00%。即近一半教师近一年来参加培训的时间为一周到两周。

对不同性别、城乡、地区、任教学段中小学教师参加培训的时间进行统计（卡方检验）分析发现：不同性别中小学教师参加培训的时间存在极其显著的差异（$p<0.001$），中小学女教师参加培训的时间长于中小学男教师；城乡中小学教师参加培训的时间存在极其显著的差异（$p<0.001$），乡镇中小学教师参加培训的时间长于城市中小学教师；不同地区中小学教师参加培训的时间存在极其显著的差异（$p<0.001$），东部和西部中小学教师参加培训的时间长于中部地区中小学教师；不同任教学段中小学教师参加培训的时间存在极其显著的差异（$p<0.001$），小学教师参加培训时间长于初中和高中教师（表 5-144）。

表 5-144　不同性别、城乡、地区、任教学段中小学教师培训时间比较

变量	分组	例数	无	一周到两周	三周到一个月	两个月到三个月	四个月到半年	半年到一年	卡方值	p 值
性别	男	2070	358 (17.29)	1058 (51.11)	447 (21.59)	129 (6.23)	24 (1.16)	54 (2.61)	29.6507	0.0001
	女	4851	833 (17.17)	2349 (48.42)	964 (19.87)	444 (9.15)	110 (2.27)	151 (3.11)		
城乡	城市	4429	582 (13.14)	2320 (52.38)	914 (20.64)	391 (8.83)	85 (1.92)	137 (3.09)	148.6760	0.0001
	乡镇	2475	5 (0.20)	29 (1.17)	118 (4.77)	1346 (54.38)	723 (29.21)	254 (10.26)		
地区	东部	1083	75 (6.93)	534 (49.31)	290 (26.78)	118 (10.90)	29 (2.68)	37 (3.42)	203.7489	0.0001
	中部	1108	217 (19.58)	659 (59.48)	160 (14.44)	38 (3.43)	10 (0.90)	24 (2.17)		
	西部	4723	897 (18.99)	2212 (46.83)	958 (20.28)	417 (8.83)	95 (2.01)	144 (3.05)		

续表

变量	分组	例数	无	一周到两周	三周到一个月	两个月到三个月	四个月到半年	半年到一年	卡方值	p 值
任教学段	小学	4269	694 (16.26)	2034 (47.65)	906 (21.22)	391 (9.16)	106 (2.48)	138 (3.23)	71.3624	0.0001
	初中	2189	436 (19.92)	1093 (49.93)	425 (19.42)	158 (7.22)	25 (1.14)	52 (2.38)		
	高中	393	57 (14.50)	243 (61.83)	62 (15.78)	15 (3.82)	3 (0.76)	13 (3.31)		

综上，近一半教师近一年来参加培训的时间为一周到两周。中小学女教师参加培训时间长于中小学男教师，乡镇中小学教师参加培训的时间长于城市中小学教师，东部和西部中小学教师参加培训时间长于中部地区中小学教师，小学教师参加培训时间长于初中和高中教师。

⑤近一半教师参加的最高培训级别为校级

中小学教师参加过的最高级别培训的调查结果显示，教师选择“国家级”的比例为2.10%，选择“省级”的比例为5.00%，选择“地市级”的比例为22.70%，选择“县级”的比例为23.00%，选择“校级”的比例为47.20%，即近一半的教师参加的最高级别培训为校级。

对不同性别、城乡、地区、任教学段中小学教师培训级别进行统计（卡方检验）分析发现：不同性别中小学教师培训级别存在显著的差异（$p<0.01$），中小学男教师参加省级培训的比例高于中小学女教师；城乡中小学教师参加培训级别存在极其显著的差异（$p<0.001$），城市中小学教师参加国家级、省级和地市级培训的比例高于乡镇中小学教师；不同地区中小学教师的培训级别存在极其显著的差异（$p<0.001$），西部中小学教师参加国家级培训的比例高于东部和中部地区中小学教师；不同任教学段中小学教师培训级别存在极其显著的差异（$p<0.001$），小学教师参加国家级培训的比例高于初中和高中教师（表5-145）。

表 5-145　不同性别、城乡、地区和任教学段中小学教师培训级别比较

变量	分组	例数	国家级	省级	地市级	县级	校级	卡方值	p 值
性别	男	2069	408 (19.72)	614 (29.68)	673 (32.53)	216 (10.44)	158 (7.64)	18.0317	0.0012
	女	4850	1082 (22.31)	1251 (25.79)	1529 (31.53)	539 (11.11)	449 (9.26)		
城乡	城市	4430	991 (22.37)	1208 (27.27)	1436 (32.42)	413 (9.32)	382 (8.62)	35.4128	0.0001
	乡镇	2473	496 (20.06)	651 (26.32)	759 (30.69)	341 (13.79)	226 (9.14)		
地区	东部	1086	151 (13.90)	256 (23.57)	436 (40.15)	165 (15.19)	78 (7.18)	218.4657	0.0001
	中部	1105	173 (15.66)	360 (32.58)	429 (38.82)	103 (9.32)	40 (3.62)		
	西部	4722	1167 (24.71)	1247 (26.41)	1336 (28.29)	485 (10.27)	487 (10.31)		
任教学段	小学	4267	1070 (25.08)	988 (23.15)	1320 (30.94)	504 (11.81)	385 (9.02)	188.3143	0.0001
	初中	2189	339 (15.49)	716 (32.71)	695 (31.75)	231 (10.55)	208 (9.50)		
	高中	393	74 (18.83)	139 (35.37)	163 (41.48)	7 (1.78)	10 (2.54)		

总体而言，近一半的教师参加的最高级别培训为校级。中小学男教师参加省级培训的比例高于中小学女教师，城市中小学教师参加国家级、省级和地市级培训的比例高于乡镇中小学教师，西部中小学教师参加国家级培训的比例高于东部和中部地区中小学教师，小学教师参加国家级培训的比例高于初中和高中教师。

⑥近一半的教师参加次数最多的培训级别为校级

中小学教师参加次数最多的培训级别调查结果显示，选择“国家级”的比例为2.10%，选择“省级”的比例为5.00%，选择“地市级”的比例

为22.70%，选择“县级”的比例为23.00%，选择“校级”的比例为47.20%，即近一半的教师参加次数最多的培训级别为校级。

对不同性别、城乡、地区、任教学段中小学教师参加次数最多的培训级别进行统计（卡方检验）分析发现：不同性别中小学教师参加次数最多的培训级别存在极其显著的差异（$p<0.001$），中小学女教师参加地市级培训的比例略高于中小学男教师；城乡中小学教师参加次数最多的培训级别存在极其显著的差异（$p<0.001$），城市中小学教师参加地市级培训的比例高于乡镇中小学教师；不同地区中小学教师参加次数最多的培训级别存在极其显著的差异（$p<0.001$），西部地区和东部地区中小学教师参加地市级以上级别培训的比例高于中部地区中小学教师；不同任教学段中小学教师参加次数最多的培训级别存在极其显著差异（$p<0.001$），小学和初中教师参加地市级以上级别培训的比例明显高于高中教师（表5-146）。

表5-146　不同性别、城乡、地区、任教学段中小学教师参与频次最多培训级别比较

变量	分组	例数	国家级	省级	地市级	县级	校级	卡方值	p值
性别	男	2064	40 (1.94)	135 (6.54)	426 (20.64)	518 (25.10)	945 (45.78)	27.4214	0.0001
	女	4853	107 (2.20)	209 (4.31)	1147 (23.63)	1074 (22.13)	2316 (47.72)		
城乡	城市	4426	82 (1.85)	187 (4.23)	1140 (25.76)	902 (20.38)	2115 (47.79)	104.3043	0.0001
	乡镇	2475	64 (2.59)	157 (6.34)	430 (17.37)	683 (27.60)	1141 (46.10)		
地区	东部	1085	8 (0.74)	17 (1.57)	270 (24.88)	433 (39.91)	357 (32.90)	500.9854	0.0001
	中部	1106	4 (0.36)	8 (0.72)	125 (11.30)	328 (29.66)	641 (57.96)		
	西部	4720	135 (2.86)	319 (6.76)	1178 (24.96)	829 (17.56)	2259 (47.86)		

续表

变量	分组	例数	国家级	省级	地市级	县级	校级	卡方值	p 值
任教学段	小学	4270	113 (2.65)	163 (3.82)	1084 (25.39)	992 (23.23)	1918 (44.92)	182.7649	0.0001
	初中	2188	34 (1.55)	180 (8.23)	432 (19.74)	446 (20.38)	1096 (50.10)		
	高中	389	0 (0.00)	0 (0.00)	41 (10.54)	133 (34.19)	215 (55.27)		

综上，近一半的教师参加次数最多的培训级别为校级。中小学女教师参加地市级培训的比例略高于中小学男教师；城市中小学教师参加地市级培训的比例高于乡镇中小学教师；西部地区和东部地区中小学教师参加地市级以上级别培训的比例高于中部地区中小学教师；小学和初中教师参加地市级以上级别培训的比例明显高于高中教师。

⑦超过1/3的教师认为对自己帮助最大的培训内容是教育科研方法

中小学教师有效培训内容调查结果显示，教师选择“教育理论前沿”的比例为19.20%，选择“教育科研方法”的比例为36.10%，选择“学科专业知识”的比例为17.60%，选择“教学策略和技能”的比例为11.90%，选择“师德修养”的比例为7.70%，选择“信息技术应用”的比例为2.20%，选择“其他”的比例为5.40%。超过1/3的教师认为对自己帮助最大的培训内容是教育科研方法。

对不同性别、城乡、地区、任教学段中小学教师认为帮助最大的培训内容进行统计（卡方检验）分析发现：不同性别中小学教师认为帮助最大的培训内容存在极其显著的差异（$p<0.001$），中小学女教师选择教育科研方法的比例高于中小学男教师；城乡中小学教师认为帮助最大的培训内容存在极其显著的差异（$p<0.001$），城市中小学教师选择教学策略和技能的比例高于乡镇中小学教师；不同地区中小学教师认为帮助最大的培训内容存在极其显著的差异（$p<0.001$），西部中小学教师选择教育理论前沿和教育科研方法的比例明显高于东部和中部中小学教师；不同学段教师认为帮

助最大的培训内容存在极其显著的差异（$p<0.001$），小学教师认为帮助最大的培训内容以教育科研方法为主，初中教师认为帮助最大的培训内容以教育科研方法和学科专业知识为主，高中教师认为帮助最大的培训内容以教学策略和技能为主（表 5-147）。

表 5-147　不同性别、城乡、地区、任教学段中小学教师有效培训内容比较

变量	分组	例数	教育理论前沿	教育科研方法	学科专业知识	教学策略和技能	师德修养	信息技术应用	其他	卡方值	p 值
性别	男	2065	385 (18.64)	627 (30.36)	428 (20.73)	266 (12.88)	161 (7.80)	57 (2.76)	141 (6.83)	63.6729	<0.0001
	女	4858	946 (19.47)	1875 (38.60)	788 (16.22)	552 (11.36)	373 (7.68)	93 (1.91)	231 (4.76)		
城乡	城市	4432	792 (17.87)	1518 (34.25)	765 (17.26)	725 (16.36)	301 (6.79)	120 (2.71)	211 (4.76)	281.3419	<0.0001
	乡镇	2475	534 (21.58)	977 (39.47)	451 (18.22)	92 (3.72)	233 (9.41)	27 (1.09)	161 (6.51)		
地区	东部	1084	145 (13.38)	289 (26.66)	288 (26.57)	235 (21.68)	36 (3.32)	32 (2.95)	59 (5.44)	1338.8052	<0.0001
	中部	1108	123 (11.10)	195 (17.60)	220 (19.86)	387 (34.93)	83 (7.49)	69 (6.23)	31 (2.80)		
	西部	4724	1062 (22.48)	2016 (42.68)	708 (14.99)	195 (4.13)	414 (8.76)	47 (0.99)	282 (5.97)		
任教学段	小学	4275	866 (20.26)	1780 (41.64)	661 (15.46)	314 (7.35)	365 (8.54)	35 (1.52)	224 (5.24)	581.8778	<0.0001
	初中	2186	410 (18.76)	652 (29.83)	457 (20.91)	318 (14.55)	148 (6.77)	61 (2.79)	140 (6.40)		
	高中	393	46 (11.70)	60 (15.27)	78 (19.85)	162 (41.22)	18 (4.58)	21 (5.34)	8 (2.04)		

综上，超过 1/3 的教师认为对自己帮助最大的培训内容是教育科研方

法。中小学女教师选择教育科研方法的比例高于中小学男教师，城市中小学教师选择教学策略和技能的比例高于乡镇中小学教师，西部中小学教师选择教育理论前沿和教育科研方法的比例明显高于东部和中部地区中小学教师，小学教师认为帮助最大的培训内容以教育科研方法为主，初中教师认为帮助最大的培训内容以教育科研方法和学科专业知识为主，高中教师认为帮助最大的培训内容以教学策略和技能为主。

⑧1/3 的教师喜欢参观学习这种形式

中小学教师最喜欢的培训方式调查结果显示，教师选择“专题讲座”的比例为 14.30%，选择“公开课”的比例为 18.80%，选择“参与课题研究”的比例为 7.60%，选择“专家个别指导”的比例为 9.80%，选择“互动式工作坊”的比例为 15.70%，选择“参观学习”的比例为 33.60%，选择“其他”的比例为 0.20%。1/3 的教师喜欢参观学习这种形式。

对不同性别、城乡、地区、任教学段中小学教师最喜欢的培训方式进行统计（卡方检验）分析发现：不同性别中小学教师最喜欢的培训方存在极其显著的差异（$p<0.001$），中小学女教师喜欢公开课的比例高于中小学男教师；城乡中小学教师最喜欢的培训方式存在极其显著的差异（$p<0.001$），城市中小学教师喜欢公开课的比例略高于乡镇中小学教师；不同地区中小学教师最喜欢的培训方式存在极其显著的差异（$p<0.001$），中部和西部中小学教师喜欢参观学习的比例高于东部地区教师；不同任教学段中小学教师最喜欢的培训方式存在极其显著的差异（$p<0.001$），高中教师喜欢公开课的比例高于小学和初中教师（表 5-148）。

表 5-148　不同性别、城乡、地区、任教学段中小学教师最喜欢的培训方式比较

变量	分组	例数	专题讲座	公开课	参与课题研究	专家个别指导	互动式工作坊	参观学习	其他	卡方值	p 值
性别	男	2067	340 (16.45)	294 (14.22)	196 (9.48)	208 (10.06)	303 (14.66)	720 (34.83)	6 (0.29)	58.9788	0.0001
	女	4857	651 (13.40)	1005 (20.69)	332 (6.84)	472 (9.72)	782 (16.10)	1605 (33.05)	10 (0.21)		

续表

变量	分组	例数	专题讲座	公开课	参与课题研究	专家个别指导	互动式工作坊	参观学习	其他	卡方值	p 值
城乡	城市	4432	597 (13.47)	875 (19.74)	311 (7.02)	429 (9.68)	705 (15.91)	1499 (33.82)	16 (0.36)	25.7267	0.0003
	乡镇	2475	385 (15.56)	423 (17.09)	213 (8.61)	250 (10.10)	381 (15.39)	823 (33.25)	0 (0.00)		
地区	东部	1085	203 (18.71)	237 (21.84)	61 (5.62)	99 (9.12)	209 (19.26)	274 (25.25)	2 (0.18)	155.0685	0.0001
	中部	1108	140 (12.64)	225 (20.31)	49 (4.42)	117 (10.56)	120 (10.83)	446 (40.25)	11 (0.99)		
	西部	4724	649 (13.74)	836 (17.70)	417 (8.83)	463 (9.80)	756 (10.93)	1600 (33.87)	3 (0.06)		
任教学段	小学	4273	537 (12.57)	829 (19.40)	324 (7.58)	448 (10.48)	703 (16.45)	1428 (33.42)	4 (0.09)	75.0417	0.0001
	初中	2189	384 (17.54)	360 (16.45)	185 (8.45)	191 (8.73)	324 (14.80)	737 (33.67)	8 (0.37)		
	高中	393	54 (13.74)	94 (23.92)	15 (3.82)	38 (9.67)	46 (11.70)	142 (36.13)	4 (1.02)		

综上，1/3 的教师喜欢参观学习这种形式。中小学女教师喜欢公开课的比例高于中小学男教师，城市中小学教师喜欢公开课的比例略高于乡镇中小学教师，中部和西部中小学教师喜欢参观学习的比例高于东部地区教师，高中教师喜欢公开课的比例高于小学和初中教师。

（2）中小学教师发展空间调查结果

中小学教师发展空间调查结果显示，选择“非常小”的比例为 8.50%，选择“小”的比例为 12.90%，选择“比较小”的比例为 29.40%，选择“比较大”的比例为 35.10%，选择“大”的比例为 10.90%，选择“非常大”的比例为 3.10%。选择“比较大”“大”和“非常大”的总比例为 49.10%，即近一半中小学教师认为自己在学校的发展空间比较大（表5-149）。

表5-149　中小学教师发展空间情况

变量	分组	例数	非常小	小	比较小	比较大	大	非常大
性别	男	2070	208（10.05）	294（14.20）	592（28.60）	654（31.59）	247（11.93）	75（3.62）
	女	4855	382（7.87）	601（12.38）	1448（29.82）	1778（36.62）	509（10.48）	137（2.82）
城乡	城市	4434	360（8.12）	494（11.14）	1308（29.50）	1658（37.39）	471（10.62）	143（3.23）
	乡镇	2475	229（9.25）	402（16.24）	726（29.33）	764（30.87）	285（11.52）	69（2.79）
地区	东部	1090	86（7.89）	123（11.28）	409（37.52）	366（33.58）	87（7.98）	19（1.74）
	中部	1105	69（6.24）	183（16.56）	250（22.62）	466（42.17）	97（8.78）	40（3.62）
	西部	4723	435（9.21）	590（12.49）	1377（29.16）	1597（33.81）	571（12.09）	153（3.24）
任教学段	小学	4274	334（7.81）	513（12.00）	1248（29.20）	1524（35.66）	520（12.17）	135（3.16）
	初中	2189	235（10.74）	338（15.44）	695（31.75）	687（31.38）	178（8.13）	56（2.56）
	高中	392	16（4.08）	40（10.20）	65（16.58）	196（50.00）	57（14.54）	18（4.59）

对不同性别和城乡中小学教师发展空间进行统计（t 检验）分析发现：不同性别中小学教师发展空间没有显著差异（$p>0.05$），城乡中小学教师发展空间存在极其显著的差异（$p<0.001$），更多的城市中小学教师认为在学校的发展空间较大（表5-150）。

表 5-150 中小学教师发展空间的性别和城乡比较

变量	分组	样本量	平均数±标准差	t 值或 t' 值	p 值
性别	男	2070	3. 320±1. 250	-1. 84	0. 0655
	女	4855	3. 379±1. 155		
城乡	城市	4434	3. 409±1. 165	4. 46	0. 0001
	乡镇	2475	3. 275±1. 216		

对不同地区中小学教师发展空间进行 Kruskal-Wallis H 统计检验分析发现，不同地区中小学教师发展空间存在显著的差异（$p<0.01$），进一步分析表明，与东部地区教师相比，更多的中部、西部中小学教师认为在学校的发展空间大（表 5-151）。

表 5-151 不同地区中小学教师发展空间比较

变量	分组	样本量	平均数±标准差	平均秩	H 值	p 值	Nemenyi 多重比较
地区	东部	1090	3. 277±1. 079	3294. 763	11. 1319	0. 0038	2>1 3>1
	中部	1105	3. 415±1. 159	3556. 937			
	西部	4723	3. 368±1. 213	3474. 723			

对不同任教学段中小学教师发展空间进行统计分析发现：不同任教学段中小学教师发展空间存在极其显著的差异（$p<0.001$），高中教师认为在学校的发展空间大的比例高于小学教师，小学教师认为在学校发展空间大的比例高于初中教师（表 5-152）。

表 5-152 不同任教学段中小学教师发展空间比较

变量	分组	样本量	平均数±标准差	F 值	p 值	SNK 多重比较
任教学段	小学	4274	3. 418±1. 177	50. 61	0. 0001	C>A>B
	初中	2189	3. 184±1. 192			
	高中	392	3. 745±1. 099			

综上，近一半中小学教师认为自己在学校的发展空间比较大。城市中小学教师认为在学校的发展空间大的比例高于乡镇中小学教师，中部、西部中小学教师认为在学校的发展空间大的比例高于东部地区，高中教师认为在学校的发展空间大的比例高于小学教师，小学教师认为在学校的发展空间大的比例高于初中教师。

（3）中小学教师业务支持调查结果

①近四成教师认为学校为其专业发展提供的经费支持比较充分

中小学教师经费支持情况调查结果显示，选择“非常不充分”的比例为12.90%，选择“不充分”的比例为28.10%，选择“比较不充分”的比例为20.80%，选择“比较充分”的比例为28.20%，选择“充分”的比例为7.80%，选择“非常充分”的比例为2.20%。选择“比较充分”“充分”和“非常充分”的总比例为38.20%，即近四成教师认为学校为其专业发展提供的经费支持比较充分（表5-153）。

表5-153　中小学教师经费支持情况

变量	分组	例数	非常不充分	不充分	比较不充分	比较充分	充分	非常充分
性别	男	2066	313（15.15）	594（28.75）	400（19.36）	561（27.15）	159（7.70）	39（1.89）
	女	4833	577（11.94）	1343（27.79）	1036（21.44）	1387（28.70）	378（7.82）	112（2.32）
城乡	城市	4406	540（12.26）	1055（23.9）	1006（22.83）	1341（30.44）	357（8.10）	107（2.43）
	乡镇	2474	350（14.15）	874（35.33）	426（17.22）	600（24.25）	180（7.28）	44（1.78）
地区	东部	1081	99（9.16）	231（21.37）	282（26.09）	368（34.04）	79（7.31）	22（2.04）
	中部	1107	91（8.22）	307（27.73）	274（24.75）	333（30.08）	67（6.05）	35（3.16）
	西部	4702	699（14.87）	1398（29.73）	879（18.69）	1244（26.46）	388（8.25）	94（2.00）

续表

变量	分组	例数	非常不充分	不充分	比较不充分	比较充分	充分	非常充分
任教学段	小学	4273	493 (11.54)	1169 (27.36)	848 (19.85)	1296 (30.33)	367 (8.59)	100 (2.34)
	初中	2167	378 (17.44)	649 (29.95)	475 (21.92)	483 (22.29)	147 (6.78)	35 (1.62)
	高中	388	13 (3.35)	100 (25.77)	99 (25.52)	143 (36.86)	22 (5.67)	11 (2.84)

对不同性别和城乡中小学教师经费支持情况进行统计（t 检验）分析发现：不同性别中小学教师经费支持情况存在非常显著的差异（$p<0.01$），中小学女教师认为从学校获得的经费支持多的比例高于中小学男教师；城乡中小学教师经费支持存在极其显著的差异（$p<0.001$），城市中小学教师认为从学校获得的经费支持多的比例高于乡镇中小学教师（表5-154）。

表5-154　中小学教师经费支持的性别和城乡比较

变量	分组	样本量	平均数±标准差	t 值或 t' 值	p 值
性别	男	2066	2.892±1.277	-3.16	0.0016
	女	4833	2.996±1.251		
城乡	城市	4406	3.055±1.255	7.92	0.0001
	乡镇	2474	2.805±1.255		

对不同地区中小学教师经费支持情况进行 Kruskal-Wallis H 统计检验分析发现，不同地区中小学教师经费支持情况存在显著的差异（$p<0.001$）。进一步统计分析表明更多的东部和中部中小学教师认为获得的经费支持多（表5-155）。

表 5-155　中小学教师经费支持的地区比较

变量	分组	样本量	平均数±标准差	平均秩	H 值	p 值	Nemenyi 多重比较
地区	东部	1081	3.151±1.172	3755.102	50.9921	0.0001	1>3 2>3
	中部	1107	3.075±1.196	3610.028			
	西部	4702	2.895±1.287	3335.587			

对不同任教学段中小学教师经费支持情况进行 Kruskal-Wallis H 统计检验分析发现，不同任教学段中小学教师经费支持情况存在极其显著的差异（$p<0.001$）。进一步统计分析表明高中教师认为获得的经费支持多的比例高于小学教师，小学教师高于初中教师（表 5-156）。

表 5-156　不同任教学段中小学教师经费支持比较

变量	分组	样本量	平均数±标准差	平均秩	H 值	p 值	Nemenyi 多重比较
任教学段	小学	4273	3.041±1.261	3534.456	95.7271	0.0001	C>A>B
	初中	2167	2.759±1.257	3099.483			
	高中	388	3.242±1.089	3852.822			

综上，近四成教师认为学校为其专业发展提供的经费支持比较充分，更多中小学女教师比男教师认为从学校获得的经费支持多，城市中小学教师认为从学校获得的经费支持多的比例高于乡镇教师，东部和中部中小学教师认为获得的经费支持多的比例高于西部地区，高中教师认为获得的经费支持多的比例高于小学教师，小学教师认为获得的经费支持多的比例高于初中教师。

②四成多中小学教师认为学校为其专业发展提供的时间支持比较充分

中小学教师认为学校为其专业发展提供的时间支持情况调查结果显示，教师选择“非常不充分”的比例为 9.80%，选择“不充分”的比例为 24.30%，选择“比较不充分”的比例为 21.90%，选择“比较充分”的比例为 31.80%，选择“充分”的比例为 9.80%，选择“非常充分”的比例为2.60%。选择“比较充分”“充分”和“非常充分”的总比例为44.20%，即四成多中小学教师认为学校为其专业发展提供的时间支持比较充分（表5-157）。

表5-157　中小学教师获得时间支持情况

变量	分组	例数	非常不充分	不充分	比较不充分	比较充分	充分	非常充分
性别	男	2070	225（10.87）	490（23.67）	448（21.64）	664（32.08）	191（9.23）	52（2.51）
	女	4852	456（9.40）	1190（24.53）	1068（22.01）	1537（31.68）	474（9.77）	127（2.62）
城乡	城市	4430	424（9.57）	928（20.95）	1040（23.48）	1491（33.66）	414（9.35）	133（3.00）
	乡镇	2475	256（10.34）	747（30.18）	470（18.99）	705（28.48）	251（10.14）	46（1.86）
地区	东部	1086	87（8.01）	232（21.36）	296（27.26）	362（33.33）	89（8.20）	20（1.84）
	中部	1109	71（6.40）	250（22.54）	320（28.85）	365（32.91）	56（5.05）	47（4.24）
	西部	4720	523（11.08）	1198（25.38）	897（19.00）	1472（31.19）	520（11.02）	110（2.33）
任教学段	小学	4276	371（8.68）	1022（23.90）	838（19.60）	1473（34.45）	459（10.73）	113（2.64）
	初中	2187	293（13.40）	568（25.97）	560（25.61）	542（24.78）	178（8.14）	46（2.10）
	高中	390	12（3.08）	75（19.23）	104（26.67）	158（40.51）	25（6.41）	16（4.10）

对不同性别和城乡中小学教师获得的时间支持情况进行统计（t检验）分析发现：不同性别中小学教师获得的时间支持没有显著差异（$p>0.05$），

城乡中小学教师获得的时间支持存在极其显著的差异（$p<0.001$），城市中小学教师认为获得的时间支持充分的比例高于乡镇中小学教师（表 5-158）。

表 5-158　中小学教师获得时间支持情况的性别和城乡比较

变量	分组	样本量	平均数±标准差	t 值或 t' 值	p 值
性别	男	2070	3.127±1.254	-0.95	0.3445
	女	4852	3.157±1.241		
城乡	城市	4430	3.213±1.236	5.70	0.0001
	乡镇	2475	3.035±1.254		

对不同地区中小学教师获得的时间支持情况进行 Kruskal-Wallis H 统计检验分析发现，不同地区中小学教师获得的时间支持没有显著差异（$p>0.05$）（表 5-159）。

表 5-159　中小学教师获得时间支持情况的地区比较

变量	分组	样本量	平均数±标准差	平均秩	H 值	p 值
地区	东部	1086	3.179±1.153	3510.907	2.5640	0.2775
	中部	1109	3.204±1.164	3514.392		
	西部	4720	3.127±1.282	3432.577		

对不同任教学段中小学教师获得的时间支持情况进行 Kruskal-Wallis H 统计检验分析发现：不同任教学段中小学教师获得的时间支持情况存在极其显著的差异（$p<0.001$），高中教师认为获得的时间支持充分的比例高于小学教师，小学教师认为获得的时间支持充分的比例高于初中教师（表 5-160）。

表 5-160　不同任教学段中小学教师获得时间支持情况比较

变量	分组	样本量	平均数±标准差	平均秩	H 值	p 值	Nemenyi 多重比较
任教学段	小学	4276	3.226±1.244	3554.548	93.8646	<0.0001	C>A>B
	初中	2187	2.946±1.247	3109.851			
	高中	390	3.403±1.090	3807.027			

综上，仅四成多中小学教师认为学校为其专业发展提供的时间支持比较充分。城市中小学教师认为获得的时间支持充分的比例高于乡镇中小学教师，高中教师认为获得的时间支持充分的比例高于小学教师，小学教师认为获得的时间支持充分的比例高于初中教师。

③超过七成的中小学教师认为学校组织教师进行教学研究的力度比较大

中小学教师对学校组织教师进行教学研究的力度的评价调查结果显示，选择“非常小”的比例为3.80%，选择“小”的比例为5.20%，选择“比较小”的比例为17.50%，选择“比较大”的比例为44.10%，选择“大”的比例为23.80%，选择“非常大”的比例为5.70%。选择“比较大”“大”和“非常大”的总比例为73.60%，即超过七成的中小学教师认为学校组织教师进行教学研究的力度比较大（表5-161）。

表5-161　中小学教师获得研究支持情况

变量	分组	例数	非常小	小	比较小	比较大	大	非常大
性别	男	2067	99（4.79）	106（5.13）	378（18.29）	857（41.46）	516（24.96）	111（5.37）
	女	4849	162（3.34）	255（5.26）	834（17.20）	2192（45.21）	1128（23.26）	278（5.73）
城乡	城市	4426	147（3.32）	197（4.45）	726（16.40）	2053（46.38）	1018（23.00）	285（6.44）
	乡镇	2473	113（4.57）	163（6.59）	484（19.57）	981（39.67）	627（25.35）	105（4.25）
地区	东部	1084	34（3.14）	40（3.69）	252（23.25）	552（50.92）	165（15.22）	41（3.78）
	中部	1106	32（2.89）	56（5.06）	149（13.47）	518（46.84）	301（27.22）	50（12.79）
	西部	4719	195（4.13）	265（5.62）	809（17.14）	1973（41.81）	1177（24.94）	300（6.36）

续表

变量	分组	例数	非常小	小	比较小	比较大	大	非常大
任教学段	小学	4271	146 (3.42)	207 (4.85)	716 (16.76)	1906 (44.63)	1059 (24.80)	237 (5.55)
	初中	2181	109 (5.00)	144 (6.60)	449 (20.59)	914 (41.91)	440 (20.17)	125 (5.73)
	高中	393	5 (1.27)	9 (2.29)	30 (7.63)	193 (49.11)	135 (34.35)	21 (5.34)

对不同性别和城乡中小学教师获得研究支持情况进行统计（t 检验）分析发现：不同性别中小学教师对学校组织教师进行教学研究的力度的评价没有显著差异（$p>0.05$），城乡中小学教师对学校组织教师进行教学研究的力度的评价存在极其显著的差异（$p<0.001$），城市中小学教师对学校组织教师进行教学研究的力度的评价高于乡镇中小学教师（表5-162）。

表 5-162　中小学教师获得研究支持情况的性别和城乡比较

变量	分组	样本量	平均数±标准差	t 值或 t' 值	p 值
性别	男	2067	3.928±1.131	-1.44	0.1512
	女	4849	3.970±1.070		
城乡	城市	4426	4.006±1.062	4.76	0.0001
	乡镇	2473	3.874±1.131		

对不同地区中小学教师对学校组织教师进行教学研究的力度的评价进行 Kruskal-Wallis H 统计检验分析发现，不同地区中小学教师对学校组织教师进行教学研究的力度的评价存在极其显著的差异（$p<0.001$）。进一步分析表明，中部中小学教师对学校组织教师进行教学研究的力度的评价高于东部和西部中小学教师（表5-163）。

表 5-163　中小学教师获得研究支持情况的地区比较

变量	分组	样本量	平均数±标准差	平均秩	*H* 值	*p* 值	Nemenyi 多重比较
地区	东部	1084	3.827±0.968	3134.826	40.9719	0.0001	2>1 2>3
	中部	1106	4.040±1.025	3616.375			
	西部	4719	3.969±1.127	3490.725			

对不同任教学段中小学教师对学校组织教师进行教学研究的力度的评价进行 Kruskal-Wallis *H* 统计检验分析发现，不同任教学段中小学教师对学校组织教师进行教学研究的力度的评价存在极其显著的差异（$p<0.001$）。进一步分析表明，高中教师对学校组织教师进行教学研究的力度的评价高于小学教师，小学教师对学校组织教师进行教学研究的力度的评价高于初中教师（表 5-164）。

表 5-164　不同任教学段中小学教师获得研究支持情况比较

变量	分组	样本量	平均数±标准差	平均秩	*H* 值	*p* 值	Nemenyi 多重比较
任教学段	小学	4271	3.992±1.067	3481.536	77.0799	0.0001	C>A>B
	初中	2181	3.829±1.150	3198.815			
	高中	393	4.290±0.870	4030.991			

综上，超过七成的中小学教师认为学校组织教师进行教学研究的力度比较大。城市中小学教师对学校组织教师进行教学研究的力度的评价高于乡镇中小学教师，中部中小学教师的评价高于东部和西部中小学教师，高中教师的评价高于小学教师，小学教师的评价高于初中教师。

（4）中小学教师工作情绪和状态调查结果

中小学教师工作情绪和状态调查结果显示，教师选择“非常差”的比例为 3.00%，选择“差”的比例为 4.50%，选择“比较差”的比例为 16.00%，选择“比较好”的比例为 53.20%，选择“好”的比例为 18.10%，选择“非常好”的比例为 5.80%。选择“比较好”“好”和“非常好”的总比例为 77.10%，即约 3/4 的中小学教师认为身边多数教师在教学工作中的情绪和状态比较好（表 5-165）。

表 5-165　中小学教师工作情绪和状态情况

变量	分组	例数	非常差	差	比较差	比较好	好	非常好
性别	男	2071	83（4.01）	114（5.50）	321（15.50）	1052（50.80）	407（19.65）	94（4.54）
	女	4858	121（2.49）	199（4.10）	786（16.18）	2635（54.24）	846（17.41）	271（5.58）
城乡	城市	4437	116（2.61）	155（3.49）	712（16.05）	2499（56.32）	720（16.23）	235（5.30）
	乡镇	2475	89（3.60）	156（6.30）	395（15.96）	1174（47.43）	531（21.45）	130（5.25）
地区	东部	1090	25（2.29）	42（3.85）	177（16.24）	653（58.83）	243（21.89）	63（5.68）
	中部	1110	162（3.43）	254（5.38）	812（17.20）	2380（50.40）	857（18.15）	257（5.44）
	西部	4722	162（3.43）	254（5.38）	812（17.20）	2380（50.40）	857（18.15）	257（5.44）
任教学段	小学	4277	106（2.48）	187（4.37）	642（15.01）	2301（53.80）	802（18.75）	239（5.59）
	初中	2189	93（4.25）	123（5.62）	417（19.05）	1112（50.80）	347（15.85）	97（4.43）
	高中	393	4（1.02）	0（0.00）	37（9.41）	237（60.31）	92（23.41）	23（5.85）

对不同性别和城乡中小学教师对工作情绪和状态的评价进行统计（t 检验）分析发现，不同性别中小学教师工作情绪和状态的评价存在显著差异（$p<0.05$），女教师的评价高于男教师，城乡中小学教师对工作情绪和状态的评价没有显著差异（5-166）。

表 5-166　不同性别、城乡中小学教师工作情绪和状态比较

变量	分组	样本量	平均数±标准差	t 值或 t' 值	p 值
性别	男	2071	3. 902±1. 051	-2. 42	0. 0156
	女	4858	3. 967±0. 973		
城乡	城市	4437	3. 959±0. 953	1. 29	0. 1978
	乡镇	2475	3. 926±1. 075		

对不同地区中小学教师对工作情绪和状态的评价进行 Kruskal-Wallis H 统计检验分析发现，不同地区中小学教师对工作情绪和状态的评价存在极其显著的差异（$p<0.001$），进一步统计分析表明，中部中小学教师评价高于东部和西部地区教师（表 5-167）。

表 5-167　中小学教师工作情绪和状态的地区比较

变量	分组	样本量	平均数±标准差	平均秩	H 值	p 值	Nemenyi 多重比较
地区	东部	1090	3. 909±0. 900	3352. 558	57. 1657	0. 0001	2>1 2>3
	中部	1110	4. 150±0. 854	3840. 339			
	西部	4722	3. 908±1. 043	3397. 594			

对不同任教学段中小学教师对工作情绪和状态的评价进行 Kruskal-Wallis H 统计检验分析发现：不同任教学段中小学教师对工作情绪和状态的评价存在极其显著的差异（$p<0.001$），高中教师评价高于小学教师，小学教师的评价高于初中教师（表 5-168）。

表 5-168　不同任教学段中小学教师工作情绪和状态比较

变量	分组	样本量	平均数±标准差	平均秩	H 值	p 值	Nemenyi 多重比较
任教学段	小学	4277	3. 987±0. 979	3501. 145	72. 9512	0. 0001	C>A>B
	初中	2189	3. 817±1. 049	3199. 503			
	高中	393	4. 226±0. 777	3939. 593			

综上，约3/4的中小学教师认为身边多数教师在教学工作中的情绪和状态比较好。女教师的评价高于男教师，中部中小学教师的评价高于东部和西部中小学教师，高中教师的评价高于小学教师，小学教师的评价高于初中教师。

（5）学校管理制度调查结果

①六成多中小学教师认为学校对教师的考核评价制度比较合理

中小学教师学校管理制度调查结果显示，教师选择“非常不合理”的比例为7.40%，选择“不合理”的比例为14.60%，选择“比较不合理”的比例为16.20%，选择“比较合理”的比例为46.10%，选择“合理”的比例为13.20%，选择“非常合理”的比例为2.60%。选择“比较合理”“合理”和“非常合理”的总比例为61.90%，即六成多中小学教师认为学校对教师的考核评价制度比较合理（表5-169）。

表5-169　中小学教师对学校管理制度的评价情况

变量	分组	例数	非常不合理	不合理	比较不合理	比较合理	合理	非常合理
性别	男	2065	187 （9.06）	302 （14.62）	333 （16.13）	929 （44.99）	261 （12.64）	53 （2.57）
	女	4855	324 （6.67）	708 （14.58）	787 （16.21）	2260 （46.55）	651 （13.41）	125 （2.57）
城乡	城市	4434	270 （6.09）	533 （12.02）	764 （17.23）	2169 （48.92）	572 （12.90）	156 （70.79）
	乡镇	2469	241 （9.76）	474 （19.20）	356 （14.42）	1007 （40.79）	339 （13.73）	52 （2.11）
地区	东部	1087	62 （5.70）	138 （12.70）	222 （20.42）	539 （49.59）	110 （10.12）	16 （1.47）
	中部	1104	30 （2.72）	92 （8.33）	121 （10.96）	714 （64.67）	109 （9.87）	38 （3.44）
	西部	4723	419 （8.87）	780 （16.51）	777 （16.45）	1933 （40.93）	690 （14.61）	124 （2.63）

续表

变量	分组	例数	非常不合理	不合理	比较不合理	比较合理	合理	非常合理
任教学段	小学	4275	272 (6.36)	644 (15.06)	617 (14.43)	1967 (46.01)	657 (15.37)	118 (2.76)
	初中	2185	227 (10.39)	345 (15.79)	442 (20.23)	920 (42.11)	209 (9.57)	42 (1.92)
	高中	389	5 (1.29)	17 (4.37)	46 (11.83)	267 (68.64)	42 (10.80)	12 (3.08)

对不同性别和城乡中小学教师对学校管理制度合理性的评价进行统计（t检验）分析发现：不同性别中小学教师对学校管理制度合理性的评价存在显著差异（$p<0.05$），中小学女教师对学校管理制度合理性的评价比中小学男教师更高；城乡中小学教师对学校管理制度合理性的评价存在极其显著的差异（$p<0.001$），城市中小学教师对学校管理制度合理性的评价高于乡镇教师（表5-170）。

表5-170　中小学教师对学校管理制度评价的性别和城乡比较

变量	分组	样本量	平均数±标准差	t值或t'值	p值
性别	男	2065	3.452±1.221	-2.50	0.0123
	女	4855	3.532±1.168		
城乡	城市	4434	3.590±1.130	7.58	0.0001
	乡镇	2469	3.358±1.265		

对不同地区中小学教师对学校管理制度合理性的评价进行Kruskal-Wallis H统计检验分析发现，不同地区中小学教师对学校管理制度合理性的评价存在极其显著的差异（$p<0.001$）。进一步分析表明，中部中小学教师对学校管理制度合理性的评价高于东部和西部地区中小学教师（表5-171）。

表 5-171　中小学教师学校管理制度评价的地区比较

变量	分组	样本量	平均数±标准差	平均秩	H 值	p 值	Nemenyi 多重比较
地区	东部	1087	3.501±1.067	3404.660	77.3199	<0.0001	2>1 2>3
	中部	1104	3.810±0.943	3913.587			
	西部	4723	3.438±1.248	3363.051			

对不同任教学段中小学教师对学校管理制度合理性的评价进行 Kruskal-Wallis H 统计检验分析发现：不同任教学段中小学教师对学校管理制度合理性的评价存在极其显著的差异（$p<0.001$），高中教师对学校管理制度合理性的评价高于小学教师，小学教师对学校管理制度合理性的评价高于初中教师（表 5-172）。

表 5-172　不同任教学段中小学教师学校管理制度评价的比较

变量	分组	样本量	平均数±标准差	平均秩	H 值	p 值	Nemenyi 多重比较
任教学段	小学	4275	3.572±1.184	3537.769	128.0298	0.0001	C>A>B
	初中	2185	3.304±1.208	3093.194			
	高中	389	3.925±0.798	4049.446			

综上，六成多中小学教师认为学校对教师的考核评价制度比较合理。中小学女教师对学校管理制度合理性的评价比中小学男教师更高，城市中小学教师对学校管理制度合理性的评价高于乡镇教师，中部中小学教师对学校管理制度合理性的评价高于东部和西部地区中小学教师，高中教师对学校管理制度合理性的评价高于小学教师，小学教师的评价高于初中教师。

②近六成中小学教师平均每周课时数为 11—15 节

中小学教师平均每周课时数调查结果显示，教师选择“1—5 节”的比例为 2.80%，选择“6—10 节”的比例为 19.70%，选择“11—15 节”的比例为 56.50%，选择“16—20 节”的比例为 19.20%，选择“21 节及以上”的比例为 1.70%。即近六成中小学教师平均每周课时数为 11—15 节。

对不同性别、城乡、地区、任教学段中小学教师平均每周课时数进行统计（卡方检验）分析发现：不同性别中小学教师平均每周课时数没有显著差异（$p>0.05$）；城乡中小学教师平均每周课时数存在极其显著的差异（$p<0.001$），乡镇中小学教师平均每周课时数高于城市中小学教师；不同地区中小学教师平均每周课时数存在极其显著的差异（$p<0.001$），东部和中部中小学教师每周6—10节课的比例低于西部地区教师；不同任教学段中小学教师平均每周课时数存在极其显著的差异（$p<0.001$），小学教师每周16—20节课的比例高于初中和高中教师（表5-173）。

表5-173　不同性别、城乡、地区、任教学段中小学教师工作量比较

变量	分组	例数	1—5节	6—10节	11—15节	16—20节	21节及以上	卡方值	p值
性别	男	2072	69 (3.33)	422 (20.37)	1137 (54.87)	405 (19.55)	39 (1.88)	5.8115	0.2137
	女	4860	125 (2.57)	947 (19.49)	2782 (57.24)	928 (19.09)	78 (1.60)		
城乡	城市	4440	139 (3.13)	914 (20.59)	2557 (57.59)	774 (17.43)	56 (1.26)	47.8225	0.0001
	乡镇	2475	55 (2.22)	446 (18.02)	1354 (54.71)	559 (22.59)	61 (2.46)		
地区	东部	1090	35 (3.21)	163 (14.95)	730 (66.97)	153 (14.04)	9 (0.83)	173.4435	0.0001
	中部	1111	16 (1.44)	144 (12.96)	748 (67.33)	198 (17.82)	5 (0.45)		
	西部	4724	143 (3.03)	1061 (22.46)	2436 (51.57)	981 (20.77)	103 (2.18)		
任教学段	小学	4275	109 (2.55)	846 (19.79)	2353 (55.04)	895 (20.94)	72 (1.68)	39.0052	0.0001
	初中	2194	71 (3.24)	454 (20.69)	1283 (58.48)	348 (15.86)	38 (1.73)		
	高中	393	5 (1.27)	55 (13.99)	248 (63.10)	79 (10.10)	6 (1.53)		

综上，近六成中小学教师平均每周课时数为11—15节，乡镇中小学教师平均每周课时数高于城市中小学教师，东部和中部中小学教师每周6—10节课的比例低于西部中小学教师，小学教师每周16—20节课的比例高于初中和高中教师。

（6）中小学教师工作压力调查结果

中小学教师工作压力调查结果显示，教师选择“非常小”的比例为0.50%，选择“小”的比例为2.40%，选择“比较小”的比例为7.20%，选择“比较大”的比例为40.30%，选择“大”的比例为29.00%，选择“非常大”的比例为20.60%。选择“比较大”“大”和“非常大”的总比例为89.90%，即近九成中小学教师认为工作压力比较大（表5-174）。

表5-174 中小学教师工作压力情况

变量	分组	例数	非常小	小	比较小	比较大	大	非常大
性别	男	2069	17 （0.82）	64 （3.09）	164 （7.93）	752 （36.35）	619 （29.92）	453 （21.89）
	女	4858	18 （0.37）	100 （2.06）	337 （6.94）	2037 （41.93）	1391 （28.63）	975 （20.07）
城乡	城市	4438	20 （0.45）	60 （1.35）	329 （7.41）	1853 （41.75）	1293 （29.13）	883 （19.90）
	乡镇	2472	15 （0.61）	104 （4.21）	170 （6.88）	925 （37.42）	712 （28.80）	546 （22.09）
地区	东部	1090	4 （0.37）	12 （1.10）	102 （9.36）	529 （48.53）	255 （23.39）	188 （17.25）
	中部	1107	0 （0.00）	72 （6.50）	87 （7.86）	466 （42.10）	418 （37.76）	64 （5.78）
	西部	4723	31 （0.66）	80 （1.69）	311 （6.58）	1788 （37.86）	1338 （28.33）	1175 （24.88）

续表

变量	分组	例数	非常小	小	比较小	比较大	大	非常大
任教学段	小学	4277	16 (0.37)	94 (2.20)	284 (6.64)	1807 (42.25)	1220 (28.52)	856 (20.01)
	初中	2187	16 (0.73)	58 (2.65)	192 (8.78)	817 (37.36)	587 (26.84)	517 (23.64)
	高中	392	0 (0.00)	10 (2.55)	19 (4.85)	133 (33.93)	189 (48.21)	41 (10.46)

对不同性别和城乡中小学教师工作压力情况进行统计（t 检验）分析发现：不同性别中小学教师工作压力没有显著差异（$p>0.05$），城乡中小学教师工作压力没有显著差异（$p>0.05$）（表 5-175）。

表 5-175 中小学教师工作压力的性别和城乡比较

变量	分组	样本量	平均数±标准差	t 值或 t' 值	p 值
性别	男	2069	4.571±1.061	0.19	0.8481
	女	4858	4.566±0.977		
城乡	城市	4438	4.575±0.962	0.61	0.5398
	乡镇	2472	4.559±1.073		

对不同地区中小学教师工作压力情况进行 Kruskal-Wallis H 统计检验分析发现，不同地区中小学教师工作压力存在极其显著的差异（$p<0.001$）。进一步分析表明，西部中小学教师工作压力大于东部地区中小学教师，东部地区中小学教师工作压力大于中部地区中小学教师（表 5-176）。

表 5-176 中小学教师工作压力的地区比较

变量	分组	样本量	平均数±标准差	平均秩	H 值	p 值	Nemenyi 多重比较
地区	东部	1090	4.452±0.944	3178.739	137.8922	0.0001	3>1>2
	中部	1107	4.285±0.931	2976.698			
	西部	4723	4.661±1.017	3638.922			

对不同任教学段中小学教师工作压力情况进行 Kruskal-Wallis H 统计检验分析发现，不同任教学段中小学教师工作压力没有显著差异（$p>0.05$）（表 5-177）。

表 5-177　不同任教学段中小学教师工作压力比较

变量	分组	样本量	平均数±标准差	平均秩	H 值	p 值
任教学段	小学	4277	4.564±0.978	3404.162	2.1518	0.3410
	初中	2187	4.578±1.068	3461.125		
	高中	392	4.592±0.838	3512.033		

综上，近九成中小学教师认为工作压力比较大，西部中小学教师工作压力大于东部地区中小学教师，东部地区中小学教师工作压力大于中部地区中小学教师。

3. 中小学教师政府保障情况调查结果

（1）中小学教师社会地位调查结果

中小学教师社会地位调查结果显示，选择“非常低”的比例为 23.20%，选择“低”的比例为 19.70%，选择“比较低”的比例为 35.80%，选择“比较高”的比例为 16.20%，选择“高”的比例为 4.10%，选择“非常高”的比例为 1.00%。选择“比较高”“高”和“非常高”的总比例为 21.30%，即仅两成多中小学教师认为教师的社会地位比较高（表 5-178）。

表 5-178　中小学教师社会地位评价情况

变量	分组	例数	非常低	低	比较低	比较高	高	非常高
性别	男	2069	569 (27.50)	427 (20.64)	683 (33.01)	279 (13.48)	83 (4.01)	28 (1.35)
	女	4858	1036 (21.33)	941 (19.37)	1797 (36.99)	843 (17.35)	202 (4.16)	39 (0.80)

续表

变量	分组	例数	非常低	低	比较低	比较高	高	非常高
城乡	城市	4434	967 (21.81)	826 (18.63)	1578 (35.59)	844 (19.03)	179 (4.04)	40 (0.90)
	乡镇	2475	638 (25.78)	532 (21.49)	896 (36.20)	276 (11.15)	106 (4.28)	27 (1.09)
地区	东部	1089	144 (13.22)	187 (17.17)	433 (39.76)	282 (25.90)	36 (3.31)	7 (0.64)
	中部	1110	189 (17.03)	282 (25.41)	443 (39.91)	193 (17.39)	2 (0.18)	1 (0.09)
	西部	4721	1271 (26.92)	899 (19.04)	1601 (33.91)	644 (13.64)	247 (5.23)	59 (1.25)
任教学段	小学	4277	958 (22.40)	815 (19.06)	1541 (36.03)	724 (16.93)	200 (4.68)	39 (0.91)
	初中	2189	579 (26.45)	440 (20.10)	754 (34.44)	311 (14.21)	80 (3.65)	25 (1.14)
	高中	390	61 (15.64)	101 (25.90)	159 (40.77)	67 (17.18)	2 (0.51)	0 (0.00)

对不同性别和城乡中小学教师对教师社会地位的评价进行统计（t 检验）分析发现：不同性别中小学教师对教师社会地位的评价存在极其显著的差异（$p<0.001$），中小学女教师对教师社会地位的评价高于中小学男教师；城乡中小学教师对教师社会地位的评价也存在极其显著的差异（$p<0.001$），城市中小学教师对教师社会地位的评价高于乡镇中小学教师（表 5-179）。

表 5-179　中小学教师社会地位评价的性别和城乡比较

变量	分组	样本量	平均数±标准差	t 值或 t' 值	p 值
性别	男	2069	2.499±1.214	-5.13	0.0001
	女	4858	2.661±1.159		

续表

变量	分组	样本量	平均数±标准差	t 值或 t' 值	p 值
城乡	城市	4434	2.676±1.178	5.97	0.0001
	乡镇	2475	2.499±1.173		

对不同地区中小学教师对教师社会地位的评价进行 Kruskal-Wallis H 统计检验分析发现：不同地区中小学教师对教师社会地位的评价存在极其显著的差异（$p<0.001$），东部中小学教师对教师社会地位的评价高于中部和西部地区中小学教师（表 5-180）。

表 5-180　不同地区中小学教师社会地位评价比较

变量	分组	样本量	平均数±标准差	平均秩	H 值	p 值	Nemenyi 多重比较
地区	东部	1089	2.908±1.069	3995.607	103.5201	0.0001	1>2 1>3
	中部	1110	2.586±0.976	3461.755			
	西部	4721	2.550±1.234	3336.771			

对不同任教学段中小学教师对教师社会地位的评价进行 Kruskal-Wallis H 统计检验分析发现：不同任教学段中小学教师对教师社会地位的评价存在极其显著的差异（$p<0.001$），小学教师对教师社会地位的评价高于初中教师（表 5-181）。

表 5-181　不同任教学段中小学教师社会地位评价比较

变量	分组	样本量	平均数±标准差	平均秩	H 值	p 值	Nemenyi 多重比较
任教学段	小学	4277	2.652±1.185	3501.542	20.3011	0.0001	A>B
	初中	2189	2.519±1.192	3277.094			
	高中	390	2.610±0.963	3477.292			

综上，仅两成多中小学教师认为教师的社会地位比较高，中小学女教师对教师社会地位的评价高于中小学男教师，城市中小学教师的评价高于

乡镇教师，东部中小学教师的评价高于中部和西部地区教师，小学教师的评价高于初中教师。

（2）中小学教师政府管理制度调查结果

中小学教师对职称评审制度合理性的评价结果显示，教师选择“非常不合理”的比例为14.00%，选择“不合理”的比例为20.30%，选择“比较不合理”的比例为18.70%，选择“比较合理”的比例为34.80%，选择“合理”的比例为10.50%，选择“非常合理”的比例为1.70%。选择“比较合理”“合理”和“非常合理”的总比例为47.00%，即接近一半中小学教师认为职称评审制度比较合理（表5-182）。

表5-182　中小学教师政府管理制度评价情况

变量	分组	例数	非常不合理	不合理	比较不合理	比较合理	合理	非常合理
性别	男	2071	342 (16.51)	404 (19.51)	414 (19.99)	681 (32.88)	198 (9.56)	32 (1.55)
	女	4860	627 (12.90)	1000 (20.58)	885 (18.21)	1732 (35.64)	529 (10.88)	87 (1.79)
城乡	城市	4438	542 (12.21)	864 (19.47)	820 (18.48)	1667 (37.56)	461 (10.39)	84 (1.89)
	乡镇	2475	425 (17.17)	538 (21.74)	474 (19.15)	737 (29.78)	266 (10.75)	35 (1.41)
地区	东部	1090	152 (13.94)	201 (18.44)	254 (23.30)	401 (36.79)	72 (6.61)	10 (0.92)
	中部	1111	84 (7.56)	197 (17.73)	268 (24.12)	448 (40.32)	80 (7.20)	34 (3.06)
	西部	4722	732 (15.50)	1004 (21.26)	776 (16.43)	1560 (33.04)	575 (12.18)	75 (1.59)

续表

变量	分组	例数	非常不合理	不合理	比较不合理	比较合理	合理	非常合理
任教学段	小学	4276	568 (13.28)	890 (20.81)	745 (17.42)	1511 (35.34)	487 (11.39)	75 (1.75)
	初中	2192	378 (17.24)	455 (20.76)	446 (20.35)	677 (30.89)	206 (9.40)	30 (1.37)
	高中	391	16 (4.09)	49 (12.53)	94 (24.04)	192 (49.10)	29 (7.42)	11 (2.81)

对不同性别和城乡中小学教师对职称评审制度合理性的评价进行统计（t 检验）分析发现：不同性别中小学教师对职称评审制度合理性的评价存在极其显著的差异（$p<0.001$），女教师对职称评审制度合理性的评价高于男教师；城乡中小学教师对职称评审制度合理性的评价存在极其显著的差异（$p<0.001$），城市中小学教师对职称评审制度合理性的评价高于乡镇中小学教师（表 5-183）。

表 5-183　中小学教师政府管理制度评价的性别和城乡比较

变量	分组	样本量	平均数±标准差	t 值或 t' 值	p 值
性别	男	2071	3.041±1.306	-3.63	0.0003
	女	4860	3.164±1.284		
城乡	城市	4438	3.201±1.267	6.32	0.0001
	乡镇	2475	2.994±1.327		

对不同地区中小学教师对职称评审制度合理性的评价进行 Kruskal-Wallis H 统计检验分析发现，不同地区中小学教师对职称评审制度合理性的评价存在极其显著的差异（$p<0.001$）。进一步分析表明，中部中小学教师对职称评审制度合理性的评价高于东部和西部中小学教师（表 5-184）。

表 5-184　不同地区中小学教师对政府管理制度评价的比较

变量	分组	样本量	平均数±标准差	平均秩	H 值	p 值	Nemenyi 多重比较
地区	东部	1090	3. 064±1. 206	3360. 212	21. 0987	0. 0001	2>1 2>3
	中部	1111	3. 311±1. 162	3699. 888			
	西部	4722	3. 099±1. 336	3429. 525			

对不同任教学段中小学教师对职称评审制度合理性的评价进行 Kruskal-Wallis H 统计检验分析发现，不同任教学段中小学教师对职称评审制度合理性的评价存在极其显著的差异（$p<0.001$）。进一步分析表明，高中教师对职称评审制度合理性的评价高于小学教师，小学教师对职称评审制度合理性的评价高于初中教师（表 5-185）。

表 5-185　不同任教学段中小学教师对政府管理制度评价的比较

变量	分组	样本量	平均数±标准差	平均秩	H 值	p 值	Nemenyi 多重比较
任教学段	小学	4276	3. 160±1. 297	3485. 381	61. 9136	0. 0001	C>A>B
	初中	2192	2. 985±1. 306	3222. 810			
	高中	391	3. 517±1. 032	3985. 889			

综上，接近一半中小学教师认为职称评审制度比较合理。女教师对职称评审制度合理性的评价高于男教师，城市中小学教师的评价高于乡镇中小学教师，中部中小学教师的评价高于东部和西部中小学教师，高中教师的评价高于小学教师，小学教师的评价高于初中教师。

（3）中小学教师工资待遇调查结果

中小学教师工资待遇调查结果显示，选择“非常不满意”的比例为 25. 10%，选择“不满意”的比例为 29. 60%，选择“比较不满意”的比例为 22. 20%，选择“比较满意”的比例为 17. 80%，选择“满意”的比例为 4. 20%，选择“非常满意”的比例为 1. 10%。选择“比较满意”“满意”和“非常满意”的总比例为 23. 10%，即仅不到 1/4 的中小学教师对目前的工资待遇比较满意（表5-186）。

表5-186　中小学教师工资待遇满意度情况

变量	分组	例数	非常不满意	不满意	比较不满意	比较满意	满意	非常满意
性别	男	2068	545 (26.35)	624 (30.17)	474 (22.92)	318 (15.38)	81 (3.92)	26 (1.26)
	女	4856	1190 (24.51)	1422 (29.28)	1064 (21.91)	914 (18.82)	213 (4.39)	53 (1.09)
城乡	城市	4432	1111 (25.07)	1238 (27.93)	1041 (23.49)	812 (18.32)	174 (3.93)	56 (1.26)
	乡镇	2475	623 (15.17)	799 (32.28)	495 (20.00)	415 (16.77)	120 (4.85)	23 (0.93)
地区	东部	1089	166 (15.24)	274 (25.16)	331 (30.39)	283 (25.99)	30 (2.75)	5 (0.46)
	中部	1111	290 (26.10)	307 (27.63)	356 (32.04)	110 (9.90)	25 (2.25)	23 (2.07)
	西部	4717	1279 (27.11)	1461 (30.97)	849 (18.00)	838 (17.77)	239 (5.07)	51 (1.08)
任教学段	小学	4275	1005 (23.51)	1304 (30.50)	898 (21.01)	835 (19.53)	198 (4.63)	35 (0.82)
	初中	2191	627 (28.62)	619 (28.25)	494 (22.55)	336 (15.34)	81 (3.70)	34 (1.55)
	高中	389	85 (21.85)	108 (27.76)	131 (33.68)	48 (12.34)	11 (2.83)	6 (1.54)

对不同性别和城乡中小学教师工资待遇满意度进行统计（t检验）分析发现：不同性别中小学教师对工资待遇的满意度存在极其显著的差异（$p<0.001$），中小学女教师对工资待遇的满意度高于中小学男教师，城乡中小学教师工资待遇满意度没有显著差异（$p>0.05$）（表5-187）。

表 5-187　中小学教师工资待遇满意度的性别和城乡比较

变量	分组	样本量	平均数±标准差	t 值或 t' 值	p 值
性别	男	2068	2. 441±1. 212	−2. 64	0. 0003
	女	4856	2. 526±1. 229		
城乡	城市	4432	2. 519±1. 227	1. 71	0. 0865
	乡镇	2475	2. 466±1. 221		

对不同地区中小学教师工资待遇进行 Kruskal-Wallis H 统计检验分析发现，不同地区中小学教师工资待遇满意度存在极其显著的差异（$p<0.001$）。进一步统计分析表明，东部中小学教师工资待遇满意度高于中部和西部中小学教师（表 5-188）。

表 5-188　中小学教师工资待遇满意度的地区比较

变量	分组	样本量	平均数±标准差	平均秩	H 值	p 值	Nemenyi 多重比较
地区	东部	1089	2. 772±1. 105	3964. 161	88. 4007	<0. 0001	1>2 1>3
	中部	1111	2. 408±1. 160	3324. 784			
	西部	4717	2. 459±1. 257	3373. 987			

对不同任教学段中小学教师工资待遇进行 Kruskal-Wallis H 统计检验分析发现，不同任教学段中小学教师工资待遇满意度存在极其显著的差异（$p<0.001$），小学教师工资待遇满意度高于初中教师（表 5-189）。

表 5-189　不同任教学段中小学教师工资待遇满意度比较

变量	分组	样本量	平均数±标准差	平均秩	H 值	p 值	Nemenyi 多重比较
任教学段	小学	4275	2. 537±1. 219	3494. 784	17. 1765	0. 0002	A>B
	初中	2191	2. 419±1. 237	3287. 797			
	高中	389	2. 512±1. 137	3483. 742			

综上，仅有不到 1/4 的中小学教师对目前的工资和待遇比较满意。中

小学女教师对工资待遇的满意度高于中小学男教师，东部中小学教师工资待遇满意度高于中部和西部中小学教师，小学教师工资待遇满意度高于初中教师。

4. 中小学教师总体满意度调查结果

（1）仅两成多中小学教师在工作中比较愉快

中小学教师工作情绪调查结果显示，教师选择“非常不愉快”的比例为13.10%，选择“不愉快”的比例为15.90%，选择“比较不愉快”的比例为48.30%，选择“比较愉快”的比例为14.00%，选择“愉快”的比例为6.00%，选择“非常愉快”的比例为2.60%。选择“比较愉快”“愉快”和“非常愉快”的总比例为22.60%，仅两成多中小学教师在工作中比较愉快（表5-190）。

表5-190 中小学教师工作情绪情况

变量	分组	例数	非常不愉快	不愉快	比较不愉快	比较愉快	愉快	非常愉快
性别	男	2072	156（7.53）	282（13.61）	327（15.78）	942（45.46）	300（14.48）	65（3.14）
	女	4859	262（5.39）	629（12.95）	773（15.91）	2405（49.50）	674（13.87）	116（2.39）
城乡	城市	4439	218（4.91）	500（11.26）	668（15.05）	2330（52.49）	596（13.43）	127（2.86）
	乡镇	2475	201（8.12）	411（16.61）	425（17.17）	1007（40.69）	377（15.23）	54（2.18）
地区	东部	1091	37（3.39）	96（8.80）	151（13.84）	633（58.02）	139（12.74）	35（3.21）
	中部	1110	20（1.80）	62（5.59）	109（9.82）	710（63.96）	167（15.05）	42（3.78）
	西部	4723	362（7.66）	752（15.92）	839（17.76）	2001（42.37）	666（14.10）	103（2.18）

续表

变量	分组	例数	非常不愉快	不愉快	比较不愉快	比较愉快	愉快	非常愉快
任教学段	小学	4276	242 (5.66)	583 (13.63)	701 (16.39)	2004 (46.87)	637 (14.90)	109 (2.55)
	初中	2191	170 (7.76)	303 (13.83)	367 (16.75)	1038 (47.38)	257 (11.73)	56 (2.56)
	高中	393	5 (1.27)	14 (3.56)	26 (6.62)	267 (67.94)	67 (17.05)	14 (3.56)

对不同性别和城乡中小学教师工作情绪情况进行统计（t 检验）分析发现：不同性别中小学教师工作情绪没有显著差异（$p>0.05$），城乡中小学教师工作情绪存在极其显著的差异（$p<0.001$），城市中小学教师比乡镇中小学教师在工作中更感到愉快（表5-191）。

表5-191　中小学教师工作情绪的性别和城乡比较

变量	分组	样本量	平均数±标准差	t 值或 t' 值	p 值
性别	男	2072	3.552±1.204	-1.78	0.0749
	女	4859	3.607±1.114		
城乡	城市	4439	3.668±1.087	7.44	0.0001
	乡镇	2475	3.448±1.226		

对不同地区中小学教师工作情绪状况进行 Kruskal-Wallis H 统计检验分析发现，不同地区中小学教师工作情绪存在极其显著的差异（$p<0.001$）。进一步分析表明，中部中小学教师比东部中小学教师在工作中愉快，东部中小学教师比西部中小学教师愉快（表5-192）。

表 5-192　中小学教师工作情绪的地区比较

变量	分组	样本量	平均数±标准差	平均秩	H 值	p 值	Nemenyi 多重比较
地区	东部	1091	3. 775±1. 001	3739. 878	193. 2582	0. 0001	2>1>3
	中部	1110	3. 962±0. 886	4060. 183			
	西部	4723	3. 459±1. 200	3257. 959			

对不同任教学段中小学教师工作情绪状况进行 Kruskal-Wallis H 统计检验分析发现，不同任教学段中小学教师工作情绪存在极其显著的差异（$p<0.001$）。进一步分析表明，高中教师比小学教师在工作中愉快，小学教师比初中教师愉快（表 5-193）。

表 5-193　不同任教学段中小学教师工作情绪比较

变量	分组	样本量	平均数±标准差	平均秩	H 值	p 值	Nemenyi 多重比较
任教学段	小学	4276	3. 594±1. 142	3437. 719	86. 0778	0. 0001	C>A>B
	初中	2191	3. 492±1. 175	3275. 215			
	高中	393	4. 066±0. 796	4217. 684			

综上，仅两成多中小学教师在工作中比较愉快。在工作中，城市中小学教师比乡镇中小学教师更加愉快，中部中小学教师比东部中小学教师愉快，东部中小学教师比西部中小学教师愉快，高中教师比小学教师愉快，小学教师比初中教师愉快。

（2）超过一半的中小学教师比较愿意推荐亲友到自己学校做教师

中小学教师工作归属感调查结果显示，选择“非常不愿意”的比例为 11. 60%，选择“不愿意”的比例为 22. 60%，选择“比较不愿意”的比例为 13. 90%，选择“比较愿意”的比例为 29. 80%，选择“愿意”的比例为 18. 40%，选择“非常愿意”的比例为 3. 60%。选择“比较愿意”“愿意”和“非常愿意”的总比例为 51. 80%，即超过一半的中小学教师比较愿意推荐亲友到自己学校做教师（表 5-194）。

表 5-194　中小学教师的工作归属感情况

变量	分组	例数	非常不愿意	不愿意	比较不愿意	比较愿意	愿意	非常愿意
性别	男	2070	292 (14.11)	407 (19.66)	280 (13.53)	595 (28.74)	402 (19.42)	94 (4.54)
	女	4857	514 (10.58)	1159 (23.86)	683 (14.06)	1472 (30.31)	871 (17.93)	158 (3.25)
城乡	城市	4435	460 (10.37)	890 (20.07)	628 (14.16)	1470 (33.15)	803 (18.11)	184 (4.15)
	乡镇	2475	346 (13.98)	673 (27.19)	331 (13.37)	587 (23.72)	470 (18.99)	68 (2.75)
地区	东部	1091	85 (7.79)	180 (16.50)	185 (16.96)	401 (36.76)	200 (18.33)	40 (3.67)
	中部	1111	52 (4.68)	136 (12.24)	145 (13.05)	468 (42.12)	256 (23.04)	54 (4.86)
	西部	4718	669 (14.18)	1248 (26.45)	633 (13.42)	1197 (25.37)	816 (17.30)	155 (3.29)
任教学段	小学	4278	498 (11.64)	985 (23.02)	578 (13.51)	1227 (28.68)	843 (19.71)	147 (3.44)
	初中	2190	289 (13.20)	536 (24.47)	336 (15.34)	628 (28.68)	316 (14.43)	85 (3.88)
	高中	390	11 (2.82)	33 (8.46)	38 (9.74)	191 (48.97)	100 (25.64)	17 (4.36)

对不同性别和城乡中小学教师推荐亲友到自己学校做教师的意愿进行统计（t 检验）分析发现：不同性别中小学教师推荐亲友到自己学校做教师的意愿没有显著差异（$p>0.05$），城乡中小学教师推荐亲友到自己学校做教师的意愿存在极其显著的差异（$p<0.001$），城市中小学教师推荐亲友到自己学校做教师的意愿高于乡镇中小学教师（表 5-195）。

表 5-195　中小学教师工作归属感的性别和城乡比较

变量	分组	样本量	平均数±标准差	t 值或 t' 值	p 值
性别	男	2070	3. 333±1. 457	0. 65	0. 5181
	女	4857	3. 309±1. 371		
城乡	城市	4435	3. 410±1. 370	7. 40	0. 0001
	乡镇	2475	3. 148±1. 433		

对不同地区中小学教师推荐亲友到自己学校做教师的意愿进行 Kruskal-Wallis H 统计检验分析发现：不同地区中小学教师推荐亲友到自己学校做教师的意愿存在极其显著的差异（$p<0.001$），中部中小学教师推荐亲友到自己学校做教师的意愿高于东部中小学教师，东部中小学教师推荐亲友到自己学校做教师的意愿高于西部中小学教师（表 5-196）。

表 5-196　中小学教师工作归属感的地区比较

变量	分组	样本量	平均数±标准差	平均秩	H 值	p 值	Nemenyi 多重比较
地区	东部	1091	3. 523±1. 279	3737. 630	222. 7375	0. 0001	2>1>3
	中部	1111	3. 812±1. 197	4145. 951			
	西部	4718	3. 150±1. 432	3235. 005			

对不同任教学段中小学教师推荐亲友到自己学校做教师的意愿进行 Kruskal-Wallis H 统计检验分析发现：不同任教学段中小学教师推荐亲友到自己学校做教师的意愿存在极其显著的差异（$p<0.001$），高中教师推荐亲友到自己学校做教师的意愿高于小学教师，小学教师推荐亲友到自己学校做教师的意愿高于初中教师（表 5-197）。

表 5-197　不同任教学段中小学教师工作归属感比较

变量	分组	样本量	平均数±标准差	平均秩	H 值	p 值	Nemenyi 多重比较
任教学段	小学	4278	3.321±1.406	3442.396	113.6509	0.0001	C>A>B
	初中	2190	3.183±1.398	3237.461			
	高中	390	3.992±1.060	4366.409			

综上，超过一半的中小学教师比较愿意推荐亲友到自己学校做教师。城市中小学教师推荐亲友到自己学校做教师的意愿高于乡镇中小学教师；中部中小学教师的意愿高于东部中小学教师，东部中小学教师的意愿高于西部中小学教师；高中教师的意愿高于小学教师，小学教师的意愿高于初中教师。

（3）七成中小学教师总体上感觉自己比较幸福

中小学教师幸福感调查结果显示，教师选择“非常不幸福”的比例为4.90%，选择“不幸福”的比例为11.00%，选择“比较不幸福”的比例为13.90%，选择“比较幸福”的比例为47.60%，选择“幸福”的比例为18.70%，选择“非常幸福”的比例为3.80%。选择“比较幸福”“幸福”和“非常幸福”的总比例为70.10%，即七成中小学教师总体上感觉自己比较幸福（表5-198）。

表 5-198　中小学教师幸福感情况

变量	分组	例数	非常不幸福	不幸福	比较不幸福	比较幸福	幸福	非常幸福
性别	男	2071	138 (6.66)	265 (12.80)	297 (14.34)	911 (43.99)	380 (18.35)	80 (3.86)
	女	4846	198 (4.09)	498 (10.28)	668 (13.78)	2384 (49.20)	916 (18.90)	182 (3.76)
城乡	城市	4427	193 (4.36)	442 (9.98)	605 (13.67)	2254 (50.91)	756 (17.08)	177 (4.00)
	乡镇	2474	144 (5.82)	321 (12.97)	353 (14.27)	1031 (41.67)	540 (21.83)	85 (3.44)

续表

变量	分组	例数	非常不幸福	不幸福	比较不幸福	比较幸福	幸福	非常幸福
地区	东部	1083	31（2.86）	83（7.66）	144（13.30）	604（55.77）	179（16.53）	42（3.88）
	中部	1111	20（1.80）	70（6.30）	107（9.63）	618（55.63）	249（22.41）	47（4.23）
	西部	4716	286（6.06）	609（12.91）	714（15.14）	2069（43.87）	866（18.36）	172（3.65）
任教学段	小学	4275	192（4.49）	470（10.99）	583（13.64）	2023（47.32）	847（19.81）	160（3.74）
	初中	2180	136（6.24）	279（12.80）	346（15.87）	995（45.64）	342（15.69）	82（3.76）
	高中	393	5（1.27）	9（2.29）	30（7.63）	237（60.31）	96（24.43）	16（4.07）

对不同性别和城乡中小学教师幸福感进行统计（t 检验）分析发现：不同性别中小学教师幸福感存在极其显著的差异（$p<0.001$），中小学女教师幸福感高于男教师；城乡中小学教师幸福感存在显著差异（$p<0.05$），城市中小学教师幸福感高于乡镇中小学教师（表 5-199）。

表 5-199　中小学教师幸福感的性别和城乡比较

变量	分组	样本量	平均数±标准差	t 值或 t' 值	p 值
性别	男	2071	3.662±1.216	-4.40	0.0001
	女	4846	3.798±1.102		
城乡	城市	4427	3.784±1.101	2.50	0.0125
	乡镇	2474	3.710±1.207		

对不同地区中小学教师幸福感进行 Kruskal-Wallis H 统计检验分析发现，不同地区中小学教师幸福感存在极其显著的差异（$p<0.001$）。进一步

分析表明，中部中小学教师幸福感高于东部中小学教师，东部中小学教师高于西部中小学教师（表 5-200）。

表 5-200　中小学教师幸福感的地区比较

变量	分组	样本量	平均数±标准差	平均秩	*H* 值	*p* 值	Nemenyi 多重比较
地区	东部	1083	3.871±1.001	3594.395	92.3713	0.0001	2>1>3
	中部	1111	4.032±0.951	3896.500			
	西部	4716	3.665±1.196	3319.712			

对不同任教学段中小学教师幸福感进行 Kruskal-Wallis *H* 统计检验分析发现，不同任教学段中小学教师幸福感存在极其显著的差异（$p<0.001$）。进一步统计分析表明，高中教师幸福感高于小学教师，小学教师高于初中教师（表 5-201）。

表 5-201　不同任教学段中小学教师幸福感比较

变量	分组	样本量	平均数±标准差	平均秩	*H* 值	*p* 值	Nemenyi 多重比较
任教学段	小学	4275	3.782±1.132	3470.527	79.6826	0.0001	C>A>B
	初中	2180	3.630±1.185	3215.546			
	高中	393	4.165±0.815	4082.910			

综上，七成中小学教师总体上感觉自己比较幸福。中小学女教师幸福感高于男教师；城市中小学教师幸福感高于乡镇中小学教师；中部中小学教师幸福感高于东部教师，东部教师高于西部教师；高中教师幸福感高于小学教师，小学教师高于初中教师。

第六章

教师发展政策建议

实施《国家中长期教育改革和发展规划纲要（2010—2020年）》以来，我国教师队伍建设取得了长足发展。但在新的历史发展起点上，面对新形势、新挑战，我国中小学教师队伍建设，尤其是农村教师队伍建设还存在着一些亟待解决的问题，与日益增长的教育需求和办好人民满意的教育的要求仍有一定的距离。针对这些亟须解决的问题，我们提出相应的改进办法和政策建议。

一、教师需提高专业能力

在中小学教师专业能力调研中，我们共设定8个观测指标，分别是中小学教师自主学习气氛营造情况、中小学教师课堂学生参与度、满足学生学习需求情况、教学设计能力、与学生的沟通交流情况、评价学生能力、课堂组织和管理能力以及交流合作能力。从后6项指标的调研结果来看，被调查者在“比较好”“好”和“非常好”的选择上有一定的趋同性，没有太大差异，3项平均值分别为50.55%、32.70%和11.45%。绝大多数教师都选择“比较好”（表6-1）。

表 6-1　中小学教师专业能力调研结果

观测点	非常差（%）	差（%）	比较差（%）	比较好（%）	好（%）	非常好（%）
满足学生学习需求情况	0.60	1.30	4.90	54.30	27.40	11.50
教学设计能力	0.20	0.60	3.00	52.80	33.20	10.20
与学生的沟通交流情况	0.30	0.50	3.70	50.10	34.00	11.40
评价学生能力	0.50	0.90	8.00	52.00	29.40	9.20
课堂组织和管理能力	0.20	0.40	2.50	50.10	35.60	11.20
交流合作能力	0.40	0.40	3.40	44.00	36.70	15.10
平均值	0.37	0.68	4.25	50.55	32.70	11.45

我国基础教育课程改革已经进行十余年了，中小学都在积极创建符合新课程理念的课堂，这需要教师具备新课程理念所需的专业能力，如教学设计能力、智慧导学能力、研究学生能力、个性化指导能力等。但是由于高等师范院校教学方法滞后，所培养的新教师能力结构依旧以讲授、提问、留作业的教学能力为主，而这些能力远远不能满足新课程教学的需要。由于我国从小学到大学的教学管理体系依旧强调“备、讲、批、辅、考”的老教学常规，没有突出教师专业发展能力的空间和渠道，提高教师专业发展的校本研修和校本培训得不到真正落实，制约了教师科研能力和学习能力的提高。

从调查情况来看，有一定比例的教师没有发表过论文，不会撰写教育论文，连最简单的教学反思也很困难。从中小学教师入职以来在正式报刊上发表的文章数量情况调研结果来看，选择“无”的比例达到 43.00%，说明这部分教师不会写论文、不愿写论文或没有写作意识。

中小学教师入职后学习情况调研结果显示，选择“不断学习”的比例为 57.60%，选择“需要的时候学习”的比例为 26.30%，选择“随大流完成学习任务”的比例为 8.00%，选择“太忙，没有时间”的比例为 7.20%，选择“觉得现在工作还应付得了，学习不是最要紧的”的比例为 0.90%。学习是一位教师应具备的基本素养，而近四成教师一年都很难阅读一本书或一本杂志，这严重影响了教师专业发展。亟须建立相应的管理机制，来扭转目前教师专业能力发展的窘状。现提出以下建议。

一是指导教师树立专业愿景，增强教师的成长意识。

二是师范院校重视教师专业能力方面的课程设置，培养师范生的实践能力。

三是学校要制定教师发展规划，将教师引导到专业发展轨道上来。

四是学校建立教师专业成长记录袋管理系统，为广大教师搭建多元展示平台，让教师体验成长的幸福。

二、需建立合理有效的农村教师补充机制

从 2012 年官方统计数据来看，在年龄结构上，乡村与城区、镇区小学教师的情况整体接近。乡村小学 31—35 岁教师占农村小学专任教师的 16. 77%，46—50 岁教师占农村小学专任教师的 14. 38%。51—55 岁教师有 31. 48 万人，56—60 岁教师有 23. 08 万人，这些教师将陆续退休，对乡村小学教师补充提出了严峻挑战。这些年龄较大的教师主要集中在偏远地区农村教学点，因此，农村教学点教师数量问题、老化问题依然是农村教师队伍建设的重点和难点。在年龄结构上，乡村、城区和镇区初中教师、高中教师的情况基本一致。例如，湖南省桃源县义务教育阶段教师共计 4824 人，其中 50—55 岁教师 1249 人，56—59 岁教师 743 人，分别占教师总人数的 25. 89%和 15. 40%，50 岁以上的教师共占 41. 29%，可见教师队伍老化比较严重。

随着城镇化逐步发展，教师从农村流向城市的趋势出现。从 2011 年教师流动情况来看，三个学段的乡村教师自然减员比例均最低，调出比例均最高。这种高比例的调出和流动，导致农村学校，特别是教学点师资力量薄弱，乡村教师匮乏（表 6-2）。

表 6-2　2011 年小学、初中和普通高中教师变动情况①

学段		增加教师（人）	减少教师（人）	自然减员（人）	调出（人）	自然减员比例（%）	调出比例（%）
小学	城区	134421	108549	24585	54187	22.65	49.92
	镇区	204066	175471	34313	94922	19.55	54.10
	乡村	295630	361423	58255	205410	16.12	56.83
初中	城区	95042	76703	13035	33947	16.99	44.26
	镇区	146615	143344	14286	84545	9.97	58.98
	乡村	73689	93297	7305	64178	7.83	68.79
高中	城区	65385	43569	5606	18382	12.87	42.19
	镇区	71257	54440	3790	30152	6.96	55.39
	乡村	8429	7501	386	4702	5.15	62.68

从上述数据可以看出，我国农村教师队伍存在教师年龄老化问题。从访问座谈中我们得知部分县市近 15 年没有补充新教师，为了完成教学任务，许多学校都是聘用代课教师。由于代课教师的编制不能落实，工资补助较少，严重影响了代课教师的稳定性。据部分教育局长反映，如果不建立教师补充机制，那么 5 年或 10 年后教师队伍将断层。假如采取集中聘用的机制，缺乏系统的岗位培训，教师专业素质和教学质量都难以保障。对此，本研究现提出以下建议。

一是国家教育行政部门和人事编制部门要尽快建立教师补充机制，使缺编岗位得以有效补充，使超龄教师得以按期退休，从年龄结构上使教师队伍得以优化。

二是要扩大“特岗计划”覆盖范围，将特岗教师分配到中西部乡村小学、初中和普通高中，尤其是要面向边远贫困地区农村中小学分配教师。

三是进一步加大城镇优秀教师支援农村教育工作力度，鼓励大中城市优秀教师到农村支教，建立县域内城镇教师定期到农村任教的长效机制。

① 2011 年，小学在校生 9926.37 万人，比 2010 年减少 14.34 万人；初中在校生 5066.80 万人，比 2010 年减少 212.53 万人；普通高中在校生 2454.82 万人，比 2010 年增加 27.49 万人。

采取城镇学校与农村学校结对帮扶、特级教师巡回示范等方法，实现区域间、校际优质教师资源共享。

三、农村音体美英和信息技术师资补充亟待加强

2008年，教育部、卫生部、财政部联合下发的《国家学校体育卫生条件试行基本标准》提出：小学1—2年级每5—6个班配备1名体育教师，3—6年级每6—7个班配备1名体育教师；初中每6—7个班配备1名体育教师；高中（含中等职业学校）每8—9个班配备1名体育教师。农村200名学生以上的中小学校至少配备1名专职体育教师。

2009年，全国城市（6.16%）和县镇小学（4.78%）体育教师配置优于农村（3.00%），农村小学体育教师比例比城市低3.16%。全国城市初中体育教师的配置略好于县镇和农村，最多比县镇和农村高约1个百分点。城市、县镇和农村高中体育教师配置差别不大，城市略高于县镇和农村。

从2011年全国小学音、体、美教师缺口数统计来看，小学体育教师缺口184182人，小学音乐教师缺口149455人，小学美术教师缺口164073人，音、体、美三科缺口教师合计497710人。这些数据在一定程度上反映了农村小学音体美教师的缺口情况（表6-3）。

表6-3　2011年全国小学音体美教师缺口

	班级数（个）	体育教师应有数（人）	体育教师实际数（人）	体育教师缺口（人）
小学	2579093	429848	245666	184182
		音乐教师应有数（人）	音乐教师实际数（人）	音乐教师缺口（人）
		322386	172931	149455
		美术教师应有数（人）	美术教师实际数（人）	美术教师缺口（人）
		322386	158313	164073

目前，我国农村学校音、体、美教师短缺的主要原因有：一是进不

来，农村地区教师总体编制紧张，结构性短缺，优秀毕业生进不来；二是留不住，农村地区教师工作条件差，工作负担重，工资待遇低，骨干教师和青年教师留不住；三是教不好，农村教师整体素质较低、学科结构不完善、教非所学现象严重，包班教学现象突出，美术、音乐、体育、英语等多由其他科目教师兼任，教学质量相对较低。偏远农村教师资源配置不合理。本研究就农村师资短缺问题提出以下建议。

一是各省份要严格落实城乡统一教师编制，也可根据本地区实际情况进行农村教师动态编制管理。例如，各县统筹管理教师编制，为紧缺学科教师留出一定数量的动态编制。

二是扩大“特岗计划”覆盖范围，将特岗教师分配到中西部乡村小学、初中和普通高中，尤其是边远贫困地区农村中小学。要通过“特岗计划”和大学生支教等增加体育、英语、音乐、美术和信息技术等学科教师数量，补充紧缺学科教师。

三是进一步加大城镇优秀教师支援农村教育工作力度，鼓励大中城市优秀教师到农村支教，建立县域内城镇教师定期到农村任教的长效机制。采取城镇学校与农村学校结对帮扶、特级教师巡回指导等方法，实现区域之间、学校之间优质教师资源共享。

四、师德建设尤为紧迫

问卷调查发现，部分教师对教师职业没有足够的认识，缺乏专业热情，对教学工作表现出应付和被动的态度。从幼儿园和中小学教师职业认同感调研结果可以看出，有一定比例的教师对教师职业缺乏认同感和忠诚度，没有真正感受到教师职业的幸福感。这部分教师会在教育教学工作中对学生表现出漠不关心的态度，而这种冷漠、被动、消极的专业情感会对学生造成消极影响，对此，本研究建议如下。

一是各级教育行政部门要加强师德建设，开展教师伦理道德教育和职业情感教育，进一步提高广大教师的职业道德水平，丰富其职业情感，让教师更加热爱教育事业，热爱学校，热爱课堂和学生。

二是引导教师建构职业愿景，使广大教师人人有愿景，对教师职业怀有美好的理想和愿望。

三是指导教师制定职业发展规划，做出中长期发展规划，使每位教师在规划的引领下实现专业成长。

四是树立榜样，典型引路，评选各级师德标兵和先进教师，在精神和物质方面给予表彰和激励。

五、亟须加强教师待遇政策保障

统计分析结果显示，各省份的教师工资收入和福利待遇有明显差异，全国范围内基础教育教师待遇水平呈下降趋势，尤其是小学教师待遇水平总体呈下降趋势。2003 年小学教师年平均待遇指数为 0.255，2011 年为 0.191。从各省份数据比较来看，2003 年西藏小学教师年平均待遇指数排名位于所有省份之首，其次为上海、浙江、江苏、北京，排名后 5 位的为海南、山西、广西、陕西、河南。2011 年小学教师年平均待遇指数排名前 5 位的省份是青海、西藏、新疆、海南、上海，排名后 5 位的是山东、河北、湖北、广西、河南。

普通中学教师待遇降低。2003 年普通中学教师年平均待遇指数为 0.256，2011 年为 0.155。从各省份数据比较来看，2003 年上海普通中学教师年平均待遇指数排名位于所有省份之首，其次为西藏、北京、浙江、青海，排名后 5 位的为河北、贵州、山西、河南、陕西。2011 年普通中学教师年平均待遇指数排名前 5 位的省份是西藏、上海、青海、天津、海南，排名后 5 位的是湖南、江西、广东、广西、河南。

中职教师待遇低于普通中学教师，但待遇水平缓慢提升。2003 年中职教师年平均待遇指数为 0.243，2011 年为 0.282。从各省份数据比较来看，2003 年宁夏中职教师年平均待遇指数排名位于所有省份之首，其次为西藏、新疆、海南、辽宁，排在后 5 位的为陕西、河北、安徽、湖南、浙江。

2011 年中职教师年平均待遇指数排名前 5 位的省份是西藏、上海、海南、青海、广东，排名后 5 位的是广西、吉林、安徽、湖北、江西。农村中职学校教师待遇不高的原因之一是公共财政对中职教育投入比例偏低，政府对中职教育投入占预算内教育经费的比例较小。2010 年，中职学校预算内教育经费为 832.53 亿元，普通高中为 1175.86 亿元，可见公共财政对中职学校和普通高中的投入有一定的差距，这势必影响中职学校教师的收入和待遇。

2003 年高校教师年平均待遇指数为 0.623，2011 年为 0.305，总体呈下降趋势。从各省份数据比较来看，2003 年四川的高校教师年平均待遇指数排名位于所有省份之首，其次为陕西、湖北、海南、重庆，排名后 5 位的为山东、新疆、宁夏、山西、贵州。2011 年高校教师年平均待遇指数排名前 5 位的省份是西藏、甘肃、青海、四川、新疆，排名后 5 位的是江苏、贵州、广西、福建、山东。

幼儿园教师总体待遇水平不高。2003 年幼儿园教师年平均待遇指数为 0.174，2011 年为 0.149，绝对数值降低了 0.025。从各省份数据比较来看，2003 年上海市幼儿园教师年平均待遇指数排名位于所有省份之首，其次为西藏、新疆、宁夏、云南，排名后 5 位的为浙江、湖南、海南、广东、山东。2011 年幼儿园教师年平均待遇指数排名前 5 位的省份是西藏、上海、天津、新疆、内蒙古，排名后 5 位的是山西、江西、海南、山东、广西。

据统计数据显示，2010 年幼儿园教师的年平均工资为 19532 元，而同年的小学教师年平均工资为 39413 元，中学教师的年平均工资为 42150 元，相比之下，幼儿园教师的年平均工资比小学和中学教师分别低 19881 元和 22618 元。幼儿园教师工资待遇偏低已经成为不争的事实，其中公办幼儿园和民办幼儿园教师之间工资差距非常明显。由于农村幼儿园教师的身份编制不落实，待遇较低，加上生存压力较大，生活环境艰苦，农村幼儿园教师职业吸引力不足，大学毕业生或年轻教师不能或者不愿到农村任教。低工资待遇在一定程度上影响了教师的工作积极性和主观能动性。

对中小学教师工资待遇满意度的调研结果显示：选择“非常不满意”

的比例为25.10%，选择“不满意”的比例为29.60%，选择“比较不满意”的比例为22.20%，选择“比较满意”的比例为17.80%，选择“满意”的比例为4.20%，选择“非常满意”的比例为1.10%。选择“不满意”的总比例为76.90%，选择“满意”的总比例为23.10%，说明对工资待遇不满意的教师占绝大多数。

工资待遇直接影响着教师工作、生活的物质保障水平和精神状态。俗语说，“兵马未动，粮草先行”，想要全面提高教育质量，就要提高教师工资待遇。提高教师工资待遇是加强教师队伍建设的首要任务，对此，本研究提出以下建议。

一是各地要结合本地区的财政情况，加大经费支持力度，确保教师福利待遇。

二是建立以省级政府为主的基础教育管理体制、教师工资制度，建立以省级为主、中央为辅、地方积极承担的财政机制，确保农村中小学教师工资及时发放，逐步提高农村中小学教师的工资待遇。

三是学校要多方筹资改善教师生活待遇，提供物质保障。要建立农村教师多元激励机制，在教师资源初次分配时优先考虑农村学校，建立相应的物质奖励和精神奖励制度，吸引优质师资到农村中小学工作。

四是各级政府要在人事管理制度、职称评审制度、职务评聘制度、激励制度和保障制度上统筹设计，总体规划。

五是通过完善职称评审制度，充分调动农村中小学教师的工作积极性和能动性。

六、需建立在职教师培训保障机制

在本次在职教师培训调研中，我们设置了“教师参与培训动力情况”“培训机会”“培训频次”“培训时间”“培训级别”“参与频次最多的培训级别”“有效培训内容”“最喜欢的培训方式”8项内容。调研结果表明：中小学教师参与培训的动力主要是提升专业素质；中小学教师普遍认为培训机会较少；中小学教师每年参加培训的机会大体在1—3次，还有一定数量的教师没有机会参加培训；中小学教师每年参加培训的时间多为一周到两周；培训级别以校级培训为主，国家级和省级培训较少；教师更喜欢的培训内容为前沿的教育理论和教育科研方法；喜欢“参观学习”和“公开课”等实践性学习。

目前，全国各地教育行政部门和中小学都十分重视教师在职培训，国家在经费支持方面给予了充分的保障，每年国家投入大量的培训经费，各地各校也都举办了各种教师培训班，但是培训效果较差。许多培训班主要采用的是大规模的讲座式培训，绝大多数专家都把新课程的先进理念和素质教育思想以及课改要求、策略、方法等，通过讲授式方式传递给教师，但由于参加培训的教师在培训过程中缺乏真实体验、情境体验，不能真切地感受到先进方法、策略的实操性和有效性，他们回到教学岗位以后也就难以将先进理念、方法、策略运用到教学实践中。许多教师逐渐对没有实效的教师培训失去了兴趣，甚至产生了逆反心理和抵触情绪，因而造成了教师培训的巨大浪费。对此，本研究建议如下。

一是要组织专家团队重新研讨培训模式、培训方法，就如何充分体现新课程理念和提高相应的教学能力进行深入研究，专门突出“培训模式”模块。

二是全面提升各级培训的内涵和质量，应该使教师培训从传递式培训转向建构式培训，从专家讲授式培训转向体验式培训，培训形式从舞台式培训转向小组合作团队式培训。

三是要充分利用信息化手段进行教师研训，大面积提高农村中小学教师专业素质。

四是加强教师培训的管理，建立培训经费保障机制。

七、亟须提高教师职业幸福感

中小学教师工作压力调研结果显示，选择“非常小”的比例为

0.50%，选择“小”的比例为2.40%，选择“比较小”的比例为7.20%，选择“比较大”的比例为40.30%，选择“大”的比例为29.00%，选择“非常大”的比例为20.60%。选择“小”的总比例为10.10%，选择“大”的总比例为89.90%，说明绝大多数教师认为工作压力大。

从国际比较来看，2012年统计的23个国家数据表明，中国中小学教师工作时间均较长。2012年OECD数据表明，在可获得数据的23个国家中，各国小学教师工作时间均值为1649小时，中数和众数分别为1659小时和1776小时，标准差为194.68小时。中国小学教师工作时间为1640小时，位于第13，表明中国小学教师工作时间较长。中国初中教师工作时间为1640小时，位于第13。中国高中教师工作时间为1640小时，位于第12。但是，从2012年对23个国家的教师教学时间的统计来看，中国除初中教师教学时间位居倒数第2之外，小学和高中教师教学时间均位居最后一位，教学时间相对而言较短。

从全国调研情况来看，许多教师普遍反映教学工作压力大，课时多，工作时间长，强度大，操心多。尤其是高中阶段，教师工作时间长达十七八个小时，午间还不能休息，日复一日，年复一年。在这种高强度快节奏的环境下工作，部分教师身疲心躁，甚至筋疲力尽。再加上师生关系紧张，教学方法不当，学生管理中往往出现师生冲突，增加了教师的心理压力。这些来自时间和学生的双重压力，使教师难以体验到职业幸福感。其实，从客观上来看导致压力的主要原因并非源自教师自身，而是源自高考竞争和外在社会舆论压力。从国际视野来看，芬兰重视教师发展，强调“只有教师幸福，才能促进学生幸福”的发展理念。教师教学工作作为一种专业化的工作，应加强机制和制度建设，搭建教师有效、持续、科学工作的平台，提高工作效率和质量。对此，本研究现提出以下建议。

一是各省份教育行政部门深化考试制度改革，积极推进学生综合素质评价，由分数竞争走向综合素质评价。使高中教育管理走向科学化、规范化，使高中教师和高中学生身心健康得以保障。

二是改善师生关系，教师要重构符合新课程理念的师生观，建立人文、民主、和谐、平等的师生关系，由高度负责的授受关系走向相互促进的合作关系。

三是培养教师导学能力，把教学核心工作放在如何让学生学会学习，提高单位时间的教学效率、工作效率上。真正实现教师解放和学生解放，教师才能创造职业成就感和幸福感。

八、需健全农村学前教育师资保障体系

2012年，全国学前教育专任教师147.9万人，其中农村幼儿园教师74.2万人，占50.17%。目前，农村学前教育师资队伍仍存在“一缺三低”现象，即师资数量短缺，工资待遇低，素质低，稳定性低。非在编教师比例过高，幼儿园教师的工资主要依靠收费维持，待遇难以得到保障，缺少培训机会、教师流动性大、队伍不稳定的现象普遍存在。农村幼儿园教师整体素质较低，质量差距悬殊且不断扩大。师资来源缺乏制度性保障，农村学前教育生师比和代课教师比例偏高。

调研发现：近一半的幼儿园教师没有专业规划，六成幼儿园教师在反思与发展方面做得不好，六成幼儿园教师对工资待遇较满意，九成幼儿园教师感觉工作压力大。这些说明我国农村幼儿教师队伍建设还存在一些急需解决的问题，需继续健全学前教师的培养、培训、管理等保障体系。今后，学前教育发展的总体思路是建立以县—乡—村三级学前教育资源整合为主要途径，以优质教师为基本保障，以科学管理为支撑手段的学前教育新体系。在现有学前教育教师队伍建设基础上，通过多元途径健全农村学前教育师资保障体系。具体建议如下。

一是建立保障幼儿园教师地位和待遇的长效机制。要对农村幼儿园教师实行倾斜政策，进一步落实并提高农村幼儿园教师福利待遇，健全农村幼儿园教师社会保障制度，实施农村教师特殊津贴和住房保障政策，确保农村幼儿园教师进得来，留得住。

二是建立培养幼儿园教师的长效机制，国家要通过定向培养、“特岗计划”、委托培养等多种途径相结合的方式培养合格的幼儿园教师，保证

每个省份至少有一所幼儿师范专科学校。

三是完善农村幼儿园教师职称评审制度。针对目前幼儿教师职称评审较难的问题，政府应该设置单独的幼儿园教师职称晋升渠道，制定适合农村幼儿园教师的职称评审制度并逐步完善。

四是要积极完善幼儿园教师培训保障机制，加大政府财政投入，建立检查、督导、公示与问责制度，确保幼儿园教师每年得到专业素养培训。

五是通过多种途径建立中西部农村幼儿园教师的配备、补充和专业发展机制，加强农村幼儿园教师队伍建设，逐步配齐幼儿园教师。

六是建立农村幼儿园教师巡回指导制度，在县域内组建幼儿园教师巡回指导团队。

九、需重点加强职业师资培养机构建设

2012 年，全国中等职业学校专任教师 88.09 万人，不含技工学校的中等职业学校专任教师有 68.41 万人。从地区来看，东部地区中等职业学校专任教师 28.69 万人；中部地区中等职业学校专任教师 22.17 万人；西部地区中等职业学校专任教师 17.55 万人。从性别来看，男女比例相当。从年龄结构上看，年轻教师占大多数，随着年龄段的上升，专任教师人数越来越少。从职称结构来看，未评定职称的专任教师人数为 57528 人，东部中等职业学校专任教师中未评定职称的人数为 23342 人，中部中等职业学校专任教师中未评定职称的人数为 15290 人，西部中等职业学校专任教师中未评定职称的人数为 18896 人。推进中职教育公平过程中的主要问题是中职教师数量不足，即存在区域差距和校际发展不平衡、中职教育与普通高中教育存在差距、教师待遇不高、师资培训力度不够等问题。

2012 年，中职学校文化基础课、专业课、实习指导课专任教师比例分别为 42.67%、53.69%、3.64%，其中文化基础课、专业课专任教师比例均有所下降，分别比 2003 年降低 5.25%、4.58%，而实习指导课专任教师比例略有提升，增幅为 0.66%（教育部发展规划司，2013）[102]。由于大多

数职业学校教师都是从普通中学语文、数学、英语、物理、化学、地理、历史、生物等学科“转行”到职业中学任教的，缺乏专业知识和专业技能，因此，不能满足职业中学专业教学的实际需要，更不能体现学科特色。例如，汽修专业教师多数是普通中学的物理教师等。另外，学科教师短缺现象严重，例如，美容专业没有专业师资，只能从教师队伍中选拔有美容兴趣特长的教师，经过相关部门培训后，开始教学工作，这样势必导致专业性和特色的缺失。因此，建议各级人民政府和教育行政部门要高度重视职业中学师资培养和培训，具体建议如下。

一是在综合大学设立职教师资专业，培养、培训职业教育师资，缓解中职专业教师数量不足问题。

二是增加职业学院的课程设置，培养适应中职学校多元课程教学需要的多元师资，满足职业学校多元课程教学需要。

三是职业院校要与大中型企业建立师资合作培养机制，增加实践课程的见习活动，提高职业教育师资的实践操作能力。

十、高等师范院校需培养适应基础教育课程改革的教师

从高师院校教学模式来看，自新中国成立以来，我国主要学习苏联的教育模式，课堂教学主要采用凯洛夫教学模式，重点突出教师知识讲授的权威性。然而，我国基础教育课程改革已经推行了十多年，现在已经进入深化改革的第二个“十年”，基础教育领域的课堂教学方式和模式已经发生了历史性的变化，尤其是九年义务教育阶段课堂变化更为明显，讲授式教学已经不再是最重要的、唯一的教学方法，凯洛夫“五环节”教学模式不再是唯一模式。

从高师课程设置来看，我国自近代社会开始创办的高等师范院校主要借鉴了西方发达国家大学的课程设置模式，20 世纪初开始借鉴日本大学的课程设置，20 世纪 50 年代起主要借鉴苏联大学的课程设置，二者的共性是强调知识本位，追求知识取向的课程体系。因此，我国高等师范院校的

课程设置主要是以学科知识为主的课程体系，在突出学科知识结构课程的基础上增加了教育学、心理学和教学法等师范类公共课程。在课程课时编排方面，主要注重学科知识课时编排，而实践课程课时只占一小部分。例如，2008 年之前，我国师范大学教育实习时间仅为 2 周，2008 年以后，教育部明文规定将教育实习延长到 6 周。然而，各师范大学为了完成学科课程教学计划，往往忽略了教育实践课程的教学任务。

从教学法课程来看，大学教学法的观念体系、原理体系、方法体系和案例体系基本上都属于赫尔巴特教育学和凯洛夫教育学，都强调教师如何传授知识。在这种理论范式下，师范生主要学习讲授、提问等教学法。新课程理念着眼于人的终身发展，突出能力本位教学，强调自主合作探究的学习方法，而传统教学方法已经远远不能满足基础教育课程改革后的教学需要。

对以上问题，本研究提出以下建议。

一是要加大师范院校课堂教学模式改革力度，在内涵上与基础教育课程改革保持一致性和趋同性。从教学过程思维上实现根本的转型，从“先教后学”教学思维向“先学后教”“先学后导”“先学后研”转型。师范生只有在大学课堂中体验了自主合作探究的课堂，才能对新课程理念和教学有更深刻的认识和感悟，才有可能在将来走上中小学教学岗位时，创建符合新课程改革理念的课堂。所以，当下中小学需要的是能够进行新课程改革课堂教学的新型教师，这是当下师范院校教学改革的首要任务。

二是师范院校课程设置要增加实践课程，培养师范生的导学能力。师范院校应加大教师教育改革力度，重点创新课程设置，增加实践课程，使学科知识课程和实践课程实现 1∶1 设置，根据学生成长和教师发展需要丰富和扩充实践课程，教育实习时间由现在的 6 周增加到 1—2 个学年。

三是改革大学课堂教学法，由传递式教学范式走向建构式教学范式，围绕如何培养学生自主合作探究学习能力进行系统设计，重点培养师范类大学生指导学生自主合作探究学习的导学能力和终身学习能力。

[参考文献]

程墨，杨保华，钱芹，2013. 湖北丹江口投2782万建周转房让农村教师住新房［N］. 中国教育报，2013-12-24（8）.

价值中国网，2013. 教师性侵案：已被沦陷的师德［EB/OL］.［2014-03-11］. http：//focus. chinavalue. net/General/2013-5-29/617804. html.

教育部，2012. 江苏省苏州市成立教师发展中心努力提高教师专业化水平［EB/OL］.［2014-03-13］. http：//www. moe. gov. cn/publicfiles/business/htmlfiles/moe/s7280/201210/143888. htm.

教育部财务司，国家统计局社会科技和文化产业统计司，2005. 中国教育经费统计年鉴2004［M］. 北京：中国统计出版社.

教育部财务司，国家统计局社会科技和文化产业统计司，2013. 中国教育经费统计年鉴2012［M］. 北京：中国统计出版社.

教育部发展规划司，2004. 中国教育统计年鉴2003［M］. 北京：人民教育出版社.

教育部发展规划司，2013. 中国教育统计年鉴2012［M］. 北京：人民教育出版社.

教育部人才发展办公室，2014. 新的“长江学者奖励计划”项目简介［EB/OL］.［2014-03-13］. http：//www. changjiang. edu. cn/news/16/16-20070319-136. htm.

教育部师范教育司，2010. 中小学教师队伍建设工作简报［EB/OL］.［2014-03-13］. http：//old. moe. gov. cn/publicfiles/business/htmlfiles/moe/s4883/201011/112002. html.

柯进，2013. 巡回支教填补农村学前教师缺口［N］. 中国教育报，2013-09-08（1）.

梁杰，2013. 教育部启动实施义务教育阶段农村校长助力工程［N］. 中国教育报，2013-11-20（3）.

林露，2013. 教育部：教师职称改革试点已扩大到 104 个地市［EB/OL］.［2014-03-14］. http：//cq. cqnews. net/cqztlm/2013-09/09/ content27788945. htm.

刘占兰，2013. 中国学前教育发展报告 2012［M］. 北京：教育科学出版社.

栾宗涛，王磊，周家贵，2009. 高层次人才培养［EB/OL］.［2014-03-13］. http://www.edu.cn/nj08_16_9007/20091214/t20091214_430189.shtml.

施剑松，2013. 多种方式组合发力，专业水平不断提升［EB/OL］.［2014-03-13］. http：//www. moe. gov. cn/publicfiles/business/htmlfiles/moe/s7280/201308/155737. htm.

王培莲，2014. 东北师大：让中学教师做“硕导”［N］. 中国青年报，2014-05-03（2）.

王善迈，2013. 我国各省份教育发展水平比较分析［J］. 教育研究（6）：29-41.

吴天祎，吴晶，2013. 让最优秀的人上讲台：我国教师教育改革综述［EB/OL］.［2014-03-11］. http：//www. moe. gov. cn/publicfiles/business/htmlfiles/moe/s7280/201309/157904. html.

闫雅琪，2014. 甘肃省教育厅推“组合拳”促乡村教师培训［EB/OL］.［2014-03-13］. http：//www. moe. gov. cn/publicfiles/business/htmlfiles/moe/s7280/201406/169833. html.

张以瑾，梁杰，2013. 教育部今年将研究制定科学合理的师德考评方式［N］. 中国教育报，2013-02-27（1）.

后 记

在院领导的关怀和支持下，经过大家的不懈努力，《中国教师发展报告2013》终于和大家见面了。

本报告为中国教育科学研究院2013年度基本科研业务费专项基金“国情系列”研究项目的研究成果，是中国教育科学研究院教师发展研究中心科研人员的核心成果。课题主持人为单志艳，课题组成员为王文宝、王硕、何美、李新翠、宋时春、陈春勇、孟照海、栗晓霞、黄海涛、韩立福、燕学敏和樊召锋。单志艳负责课题的研究设计、组织协调以及统稿工作，陈春勇也负责全书统稿工作。各章节具体分工为：前言和后记由单志艳执笔，第一章由陈春勇、李新翠和燕学敏执笔，第二章由单志艳、燕学敏、王文宝和孟照海执笔，第三章由王硕、李新翠和何美执笔，第四章由陈春勇和宋时春执笔，第五章由樊召锋、单志艳、黄海涛和栗晓霞执笔。第五章数据分析运用的《幼儿园教师专业发展状况调查问卷》和《中小学教师专业发展状况调查问卷》编制主要由何美完成。数据收集由张布和、刘光余、王文宝、卿素兰、王许人完成。本报告在写作过程中，得到了院内外领导和专家的大力支持，曾天山副院长、杨润勇研究员、高宝立研究员、于发友研究员为报告提出了很好的指导性意见和建议，教育部教师工作司提出了具体修改意见，中国人民大学周祝平教授、俞国良教授，清华大学袁本涛教授，中国成教协会张昭文秘书长，北京师范大学朱旭东教授、蔡永红教授和韦小满教授，国家教育行政学院邢晖教授，中国教育科学研究院华国栋研究员对报告给予很多支持和帮助。教育科学出版社编辑人员也为此报告付出了大量辛勤劳动。在此一并致谢！